京津冀普惠金融
调查报告

Research Report on Financial Inclusion
in Beijing-Tianjin-Hebei

尹志超 著

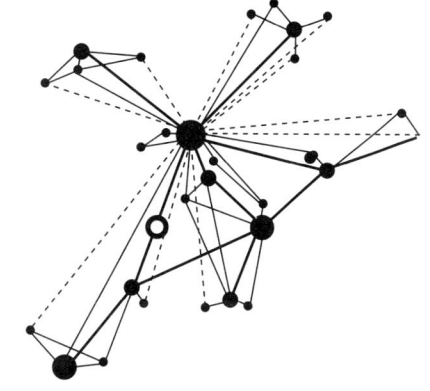

首都经济贸易大学出版社
Capital University of Economics and Business Press
·北 京·

图书在版编目(CIP)数据

京津冀普惠金融调查报告/尹志超著 . —北京：
首都经济贸易大学出版社,2018.10

ISBN 978 - 7 - 5638 - 2868 - 5

Ⅰ.①京⋯　Ⅱ.①尹⋯　Ⅲ.①地方金融事业—经济
发展—调查报告—华北地区　Ⅳ.①F832.72

中国版本图书馆 CIP 数据核字(2018)第 223916 号

京津冀普惠金融调查报告

尹志超　著

责任编辑	王　猛　陈雪莲	
封面设计	风得信·阿东 FondesyDesign	
出版发行	首都经济贸易大学出版社	
地　　址	北京市朝阳区红庙（邮编 100026）	
电　　话	(010)65976483　65065761　65071505(传真)	
网　　址	http://www.sjmcb.com	
E - mail	publish@cueb.edu.cn	
经　　销	全国新华书店	
照　　排	北京砚祥志远激光照排技术有限公司	
印　　刷	北京玺诚印务有限公司	
开　　本	710 毫米×1000 毫米　1/16	
字　　数	484 千字	
印　　张	27.5	
版　　次	2018 年 10 月第 1 版　2018 年 10 月第 1 次印刷	
书　　号	ISBN 978 - 7 - 5638 - 2868 - 5/F·1584	
定　　价	98.00 元	

序　言

　　波澜壮阔的改革开放改变了中国,也影响了世界。在改革开放的伟大历程中,金融作为实体经济的血脉,实现了从大一统的计划金融体制到形成现代金融体系的"凤凰涅槃",初步建成了与国际先进标准接轨、与我国经济社会实际契合的中国特色社会主义金融发展路径。

　　经过40年努力,我们不断改革完善金融服务实体经济的理论体系和实践路径。持续优化完善传统信贷市场,为服务实体企业改革发展持续注入金融活水;建立健全以股票、债券等金融工具为代表的资本市场,畅通实体企业直接融资渠道,增强其可持续发展能力;推动低效产能有序退出市场、暂时困难但前景良好的企业平稳渡过难关、优质企业科学稳健发展;鼎力支撑我国企业从无到有、从小到大、从弱到强,逐步从低端加工制造向高附加值生产迈进。

　　经过40年努力,我们基本构建了以人民为中心的居民家庭金融服务模式。不仅借鉴西方现代金融实践,支持家庭部门熨平收入波动,实现跨期消费效用最大化,而且充分利用我国银行业分支机构延伸到乡镇、互联网全面覆盖到村落的良好基础设施,逐步实现基础金融服务不出村,促使我国普惠金融走在了世界前列;同时,积极构建与精准扶贫相配套的金融服务体系,发挥金融在扶贫攻坚中优化资源配置的杠杆作用,为人民对美好生活的向往提供金融动力。

　　经过40年努力,我们探索了从国民经济循环流转大局增强金融和财政合力的有效方式。在改革开放过程中,我们不断优化财政支持与金融服务的配套机制,运用金融工具缓解财政资金使用碎片化问题和解决财政资金跨期配置问题,增进财政政策促进经济结构调整和金融政策促进经济总量优化的协调性,持续提升国民经济宏观调控能力和水平,既避免金融抑制阻碍发展,又防止金融风险过度集聚。

2008年美国次贷危机引发的全球金融海啸促使人们对金融理论和金融实践做出深刻反思。金融理论是否滞后于金融实践,缺乏对金融实践有效的指引?金融实践是否已过度复杂化,致使金融风险难以识别、度量和分散?近年来,随着互联网、大数据、人工智能、区块链等技术的出现,科技发展在极大提高金融业服务之效的同时,也对传统金融业带来了冲击。金融业态正在发生重大变化,金融风险出现新的特征。在新的背景下,如何处理金融改革、发展、创新与风险监管的关系,如何守住不发生系统性金融风险的底线,已经成为世界性重大课题。在以习近平同志为核心的党中央坚强领导下,我国进入中国特色社会主义新时代。在这个伟大的时代,对上述方面进行理论创新和实践探索的任务非常艰巨,使命非常光荣。为完成这一伟大历史使命,需要建设好一流金融学科和金融专业,大规模培养高素质金融人才,形成能力、素质和知识结构与时代要求相匹配的金融人才队伍。北京正在建设"政治中心、文化中心、国际交往中心、科技创新中心",加强金融学科建设和金融人才培养正当其时。

欣闻首都经济贸易大学金融学成功入选北京市一流专业,正在组织出版"北京市一流专业建设系列成果",向打造高素质金融人才培养基地迈出了重要步伐。这将对我国金融学科和金融专业的建设起到积极的推动作用,为促进我国金融高质量发展并建成现代金融体系做出更多贡献,为实现伟大复兴中国梦提供有益助力。

尚福林

前　言

　　2017 年,首都经济贸易大学金融学院与西南财经大学中国家庭金融调查与研究中心合作开展中国家庭普惠金融调查(China Household Financial Inclusion Survey,CHFIS),从信贷、储蓄、支付、保险、金融知识、金融设施等方面构建了家庭普惠金融的指标体系。首都经济贸易大学金融学院的本科生、硕士生、博士生参与了 CHFIS。在乡村,在城市,同学们用脚步丈量祖国大地,用汗水浇灌每一个数据,用信念支撑心中的梦想……在参与调查各高校的共同努力下,我们获得了全国代表性的家庭微观数据。基于 CHFIS,我们用京津冀地区中北京 8 个区、天津 7 个区、河北 16 个区市县的微观数据,撰写了这份京津冀家庭普惠金融调查报告。

　　本书首先介绍了中国家庭普惠金融调查的抽样设计和数据采集过程,并对本书使用的京津冀地区的样本进行了描述。然后,本书从银行账户、支付、信贷、保险、金融服务评价等方面构建了家庭普惠金融指数。接下来,重点分析了京津冀家庭支付、家庭储蓄、家庭信贷、家庭保障、家庭保险、家庭金融知识、金融设施的现状及其对家庭收入、消费、财富、创业等经济变量的影响。最后,基于实证分析,本书提出了相应的对策建议。具体说来,本书的安排为:

　　第 1 章,调查数据。本书的分析基于中国家庭普惠金融调查在京津冀地区的样本,其中,北京 1 395 个家庭,天津 1 067 个家庭,河北 1 580 个家庭。调查数据具有省(市)级层面的代表性。

第2章,京津冀家庭普惠金融。本章对比了不同的普惠金融指标体系及指数构建方法,用因子分析方法构建了家庭普惠金融指数。研究结果显示,全国家庭普惠金融指数为55,北京为58,天津为56,河北为55。总体来看,京津冀家庭金融普惠程度较低。

第3章,京津冀家庭支付。本章描述了家庭银行卡支付、信用卡支付、第三方支付的分布和特征,分析了京津冀家庭支付对收入、消费、财富和创业的影响。研究结果显示,家庭支付对收入、财富、消费和创业均具有积极影响。

第4章,京津冀家庭储蓄。本章描述了京津冀家庭储蓄的特征,实证分析了家庭储蓄和消费、财富、创业之间的关系。研究结果显示,家庭储蓄对家庭消费、家庭财富积累有显著正向影响。

第5章,京津冀家庭信贷。本章描述了京津冀家庭信贷特征和信贷参与情况,实证研究了京津冀家庭信贷参与对家庭收入、消费、总资产、净财富和创业的影响,并从信贷参与、信贷约束和信贷需求等方面入手,对京津冀家庭信贷行为进行了详细分析。研究结果显示,信贷对京津冀家庭行为具有非常显著的影响。

第6章,京津冀家庭保障。本章描述了京津冀家庭社会养老保险、社会医疗保险、失业保险、住房公积金等社会保障情况。实证分析了家庭社会保障对收入、消费、财富、创业等的影响。研究结果显示,在京津冀地区,家庭保障对家庭行为具有重要影响。

第7章,京津冀家庭保险。本章描述了京津冀家庭人寿保险、健康保险等商业保险的情况,实证分析了家庭保险对收入、消费、财富和创业的影响。研究发现,商业保险对京津冀家庭的收入、消费、财富和创业具有积极影响。

第8章,京津冀家庭金融知识。本章描述了京津冀家庭的金融知识状况,计算了金融知识指数。研究结果显示,金融知识对京津冀家庭收入、消费、财富、创业具有显著的正向影响。

第9章,京津冀金融设施。本章描述了京津冀地区的金融设施状况,实证分析了金融设施和家庭收入、消费、财富和创业的关系。

研究结果显示,金融设施对家庭收入、家庭消费、家庭财富和家庭参与创业有着显著的正向影响。

第10章,结论与对策建议。本章总结了本书的主要结论,并提出了五项政策建议。

本书是集体智慧的结晶,是数据采集和研究团队共同努力的结果。感谢西南财经大学中国家庭金融调查与研究中心以及参与调查的北京大学、浙江大学、北京师范大学、暨南大学、南京审计大学、内蒙古大学等学校的师生在数据采集中付出的心血和汗水。感谢首都经济贸易大学京津冀普惠金融调查与研究团队师生的努力。岳鹏鹏、彭嫦燕、潘北啸、公雪、张诚、蒋佳伶、张逸兴、栗媛等参与初稿撰写,仇化、张天玮等参与文稿校对。

最后,感谢北京市优秀人才培养项目对京津冀普惠金融调查与研究的资助,感谢首都经济贸易大学科研出版基金的资助。谨以此书献给北京市一流专业——首都经济贸易大学金融学专业的建设。

目 录
CONTENTS

1 ▶▶▶

调查数据

1.1 抽样设计

1.1.1 中国家庭普惠金融调查

中国家庭普惠金融调查(China Household Financial Inclusion Survey,CHFIS)是在全国范围内开展的入户抽样调查,是由首都经济贸易大学金融学院和西南财经大学中国家庭金融调查与研究中心联合开展的调查项目。CHFIS调查内容包括家庭人口特征、家庭收入和消费、资产和负债以及教育、就业等信息,全面细致刻画了家庭普惠金融状况。2017年,中国家庭普惠金融调查采取高校联盟联合调查的形式,由西南财经大学、北京大学、浙江大学、南京审计大学、暨南大学、北京师范大学、内蒙古大学、首都经济贸易大学等高校共同合作完成。本书正是基于中国家庭普惠金融调查的数据进行的研究。

1.1.2 抽样过程

CHFIS采用中国家庭金融调查(China Household Finance Survey,CHFS)的样本,抽样方案与CHFS一致。CHFS的整体抽样采用分层、三阶段和规模度量成比例(PPS)的抽样设计。第一阶段,在全国范围内抽取区县样本;第二阶段,从区县中抽取居委会/村委会样本;第三阶段,从居委会/村委会中抽取家庭住户样本。每个阶段抽样都采用PPS抽样方法,其权重设定为抽样单位的人口数(或户数)。

2011年,CHFS开展第一阶段抽样,即从2 585个区县抽取80个区县,满足抽样设计的4个要求。首先,将2 585个区县按照人均GDP分成10层,每层以区县人口数为权重,采用PPS抽样方法抽取8个区县,共抽得80个区县,样本涵盖全国25个省。在第二阶段抽样中,从区县中抽取居委会/村委会样本。抽样原则和方法为:首先,按照各区县非农人口比例分位数分为5组;其次,在非农人口比例最大的区县组中,居委会和村委会分配样本的比例是 4:0；在非农人口比例次大的区县组中,居委会和村委会分配样本比例是 3:1；以此类推,在非农人口比例最低的区县组中,居委会和村委会分配样本比例为 0:4。在每个区县中随机抽取 4 个居委会和村委会,共计 320 个社区。在第三阶段抽样中,在每个居委会/村委会中抽取家庭样本。CHFS 在城镇根据社区住房价格,在相对高房价地区重点抽样,而农村地区样本固定为 20 户,对符合条件的受访者进行访问,共获得 8 438 户家庭数据,29 324 个个人数据,所获取样本具有全国代表性。

2013 年,CHFS 的样本得到大规模扩充。在第一阶段抽样中,在每个省内将所有区县按照人均 GDP 排序,然后在 2011 年 CHFS 抽中区县的基础上,根据人均 GDP 排序进行对称抽样。在 2011 年该省区县样本过少的情况下,采用 PPS 抽样方法追加区县样本,最终得到 262 个区县样本,其中包含 2011 年样本区县 80 个,新增样本区县 182 个。第二阶段抽样中,则在样本区县内部,按照非农人口比例居委会/村委会排序后,使用以人口为权重的 PPS 等距抽样方式抽取 4 个居委会/村委会,得到 1 048 个社区样本。第三阶段抽样与上轮调查的做法一致,抽取了 28 143 户家庭样本。

2015 年,CHFS 在前两轮全国调查的基础上进一步扩充样本,样本扩充比例达 40%,实现了 40 000 户家庭的访问。其中包括 2013 年家庭样本的追访；为优化部分省级代表性而补抽 45 个区县,约 4 900 户；为实现部分副省级城市样本代表性而新增 45 个区县样本,约 5 500 户家庭。具体而言,在第一阶段抽样中,采用插空补抽的方法:首先,对需要补抽样本的省份按照区县人均 GDP 排序；其次,引入人口权重,计算各区县的“人口秩”以及 2013 年省内各区县样本的“人口秩间距”,求出省内“人口秩间距”的均值；再次,在“人口秩间距”大于 0.8 倍均值的两区县中补抽 1 个样本,在“人口秩间距”大于 1.5 倍均值的两区县中补抽 2 个样本；最后,生成随机数种子,按照等距的方法补抽区县。在第二阶段抽样中,直接采用国家统计局公布的社区编码排序,再从第一阶段抽取的区县中等距抽取 4 个社区。第三阶段与上轮调查做法一致。最终得到 363 个区县,1 439 个社区,37 263 户家庭样本。

2017 年,CHFS 完善补充了调查问卷内容,保持了 2015 年 40 000 个家庭样本量。其中包括:对 2015 年家庭样本的追访；为优化全国农村代表性,新增 30 个农村村委会,约 750 个家庭;为优化上海杨浦区的代表性,新增 12 个居委会/村委会,约 360 个家庭;为优化社区情况,部分原始居委会/村委会增补样本,约为 1 000 个家庭。对第 2 类样本的具体补样方法是,在第一阶段抽样中,将非农人口比例最大区县组的居委会/村委会按照统计局编码排序,从第一个原始居委会/村委会序号为抽样起点等距抽样,用老社区样本替代与之距离太近的新抽中社区样本,最终抽取 30 个农村村委会。对第 3 类样本,直接执行第一阶段抽样。对第 4 类样本,则在既定规则下保证社区访问数量,系统直接通过测绘结果随机抽取家庭样本。第二阶段抽样和第三阶段抽样与上轮调查做法一致。最终得到 355 个区县,1 417 个社区,40 011 户家庭样本。

1.2 数据采集

数据采集和质量控制是 CHFIS 顺利进行的重要保证。依靠计算机辅助面访系统(Computer – Assisted Personal Interviewing, CAPI),访员可以实现以计算机为载体的电子化入户访问。借助调查问题的值域和单位设定,可以有效减少输入误差,避免问卷遗失造成的数据泄漏或数据回传不及时等问题,显著提高数据质量。在数据采集过程中,访员选拔和培训、社区联系和质量控制也至关重要。

1.2.1 访员培训

CHFIS 访员以西南财经大学选拔的本科生和研究生为主体,在 2017 年高校联盟大调查中,各高校选拔本科生和研究生接受项目组提供的系统培训,首都经济贸易大学的部分本科生、硕士生、博士生参与了项目执行。培训内容包括问卷构成介绍和题目讲解、CAPI 系统操作和使用、实地演练等多个方面。在访员组织结构中,设立大区督导、片区督导、访问小组督导。合理的组织结构和顺畅的信息传递保证了调查的顺利进行,而严格的选拔和培训则为高质量的数据采集奠定了基础。

1.2.2 社区联系

社区联系是 CHFIS 顺利进行的前期保障。在各访问小组出发前,项目组已提前在各个调查社区完成社区联系工作。通过和居委会/村委会的工作人员建立联系,实现顺畅交流,为取得受访者信任和理解提供支持。特别是由居委会/村委会带领下为受访者讲解 CHFIS 的背景、内容和意义,很大程度降低了调查的拒访率,保证了项目的顺利进行。

1.2.3 质量控制

数据质量是抽样调查的生命力。CAPI 系统后台可实现访员数据录入情况监控,质控部则通过严格的换样审核、电话核查、录音核查、图片核查、数据核查等,保证 CHFIS 在访问过程中的顺利进行,并保证数据的高质量。同时,访问实时监控系统可以实时记录访员的 GPS 定位和行走轨迹,显示访问进度、成功访问量等情况。2017 年,CHFIS 首次采用数据实时清理,即时核查所有回传样本,确保数据质量的可靠性。

表 1 - 1 给出了 2017 年 CHFIS 的拒访率以及城乡分布。总体来看,CHFIS 拒访率为 15.5%,其中,城镇为 20.5%,农村为 2.2%。

表 1 - 1　CHFIS 拒访率的城乡分布　　　　（单位:%）

地区	拒访率
全国	15.5
城镇	20.5
农村	2.2

1.3　样本描述

1.3.1 样本分布

图 1 - 1 报告了中国家庭普惠金融调查在京津冀地区的样本分布情

况。其中,北京市的样本分布在昌平、朝阳区、东城区、房山区、海淀区、平谷区、通州区、延庆区8个区;天津市的样本分布在宝坻区、滨海新区、和平区、河北区、河东区、河西区和红桥区7个区;河北省的样本分布在秦皇岛市(抚宁县和海港区)、保定市(南市区、曲阳县、莲池县、博野县、清苑区和望都县)、沧州市(河间市和献县)、石家庄市(晋州市、新华区和长安区)、衡水市(冀州市)和邯郸市(大名县和广平县)等16个区、市、县。

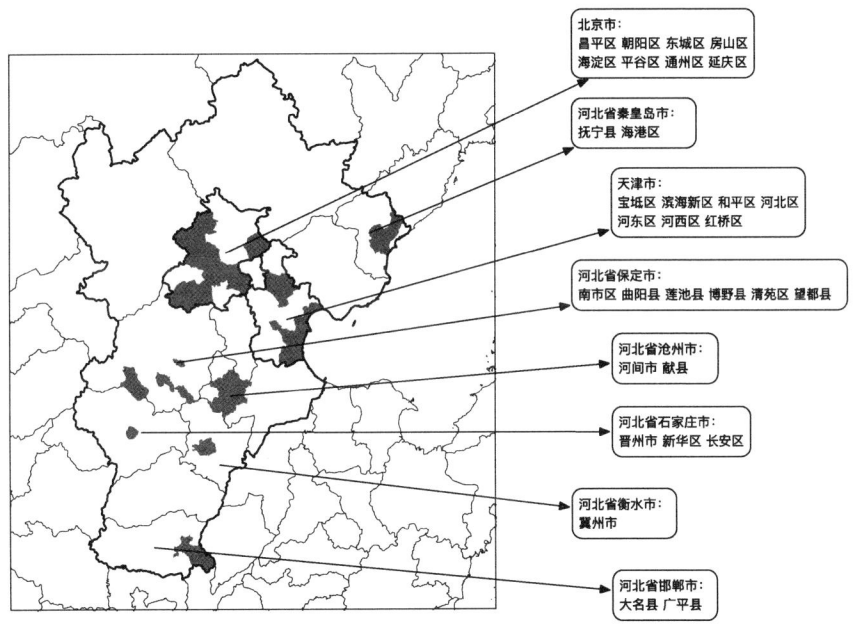

图1-1 中国家庭普惠金融调查京津冀地区样本分布

表1-2详细介绍了京津冀地区的样本情况。具体而言,2017年,北京市、天津市和河北省的家庭数据分别为1 395户、1 067户、1 580户,个人分别为3 641人、2 799人、5 372人。本书主要研究京津冀地区金融普惠发展情况,如无特殊说明,书中所使用的样本为2017年全国数据以及京津冀地区数据。

表 1－2　2017 年中国家庭普惠金融调查样本规模

	家庭（户）	个体（人）
北京	1 395	3 641
天津	1 067	2 799
河北	1 580	5 326
全国	40 011	127 012

1.3.2　家庭特征

1.3.2.1　家庭构成

表 1－3 给出了京津冀地区家庭规模构成。相较而言,北京和天津家庭规模分布类似;而河北与北京、天津存在差异,与全国家庭规模构成更为相似。具体而言,北京和天津 3 人及 3 人以下的家庭规模占比分别为83.1%、81.2% ,高于河北的 57.7% 和全国平均水平的 60.2% ;一人组成的家庭远高于河北和全国平均水平,5 人及 5 人以上家庭规模占比则低于河北和全国平均水平。

表 1－3　京津冀地区家庭规模　　　　　（单位:%）

家庭规模	北京	天津	河北	全国
1	12.4	12.6	5.0	7.9
2	35.7	37.5	28.4	26.3
3	35.0	31.1	24.3	26.0
4	6.7	11.9	18.3	18.0
5	7.9	5.0	10.8	11.5
6 人及以上	2.3	1.9	13.2	10.3

图 1－2 给出了京津冀地区平均家庭规模。总体来看,北京和天津的平均家庭规模小于河北和全国平均水平。具体而言,北京、天津和河北的平均家庭规模分别为 2.69 人、2.66 人和 3.46 人。

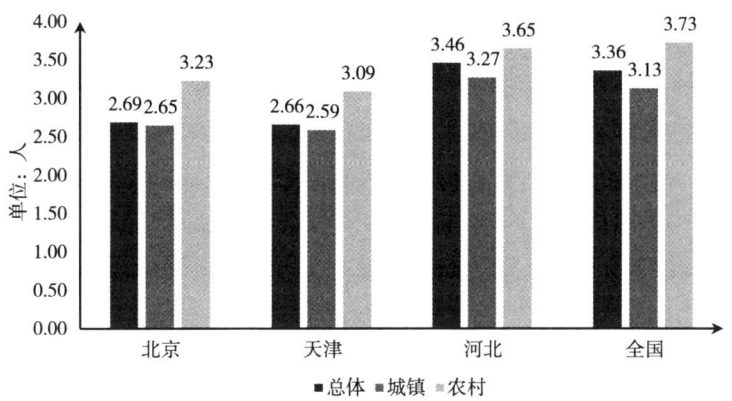

图 1-2 平均家庭规模

1.3.2.2 性别结构

表 1-4 给出了京津冀地区家庭性别结构。总体来看,京津冀地区家庭性别结构呈现出 3 个特点:第一,北京和天津男女比例低于河北和全国平均水平;第二,北京和天津的少儿人口比例低于河北和全国平均水平;第三,北京和天津劳动年龄人口的男女比例高于河北和全国平均水平。

表 1-4　京津冀地区家庭性别结构　　（单位:%）

区域	指标	总体	少儿人口	劳动年龄人口	老年人口
北京	总体	100.0	9.8	57.8	32.5
	男性	48.8	10.6	58.3	31.1
	女性	51.2	8.9	57.3	33.8
	性别比	95.2	119.6	101.7	92.0
天津	总体	100.0	9.3	55.0	35.7
	男性	49.8	10.3	56.6	33.0
	女性	50.2	8.3	53.3	38.4
	性别比	99.1	125.3	106.2	86.0
河北	总体	100.0	17.4	58.1	24.5
	男性	50.5	19.1	57.9	23.0
	女性	49.5	15.6	58.4	25.9
	性别比	101.8	122.0	99.0	88.9

续表

区域	指标	总体	少儿人口	劳动年龄人口	老年人口
全国	总体	100.0	14.7	60.5	24.8
	男性	50.5	15.8	60.3	23.9
	女性	49.5	13.6	60.6	25.7
	性别比	102.1	116.1	99.4	92.8

1.3.2.3 年龄结构

（1）平均年龄

图 1-3 报告了京津冀地区人口的平均年龄。北京、天津和河北居民的平均年龄分别为 42 岁、43.6 岁、37.6 岁,而全国居民平均年龄为 38.1 岁。总体来看,北京和天津人口的平均年龄高于全国平均水平,河北人口的平均年龄低于全国平均水平。

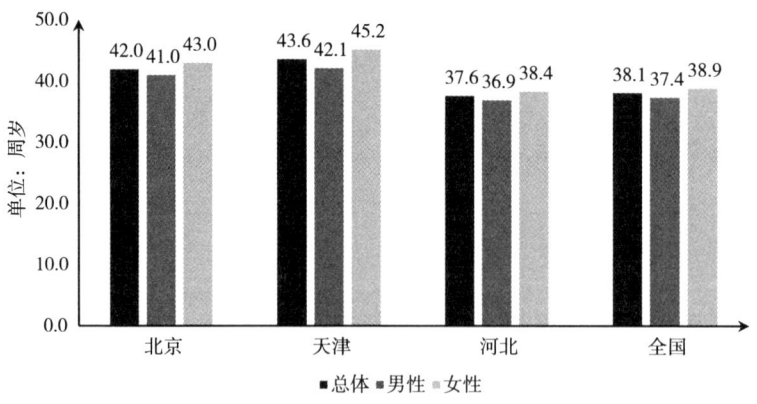

图 1-3 平均年龄

（2）家庭人口负担

表 1-5 报告了京津冀地区家庭人口负担。北京、天津和河北的总抚（扶）养比分别为 38.8%,44.5% 和 54.1%。其中,北京、天津和河北家庭少儿抚养比分别为 16.9%,18.0% 和 31.3%,老人扶养比为 21.9%,26.5% 和 22.8%。总体来看,北京、天津家庭人口负担相对较轻,主要是因为少儿抚养比相对较低。

表1-5　家庭人口负担　　　　　（单位:%）

区域	总抚(扶)养比	少儿抚养比	老人扶养比
北京	38.8	16.9	21.9
天津	44.5	18.0	26.5
河北	54.1	31.3	22.8
全国	51.8	27.7	24.1

1.3.2.4　学历结构

（1）学历结构概况

表1-6给出了京津冀地区家庭学历结构。总体而言,北京和天津家庭学历结构相近,河北家庭学历结构与全国家庭平均学历结构相近。相较而言,北京和天津家庭中成员受教育水平均高于全国水平,河北家庭中成员受教育水平低于全国平均水平。具体而言,北京、天津和河北家庭接受高等教育(大学本科或硕士/博士研究生教育)比例分别为25.2%、20.0%、7.6%,而全国家庭中接受高等教育比例为10.6%。可见,北京和天津家庭中成员接受高等教育比例远远高于全国平均水平,而河北家庭中成员接受高等教育比例低于全国平均水平。

表1-6　京津冀地区家庭学历结构　　　　　（单位:%）

学历	北京	天津	河北	全国
没上过学	2.7	3.8	8.5	9.5
小学	7.5	8.9	20.5	20.6
初中	23.7	26.9	38.1	31.1
高中	16.7	15.7	13.3	14.2
中专/职高	9.4	10.3	5.2	5.8
大专/高职	14.8	14.4	6.8	8.0
大学本科	21.0	17.9	6.7	9.8
硕士/博士研究生	4.2	2.1	0.9	0.8

（2）年龄与学历结构

表1－7报告了京津冀地区家庭年龄和学历结构特征。总体来看,京津冀地区各年龄阶段受教育程度存在明显差异,北京和天津家庭成员各年龄阶段受教育水平远高于全国平均水平;而河北家庭成员各年龄阶段受教育水平均低于全国平均水平。具体而言,在35岁以下人口中,北京、天津和河北大专及以上教育水平的比例分别为47.6%、44.1%、16.9%;35~49岁人口中,北京、天津和河北大专及以上教育水平比例分别为47.6%、36.4%、14.3%;在50岁及以上人口中,北京、天津和河北大专及以上教育水平比例分别为16.1%、17%、2.9%。

表1－7　京津冀地区家庭年龄与学历结构　　（单位:%）

	学历	北京	天津	河北	全国
35岁以下	初中及以下	36.6	42.6	68.9	61.3
	高中/中专/职高	15.8	13.3	14.2	16.5
	大专及以上	47.6	44.1	16.9	22.1
35~49岁	初中及以下	30.5	39.0	69.9	65.8
	高中/中专/职高	21.8	24.4	15.9	17.4
	大专及以上	47.6	36.4	14.3	16.6
50岁及以上	初中及以下	53.1	51.8	81.1	77.3
	高中/中专/职高	30.8	31.2	16.1	16.8
	大专及以上	16.1	17.0	2.9	6.0

1.3.2.5　政治面貌

（1）党员占比

图1－4报告了京津冀地区党员占比情况。总体来看,北京和天津居民党员比例高于全国平均水平,河北居民党员比例低于全国平均水平。从京津冀地区以及全国平均来看,农村居民党员比例约为城市居民党员比例的1/3。具体而言,北京、天津和河北居民党员比例分别为15.5%、16.5%、9.1%,全国居民党员比例为9.3%。

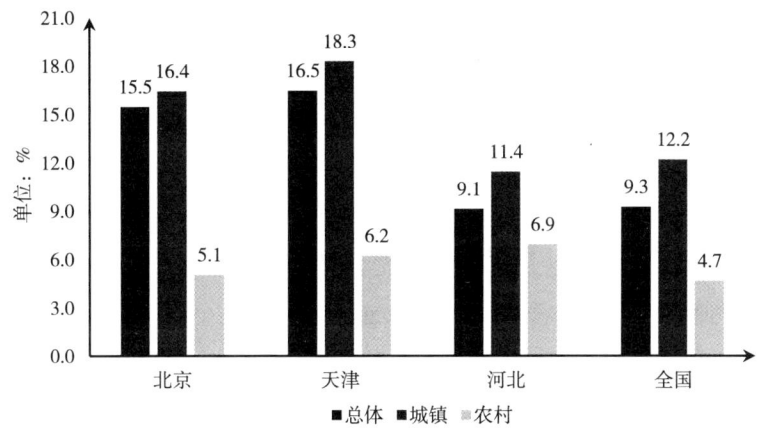

图1－4　党员占比

（2）党员的文化程度

表1－8报告了京津冀地区党员的受教育程度分布。总体来看,北京和天津类似,党员的受教育水平均高于全国平均水平;河北党员的受教育水平低于全国平均水平。具体而言,北京、天津和河北党员接受高等教育水平的(大学本科或硕士/博士研究生教育)比例分别为35.9%、30% 、11.2% ,而全国党员接受高等教育水平比例为16.5%。

表1－8　党员身份与文化程度分布　　　　　　　（单位:%）

文化程度	北京	天津	河北	全国
没上过学	3.7	3.7	6.6	7.4
小学	5.7	6.3	13.6	13.2
初中	12.2	15.3	36.9	28.7
高中	12.2	13.7	15.0	16.2
中专/职高	11.4	12.0	7.0	7.4
大专/高职	18.9	19.0	9.7	10.6
大学本科	28.8	26.0	9.7	14.9
硕士/博士研究生	7.1	4.0	1.5	1.6

1.3.2.6　就业结构

表1－9报告了京津冀地区居民的工作单位类型分布。总体来看,北

京和天津居民在机关单位、国有或集体企业中工作的比例基本高于全国平均水平,河北则低于全国平均水平;京津冀地区居民在私营企业中工作的比例高于全国平均水平。具体而言,北京、天津和河北居民在机关团体、国有或集体企业工作的比例分别为47.3%、35.5%、14.7%,而全国平均水平约为19.2%。北京、天津和河北居民在私营企业中工作的比例分别为30.1%、30.4%、28.8%,而全国平均水平为25.1%。

表1-9 工作单位类型分布 （单位:%）

工作单位类型	北京	天津	河北	全国
机关团体/事业单位	21.7	12.2	7.3	10.4
国有及国有控股企业	20.6	22.0	6.1	7.3
集体企业	5.0	1.3	1.3	1.5
个体工商户	10.6	17.1	23.0	21.9
私营企业	30.1	30.4	28.8	25.1
外商、港澳台投资企业	5.1	5.0	0.5	1.1
其他类型单位	1.2	0.5	0.7	1.0
耕作经营承包土地	0.8	2.7	26.2	24.1
其他	4.9	8.8	6.1	7.7

1.4　小结

中国家庭普惠金融调查(CHFIS)的调查内容包括家庭人口特征、家庭收入和消费、资产和负债,以及教育、就业和政府治理等信息,全面且细致地刻画了家庭的金融行为。CHFIS样本具有良好的代表性,同时,严格的数据采集流程和质量控制措施确保了数据的高质量。

本章描述了京津冀地区在家庭构成、性别、年龄、学历、就业等方面的家庭基本信息。总体来看,北京和天津情况相似,河北与全国平均水平相近。具体来说,在家庭构成方面,北京和天津的平均家庭规模小于河北和全国平均水平；在家庭年龄结构方面，北京和天津劳动人口平均年龄高于全国平均水平，河北低于全国平均水平；在受教育和学历方面，京津冀地区各年龄阶段受教育程度存在明显差异，北京和天津家庭成员总体受教育水平高于全国平均水平，河北则低于全国平均水平；在政治面貌方面，北京和天津居民党员比例分别为15.5%、16.5%，河北居民党员比例为9.1%。在就业结构方面，北京和天津居民在机关单位、国有或集体企业中工作的比例为47.3%、35.5%，河北为14.7%；京津冀地区居民在私营企业中工作的比例均高于全国平均水平。

2

京津冀家庭普惠金融

2.1 普惠金融的内涵与度量

2.1.1 普惠金融的内涵

近年来,普惠金融理念得到世界银行集团(WBG)、国际货币基金组织(IMF)、普惠金融联盟(AFI)等全球性金融机构的大力推行。各国政府,尤其是发展中国家政府都重视发展普惠金融。然而,普惠金融的定义还没有形成一致的认识。部分学者基于广义的社会包容视角,提出金融排斥概念,从反面阐述普惠金融的内涵。金融排斥强调特定的弱势群体遭遇排斥。外在的金融服务可及性不足或服务成本过高可能导致金融排斥,经济主体自身的宗教、文化或者对金融市场的不信任等也可能引起自我排斥(Demirgüç - Kunt,2015)。有学者关注被正规金融体系排斥在外的特定群体和个人(Leyshon & Thrift,1995)。也有学者认为,普惠金融的核心是社会群体以合适的方式获得必需的服务(Sinclair,2001)。还有学者宽泛地将金融排斥界定为特定社会群体缺乏融入金融体系的能力(Carbo et al,2005)。更多的学者从正面直接定义普惠金融。有的提出,普惠金融是保证所有社会群体成员金融服务的可及性、可得性和使用性的过程(Sarma,2008,2012,2016),该定义突出了普惠金融的多维性和综合性。有的认为,普惠金融允许社会群体广泛地使用各种金融服务,使用金融服务不会遭遇价格或者非价格的障碍,特别是贫困人群或者其他弱势群体,能够受惠于金融服务(Demirguc - Kunt & Klapper,2012)。还有的认为,普惠金融是经济中的个人和企业都不被排斥使用基础金融服务的经济状态,这一状态是基于动机而不是效率标准(Amidžić et al.,2014)。

在我国,普惠金融理念最早由中国小额信贷联盟引进。2006 年 3 月,中国人民银行研究局副局长焦瑾璞在北京召开的亚洲小额信贷论坛上首次正式使用了这个概念。中国共产党第十八届中央委员会第三次全体会议(简称"党的十八届三中全会")将"发展普惠金融"纳入国家战略层面,普惠金融成为我国金融发展的重点。2016年年初,国务院发布的《推进普惠金融发展规划(2016—2020年)》(以下简称《规划》)更是对普惠金融的发展进行了顶层设计和全面布局,《规划》给出了中国特殊背景下普惠金融的定义:"普惠金融是指立足机会平等要求和商业可持续原则,以可负担的成本为有金融服务需求的社会各阶层和群体提供适当、有效的金融服务。小微企业、农民、城镇低收入人群、贫困人群和残疾人、老年人等特殊群体是当前我国普惠金融重点服务对象。"2017年,中国共产党第十九次全国代表大会(简称"党的十九大")报告中强调,中国特色社会主义进入新时代,我国社会主要矛盾已经转化为人民日益增长的美好生活需要和不平衡不充分的发展之间的矛盾。这表明,未来一段时期,我国经济发展将重点关注弱势群体的经济活动,着重缓解社会和经济的不平等问题,《规划》中提出的普惠金融内涵与经济发展的现实背景和需求非常吻合。

2.1.2 普惠金融的衡量

世界银行集团和国际货币基金组织两大国际组织分别从需求和供给视角构建了评价各国普惠金融实践的普惠金融指标体系。普惠金融联盟、二十国集团(G20)等其他全球性金融机构在这两大数据库的基础上,陆续建立起一系列普惠金融衡量指标。国际货币基金组织于2010年成立了金融可得性调查,基于供给视角,主要从金融服务可得和使用两大方面衡量家庭和企业对金融服务的获得情况,具体而言,主要用每10万人银行分支机构数量和自动柜员机(ATM)数量衡量金融服务供给的"地理外延",利用每千人存款者数量和贷款者数量衡量金融服务的使用程度。世界银行于2011年发起建立全球性普惠金融指标体系,基于需求视角,主要从银行账户、储蓄、信贷、支付和风险管理几大方面对各国微观经济主体的普惠金融状况进行调查,在此基础上加总得到国家层面的反映普惠金融发展状况的各项指标(Demirgüç-Kunt,2015),主要包括拥有正规金融机构账户的成年人比例,在正规金融机构储蓄或者贷款的成年人比例,使用非正规渠道储蓄或借款的成年人比例,有信用卡的成年人比例,参与健康保险的成年人比例等。普惠金融联盟也主要从正规金融服务的可获得性和使用情况两大方面设计普惠金融指标,具体采用每万成年人拥有的网点数、拥有网点的行政区比例衡量金融服务可获得性,采用拥有存款(贷款)账户的成年人比例衡量金融服务使用情况。G20下的全球普惠金融合作伙伴(GPFI)在衡量金融服务可获得性和使用性的基础上,增加了金融产品与服务质量维度,主要涉及金融知识、信息披露要求、金融服务使用成本和贷款障碍等方面,具体指标有披露指数、银行账户开立和使用的成本、信息障碍指标、抵押贷款占比等。

在已有普惠金融指标体系的基础上,诸多学者尝试构建综合性的普惠金融指数。普惠金融是一种多维现象,分项维度只能提供普惠金融特定方面的局部信息。一个国家可能在普惠金融的某一方面表现良好,在另一方面表现欠佳。因此,需要构建综合性的指数来估计一国普惠金融总体发展水平,研究其动态变化以及在不同地区的差异性。萨尔马(Sarma,2008)最先构建了综合性的普惠金融指数,他首先计算了银行渗透度、金融服务可得性、金融服务使用性3个分项维度指标,然后对分项指标进行标准化并且对不同维度赋予了不同权重(主观设定权重),最后计算所有维度观测值与理想值之间的欧几里得距离的反向值,即普惠金融指数。后来,萨尔马(2012)对普惠金融指数的计算方法进行了改进,考虑到仅根据观测值与理想值的欧几里得距离衡量普惠金融状况存在偏差,进一步分别计算了实际值到最优状态和最差状态的欧几里得距离,通过对两种距离求平均值来衡量普惠金融指数,其指数具备有界性、无量纲、齐次性、单调性等优良的数学特性。帕克和梅尔卡多(Park & Mercado,2015)借鉴萨尔马(2008)的方法,利用3个子指标衡量可得性维度,3个子指标衡量使用性维度,但是其对不同维度的指标赋予了相同权重,最后也以计算的欧几里得距离代表普惠金融指数。古普特等(Gupte et al.,2012)在萨尔马(2008)研究的基础上增加了金融服务的交易成本维度,首先分别选取反映金融服务外延、使用、便捷和成本维度的子指标,在各个维度内部,通过加总平均的方法得到分项维度指数,而后采用几何平均的方法加总分项维度,最终得到总体指数。采用和萨尔马(2008)一致的普惠金融分项指标,Chakravarty(2013)首先也对各子指标标准化,然后以子项目为底数,选取0到1之间的比例作为指数,最后对所有幂指数加总求均值,由此得到的普惠金融指数具有有界性、单调性、一致性和对称性等优良特征,但是对于指数的选择较为主观。阿米季奇(Amidžić,2014)基于国际货币基金组织的金融可得性数据,从金融服务的外延性和使用性两个维度选取 4 个具体指标,首先利用因子分析法确定子项指标的权重,然后为避免完全可替代和完全不可替代两个极端,选择几何加权平均的方法计算总体指数。卡马拉和图埃斯塔(Cámara & Tuesta,2014)则采用双重主成分分析法,首先选取衡量不同分项维度的子项指标,通过计算主成分得分得到分项指数,然后再次采用主成分分析法,对分项指数加总得到总体指数。张和波索(Zhang & Posso,2017)则基于CHFS 2011 年的数据,借鉴多维贫困指数的构建方法,综合了家庭在账户、储蓄、借贷和保险几项基础性服务上的参与情况,构建了是否被普惠的哑变量指标。

由于缺乏针对普惠金融的专项调查和数据库,国内学者在普惠金融研究中主要利用供给层面的金融机构数据,实现对地区普惠金融水平的粗略衡量。许圣道和田霖(2008)用各省农村金融机构网点数目作为农村普惠金融的代理变量。田霖(2011)利用城乡金融网点差异、存款规模差异、贷款规模差异、资金利用效率差异 4 项可比指标构建城乡普惠金融指数。董晓林等(2012)用县域金融机构网点数作为农村普惠金融的代理变量。王修华和关键(2014)利用每万人拥有金融机构网点数、每万人拥有金融服务人员数、每平方公里金融机构网点数和每平方公里金融服务人员数衡量普惠金融渗透性,用农户贷款数额占比、获得贷款农户占比、农户人均储蓄存款水平、农户人均贷款水平和农户存贷款占农村 GDP 比重衡量普惠金融适用性,用利率上浮贷款占比衡量普惠金融的可负担性,然后拟合出中国普惠金融水平指数。国内已有研究构建的均是地区层面的普惠金融指数。

表 2 - 1 汇总了代表性文献的普惠金融衡量方法。由表 2 - 1 可知,从研究对象看,多数文献对国家或地区层面的普惠金融发展程度进行了衡量,少有刻画微观家庭的普惠金融状况;从使用数据看,已有文献主要采用的多是需求层面的全球金融普惠数据库或者是供给层面的金融可得性调查数据,少有同时考虑供给和需求层面信息;从分项维度看,已有文献主要涉及金融服务的使用性和可得性(外延性或者覆盖性),少有考虑金融服务的质量维度;从指数构建方法看,距离法、几何加总法、因子得分加总法以及主成分分析法等都有所涉及,各有利弊。

表2-1 普惠金融的衡量对比

文献	年份	数据	分项维度和子指标	指数构建方法	优点	不足
Demirguc-kunt et al.	2012	全球金融普惠数据库	银行账户/储蓄账户/信贷/保险/电子支付拥有等	未加总	包含多项金融服务信息	没有包含供给层面信息
Amidzic et al.	2014	金融可得性调查	外延性指标：ATMs/银行网点地理渗透；使用性指标：每千人存款者/贷款者数量	基于因子分析的加权几何平均法	权重的计算更加客观，避免了分项指标完整可替代性	只包含银行业普惠，需求层面信息不足
Sarma	2008 2012 2016	金融可得性调查	渗透度：拥有银行账户的人口比例，每千人银行账户数量；银行服务可得性：ATMs/银行网点人口渗透；服务使用性：贷款/借款/电子货币交易占GDP比重	欧几里得距离	避免了分项指标完整可替代性，满足良好指标的特性	权重选择比较随意，只包含银行业普惠
Park & Mercado	2015	世界发展指标	ATMs/银行网点人口渗透，每千人存款者/借款者人数，信贷占GDP比重	欧几里得距离	避免了分项指标完整可替代性，满足良好指标的特性	只包含银行业普惠
Gupte et al.	2012	世界发展指标	外延性指标：ATMs/银行网点人口/地理渗透；使用性指标：存款总额/贷款总额占GDP比重；交易宽松指标；交易成本指标	基于算术平均的几何平均法	包含了金融服务使用成本维度的信息	只包含银行业普惠
Chakravarty & Pal	2013	印度面板数据	外延性指标：ATMs/银行网点人口/地理渗透，每千人账户拥有数量；使用性指标：存款总额/贷款总额占GDP比重	幂指数加总求均值	有界性、单调性、一致性和对称性	指数的选择比较随意，只包含银行业普惠

续表

文献	年份	数据	分项维度和子指标	指数构建方法	优点	不足
Cámara & Tuesta	2014	全球金融普惠数据库、世界发展指标	获得性:金融服务参与类指标;可及性:ATMs/银行网点人口/地理渗透;障碍性指标	双重主成分分析法	同时考虑需求和供给	只考虑到银行业普惠
Zhang & Posso	2017	中国家庭金融调查数据	银行账户拥有、储蓄账户拥有、信贷拥有、保险拥有	多维贫困指数计算法	易于计算	没有考虑供给层面的信息

家庭是金融市场的主要需求主体之一,单个微观家庭究竟在多大程度上享受了普惠金融的发展成果? 这一问题还没能得到很好回答。中国家庭普惠金融调查 2017 年数据涵盖了家庭对各项金融服务的参与和使用情况、家庭对金融服务的评价、所在社区的金融基础设施条件等一系列与普惠金融相关的问题,为家庭普惠金融指数的构建提供了良好的数据支持。基于该数据,本章将充分借鉴已有研究构建普惠金融指数的方法和思路,融合多维度信息,建立完整的家庭普惠金融指标体系,并设计出综合性的、科学的家庭普惠金融指数。下面将首先介绍普惠金融分项指标,而后构建总体普惠金融指数。

2.2　普惠金融分项指标

2.2.1　银行账户

由表 2-2 可知,目前,京津冀地区家庭的银行账户拥有比例达到了

90%以上,北京最高,为95.6%;天津次之,为94.7%;河北最低,为92.2%,均高于全国平均水平90.8%。从定期存款拥有比例看,天津最高,为37.5%;北京次之,为35.5%;河北为22.7%,同样均高于全国水平16.1%。银行账户数量反映了银行账户的使用情况,由表2-2可知,北京市家庭平均持有3.5个银行账户,依次高于天津的3个和河北的2.6个。总体上看,基础性的银行服务已经大体覆盖了京津冀地区所有家庭。

表2-2 京津冀家庭拥有银行账户情况

	银行账户(%)	储蓄账户(%)	银行账户数量(个)
北京市	95.6	35.5	3.5
天津市	94.7	37.5	3.0
河北省	92.2	22.7	2.6
全　国	90.8	16.1	2.7

表2-3统计了京津冀地区家庭日常使用的银行服务形式。从表2-3可看出,传统的网点柜台模式仍是我国家庭享受金融服务的主流形式。全国75.9%的家庭主要通过银行网点柜台或者金融服务点①获取金融服务,天津和北京持平,为84.2%,河北为73.9%。北京64.1%的家庭主要使用ATM之类的自助服务终端满足金融服务需求;天津次之,为54.8%;河北最低,为41.9%,略低于全国的45.7%。互联网技术的飞速发展使得网上银行和手机银行具有高效、便利、低成本的明显优势,北京44%的家庭主要通过电子银行渠道满足金融服务需求,天津这一比例为35.9%,河北只有26.7%,稍低于全国平均水平28.1%。表2-3中最后一列统计了家庭经常使用的银行服务形式总数,其中,北京为1.9种,天津和河北依次为1.7和1.4种。因此,我们建议,在普惠金融实践中,要在京津冀地区继续创新多种金融服务形式,优化金融服务流程,提高金融服务的质量,尤其是需要重点提高电子银行的覆盖率,这有利于弥补落后地区金融网点的地理位置劣势,让京津冀地区家庭普遍享受到便捷、高效的金融服务。

---

① 金融服务点多分布在农村地区,常见的形式有助农取款服务机、农村商店的金融服务代理处等。

表 2 - 3 京津冀家庭使用的银行服务形式

	银行柜台(%)	电子银行(%)	自助银行(%)	使用银行服务种数(种)
北京市	84.2	44.0	64.1	1.9
天津市	84.2	35.9	54.8	1.7
河北省	73.9	26.7	41.9	1.4
全 国	75.9	28.1	45.7	1.5

2.2.2 支付方式和互联网参与

非现金支付对于加快资金流转、提高资金使用效率有着重要意义。在线下消费中,非现金支付可以依托储蓄卡或者信用卡进行,也可以通过手机银行、第三方支付完成。在线上消费中,一般以电脑或者手机等移动终端为载体,利用网银、第三方账户完成交易。表 2 - 4 显示,在日常购物中,北京市家庭中有 50.9% 经常采用刷卡支付方式,36% 使用信用卡支付,23% 使用电脑支付,49.8% 使用手机支付。天津市家庭的各项非现金支付比例均低于北京,35.9% 使用刷卡支付,28.1% 使用信用卡支付,16.2% 使用电脑支付,36.4% 使用手机支付。河北省家庭的各类非现金支付使用比例都最低,但又都略微高于全国平均水平。具体来看,河北家庭中 23.8% 使用刷卡支付,21.1% 使用信用卡支付,11.8% 使用电脑支付,29.9% 使用手机支付。非现金支付的种类,北京最高,为 1.2 种,天津和河北依次为 0.9 种和 0.7 种。目前,京津冀地区家庭的非现金支付使用差距较为明显,即使是在发展程度最高的北京市,非现金支付的推广也还有很大空间。因此,需要进一步加大各类非现金支付方式的普及力度,提升京津冀地区消费者的支付体验,尤其是要大力推进河北省家庭支付方式的优化升级。

表 2 - 4 京津冀家庭支付方式

	刷卡支付(%)	信用卡支付(%)	电脑支付(%)	手机支付(%)	非现金支付方式数量(种)
北京市	50.9	36.0	23.0	49.8	1.2
天津市	35.9	28.1	16.2	36.4	0.9
河北省	23.8	21.1	11.8	29.9	0.7
全 国	23.1	20.2	11.6	29.5	0.6

近年来,互联网创新日新月异,各类新兴的互联网金融形式不断涌现。表2-5 显示了京津冀地区家庭对各种形式的互联网经济活动的参与情况。互联网借入主要是指只通过 P2P 之类的互联网借贷平台融入资金,也包括通过京东分期、蚂蚁花呗等电商平台负债消费。由表2-5 可知,北京市 9.1% 的家庭有互联网借入行为,天津市这一比例为 7.8%,河北省为 6.1%。互联网借出的含义相对较窄,主要是指家庭通过互联网借贷平台借出资金给他人,这一比例目前还很低,北京市为 1.2%,天津市和河北省分别只有 0.2% 和 0.1%。互联网理财是指持有余额宝或财付通之类的货币基金理财产品,17.4% 的北京家庭持有互联网理财产品,天津家庭这一比例下降为 10.6%,河北省则为 9.7%。互联网购物是指通过电脑或者手机终端购买商品的行为,66.5% 的北京家庭有网购行为,天津市这一比例为 54.5%,河北省只有 40.9%。最后,互联网经济活动的总体参与情况和家庭网购参与相差不大,说明京津冀地区家庭在互联网经济中的主要角色是消费者,京津冀地区家庭青睐网购这一消费模式。

表2-5　京津冀地区家庭互联网交易　　　　　(单位:%)

	互联网借入	互联网借出	互联网理财	互联网购物	互联网交易参与
北京市	9.1	1.2	17.4	66.5	66.6
天津市	7.8	0.2	10.6	54.5	54.9
河北省	6.1	0.1	9.7	40.9	41.7
全　国	5.7	0.3	9.1	46.6	47.0

2.2.3　信贷参与

信贷服务的获得对扩大生产经营活动、平滑消费,乃至提高家庭福利水平有着至关重要的作用。普惠金融的发展重点之一就是保障存在信贷需求的家庭能够以合理的成本弥补资金缺口。表2-6 报告了京津冀家庭的信贷行为,由该表可知,北京市家庭中 13.2% 有尚未还清的银行贷款,天津市家庭的这一比例为 15.7%,河北省为 13.4%,3 个地区的贷款拥有都与全国平均水平相差不大。从借款拥有看,只有 4.5% 的北京家庭有尚未还清的借款,天津市家庭这一比例为 6.9%,河北省则高达 21.5%,在经济越落后的地方,家庭越是依赖民间借款市场满足资金需求。进一步地,中国家庭普惠金融调查还询问了家庭的总体贷款参与情况,也就是家庭是否有过贷款经历以及贷款被拒的经历,结果显示,北京有过贷款历史的家庭比例为20.8%,天津市最高,为24.1%,河北省则为22.7%,3个地区都低于全国。在贷款被拒方面,北京市只有1.4%的家庭表示遭遇过贷款被拒,天津市这一比例为1.9%,河北省则为4.3%,全国平均水平高出这3个地区,为7.5%。不难看出,北京市和天津市家庭主要通过贷款市场融入资金,并且贷款申请较少被拒绝,在借款市场上不太活跃,河北省则相反。京津冀地区家庭对于正规信贷服务的使用还有很大发展空间,需要进一步发挥信贷渠道的积极作用,促进家庭通过正规信贷服务优化经济决策,实现福利最大化。

表2-6　京津冀家庭信贷参与行为　　　　（单位:%）

	未还清贷款	未还清借款	贷款参与	贷款被拒
北京市	13.2	4.5	20.8	1.4
天津市	15.7	6.9	24.1	1.9
河北省	13.4	21.5	22.7	4.3
全　国	15.5	20.7	27.8	7.5

2.2.4　保险拥有

保险是家庭防范风险、保障优质生活水平的稳定器。表2-7显示,在医疗保险方面,北京市有98.2%的家庭拥有医疗保险,天津市这一比例为97.6%,河北省也达到了97%,保险保障体系的改革和发展成果显著。进一步分析保险覆盖的深度,以家庭为单位,从人均医疗保险数量大于等于1的家庭占比看,北京市为85.9%,天津市为83.4%,河北省为85.4%。在养老保险方面,96.3%的北京家庭拥有养老保险,天津市这一比例为93.5%,河北省为91.8%,人均养老保险种数在一个及以上的家庭占比,北京为市84.8%,天津较低,为75.3%,河北最低,为71.4%。由此可见,京津冀地区家庭的社会保险参与比例普遍较高,京津冀地区有望尽快实现人人参保的局面。不过,家庭对于商业保险参与的热情明显较低,北京市只有

24.8%的家庭拥有商业保险,天津市较低,为18.2%,河北省则为20.7%。

表 2-7　京津冀家庭保险参与　（单位:%）

	家庭医疗保险拥有	人均医疗保险数量≥1	家庭养老保险拥有	人均养老保险数量≥1	家庭商业保险拥有
北京市	98.2	85.9	96.3	84.8	24.8
天津市	97.6	83.4	93.5	75.3	18.2
河北省	97.0	85.4	91.8	71.4	20.7
全　国	96.8	82.5	86.9	61.2	17.4

注:家庭医疗保险拥有是指至少有一个家庭成员拥有任意一种医疗保险,家庭养老保险拥有和商业保险拥有的概念类似。人均医疗保险数量大于等于1是人均医疗保险数量的哑变量,若家庭人均医疗保险数量大于等于1,取值为1,否则为0。人均养老保险数量大于等于1只统计非在读学生的16岁以上的家庭成员的养老保险拥有情况。

表 2-8 报告了京津冀地区家庭保费的缴纳情况以及保险收入水平。从医疗保费看,北京市家庭 2016 年度平均缴纳医疗保费为 2 978 元,天津市为 2 319 元,河北省仅有 1 434 元,比全国的平均水平(1 491 元)还要低。从商业保费看,北京市家庭平均缴纳金额为 2 594 元,天津市为 1 968 元,河北省为 1 187 元。从养老保险看,北京市家庭的养老保险收入平均为 2 484 元,养老保险支出 365 元,天津市依次为 2 642 元、333 元,河北省明显较低,分别为 499 元和 113 元。可见,京津冀地区家庭保险覆盖率高,但是保险深度有待进一步提高,在河北省尤为突出。

表 2-8　2016 年京津冀家庭保险深度　（单位:元）

	医疗保费	商业保险保费	养老保险收入	养老保险保费
北京市	2 978	2 594	2 484	365
天津市	2 319	1 968	2 642	333
河北省	1 434	1 187	499	113
全国	1 491	1 130	876	201

注:表中各项均值的计算都是基于全样本家庭,值得注意的是,商业保险保费收入平均收入比医疗保险还低,主要由于绝大多数家庭该项目为0。

2.2.5 金融服务评价

表2-9报告了家庭对各项金融服务的评价。在中国家庭普惠金融调查问卷中,对金融服务评价问题的设置包含5个选项,即"非常满意"、"比较满意"、"一般"、"比较不满意"和"非常不满意",据此构建反映家庭评价情况的哑变量。以"满意银行服务为例",若家庭选择"非常满意"和"比较满意",该衡量指标取值为1,反之取值为0,其他指标的构建类似。表2-9中结果显示,在银行存取汇等基础性服务方面,86.6%的北京市家庭表示满意银行服务,高于天津市的80.2%和河北省的72.3%。在非现金支付服务方面,只有52.5%的北京市家庭比较满意,天津市家庭这一比例为39%,河北省依然最低,为27.5%。在贷款服务方面,有过贷款经历的家庭中,只有14.5%的北京市家庭表示满意,天津市这一比例稍高,为15.3%,河北省最高,为15.5%。在保险服务方面,43%的北京市家庭表示满意,天津市这一比例为40.8%,河北省最高,为53.4%。由此可见,京津冀地区家庭对银行基础性服务的满意度最高,对非现金支付和保险服务的满意度次之,对贷款服务的满意度最差。由此可见,京津冀地区需要进一步提高金融服务质量,尤其是加强对信贷服务流程的优化,最大限度地满足京津冀家庭的信贷资金需求。

表2-9 京津冀家庭对金融服务的评价 （单位:%）

	满意银行基础服务	满意非现金支付	满意贷款服务	满意保险服务
北京市	86.6	52.5	14.5	43.0
天津市	80.2	39.0	15.3	40.8
河北省	72.3	27.5	15.5	53.4
全　国	79.9	29.5	19.1	50.6

注:银行服务评价只询问了农村家庭,其他服务评价依次询问的是使用了该项服务的家庭。

2.2.6 社区金融机构布局

前面主要从金融服务的需求主体——微观家庭的金融服务获得情况来考察京津冀家庭的普惠金融水平。然而,家庭未使用特定金融服务,并不意味着普惠金融水平低下,可能由于家庭本身不需要该项服务,也可能由于获得某项服务时存在难以克服的障碍,比如,服务成本偏高、金融机构距离太远等。单独以家庭的金融服务参与和使用情况来衡量普惠金融水平是有偏差的。本部分考察金融服务的供给方——金融机构分布情况,了解家庭所处的金融环境,更加全面地衡量家庭所处的普惠金融状况。中国家庭金融调查与研究中心同时开展了社区层面的城乡基层治理调查,搜集了社区金融服务基础设施的丰富信息。据此,我们将构建一系列反映社会金融机构分布情况的指标。

如表2-10所示,从覆盖率看,全国总体而言,居住小区拥有银行网点以及金融服务点(主要是指ATM机、助农取款机等能够提供基础性金融服务的电子终端)的家庭比例分别为49.8%和57.0%;北京市社区中拥有银行网点的比例最高,为73.0%,但是拥有金融服务点的比例只有49.1%;天津市两者比例分别为66.7%和67.1%;河北省最低,分别为33%和46.9%。从数量看,北京市家庭所在小区平均有2.01个银行网点、1.13个金融服务点,天津市分别为2.02个和1.97个,河北省分别为0.85个和1.03个。银行网点或者金融服务点的距离反映了家庭获取金融服务的时间和空间成本,表2-10后面两列报告了距离变量,北京市家庭距离最近的银行网点距离最短,只有0.31公里,天津为0.99公里,河北省为1.34公里。北京市家庭距离最近的金融服务点的距离为0.37公里,天津市为0.73公里,河北省为0.82公里。从社区层面看,京津冀家庭的金融机构分布差距明显,北京市和天津市家庭面临更加宽松和便利的金融机构供给环境,河北省金融机构的发展则相对落后。

表2-10 银行网点和金融服务点

	银行网点拥有(%)	金融服务点拥有(%)	银行网点数量(个)	金融服务点数量(个)	最近银行网点距离(公里)	最近金融服务点距离(公里)
北京市	73.0	49.1	2.01	1.13	0.31	0.37
天津市	66.7	67.1	2.02	1.97	0.99	0.73
河北省	33.0	46.9	0.85	1.03	1.34	0.82
全国	49.8	57.0	1.51	1.81	2.04	1.87

表 2 - 11 报告了非银行金融机构的分布情况。由表 2 - 11 可知,从保险公司分布看,北京市 16.6% 的家庭所在小区有保险公司,天津市这一比例只有 3%,河北省也较高,为 14.7%;从小贷公司分布看,北京市最高,9.9% 的家庭所在小区有小贷公司,天津为 3.3%,河北省为 4.7%;其他非银行金融机构是指除银行、保险和小贷公司之外的金融机构,常见的有担保公司、证券公司、金融租赁公司等。天津市其他非银行金融机构的拥有比例最高,为 25.8%,其次是北京市,为 20.7%,河北省为17.0%。总体上看,京津冀地区的非银行金融机构覆盖程度远低于银行机构。

表 2 - 11　非银行金融机构　　　　　　　　（单位:%）

	保险公司拥有	小贷公司拥有	其他非银行金融机构拥有
北京市	16.6	9.9	20.7
天津市	3.0	3.3	25.8
河北省	14.7	4.7	17.0
全　国	17.4	8.7	12.3

表 2 - 12 构建了地理和人口维度的金融机构密度指标,进一步探析京津冀地区的金融机构覆盖深度。从地理维度看,全国每平方公里银行网点和金融服务点平均数分别为 3.44 和 4.73,京津冀地区的这两项指标均高于全国平均水平。北京市每平方公里银行网点数和金融服务点数分别为 7.34 和 5.19;天津市的银行网点密度明显不如北京,为 4.44,但是金融服务点数反而略高,为 5.23;河北省的银行网点密度也很低,为3.51,但是金融服务点数达到 9.38,超过了北京和天津。从人口维度看,全国每千人银行网点和金融服务点平均数分别为 0.3 和 0.36,北京市这两项指标总体取值分别为 0.42 和 0.26,天津市则分别取值 0.51 和0.67,河北省分别为 0.32 和 0.49。天津市的银行网点和金融服务点覆盖密度最大,北京市的金融服务点密度依然表现落后,可能与外来人口持续流入有关。

表 2 – 12　社区金融机构覆盖的密度　　　（单位：个）

	每平方公里银行网点数	每平方公里金融服务点数	每千人银行网点数	每千人金融服务点数
北京市	7. 34	5. 19	0. 42	0. 26
天津市	4. 44	5. 23	0. 51	0. 67
河北省	3. 51	9. 38	0. 32	0. 49
全　国	3. 44	4. 73	0. 30	0. 36

2.3　普惠金融总指数

2.3.1　普惠金融指数构建

家庭普惠金融指数将综合考虑需求和供给,以金融服务广度为基础,延伸调查服务深度,既涵盖基础金融服务的使用,又关注金融服务的质量,全面、细致地调查家庭享受到的普惠金融程度。基于普惠金融的定义以及已有文献的普惠指标体系,为了确保信息的充分性和方法的合理性,通过多次检验,我们最终选取表 2 – 13 所示的 15 个子指标,采用因子分析法,构建普惠金融指数。最终的普惠金融指数融合了家庭层面的需求信息(银行账户、支付、信贷、保险)和社区层面的供给信息(银行网点和金融服务点的距离、数量),能够全面反映京津冀家庭普惠金融的真实状况。表 2 – 13 报告了各变量的 KMO 检验结果,总体的 KMO 值在 0.7 以上,说明采用因子分析法是合适的。

表 2 – 13　因子分析的 KMO 值

	KMO
银行服务形式种数	0.897
非现金支付种数	0.792
互联网总体参与	0.894

续表

	KMO
信用卡支付	0.928
满意非现金支付	0.816
贷款参与	0.572
满意贷款服务	0.555
人均医疗保险数≥1	0.506
人均养老保险数≥1	0.505
最近银行网点距离	0.527
最近金融服务点距离	0.509
每千人银行网点数	0.515
每千人金融服务点数	0.520
每平方公里银行网点数	0.557
每平方公里金融服务点数	0.535
总　　体	0.704

我们采用主成分因子法提取主因子,根据特征值大于1的原则,可以保留前面6个主因子,表2-14报告了采用正交旋转之后的各因子载荷情况。由表2-14可知,旋转之后的因子都具有其主导作用的变量,因子结果清晰,并且与前面的普惠金融分项指标体系大体吻合。第一个主因子中,起主导作用的是反映银行账户、支付服务覆盖情况的变量;第二个主因子中,起主导作用的是反映贷款服务参与情况和满意度的变量;第三个主因子,主要反映以银行网点和金融服务点距离衡量的金融服务便利程度;第四个因子,主要反映地理维度的金融服务网点密度;第五个主因子,是人口维度的金融服务网点密度;第六个主因子,主要体现了家庭保险服务的使用情况。

表2-14　旋转后的主因子载荷

	因子1	因子2	因子3	因子4	因子5	因子6
银行服务形式种数	0.780 6	0.091 8	0.059 5	0.035 2	0.001 4	0.024 6
非现金支付种数	0.887 9	0.077 4	0.044 6	0.035 9	-0.005 5	0.014 3

— 34 —

续表

	因子 1	因子 2	因子 3	因子 4	因子 5	因子 6
互联网总体参与	0.785 8	0.081 2	0.040 5	0.024 9	0.010 0	-0.112 9
信用卡拥有	0.650 0	0.165 7	0.022 6	0.070 4	-0.026 3	0.084 5
满意非现金支付	0.846 6	0.083 9	0.038 7	0.032 1	-0.001 0	0.012 6
贷款参与	0.132 1	0.929 1	-0.000 3	-0.002 9	0.002 1	-0.016 1
满意贷款服务	0.086 7	0.935 2	-0.002 1	-0.004 5	0.002 0	0.008 3
人均医疗保险数≥1	-0.009 0	0.021 2	-0.028 2	-0.035 5	0.029 0	0.781 4
人均养老保险数≥1	0.003 6	-0.032 3	0.045 2	0.072 6	-0.020 4	0.783 6
最近银行网点距离	0.084 1	-0.006 6	0.897 8	0.035 0	0.035 6	0.018 0
最近金融服务点距离	0.027 5	0.003 9	0.901 7	0.031 6	0.008 3	-0.005 6
每千人银行网点数	0.007 1	0.002 6	0.043 5	0.071 6	0.830 7	0.020 2
每千人金融服务点数	-0.020 3	0.003 5	0.011 1	0.227 2	0.758 6	-0.017 4
每平方公里银行网点数	0.078 4	-0.007 4	0.054 7	0.865 1	0.077 5	0.034 9
每平方公里金融服务点数	0.024 5	-0.001 4	0.018 5	0.881 4	0.134 2	-0.004 8

　　表 2 - 15 报告了旋转后的因子分析结果,我们采用 Bartlett 求极大似然估计的方法计算 6 个主因子的因子得分,然后基于表 2 - 15 中每个主因子的方差贡献率计算权重,通过线性加权求和的方式构建原始的普惠金融指数,最后将原始普惠金融指数标准化,得到取值在[0,100]的家庭层面普惠金融指数。

表 2 - 15　旋转后的因子分析结果

	Variance	Difference	Proportion	Cumulative
因子 1	3.194 6	1.399 4	0.296 7	0.296 7
因子 2	1.795 1	0.158 6	0.166 7	0.463 4
因子 3	1.636 6	0.036 7	0.152 0	0.615 4
因子 4	1.599 9	0.307 0	0.148 6	0.764 0
因子 5	1.292 9	0.044 8	0.120 1	0.884 1
因子 6	1.248 1		0.115 9	1.000 0

2.3.2 普惠金融指数结果

表2-16统计了分城乡的全国及京津冀地区家庭的普惠金融指数。从全国平均来看,家庭普惠金融指数为54.592;北京市为57.82;天津市次之,为56.433;河北省最低,为54.872。从家庭普惠金融指数的标准差看,京津冀地区中天津市最高,为6.478,天津市家庭普惠金融的内部差距最大,而且超过了全国平均差距;其次是北京市,为5.923,河北省最低,为5.864。图2-1更加直观地对比了北京、天津、河北和全国的家庭普惠金融指数。这一结果告诉我们,要真正实现普惠金融,不仅要关注京津冀普惠金融的整体协同发展,还要注重缩小各地区内部的普惠金融差距,让所有的家庭都能享受到普惠金融的雨露甘霖。

表2-16 京津冀家庭普惠金融指数

	观测值	均值	标准差
北京市	1 395	57.820	5.923
天津市	1 067	56.433	6.478
河北省	1 543	54.872	5.864
全　国	39 696	54.592	6.113

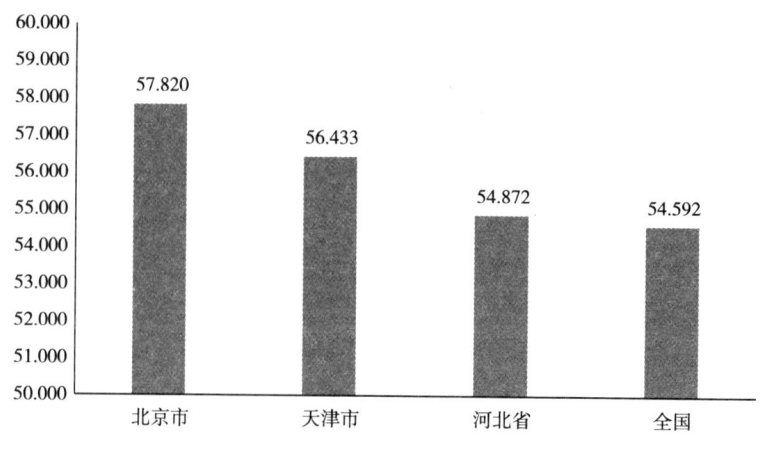

图2-1 京津冀家庭普惠金融指数

接下来分析不同类型家庭的普惠金融状况差异。首先,将家庭按照户主年龄分组,依次分为 35 岁及以下、36~45 岁、46~55 岁、56~65 岁和 66 岁及以上 5 组,表 2-17 报告了不同年龄组家庭的普惠金融指数。图 2-2 更加直观地显示了家庭普惠金融指数随户主年龄的变化趋势。由图 2-2 和表 2-17 可知,最年轻组家庭的普惠金融指数为 60.456,随着户主年龄的上升,家庭普惠金融指数持续下降,最年长组家庭的普惠金融指数只有 52.641,老年家庭的普惠金融状况不容乐观。

表 2-17　京津冀家庭户主年龄与家庭普惠金融指数均值

户主年龄	普惠金融指数均值
35 岁及以下	60.456
36~45 岁	58.485
46~55 岁	56.056
56~65 岁	53.485
66 岁及以上	52.641

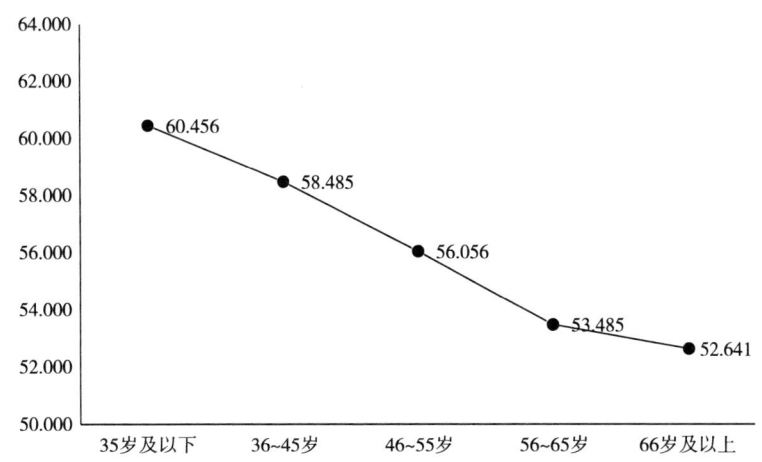

图 2-2　京津冀家庭户主年龄与家庭普惠金融指数

将家庭按照户主文化程度分为小学及以下、初中、高中和大专及以上 4 组,表 2-18 报告了不同文化程度组家庭的普惠金融指数。图 2-3 更加直观地描绘了家庭普惠金融指数与户主文化程度的关系。由图 2 - 3 和表 2 - 18可知,户主学历为小学及以下的家庭普惠金融指数为 52.499,户主文化程度提升后,家庭普惠金融指数持续上升,户主学历为大专及以上的家庭普惠金融指数达到了 61.424,文化程度越低的家庭,被普惠的程度也越低。

表 2 - 18　京津冀家庭户主学历与家庭普惠金融指数均值

户主学历	普惠金融指数均值
小学及以下	52.499
初中	54.476
高中	56.399
大专及以上	61.424

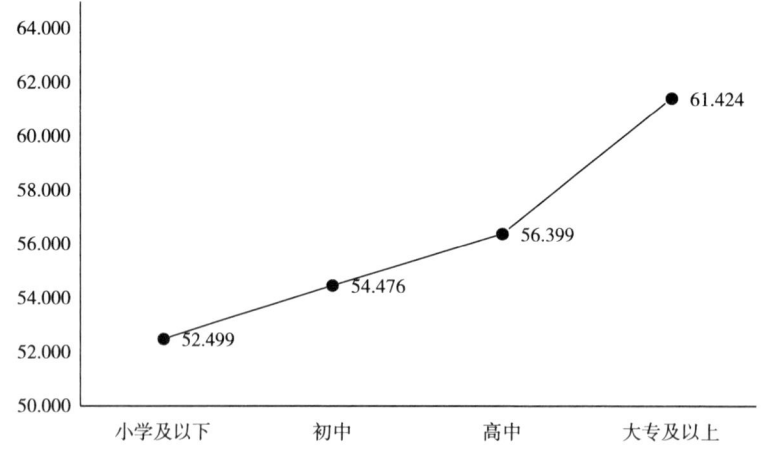

图 2 - 3　京津冀家庭户主学历与家庭普惠金融指数

《规划》中明确提出"小微企业、农民、城镇低收入人群、贫困人群和残疾人、老年人等特殊群体是当前我国普惠金融重点服务对象",这一政策重点的提出得到了实证数据的支持。因此,需要进一步贯彻普惠金融发展的政策方针,更大程度地将弱势群体纳入普惠金融体系之内。

2.3.3　普惠金融指数的经济效应

表 2-19 初步分析了家庭普惠金融程度与各项经济指标之间的关系。我们将家庭普惠金融指数分为 5 组,对比各组家庭的经济状况不难看出,随着家庭普惠金融程度的提高,家庭总消费、总收入、总资产和净资产均出现了一致性的提升。这表明,普惠金融程度的提升能够带来生活水平的改善、收入的增加和财富的积累,普惠金融的发展有利于全面提高家庭福利水平。表 2-19 最后一列报告了不同普惠金融家庭所在区/县的人均 GDP,不难看到,随着家庭普惠金融程度的提高,所在区县的人均 GDP 也不断提高,这从微观层面初步揭示了普惠金融对地区经济增长的正向作用。

表 2-19　京津冀家庭普惠金融的经济效应　　　（单位:元）

	总消费	总收入	总资产	净资产	区/县人均 GDP
最低普惠金融组	30 316	39 001	508 187	496 895	36 805
较低普惠金融组	37 478	47 224	885 127	872 378	53 463
中等普惠金融组	47 003	68 390	1 306 514	1 276 659	63 369
较高普惠金融组	67 427	101 507	1 803 443	1 756 350	65 062
最高普惠金融组	93 318	132 689	2 829 415	2 701 482	77 191

图 2-4 中,我们将家庭普惠指数加总到县级层面,描绘了京津冀地区

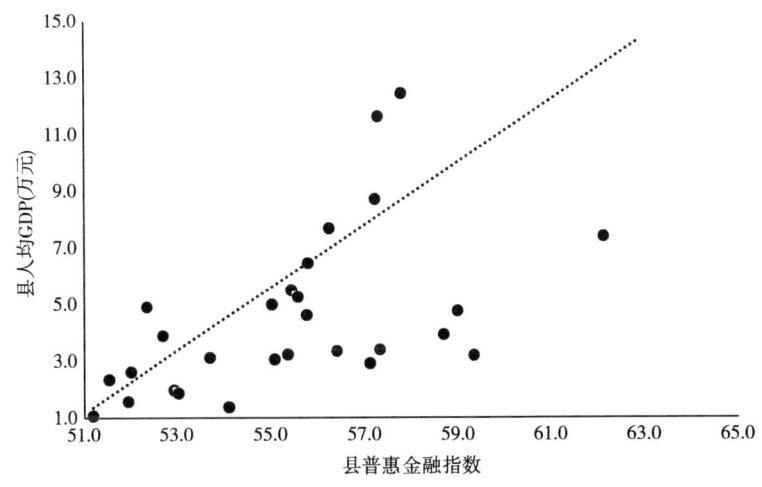

图 2-4　京津冀地区普惠金融与经济发展

县普惠金融发展与县人均 GDP 之间的关系。与表 2-19 一致,总体上看,随着普惠金融程度的提高,县域人均 GDP 呈现上升趋势,再次印证了普惠金融对地区经济增长的积极作用。在后面的章节,我们将对普惠金融发展的福利效应展开更加细致的分析。

2.4 小结

本章梳理了现有关于普惠金融的已有文献,发现普惠金融在国内外研究中得到了较多关注,学者们都认同普惠金融是一个多维度的综合性概念,不过关于普惠金融的内涵以及衡量方法还没有统一规范的答案。基于中国家庭普惠金融调查 2017 年的数据,本章节选取了银行账户、支付方式、信贷参与、保险参与、金融服务评价以及社区金融机构 6 个维度,比较分析了京津冀家庭在各个维度的具体表现。从银行账户拥有情况来看,京津冀家庭基本上实现了银行账户全覆盖,但是账户持有的深度有差异,北京家庭拥有的银行账户数量最多,河北省家庭最少;从支付形式看,北京市有将近一半的家庭使用手机支付,天津市和河北省也都在三分之一左右,说明非现金支付还有较大推广空间;从信贷参与看,京津冀家庭的贷款参与差异不大,不过河北省家庭受到正规信贷约束的比例最高;从保险拥有看,不论是基础性医疗保险、养老保险还是商业保险,北京市家庭保险的参与程度都领先于天津市和河北省,商业保险覆盖比例普遍较低;从金融服务评价看,北京市家庭对银行账户、支付服务的满意程度比天津市和河北省高,但是对贷款服务和保险服务的满意程度相对较低;从社区网点布局看,天津市在社区网点拥有和网点密度上都超过北京市和河北省,但是北京市的网点距离最近,金融服务最便利。本章充分借鉴已有研究构建普惠金融指数的方法和思路,通过多次检验,选取了反映以上 6 个维度信息的 15 个子指标,采用因子分析法,构建普惠金融指数,衡量京津冀家庭普惠金融的总体状况。统计结果显示,北京市家庭的普惠金融指数平均为 57.82;天津市次之,为 56.433;河北省最低,为 54.872。家庭普惠金融指数与户主年龄呈反向关系,和户主教育程度呈正向关系。围绕金融普惠的经济效应展开初步分析,我们发现,随着金融普惠程度的提高,家庭总消费、总收入、总资产和净资产均出现了一致性的提升,所在区县的人均 GDP 在不断提高,普惠金融对微观家庭福利和地区经济增长都有积极效果。

3

京津冀家庭支付

3.1　家庭支付方式

目前,我国家庭的主要支付方式有银行卡支付、信用卡支付、第三方支付等。表 3 – 1 描述了全国及京津冀地区家庭支付情况。从全国来看,使用银行卡支付、信用卡支付和第三方支付的家庭分别为 84.7%、19.5% 和30.4% ,可见,银行卡支付比例远高于信用卡和第三方支付,银行卡支付仍然是中国家庭的主要支付方式。分地区来看,北京、天津、河北银行卡支付比例分别为 86.2%、89.2%、88.7% ,均高于全国平均水平。从银行卡支付占比来看,京津冀地区中天津占比最高;从信用卡支付和第三方支付来看,北京均远远高于天津和河北。

表 3 – 1　家庭支付方式　　　　　　　（单位:%）

	银行卡支付	信用卡支付	第三方支付
北京	86.2	35.6	52.2
天津	89.2	27.9	38.9
河北	88.7	20.4	30.2
全国	84.7	19.5	30.4

注:银行卡支付用拥有借记卡(储蓄卡)的家庭数量占家庭总数的比例衡量,信用卡支付是指家庭有信用卡的比例,第三方支付是指家庭有支付宝、微信支付等第三方支付方式的比例。

3.1.1　银行卡支付

3.1.1.1　户主年龄与银行卡支付

表 3 – 2 是户主年龄和家庭银行卡支付情况。从全国来看,户主年龄为 30 周岁及以下、31～39 周岁、40～49 周岁、50 周岁及以上的银行卡支付比例分别为 88.5%、90.4%、88.1% 和 81.9%。分地区来看,天津地区 30周岁及以下户主家庭的银行卡支付比例最高,为 98.5%,其次为北京(90.2%),最后为河北(86.3%)。

表3－2　户主年龄与银行卡支付比例　　（单位:%）

	北京	天津	河北	全国
30周岁及以下	90.2	98.5	86.3	88.5
31～39周岁	88.3	86.9	92.1	90.4
40～49周岁	88.1	93.7	92.4	88.1
50周岁及以上	84.7	87.7	86.6	81.9

3.1.1.2　户主受教育程度与银行卡支付

表3－3描述了全国和京津冀地区户主学历和银行卡支付的关系。从全国来看,户主学历为没上过学、小学、初中、高中、中专/职高、大专/高职、大学本科和硕士/博士研究生的家庭银行卡支付比例分别为67%、80.9%、86.5%、87.8%、91.5%、91.1%、89.9%和91.8%。分地区来看,北京、天津和河北各地区在总体上表现为户主学历越高,银行卡支付比例越高。由此可见,户主受教育程度越高,家庭用银行卡支付的比例可能越高。这说明,随着学历的提高,家庭可能更容易接触到金融服务。

表3－3　户主学历与银行卡支付比例　　（单位:%）

	北京	天津	河北	全国
没上过学	79.3	61.0	82.5	67.0
小学	81.6	82.3	84.2	80.9
初中	83.8	89.6	89.5	86.5
高中	86.3	90.0	88.9	87.8
中专/职高	91.8	88.7	96.4	91.5
大专/高职	81.5	93.6	98.2	91.1
大学本科	93.3	92.5	94.5	89.9
硕士/博士研究生	89.7	98.0	92.7	91.8

图3－1为户主学历和银行卡支付占比的折线图,从图3－1中可看出,随着学历的升高,除个别值外,银行卡支付比例总体呈上升趋势。

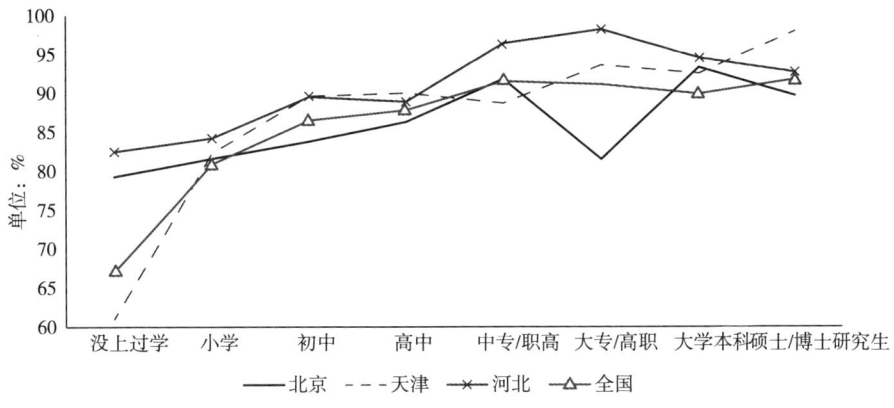

图 3-1 户主学历与银行卡支付比例

3.1.1.3 户主居住地与银行卡支付

表 3-4 描述了户主居住地和银行卡支付情况。从全国来看,城镇家庭的银行卡支付比例为 86.4%,高于农村家庭的 81.9%。就京津冀地区而言,北京、天津和河北的城镇家庭银行卡支付比例分别为 87.4%、89.1% 和 88.8%,农村家庭银行卡支付比例分别为 71.8%、89.9% 和 88.7%。可见,天津和河北家庭银行卡支付比例的城乡差距分别为 0.99 倍和 1.00 倍,基本实现了城乡无差距,但北京家庭银行卡支付比例的城乡差距为 1.22,高于全国平均差距(1.05)。以上情况表明,需要进一步加快北京农村家庭银行支付的发展,实现金融服务下乡,提高金融普惠程度。

表 3-4　户主居住地与银行卡支付比例　　　(单位:%)

	北京	天津	河北	全国
城镇	87.4	89.1	88.8	86.4
农村	71.8	89.9	88.7	81.9
差距(倍)	1.22	0.99	1.00	1.05

3.1.1.4 风险态度与银行卡支付

CHFIS 关于风险态度的问题是"如果您有一笔资产,将选择哪种投资项目? ①高风险,高回报项目;②略高风险,略高回报项目;③平均风险,平均回报项目;④略低风险,略低回报项目;⑤不愿意承担任何风险"。我们将选择 1 和 2 界定为风险偏好家庭,将选择 4 和 5 界定为风险厌恶家庭,将选择 3 界定为风险中性家庭。表 3 - 5 描述了全国和京津冀地区风险态度和银行卡支付的基本情况。全国、北京、天津和河北风险厌恶家庭的银行卡支付比例分别为 84.6%、85.5%、90.3% 和 89.2%,风险中性家庭的银行卡支付比例分别为 83.5%、84.5%、87.1% 和 86.4%,风险偏好家庭的银行卡支付比例分别为 89.5%、92.9%、85.7% 和 92.7%。由表 3 - 5 可知,除天津外,风险偏好的家庭银行卡支付比例更高。

表 3 - 5　风险态度与银行卡支付比例　　　　　（单位:%）

	北京	天津	河北	全国
风险厌恶	85.5	90.3	89.2	84.6
风险中性	84.5	87.1	86.4	83.5
风险偏好	92.9	85.7	92.7	89.5

3.1.1.5　金融知识与银行卡支付

通过对受访户以下几个方面信息的分析,我们获取了受访户家庭对金融知识的了解程度:①财经信息关注度;②是否同意高收益伴随高风险的说法;③股票和基金的风险看法比较;④多种金融资产和单一金融资产的投资看法。通过对以上几个问题的因子分析,并且把受访户家庭的金融知识从小到大排序,等分为 5 组,表 3 - 6 描述了金融知识和银行卡支付比例的关系。总体来看,受访户的金融知识分数越高,拥有银行卡支付的比例可能会越高。并且银行卡支付比例在地区之间的高金融知识得分组别差距较小,在低金融知识得分组别差距较大。

表 3 - 6　金融知识与银行卡支付比例　　　　　（单位:%）

	北京	天津	河北	全国
0 ~ 20%	82.4	81.1	77.6	77.9
20% ~ 40%	85.0	92.3	91.7	79.9
40% ~ 60%	93.4	88.3	92.5	86.5
60% ~ 80%	90.3	94.7	92.2	91.2
80% ~ 100%	84.1	89.8	89.5	85.7

图 3-2 为金融知识和家庭银行卡支付占比的折线图,从图 3-2 中可以比较清晰地看出,全国银行卡支付比例随金融知识得分的升高出现先增后减的趋势,京津冀地区也有类似特征。

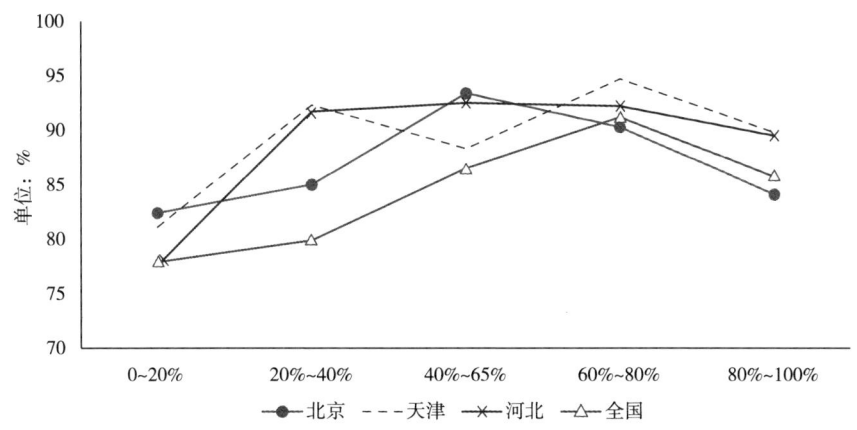

图 3-2 金融知识与银行卡支付

3.1.1.6 家庭收入与银行卡支付

把家庭收入从低到高排序等分为 5 组,考察家庭收入和银行卡支付比例的关系。表 3-7 描述了家庭收入各分位组别和银行卡支付比例的情况。北京、天津和河北家庭收入的前 20% 银行卡支付比例分别为 80.7%、81.2% 和 76.8%,后 20% 银行卡支付比例分别为 89.1%、92.4% 和 94.3%。由此可知,随着家庭收入的增加,家庭拥有银行卡支付的比例逐渐增加,并且家庭收入前 20% 和后 20% 的银行卡支付比例差距较大。

表 3-7 家庭收入与银行卡支付比例 （单位:%）

	北京	天津	河北	全国
0~20%	80.7	81.2	76.8	75.4
20%~40%	87.4	91.4	85.2	83.5
40%~60%	87.6	92.3	91.7	87.9
60%~80%	85.6	89.8	93.7	88.3
80%~100%	89.1	92.4	94.3	89.2

3.1.1.7 家庭资产与银行卡支付

把家庭资产从低到高排序等分为5组，考察家庭资产和银行卡支付比例的关系。表3-8描述了家庭资产和银行卡支付比例情况。从全国来看，家庭资产为0~20%、20%~40%、40%~60%、60%~80%、80%~100%的家庭银行卡支付比例分别为73.5%、84.8%、87.5%、88.9%、89.1%。可见，随着家庭资产的增加，家庭拥有银行卡支付的比例也逐渐增加。京津冀地区的特征与全国有一定差别，表现出了相应的地区特征，北京、天津地区均表现出随着资产增加，银行卡支付比例先增加再减少的特征。

表3-8　家庭资产与银行卡支付比例　　　　（单位:%）

	北京	天津	河北	全国
0~20%	77.7	81.5	79.3	73.5
20%~40%	82.3	90.7	88.3	84.8
40%~60%	90.5	87.1	91.9	87.5
60%~80%	92.3	94.8	90.0	88.9
80%~100%	89.3	92.9	93.9	89.1

3.1.2 信用卡支付

3.1.2.1 年龄与信用卡支付

表3-8描述了户主年龄和家庭信用卡支付比例。全国户主年龄为30周岁及以下、31~39周岁、40~49周岁、50周岁及以上的银行卡支付比例分别为42.3%、42.3%、24.6%、11.1%。从全国来看，随着户主年龄的增加，信用卡支付比例出现下降的总体趋势，并且京津冀地区均表现出31~39周岁户主家庭的信用卡支付比例最高的特征。分地区来看，除河北的信用卡支付比例在30周岁及以下和50周岁及以上的户主家庭低于全国平均水平外，北京和天津的信用卡支付比例均远高于全国平均水平，说明河北省的信用卡支付水平还有待提高，普惠金融还有待发展。具体情况如表3-9所示。

表3-9　户主年龄与信用卡支付比例　　　（单位:%）

	北京	天津	河北	全国
30 周岁及以下	56.2	50.8	34.3	42.3
31~39 周岁	64.8	58.4	45.8	42.3
40~49 周岁	55.3	35.6	28.9	24.6
50 周岁及以上	21.5	20.2	10.3	11.1

3.1.2.2　受教育程度与信用卡支付

表3-10描述了户主学历和信用卡支付比例的关系。从全国来看,户主学历为没上过学、小学、初中、高中、中专/职高、大专/高职、大学本科和硕士/博士研究生的家庭银行卡支付比例分别为3.0%、7.1%、13.5%、24.1%、31.4%、46.4%、56.9%、74.1%。分地区来看,北京、天津和河北地区的趋势也基本如此。由此可知,户主受教育程度越高,家庭拥有信用卡支付比例越高。进一步地,全国、北京、天津和河北的信用卡支付比例的标准差分别为40%、47.1%、42.5%和38.7%,北京、天津信用卡支付比例的标准差均大于全国平均水平,河北省标准差小于全国平均水平,说明京津冀地区的信用卡支付水平差距较大,金融普惠程度还有待继续深化。此外,从小学到初中的各组别中,各地区信用卡支付比例差距相对较大,说明金融教育、金融知识的普及也是改善家庭支付的重要手段。

表3-10　户主学历与信用卡支付比例　　　（单位:%）

	北京	天津	河北	全国
没上过学	27.1	1.3	2.2	3.0
小学	12.3	4.8	5.3	7.1
初中	20.4	14.2	16.9	13.5
高中	28.0	19.8	20.6	24.1
中专/职高	42.3	26.3	39.5	31.4
大专/高职	44.0	56.5	68.5	46.4
大学本科	60.6	61.4	66.5	56.9
硕士/博士研究生	82.4	71.1	74.0	74.1
标准差	47.1	42.5	38.7	40.0

图 3 - 3 为户主学历和信用卡支付比例的折线图,从图 3 - 3 中可清晰地观察到,除北京"没上过学"到"小学"这一阶段外,受教育程度和信用卡支付比例总体上呈上升趋势。

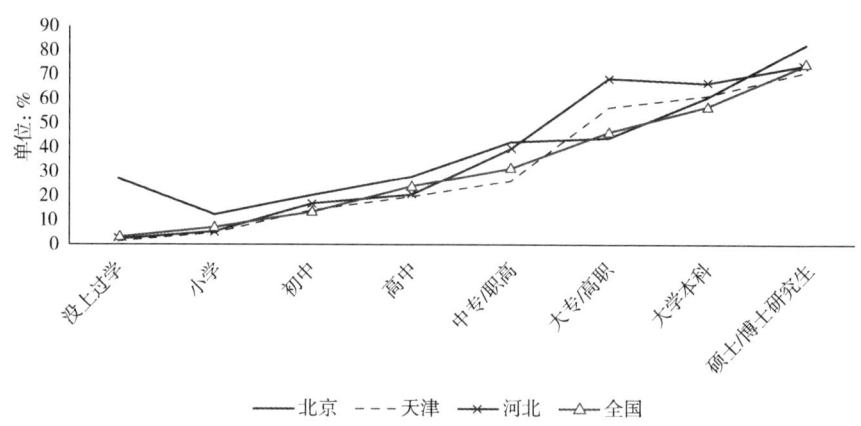

图 3 - 3 户主学历与信用卡支付比例

3.1.2.3 居住地与信用卡支付

表 3 - 11 描述了城镇和农村的信用卡支付比例。北京、天津和河北的城镇家庭信用卡支付比例分别为 37.3%、30.4% 和 31.1%,农村家庭信用卡支付比例分别为 13.1%、12.1%、9.7%,同城镇家庭的信用卡支付比例差距较大。此外,无论全国或地区,城镇家庭的信用卡支付比例均远高于农村家庭。全国、北京、天津和河北省的城乡差距分别为 3.48、2.85、2.51 和 3.21 倍,城镇的信用卡支付比例均高于 2 倍,但京津冀地区的城乡差距又略低于全国平均水平。从以上情况来看,北京地区的信用卡支付比例高于天津、河北,且河北省的城乡差距较大,京津冀地区的金融协同发展有待提高。

表 3 - 11 户主居住地与信用卡支付比例

	北京	天津	河北	全国
城镇	37.3%	30.4%	31.1%	26.8%
农村	13.1%	12.1%	9.7%	7.7%
差距(倍)	2.85	2.51	3.21	3.48

3.1.2.4 风险态度与信用卡支付

信用卡是当今发展最快的金融业务之一,它可以在某些特定情况下替代传统现金的使用,但由于信用卡的特殊性,通常风险偏好程度较高的家庭越有可能使用信用卡支付。表3－12描述了风险态度和信用卡支付比例之间的关系。根据 CHFIS 对风险态度的界定,从全国来看,风险厌恶、风险中性和风险偏好的家庭使用信用卡支付的比例分别为15.5%、21.9%、37.2%,从京津冀地区来看,河北省和全国平均水平相仿,北京、天津各种风险态度家庭的信用卡支付占比均高于全国平均水平。这表明,京津冀地区的信用卡支付发展不平衡。

表3－12 风险态度与信用卡支付比例 （单位:%）

	北京	天津	河北	全国
风险厌恶	28.8	21.3	15.8	15.5
风险中性	39.3	35.4	25.8	21.9
风险偏好	58.6	61.6	35.8	37.2

3.1.2.5 金融知识与信用卡支付

表3－13把受访户家庭的金融知识得分从小到大排序等分为5组,描述了金融知识和信用卡支付比例之间的关系。从全国来看,金融知识分数0~20%、20%~40%、40%~60%、60%~80%、80%~100%的家庭信用卡支付比例分别为10.6%、14.7%、18.7%、36%、13.8%,并未表现出较强的规律性,从京津冀地区来看,同全国趋势也大体相仿,但通常高于全国平均水平。据此还不能说明金融知识同信用卡支付比例之间的关系,有待进一步研究。

表3－13 金融知识与信用卡支付比例 （单位:%）

	北京	天津	河北	全国
0~20%	25.7	14.8	17.1	10.6
20%~40%	23.0	29.4	17.1	14.7
40%~60%	58.0	35.3	45.5	18.7
60%~80%	50.1	48.7	22.4	36.0
80%~100%	34.8	21.2	10.1	13.8

图 3 - 4 是金融知识和信用卡支付比例的折线图,从图 3 - 4 中可看出,信用卡支付比例与金融知识得分未表现出较强的规律性,京津冀地区和全国的趋势相似。

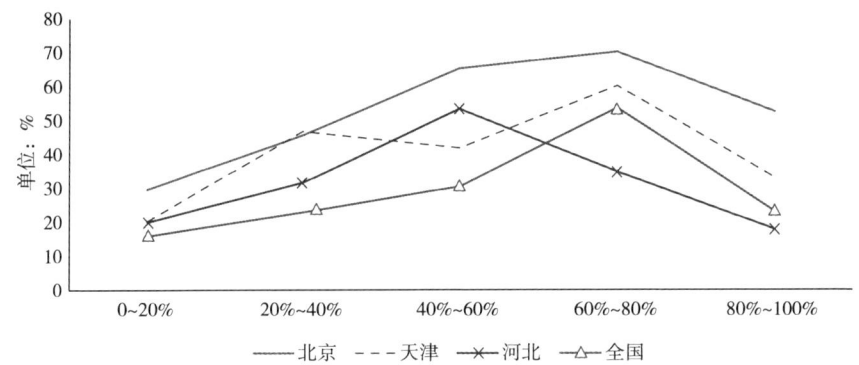

图 3 - 4　金融知识与信用卡支付

3.1.2.6　家庭收入与信用卡支付

表 3 - 14 把家庭收入从低到高排序等分为 5 组,描述了家庭收入和信用卡支付比例之间的关系。全国、北京、天津和河北家庭收入的前 20% 信用卡支付比例分别为 6.8%、18.7%、14.8%、8% ,后 20% 信用卡支付比例分别为 45.9%、65.1%、56.3%、48.3% 。由此可知,无论是全国还是京津冀地区,除个别情况外,随着家庭收入的增加,家庭拥有信用卡支付的比例逐渐增加,并且家庭收入前 20% 和后 20% 的信用卡支付比例差距较大。与银行卡支付比例不同的是,京津冀地区乃至全国的信用卡支付比例在低收入组家庭和高收入组家庭之间的差距都比较大,这反映了京津冀地区信用卡业务发展的不平衡,地区普惠金融的发展脚步仍需加快。

表 3 - 14　家庭收入与信用卡支付比例　　　　（单位:%）

	北京	天津	河北	全国
0 ~ 20%	18.7	14.8	8.0	6.8
20% ~ 40%	25.5	13.1	5.6	7.9
40% ~ 60%	26.8	20.2	14.2	14.9

续表

	北京	天津	河北	全国
60%~80%	37.2	30.4	22.8	24.9
80%~100%	65.1	56.3	48.3	45.9

3.1.2.7 家庭资产与信用卡支付

表3-15把家庭资产从低到高排序等分为5组,描述了家庭资产和信用卡支付比例的关系。从全国来看,家庭资产为0~20%、20%~40%、40%~60%、60%~80%、80%~100%的家庭信用卡支付比例分别为4.7%、8.9%、15.2%、29.5%、45.7%。可以发现,随着家庭资产的增加,家庭拥有信用卡支付的比例也逐渐增加。就京津冀地区而言,在家庭资产为0~20%的组别中,北京地区家庭的信用卡比例远远高于天津和河北。这说明信用卡业务在京津冀地区的发展存在严重的不平衡。

表3-15 家庭资产与信用卡支付比例 （单位:%）

	北京	天津	河北	全国
0~20%	24.1	10.0	1.5	4.7
20%~40%	29.5	22.9	8.3	8.9
40%~60%	37.3	20.7	16.2	15.2
60%~80%	40.4	33.2	27.1	29.5
80%~100%	48.6	52.4	49.4	45.7

3.1.3 第三方支付

3.1.3.1 年龄与第三方支付

第三方支付是指具备一定实力和信誉保障的独立机构,采用与各大银行签约的方式,通过与银行支付结算系统接口对接,促成交易双方进行交易的网络支付模式。现有的第三方支付主要包括网银、手机银行、支付宝、微信支付等。

表3-16描述了户主年龄和第三方支付比例之间的关系。从全国来看,户主年龄为30周岁及以下、31~39周岁、40~49周岁、50周岁及以上

的第三方支付比例分别为 75.6% 、62.9% 、40.3% 、16.1% 。分地区来看,京津冀地区内部差异较大,北京、天津和河北省 30 周岁及以下户主家庭的第三方支付比例分别为 99.1% 、94.3% 、69.1% ,在 50 周岁及以上的户主家庭,第三方支付比例分别为 33.9% 、24.8% 、13.6% 。可以发现,无论是全国还是京津冀地区,家庭第三方支付比例均表现出随着户主年龄的增加而降低的趋势,并且第三方支付在北京更加普及,在天津和河北有待进一步发展。具体情况如表 3 – 16 所示。

表 3 – 16　户主年龄与第三方支付比例　　　　（单位:%）

	北京	天津	河北	全国
30 周岁及以下	99.1	94.3	69.1	75.6
31 ~ 39 周岁	85.3	80.6	68.2	62.9
40 ~ 49 周岁	70.3	56.4	42.8	40.3
50 周岁及以上	33.9	24.8	13.6	16.1

3.1.3.2　受教育程度与第三方支付

表 3 – 17 描述了全国和京津冀地区户主学历和第三方支付比例之间的关系。从全国来看,户主学历为没上过学、小学、初中、高中、中专/职高、大专/高职、大学本科和硕士/博士研究生的家庭第三方支付拥有比例分别为 5.8% 、12.4% 、26.3% 、37% 、47.1% 、63.6% 、72.6% 、86% 。分地区来看,北京、天津和河北省的情况也大致如此,即无论是全国还是京津冀地区,户主受教育程度越高,家庭拥有第三方支付的比例越高。

表 3 – 17　户主学历与第三方支付比例　　　　（单位:%）

	北京	天津	河北	全国
没上过学	23.1	6.1	10.1	5.8
小学	31.3	32.4	13.1	12.4
初中	35.7	29.0	26.7	26.3
高中	44.1	32.3	29.1	37.0
中专/职高	55.3	32.6	57.4	47.1
大专/高职	67.2	55.3	77.3	63.6

	北京	天津	河北	全国
大学本科	81.4	62.8	81.5	72.6
硕士/博士研究生	89.0	96.7	98.0	86.0

图 3-5 是户主学历和第三方支付比例的折线图,从图 3-5 中可以清楚地看出,随着户主学历的提高,第三方支付的比例在总体上呈现出升高趋势。

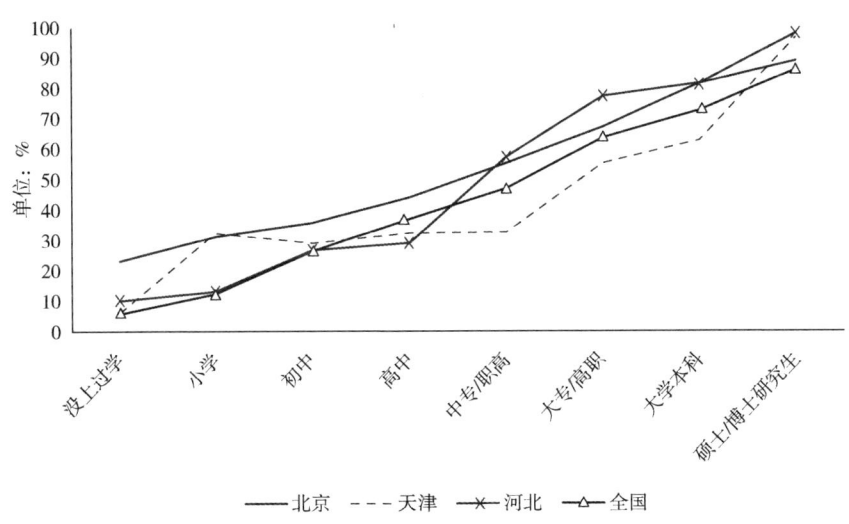

图 3-5 户主学历与第三方支付比例

3.1.3.3 居住地与第三方支付

表 3-18 描述了全国和京津冀地区户主居住地和第三方支付比例之间的关系。全国、北京、天津和河北的城镇家庭第三方支付比例分别为 41.3%、53.9%、39.2%、42.4%,农村家庭第三方支付比例分别为 12.6%、29.8%、36.6%、17.9%,同城镇家庭的第三方支付比例差距较大。可以发现,无论全国或京津冀地区,城镇家庭的第三方支付比例均高于农村家庭。此外,与信用卡支付相比,全国第三方支付比例的城乡差距(3.28倍)小于信用卡支付的城乡差距(3.48 倍)。就京津冀地区内部而言,北

京、天津和河北省第三方支付比例的城乡差距均小于信用卡支付比例的城乡差距,且差距均小于 3 倍,尤其是天津,第三方支付比例的城乡差距仅 1.07 倍。这些情况表明,京津冀地区第三方支付比例的城乡差距低于全国水平,但北京与河北的第三方支付比例城乡差距仍较大,应进一步缩小。具体情况如表 3 – 18 所示。

表 3 – 18　户主居住地与第三方支付比例

	北京	天津	河北	全国
城镇(%)	53.9	39.2	42.4	41.3
农村(%)	29.8	36.6	17.9	12.6
差距(倍)	1.81	1.07	2.37	3.28

3.1.3.4　风险态度与第三方支付

表 3 – 19 根据 CHFIS 对风险偏好的界定,描述了风险态度和第三方支付的比例关系。从全国来看,持风险厌恶、风险中性和风险偏好态度家庭的第三方支付比例分别为 24.5%、36.1%、53.1%。就地区而言,河北省风险厌恶家庭和风险偏好家庭的第三方支付比例均低于全国平均水平,其他地区各风险态度家庭的第三方支付比例高于全国平均水平。就趋势而言,无论是全国还是京津冀地区,随着家庭风险偏好程度的上升,拥有第三方支付的比例越高。就京津冀地区内部而言,北京、天津和河北省各组别家庭的第三方支付比例差异较大,这也在一定程度上反映了京津冀地区第三方支付发展的不平衡。

表 3 – 19　风险态度与第三方支付比例　　　　　　　　(单位:%)

	北京	天津	河北	全国
风险厌恶	41.0	30.6	23.3	24.5
风险中性	63.5	51.2	39.8	36.1
风险偏好	80.3	72.7	47.8	53.1

3.1.3.5　金融知识与第三方支付

表 3 – 20 把金融知识得分等分为 5 个组,并从低到高依次排列,描述了

金融知识和第三方支付比例的关系。从全国来看,位于金融知识得分0～20%、20%～40%、40%～60%、60%～80%、80%～100%的组别第三方支付占比分别为15.9%、22.8%、30.5%、53.6%、23.1%。京津冀地区的情况与全国相仿。据此可发现,随着金融知识得分的增加,家庭拥有第三方支付的比例呈现出先增加后减少的特点。此外,河北省金融知识得分在80%～100%组别的第三方支付比例低于全国平均水平。

表3－20　金融知识与第三方支付比例　　　　（单位:%）

	北京	天津	河北	全国
0～20%	29.6	20.3	20.0	15.9
20%～40%	45.6	46.7	31.6	22.8
40%～60%	65.2	41.8	53.3	30.5
60%～80%	70.2	60.1	34.8	53.6
80%～100%	52.5	33.1	17.8	23.1

图3－6是金融知识和第三方支付比例的折线图。从全国、北京和河北来看,第三方支付比例随着金融知识得分的增多表现出先提高后降低的趋势。

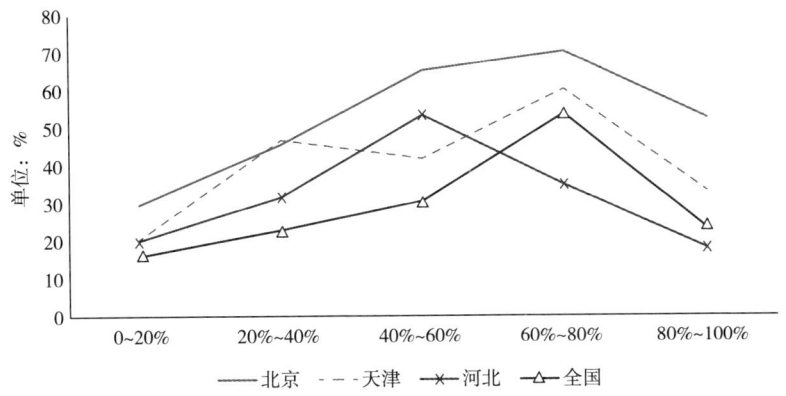

图3－6　金融知识和第三方支付比例

3.1.3.6 家庭收入与第三方支付

表 3－21 把家庭收入从低到高依次排序并等分为 5 组,描述了家庭收入和第三方支付之间的关系。从全国来看,位于家庭收入 0～20%、20%～40%、40%～60%、60%～80%、80%～100%组别的第三方支付比例分别为 11.2%、16.9%、27.7%、40.1%、59.4%。由此可见,随着家庭收入的增加,家庭拥有第三方支付的比例也相应增加。从京津冀地区来看,天津、河北的特征和全国相仿,北京家庭的第三方支付比例在各组别均高于天津、河北,但随着家庭收入的增加,第三方支付比例表现出先减后增的趋势。

表 3－21　家庭收入与第三方支付比例　　　（单位:%）

	北京	天津	河北	全国
0～20%	40.9	23.3	13.0	11.2
20%～40%	40.1	33.4	10.6	16.9
40%～60%	41.3	31.9	26.6	27.7
60%～80%	60.1	43.8	33.3	40.1
80%～100%	75.0	60.5	63.2	59.4

3.1.3.7 家庭资产与第三方支付

表 3－22 把家庭资产从低到高排列并等分为 5 组,描述了家庭资产和第三方支付比例之间的关系。从全国来看,位于家庭资产 0～20%、20%～40%、40%～60%、60%～80%、80%～100%组别的第三方支付比例分别为 8.9%、16.6%、29.1%、45.1%、58.4%。分地区来看,天津与河北地区的特征同全国相仿,但北京地区第三方支付比例稍高。从以上情况可看出,随着家庭资产的增多,家庭拥有第三方支付的比例也相应增加。

表 3－22　家庭资产与第三方支付比例　　　（单位:%）

	北京	天津	河北	全国
0～20%	48.5	17.2	5.5	8.9
20%～40%	43.6	47.4	13.6	16.6
40%～60%	58.2	32.8	29.7	29.1
60%～80%	51.3	43.0	38.7	45.1
80%～100%	60.1	53.5	63.3	58.4

3.2 家庭支付与收入

改革开放 40 年以来,中国经济实现了飞速发展,并已成长为世界第二大经济体。在取得如此举世瞩目成就的同时,中国家庭的发展不平衡问题也日益凸显。2016 年,全国居民收入的基尼系数已达 0.465[①],超过了国际公认的收入分配警戒线。如何提高居民收入引发了全社会越来越强烈的关注。除此之外,中国农村地区还有 4 000 多万贫困人口,这成为我国全面建成小康社会的重要挑战。在这一背景下,以习近平总书记为核心的党中央站在战略的高度,在党的十九大报告中指出,"我国社会的主要矛盾已经转化为人民日益增长的美好生活需要和不平衡不充分的发展之间的矛盾"。党的十九大明确提出,到 21 世纪中叶,要把我国建设成富强民主和谐的社会主义现代强国。要实现社会主义现代化,就必须消除家庭收入不平衡,提高居民尤其是贫困家庭的收入。根据世界银行的界定,共享发展是要提高 40% 收入最低家庭的生活水平。

家庭的支付方式反映了家庭享受的基本金融服务,而基本金融服务可能通过影响家庭的借贷行为、创业就业机会等渠道来影响家庭收入。本部分将从家庭支付方式的角度出发,采用 OLS 和工具变量法估计家庭支付方式参与对家庭收入的影响。研究发现,家庭银行卡支付、信用卡支付与和第三方支付参与对家庭收入的提高有显著的正向影响。

3.2.1 文献综述

目前,关于家庭支付与家庭收入的文献主要阐释了金融发展和家庭收入差距的关系,暂无相关文献论述家庭支付方式是否会影响家庭收入。

金融发展对收入差距的影响充满了争议。尽管在 Goldsmith(1969)、McKinnon(1973)、Shaw(1973)及 King & Levin(1993)之后,对金融深化是

---

① 数据来自国家统计局。

经济发展的必需部分已经达成共识,但关于金融发展是否带来了经济增长并没有一致看法,对金融发展和收入差距的联系也没有统一的结论。

有关金融发展与收入差距关系的争论,第一种观点认为,金融发展缩小了居民收入不平衡。Beck、Kunt & Ross Levine(2004)认为,金融发展不但有利于减少贫富差距,而且增加了国民收入,同时降低了收入差距。家庭支付方式的参与在一定程度上反映了金融服务的可得性,就金融服务的可得性而言,Honohan(2007)检验了金融可得对降低收入差距的影响,结果显示,用基尼系数衡量不平衡,金融可得可以显著降低收入差距,但这种显著关系依赖对模型的具体设定:当仅仅包括金融可得指标时,结果显著;当控制人均收入和一些哑变量时,结果不再显著。就金融服务的参与而言,Karpowicz(2014)发现,降低抵押约束可以带来经济增长,而降低金融参与成本可以带来收入差距缩小。Herrero & Turegano(2015)发现,金融普惠能够显著降低收入差距,但金融部门的规模却对收入差距没有显著影响,所以,对家庭,尤其是低收入家庭和小微企业提供信贷服务更为重要。

第二种观点认为,金融发展扩大了居民收入差距。Clark、Xu & Zou(2003)从金融中介角度研究,发现一国的经济结构将显著地影响金融发展对收入分配的作用机制,金融中介的发展将使工业化国家收入分配差距更大。Townsen & Ueda(2006)发现,在新兴市场国家,非均衡的金融深化所带来的经济膨胀将扩大收入差距。

第三种观点认为,金融发展对收入差距的影响效应呈现先扩大后缩小的倒 U 型特征。Kuznets(1955)认为,经济发展过程中的高增长会导致收入差距先扩大再缩小。Paukert(1973),Lydall(1976),Summers、Kravis & Heston(1984)为这一假说提供了证据。Robinson(1976)基于数学推导,论证了倒 U 型现象的必然性,这一论证被称为罗宾逊经典结论。统计资料方面首先进行大规模国别数据收集的分别是 Adelman 和 Maurice,他们于 20 世纪 60 年代末和 70 年代初收集了 43 个国家的数据,第一次为收入相对差距的研究提供了大量经验数据,其结果证实了倒 U 型现象的存在。Greenwood & Jovanovic(1990)基于一个动态模型,认为金融发展和收入分配关系存在倒 U 型结构。Iyiaun & Owen(2004)通过比较发达国家和发展中国家的经验,发现金融发展、收入分配和短期经济波动之间表现出库兹涅茨效应特征。Townsend & Ueda(2003)(简称"TU 模型")在 GJ 模型的基础上进行简化和改进,以更统一的动态模型讨论金融深化对收入分配的影响及其动态演化路径,论证金融发展与收入差距的关系遵循了库兹涅茨曲线。

综上所述,家庭支付方式在一定程度上反映了地区金融服务的可获得性,也反映了地区金融发展程度。关于家庭支付方式参与是否会影响家庭收入,暂无相关文献论述。本部分采用 OLS 和两阶段最小二乘法,研究家庭各支付方式的参与对家庭收入的影响。研究发现,家庭银行卡支付、信用卡支付和第三方支付均会显著提高家庭收入。

3.2.2　描述性统计

3.2.2.1　银行卡支付的收入效应

表 3-23 列示了全国和京津冀地区是否参与银行卡支付与家庭收入的关系。从全国来看,参与银行卡支付和未参与银行卡支付的家庭平均年总收入分别为 88 076 元、35 036 元,差距为 2.51 倍;北京、天津和河北使用银行卡支付的家庭年总收入分别为 150 223 元、106 530.3 元、66 308.6 元,未使用银行卡支付的家庭年总收入分别为 970 743.6 元、55 160.7 元、30 100.3 元,差距分别为 1.55 倍、1.93 倍、2.20 倍。以上情况说明,银行卡支付可能与家庭收入相关。

表 3-23　银行卡支付与家庭收入　　　　　　（单位:元）

支付方式	北京	天津	河北	全国
银行卡支付(元)	150 223.0	106 530.3	66 308.6	88 076.0
无银行卡支付(元)	97 074.6	55 160.7	30 100.3	35 036.0
差距(倍)	1.55	1.93	2.20	2.51

3.2.2.2　信用卡支付的收入效应

表 3-24 列示了全国和京津冀地区是否参与信用卡支付和家庭收入的关系。从全国来看,参与信用卡支付和未参与信用卡支付的家庭平均年总收入分别为 158 544.8 元、64 768 元,差距为 2.45 倍;北京、天津和河北参与信用卡支付的家庭年总收入分别为 224 467.1 元、157 375.4 元、129 198.2 元,未参与信用卡支付的家庭年总收入分别为 109 425.5 元、

86 181.4 元、48 289 元,差距分别为 2.05 倍、1.83 倍、2.68 倍。以上情况表明,使用信用卡支付家庭的收入普遍高于未使用信用卡支付的家庭,但这可能由于高收入家庭本身更倾向于使用信用卡,信用卡支付方式是否能影响家庭收入还需进一步的实证研究。

表 3 – 24　信用卡支付与家庭收入　　　　（单位:元）

支付方式	北京	天津	河北	全国
信用卡支付(元)	224 467.1	157 375.4	129 198.2	158 544.8
无信用卡支付(元)	109 425.5	86 181.4	48 289.0	64 768.0
差距(倍)	2.05	1.83	2.68	2.45

3.2.2.3　第三方支付的收入效应

表 3 – 25 列示了全国和京津冀地区是否参与第三方支付和家庭收入的关系。从全国来看,参与第三方支付和未参与第三方支付的家庭平均年总收入分别为 139 635.3 元、59 678.3 元,差距为 2.34 倍;北京、天津和河北参与第三方支付的家庭年总收入分别为 199 742.4 元、139 857.3 元、109 885.8 元,未参与第三方支付的家庭年总收入分别为 105 054.6 元、85 482.9 元、45 032.2,差距分别为 1.9 倍、1.64 倍、2.44 倍。以上情况表明,第三方支付参与可能和家庭收入相关。

表 3 – 25　第三方支付与家庭收入　　　　（单位:元）

支付方式	北京	天津	河北	全国
第三方支付	199 742.4	139 857.3	109 885.8	139 635.3
无第三方支付	105 054.6	85 482.9	45 032.2	59 678.3
差距(倍)	1.90	1.64	2.44	2.34

3.2.3　实证研究

3.2.3.1　模型设定

本部分以家庭年总收入为因变量,分别以银行卡支付、信用卡支付和第三方支付为关注变量研究家庭各支付方式的参与对家庭收入的影响。

具体模型设定如下：

$$\text{Income} = \alpha\text{Payment} + X\beta + \varepsilon \tag{3-1}$$

其中，Income 为家庭年总收入的自然对数，Payment 分别为银行卡支付、信用卡支付和第三方支付的虚拟变量，为 1 时表示家庭参与了相应的支付方式，否则为 0。X 是控制变量。根据以往研究家庭收入的相关文献（段志民，2016；卢亚娟、孟丹丹和王舒鸥，2018），我们引入以下控制变量：户主特征变量（健康状况、受教育年限、年龄、年龄、党员、男性、已婚、金融知识、风险偏好、风险厌恶），家庭特征变量（家庭规模、农村家庭）。此外，为了控制地区经济发展水平差异，引入了家庭所在市年度人均 GDP，为了控制各社区固定效应，引入了社区哑变量。

3.2.3.2 内生性讨论

此处的关注变量，即银行卡支付参与、信用卡支付参与和第三方支付参与可能是内生的，其内生性主要来源于两个方面：一方面，逆向因果，高收入家庭通常会获得更优质的资源，金融服务也不例外，那么，高收入家庭对各支付方式的参与比例可能更高；另一方面，家庭各支付方式的参与同个人喜好、理财习惯等密切相关，但这些变量又是不可能观测的。因此，要考虑支付参与的内生性问题。

由于在同一社区，其他家庭参与各支付手段的情况与所在家庭是否参与该支付手段通常是正相关的。例如，同一社区如果其他家庭使用微信支付的比例越高，那么，该家庭就更有可能使用微信支付。另外，其他家庭是否使用微信支付和所在家庭的收入并无直接关系。因此，我们认为，将社区其他家庭支付参与的平均情况作为支付参与的工具变量是合适的。

3.2.3.3 变量描述

在数据的处理上，为了避免极端值的影响，对主要连续变量的上下 1% 做了 winsorize 处理，并剔除了其余控制变量中存在缺失值的样本，最终剩余京津冀家庭总计 3 985 户。表 3 - 26 列出了所有变量的描述性统计结果。数据表明，家庭总收入的标准差为 115 422.5，说明家庭的收入差距较大，同理，所在市人均 GDP 有类似特征。所以，在实证检验时，本书对家庭总收入、所在地人均 GDP 取自然对数处理，以改善数据的不均匀分布情况。

表 3 - 26 变量描述性统计

变量名	变量描述	样本量	均值	标准差
	因变量			
家庭收入（元）	家庭过去一年总收入	3 985	102 756.5	115 422.5
	关注变量			
银行卡支付参与	参与 =1,否则 =0	3 985	0.93	0.26
信用卡支付参与	参与 =1,否则 =0	3 985	0.25	0.43
第三方支付参与	参与 =1,否则 =0	3 985	0.35	0.48
	户主特征变量			
健康状况①	主观评价 1~5,越高越健康	3 985	3.39	0.99
受教育年限②	从没上过学到博士研究生 0~22 年	3 985	10.5	4.13
年龄	户主年龄	3 985	56.7	14.7
年龄^2	户主年龄平方	3 985	3 427.0	1 641.8
党员	党员 =1,否则 =0	3 985	0.14	0.35
男性	男性 =1,否则 =0	3 985	0.74	0.44
已婚	已婚 =1,否则 =0	3 985	0.84	0.37
金融知识	根据因子分析而得	3 985	66.4	26.4
风险偏好	风险偏好 =1,否则 =0	3 985	0.09	0.29
风险厌恶	风险厌恶 =1,否则 =0	3 985	0.65	0.48
	家庭特征变量			
家庭规模	家庭总人口数	3 985	2.9	1.4
所在市人均 GDP	2016 年所在市 GDP	3 985	86 041.2	36 945.2
农村家庭	农村家庭 =1,否则 =0	3 985	0.19	0.39
社区哑变量	家庭所在社区哑变量	3 985		

① CHFIS 问卷中衡量身体状况的问题为:与同龄人相比,您现在的身体状况如何? 1. 非常好; 2. 好;3. 一般;4. 不好;5. 非常不好。本文将选项 1、2、3、4 和 5 分别赋值为 5、4、3、2 和 1,以表示越健康得分越高。

② CHFIS 问卷中受教育水平的选项为:没上过学、小学、初中、高中、中专、大专、大学本科、硕士研究生、博士研究生,我们将其折算为受教育年限(年),依次为 0、6、9、12、13、15、16、19、22。

3.2.3.4　实证结果

如表 3 - 27 所示,表中(1)、(3)、(5)列为模型的 OLS 估计结果,(2)、(4)、(6)列分别为其对应的工具变量估计结果。第(1)列的估计结果表明,银行卡支付的参与会提高家庭收入,且系数为 0.325,考虑到关注变量的内生性,采用工具变量估计,第(2)列中银行卡支付的系数依然为正,且和第(1)列系数差别不大,在 IV 估计解决了该关注变量的内生性之后,银行卡支付参与对家庭收入影响为正的结果依然存在,且系数在 1% 的水平下显著;第(3)列信用卡支付参与的 OLS 估计结果显示,信用卡支付参与对家庭收入具有正向影响,且系数为 0.315,第(4)列的工具变量估计系数依然为正,为 0.320,且均在 1% 的水平上显著;同理,第(5)、(6)列结果与上述情况基本一致。以上情况说明,各支付方式的参与均对家庭收入具有正向影响。

表 3 - 27　家庭支付与收入

变量	(1) OLS	(2) 2SLS	(3) OLS	(4) 2SLS	(5) OLS	(6) 2SLS
银行卡支付	0.325*** (0.060)	0.362*** (0.065)				
信用卡支付			0.315*** (0.044)	0.320*** (0.048)		
第三方支付					0.289*** (0.043)	0.340*** (0.046)
健康状况	0.096*** (0.018)	0.096*** (0.017)	0.095*** (0.018)	0.095*** (0.017)	0.092*** (0.018)	0.091*** (0.017)
受教育年限	0.063*** (0.006)	0.062*** (0.006)	0.059*** (0.006)	0.059*** (0.006)	0.061*** (0.006)	0.060*** (0.006)
年龄	0.019** (0.008)	0.019** (0.008)	0.021** (0.009)	0.021** (0.008)	0.026*** (0.009)	0.027*** (0.008)
年龄^2	-0.000** (0.000)	-0.000** (0.000)	-0.000** (0.000)	-0.000** (0.000)	-0.000*** (0.000)	-0.000*** (0.000)
党员	0.117** (0.046)	0.118*** (0.045)	0.113** (0.046)	0.113** (0.045)	0.128*** (0.046)	0.131*** (0.045)

续表

变量	(1) OLS	(2) 2SLS	(3) OLS	(4) 2SLS	(5) OLS	(6) 2SLS
男性	-0.004	-0.004	-0.001	-0.001	-0.002	-0.001
	(0.004)	(0.041)	(0.042)	(0.041)	(0.042)	(0.042)
已婚	0.270***	0.268***	0.304***	0.304***	0.316***	0.320***
	(0.060)	(0.059)	(0.060)	(0.059)	(0.060)	(0.059)
金融知识	0.002***	0.002***	0.002***	0.002***	0.002***	0.002***
	(0.001)	(0.001)	(0.001)	(0.001)	(0.001)	(0.001)
风险偏好	0.213***	0.212***	0.189***	0.188***	0.210***	0.208***
	(0.068)	(0.067)	(0.068)	(0.067)	(0.068)	(0.067)
风险厌恶	0.066*	0.065*	0.092**	0.093**	0.100**	0.104**
	(0.039)	(0.039)	(0.039)	(0.039)	(0.040)	(0.039)
家庭规模	0.291***	0.291***	0.277***	0.277***	0.269***	0.266***
	(0.015)	(0.014)	(0.014)	(0.014)	(0.015)	(0.015)
所在市人均 GDP	1.501***	1.095***	1.476***	1.060***	1.473***	1.051***
	(0.235)	(0.210)	(0.238)	(0.206)	(0.235)	(0.211)
农村家庭	-0.032	-0.065	-0.099	-0.135	-0.104	-0.150
	(0.307)	(0.301)	(0.317)	(0.312)	(0.310)	(0.304)
社区哑变量	Control	Control	Control	Control	Control	Control
N	3 985	3 985	3 985	3 985	3 985	3 985
一阶段 F 值		198.34***		600.35***		539.56***
R^2	0.450	0.450	0.452	0.452	0.451	0.451

注:括号中的数字为估计系数的标准误,其中第(1)至(6)列的标准误经过 White 异方差调整,结果四舍五入保留到第三位小数。***、**、*分别表示 1%、5% 和 10% 的显著性水平。

3.2.4 主要结论

采用 OLS 和 2SLS 法,本部分对家庭各支付方式是否会影响家庭收入进行了研究。发现家庭银行卡支付、信用卡支付和第三方支付参与对家庭收入均存在显著的正向影响,OLS 估计系数分别为 0.325、0.315 和 0.289,

且各系数均在 1% 的水平显著。进一步地,为了解决关注变量的内生性,我们采用同社区其他家庭各支付方式的参与状况作为相应支付方式参与的工具变量,采用工具变量法估计了各支付方式参与对家庭收入的影响。家庭银行卡支付、信用卡支付和第三方支付的 2SLS 回归系数分别为 0.362、0.32 和 0.34,且系数均在 1% 的水平显著。本部分在众多学者(尹志超、杨阳和张号栋,2017;Honohan,2007;Herrero & Turegano,2015)研究金融普惠、金融发展和家庭支付是否会影响家庭收入差距的前提下,考察了家庭支付方式对家庭收入水平的影响。OLS 和 2SLS 估计结果说明,家庭银行卡支付、信用卡支付和第三方支付的参与对家庭收入的提高有显著促进作用。

3.3 家庭支付与消费

支付方式通常会影响消费者的购买行为(王晓彦和胡德宝,2017),现代化的支付方式,尤其是银行卡、信用卡等基于银行系统的支付方式,以及微信、支付宝等第三方支付平台,为广大消费者提供了更为便捷的支付形式。

银行卡已成为我国主要的非现金支付工具和小额消费信贷工具,成为影响居民消费行为的重要因素(张奎,2009)。另外,信用卡作为一种信用凭证和支付工具,以其无法比拟的便捷和高效,给人们的生活带来了极大的便利,不仅是便捷的支付结算工具,也是大众使用最为普遍的消费信贷工具,大力发展以信用卡为代表的消费信贷业务是推动消费增长的重要举措(廖理、沈红波和苏治,2013)。其次,2017 年以来,微信支付、支付宝等第三方支付平台发展迅猛,我国许多城市,越来越多的人开始无现金生活模式。中国使用无现金支付的实名制用户超过 4.5 亿,中国蚂蚁金服和印度合作伙伴打造的印度版支付宝 Paytm 用户超过 2.2 亿,成为全球第三大电子钱包。2017 年 2 月,支付宝宣布用 5 年时间推动中国进入无现金社会生活的新阶段。中国人民银行公布的 2016 支付业务统计数据显示,2016 年,中国移动支付业务共发生 257.1 亿笔,同比增长 85.82%,结算金额超过

157.55 万亿元。从以上情况可以看出,无现金支付体系正在我国蓬勃发展。

金融普惠带来的金融服务水平提升将有助于增加家庭消费意愿、提高家庭即期消费能力、平滑家庭消费,对于消费能力不足的低收入家庭,这一效果将尤为明显。小微企业、农民、城镇低收入人群、贫困人群、残疾人和老年人等特殊群体是当前我国金融普惠重点服务的对象。当他们拥有支付、储蓄、信贷、商业保险等金融服务时,他们的收入会增加,信贷约束会得到缓解,减少了预防性储蓄,从而促进家庭消费。

根据 CHFIS 数据,全国家庭所拥有的信用卡支付占比仅为 19.5%,第三方支付占比仅为 30.4%,就京津冀地区而言,北京、天津、河北家庭的信用卡支付占比分别为 35.6%、27.9% 和 20.4%,第三方支付占比分别为 52.2%、38.9%、30.2%。从以上情况来看,无论是全国还是京津冀地区,信用卡支付和第三方支付占比均较低,说明金融普惠的进程还有待继续推进。

3.3.1　文献综述

家庭的收入和财富与家庭的消费具有紧密的联系。根据凯恩斯的消费理论,家庭的当期消费是当期收入的一个固定函数。随后,Friedman (1956)提出了著名的"持久收入假说",该理论认为,家庭的消费支出不是由现期收入决定的,而是由持久收入决定的,家庭在面临短期的收入冲击时,会通过降低或增加储蓄来平滑消费水平,这又将消费和财富联系在一起。在这种情况下,家庭收入和财富的变化必然会导致家庭消费的变化。与此同时,家庭的消费会直接影响家庭成员的效用水平,对诸如教育服务等消费产生影响,还会直接影响到家庭未来的收入水平,从而反作用于收入和财富。

世界银行(World Bank)把金融普惠分为支付、储蓄、信贷与保险 4 个方面,金融普惠带来的金融服务水平的提升,尤其是支付方式的多样化和普及率,将有助于增强家庭消费意愿、提高家庭即期消费能力、平滑家庭消费,对消费能力不足的低收入家庭,这一效果将尤为明显。

已有文献研究发现,支付服务能够为消费者和金融机构带来诸多好处,可以节约成本、减少犯罪、减少腐败、建立信用记录并为金融机构提供信贷依据,从而降低银行的经营风险(Turner & Varghese,2011)。同时,支付功能能够使消费者在购物,尤其是购买金额较大的商品时更加便利,第三方支付客户端上自带各种美食、娱乐等商家消费优惠,这些服务都使居民消费变得更加快捷、便利和安全。例如,熊伟(2014)以新加坡最大商业银行2010年4月到2012年3月的微观数据为样本,研究发现,由于银行的信用卡余额代偿服务为消费者提供了降低短期流动性约束的工具,在信用卡转账金偿付完后,消费者的总消费水平显著提高。李江一和李涵(2017)基于中国家庭金融调查2011年与2013年的微观面板数据,采用倾向匹配和固定效应模型相结合的方法考察了信用卡消费信贷对家庭消费的影响,研究发现,持有信用卡可使家庭总消费提高约14%,同时,银行将信用卡透支额度提高1%,可使持有信用卡家庭的总消费增加约0.071%。

本部分围绕京津冀地区家庭支付与消费展开研究,考察家庭参与各支付方式对京津冀地区家庭消费的影响。

3.3.2 描述性统计

3.3.2.1 银行卡支付的消费效应

如表3-28所示,全国、北京、天津和河北参与银行卡支付的家庭年总消费平均值分别为59 395.7元、90 956.6元、69 645.1元和47 269.6元,未参与银行卡支付的家庭年总消费平均值分别为47 917.4元、77 204.4元、56 956.8元和47 623.2元。据此可看出,除河北外,参与银行卡支付的家庭消费均高于未参与银行卡支付的家庭,参与银行卡支付对家庭消费可能具有促进作用。

表3-28 银行卡支付与家庭消费 (单位:元)

支付方式	北京	天津	河北	全国
银行卡支付	90 956.6	69 645.1	47 269.6	59 395.7
无银行卡支付	77 204.4	56 956.8	47 623.2	47 917.4

3.3.2.2 信用卡支付的消费效应

如表 3 - 29 所示,全国、北京、天津和河北参与信用卡支付的家庭年总消费平均值分别为 97 251. 7 元、124 336. 5 元、95 376. 3 元和 82 879. 9 元,未参与信用卡支付的家庭年总消费平均值分别为 48 003. 6 元、71 587. 8 元、59 618. 4 元和 37 364. 2 元。由以上情况可以看出,参与信用卡支付家庭的消费总体上高于未参与信用卡支付的家庭,信用卡支付参与对家庭消费可能具有促进作用。

表 3 - 29　信用卡支付与家庭消费　　　　（单位:元）

支付方式	北京	天津	河北	全国
信用卡支付	124 336. 5	95 376. 3	82 879. 9	97 251. 7
无信用卡支付	71 587. 8	59 618. 4	37 364. 2	48 003. 6

3.3.2.3 第三方支付的消费效应

如表 3 - 30 所示,全国、北京、天津和河北参与第三方支付的家庭年总消费平均值分别为 89 893. 7 元、118 365. 3 元、86 637. 7 元和 72 919. 8 元,未参与第三方支付的家庭年总消费平均值分别为 4 4319. 2 元、64 989. 3 元、59 301. 7 元和 35 212. 6 元。据此可知,参与第三方支付的家庭消费总体上均高于未参与第三方支付的家庭,第三方支付参与对家庭消费可能具有促进作用。

表 3 - 30　第三方支付与家庭消费　　　　（单位:元）

支付方式	北京	天津	河北	全国
第三方支付	118 365. 3	86 637. 7	72 919. 8	89 893. 7
无第三方支付	64 989. 3	59 301. 7	35 212. 6	44 319. 2

3.3.3 实证研究

3.3.3.1 模型设定

本部分以家庭年总消费为因变量,分别以银行卡支付参与、信用卡支付参与和第三方支付参与为关注变量,研究家庭各支付方式的参与对家庭消费的影响。具体模型设定如下：

$$Consump = \alpha Payment + X\beta + \varepsilon \qquad (3-2)$$

其中，Consump 为家庭年总收入的自然对数，Payment 分别以银行卡支付、信用卡支付和第三方支付作为代理变量，以上变量为 1 时，表示家庭参与了对应的支付方式，否则为 0。X 是一系列控制变量组成的向量。

根据以往研究家庭和居民消费的相关文献（丁继红等，2013；尹志超和甘犁，2009；李波，2015），我们引入以下控制变量：家庭个体特征变量（包括家庭规模、家庭总收入、农村家庭）、户主特征变量（健康状况、受教育年限、年龄、年龄^2、党员、男性、已婚和金融知识）。此外，由于户主的风险态度或家庭资产的流动性对家庭消费行为有一定程度的影响，因此还控制了风险偏好、风险厌恶对消费的影响；为了控制地区经济发展水平的差异，我们引入了家庭所在市的年度人均 GDP；为了控制各地区不同消费习惯的固定效应，我们引入了社区虚拟变量。此外，在数据处理上，对主要连续变量，如家庭消费、家庭收入等做了 1% 的 winsorize 处理，各变量的描述性统计特征见表 3-31。

3.3.3.2 内生性讨论

本部分的关注变量，即银行卡支付参与、信用卡支付参与和第三方支付参与可能是内生的，其内生性主要来源于两个方面：其一，逆向因果，高消费家庭的收入通常较高，所获得的金融服务也会不同，即使在控制了家庭收入后，高消费家庭和低消费家庭的消费习惯和支付方式可能本身就存在差异性，例如，高消费的家庭完全更有可能使用信用卡或者第三方支付进行消费。其二，家庭各支付方式的参与同个人喜好和习惯密切相关，但这些变量又是不可能观测的。

由于在同一社区，其他家庭参与各支付手段的情况与所在家庭是否参与该支付手段通常是正相关的，例如，同一社区如果其他家庭使用微信支付的比例越高，那么，该家庭就更有可能使用微信支付。另外，其他家庭是否使用微信支付和所在家庭的收入并无直接关系，因此，我们认为同社区其他家庭支付参与的平均情况作为支付参与的工具变量是合适的。据此，我们分别用社区其他家庭的银行卡支付占比、信用卡支付占比和第三方支付占比分别作为该家庭银行卡支付、信用卡支付和第三方支付的工具变量。

3.3.3.3 变量描述

变量描述性统计结果见表 3－31。

表 3－31 变量描述性统计

变量名	变量描述	样本量	均值	标准差
因变量				
家庭消费(元)	家庭过去一年总消费	3 985	66 450.6	61 252.1
关注变量				
银行卡支付参与	参与＝1,否则＝0	3 985	92.9%	25.6%
信用卡支付参与	参与＝1,否则＝0	3 985	24.8%	43.2%
第三方支付参与	参与＝1,否则＝0	3 985	34.8%	47.6%
户主特征变量				
健康状况	主观评价 1－5,越高越健康	3 985	3.39	0.99
受教育年限	从没上过学到博士研究生 0－22 年	3 985	10.5	4.13
年龄	户主年龄	3985	56.7	14.7
年龄^2	户主年龄平方	3 985	3 427.0	1 641.8
党员	党员＝1,否则＝0	3 985	14.4%	35.1%
男性	男性＝1,否则＝0	3 985	73.7%	44.0%
已婚	已婚＝1,否则＝0	3 985	83.8%	36.8%
金融知识	根据因子分析而得	3 985	66.4	26.4
风险偏好	风险偏好＝1,否则＝0	3 985	9.1%	28.8%
风险厌恶	风险厌恶＝1,否则＝0	3 985	64.9%	47.8%
家庭特征变量				
家庭规模	家庭总人口数	3 985	2.9	1.4
家庭收入(元)	家庭过去一年总收入	3 985	102 756.5	115 422.5
所在市人均 GDP	2016 年所在市 GDP	3 985	86 041.2	36 945.2
农村家庭	农村家庭＝1,否则＝0	3 985	18.9%	39.1%
社区哑变量	家庭所在社区哑变量	3 985		

3.3.3.4 实证结果

表 3－32 为家庭各支付方式参与和消费的估计结果。表中(1)、(3)、

(5)列分别为 OLS 估计结果,(2)、(4)、(6)列分别为其对应的工具变量估计结果。第(1)列的估计结果表明,银行卡支付的参与会提高家庭消费,且系数为 0.122,在 1% 的水平显著,考虑到关注变量的内生性问题,采用工具变量估计,第(2)列中银行卡支付的系数依然为正,且和第(1)列系数差别不大,在 IV 估计解决了该关注变量的内生性问题之后,银行卡支付参与对家庭消费影响为正的结果依然成立,且系数在 1% 的水平显著;第(3)列信用卡支付参与的 OLS 估计结果显示,信用卡支付参与对家庭消费具有正向影响,系数为 0.2,在 1% 的水平显著;第(4)列的工具变量估计系数依然为正,为 0.22,且在 1% 的水平显著;同理,第(5)、(6)列结果与上述情况基本一致。

以上情况说明,与已有文献的结论类似,即使把地区范围缩小到京津冀地区,家庭各支付方式的参与对家庭消费依然具有显著的正向影响,京津冀地区金融普惠发展的重要性不言而喻。

表 3−32 家庭支付与消费

变量	(1) OLS	(2) 2SLS	(3) OLS	(4) 2SLS	(5) OLS	(6) 2SLS
银行卡支付	0.122 ***	0.109 ***				
	(0.034)	(0.038)				
信用卡支付			0.200 ***	0.220 ***		
			(0.025)	(0.027)		
第三方支付					0.211 ***	0.235 ***
					(0.024)	(0.026)
健康状况	− 0.022 **	− 0.022 **	− 0.023 **	− 0.023 **	− 0.025 **	− 0.026 **
	(0.011)	(0.010)	(0.011)	(0.010)	(0.010)	(0.010)
受教育年限	0.021 ***	0.021 ***	0.018 ***	0.018 ***	0.019 ***	0.018 ***
	(0.003)	(0.003)	(0.003)	(0.003)	(0.003)	(0.003)
年龄	− 0.006	− 0.006	− 0.005	− 0.005	− 0.001	− 0.001
	(0.005)	(0.004)	(0.004)	(0.004)	(0.005)	(0.004)
年龄^2	− 0.000	− 0.000	− 0.000	− 0.000	− 0.000	− 0.000
	(0.000)	(0.000)	(0.000)	(0.000)	(0.000)	(0.000)

续表

变量	（1）OLS	（2）2SLS	（3）OLS	（4）2SLS	（5）OLS	（6）2SLS
党员	0.024	0.024	0.023	0.023	0.035	0.036
	(0.028)	(0.028)	(0.028)	(0.028)	(0.028)	(0.028)
男性	−0.028	−0.028	−0.025	−0.025	−0.025	−0.025
	(0.024)	(0.023)	(0.024)	(0.023)	(0.024)	(0.023)
已婚	0.087 ***	0.087 ***	0.104 ***	0.106 ***	0.115 ***	0.117 ***
	(0.032)	(0.031)	(0.032)	(0.031)	(0.032)	(0.031)
金融知识	0.002 ***	0.002 **	0.002 ***	0.002 ***	0.002 ***	0.001 ***
	(0.000)	(0.000)	(0.000)	(0.000)	(0.000)	(0.000)
风险偏好	0.076 **	0.076 **	0.060	0.059	0.073 *	0.072 *
	(0.038)	(0.038)	(0.038)	(0.037)	(0.038)	(0.037)
风险厌恶	−0.023	−0.022	−0.009	−0.008	−0.002	−0.000
	(0.023)	(0.022)	(0.022)	(0.022)	(0.002)	(0.022)
家庭规模	0.140 ***	0.140 ***	0.134 ***	0.134 ***	0.127 ***	0.126 ***
	(0.009)	(0.009)	(0.009)	(0.008)	(0.009)	(0.009)
家庭收入	0.142 ***	0.143 ***	0.138 ***	0.137 ***	0.138 ***	0.137 ***
	(0.011)	(0.011)	(0.011)	(0.011)	(0.011)	(0.011)
所在市人均GDP	0.551 ***	0.640 ***	0.536 ***	0.633 ***	0.532 ***	0.628 ***
	(0.113)	(0.099)	(0.113)	(0.099)	(0.111)	(0.100)
农村家庭	−0.112	−0.10	−0.154	−0.149	−0.163	−0.159
	(0.171)	(0.168)	(0.175)	(0.172)	(0.172)	(0.169)
社区哑变量	Control	Control	Control	Control	Control	Control
N	3 985	3 985	3 985	3 985	3 985	3 985
一阶段 F 值		194.68 ***		586.50 ***		534.04 ***
R^2	0.535	0.535	0.541	0.541	0.542	0.542

注:括号中的数字为估计系数的标准误,其中第(1)至(6)列的标准误经过 White 异方差调整,结果四舍五入保留到第三位小数。 *** 、** 、* 分别表示 1%、5%和 10%的水平显著。

3.3.4 主要结论

本部分采用 OLS 和 2SLS 法,在众多学者(李江一和李涵,2017;熊伟,2014;廖理、沈红波和苏治,2013)研究信用卡、银行卡等支付方式的基础上,研究了京津冀地区家庭各支付方式参与和家庭消费之间的关系。研究发现,家庭银行卡支付、信用卡支付和第三方支付的参与对家庭消费存在显著的正影响。其中,家庭银行卡支付、信用卡支付和第三方支付参与对家庭消费的 OLS 估计结果系数分别为 0.122、0.2 和 0.211,且均在 1% 的水平显著。进一步地,为了解决各关注变量的内生性问题,我们以同社区其他家庭参与各支付方式的平均情况作为相应支付方式参与的工具变量,采用工具变量法估计了各支付方式参与对家庭消费的影响。家庭银行卡支付参与、信用卡支付参与和第三方支付参与对家庭消费的 IV – 2SLS 估计结果的系数分别为 0.109、0.22 和 0.235,且均在 1% 的水平显著。以上情况说明,家庭参与银行卡支付、信用卡支付和第三方支付对促进家庭消费具有积极作用。该结论是对京津冀地区金融普惠发展的肯定也为未来政策参考提供了实证依据。

3.4 家庭支付与财富

我国在改革开后的 40 年里,经历了计划经济向市场经济的转型。就 GDP 总量而言,我国已经成为世界第二大经济体。然而,国民收入和经济的快速增长引发了财富不平等问题,家庭之间财富分布不均的问题引发了广泛的讨论。

党的十九大报告指出,中国特色社会主义进入新时代,我国社会主要矛盾已经转化为人民日益增长的美好生活需要和不平衡不充分的发展之间的矛盾。不平衡在经济方面的重要体现就是中国家庭财富的不平等。此外,中共十五届五中全会提出的"十三五规划"确立了 7 000 万人全部脱贫及全面实现小康社会的目标。根据《中国家庭财富调查报告(2017)》,

2016 年,我国家庭的人均财富为 16.9 万元,东部地区、中部地区和西部地区家庭的人均财富分别为 24.3 万元、12 万元和 9.23 万元。由此可见,我国东、中、西部地区的家庭财富差异巨大。根据 Davies 等人(2008)、原鹏飞、冯蕾(2014)及尹志超、张号栋(2017)的研究,中国家庭财富基尼系数从 2000 年的 0.55 上升到 2015 年的 0.725。缩小我国家庭财富差距、实现家庭财富平等既是社会发展的必然要求,也是解决我国社会主要矛盾的迫切需要。

由此可见,解决家庭财富差距问题是解决现阶段我国社会主要矛盾的重点工作之一。本部分将考察京津冀地区的家庭支付参与和家庭财富之间的关系。

3.4.1 文献综述

学术界对家庭财富关注较少,学者们更多的是从收入这一流量的视角对中国家庭进行剖析和讨论,忽略了存量的因素,如家庭的财富占有状况。然而,从存量方面来看,财富占有不公凸显的负面社会影响可能更大,更容易造成公众不满,激化社会矛盾和冲突。

李实等(2000)和梁运文等(2010)从个体人口特征、职业特征和政治身份等多个方面对城镇居民的财富进行检验,发现上述因素不同程度地影响城镇居民的财富积累。罗楚亮(2011,2012)验证了收入增长和收入波动对城镇居民财富积累的影响,研究发现,收入增长和劳动力外出对农村居民的财富积累具有显著影响。严琼芳等(2013)利用 2012 年东、中、西部 9 个省份农村居民家庭财产调查数据进行检验,发现户主的受教育程度、外出务工经历、社会政治资本和专业技能等因素对农村家庭财产积累有正面影响。陈彦斌和邱哲圣(2011)以中国房地产市场为背景,构建了包含内生性住房需求和生命周期特征的 Bewley 模型,刻画了房价对居民储蓄行为和财产的影响。张琳琬(2016)指出,虽然财富水平的差异能够在一定程度上激励人们的创新活动,但合理的财富平等程度、公正的财富分配和再分配制度与整个社会的福利和稳定紧密相关,有利于从全局层面提高劳动者的积极性,在长期内保持经济的平稳较快发展。

国外学者发现,除了用于消费,财富还能够提供短期和长期的经济担保、社会声望和政治权利,并且可以被用来创造更多的财富(Domhoff,1990;Henretta & Campbell,1978)。按照马克斯·韦伯的资本主义精神假说,财富本身就是一种身份地位的象征,代表着理性人的一种效用形式。财富分布不均违背了福利经济学第二定律的前提假设,抑制了市场机制作用的发挥,不利于实现帕累托有效配置(Bardhan et al.,2000)。同时,居民财富分布对整个宏观经济的稳定具有重要影响,关系到国民经济的持续健康发展与和谐稳定。因此,从居民家庭财富持有的视角来考察收入分配,能够更深入、全面地理解中国现阶段的主要矛盾。

关于家庭各种支付方式的参与是否会影响家庭财富,目前鲜有讨论。本部分围绕京津冀地区家庭对各支付方式的参与和家庭财富的关系展开研究,考察家庭各支付方式的参与对家庭财富的影响。

3.4.2 描述性统计

3.4.2.1 银行卡支付的财富效应

表3-33描述了家庭是否参与银行卡支付与家庭财富的关系。从全国来看,有银行卡支付的家庭和无银行卡支付的家庭平均净财富分别为1 075 478元和767 121元。从京津冀地区来看,北京、天津和河北有银行卡支付的家庭平均净财富分别为3 867 960元、1 941 366元和931 478元,无银行卡支付的家庭平均净财富分别为2 824 137元、1 585 437元和660 593元。从以上情况可发现,有银行卡支付的家庭净财富高于无银行卡支付的家庭,银行卡支付可能对家庭财富有影响。

表3-33 银行卡支付与家庭财富　　　　（单位:元）

支付方式	北京	天津	河北	全国
银行卡支付	3 867 960	1 941 366	931 478	1 075 478
无银行卡支付	2 824 137	1 585 437	660 593	767 121

3.4.2.2 信用卡支付的财富效应

表3-34描述了家庭是否拥有信用卡支付与家庭财富的关系。从全国来看,有信用卡支付家庭的和无信用卡支付家庭的平均净财富分别为2 144 264元和756 822元。从京津冀地区来看,北京、天津和河北有信用卡支

付家庭的平均净财富分别为 4 633 912 元、3 090 832 元和 1 986 845 元,无信用卡支付家庭的平均净财富分别为 3 278 799 元、1 527 864 元和 653 891 元。

表 3-34　信用卡支付与家庭财富　　　（单位:元）

支付方式	北京	天津	河北	全国
信用卡支付	4 633 912	3 090 832	1 986 845	2 144 264
无信用卡支付	3 278 799	1 527 864	653 891	756 822

3.4.2.3　第三方支付的财富效应

表 3-35 描述了家庭是否拥有第三方支付与家庭财富的关系。从全国来看,有第三方支付的家庭和无第三方支付的家庭平均净财富分别为 1 815 323 元和 703 291 元。从京津冀地区来看,北京、天津和河北有第三方支付的家庭平均净财富分别为 4 177 052 元、2 551 400 元和 1 656 112 元,无第三方支付的家庭平均净财富分别为 3 359 918 元、1 588 303 元和 605 905元。

表 3-35　第三方支付与家庭财富　　　（单位:元）

支付方式	北京	天津	河北	全国
第三方支付	4 177 052	2 551 400	1 656 112	1 815 323
无第三方支付	3 359 918	1 588 303	605 905	703 291

3.4.3　实证研究

3.4.3.1　模型设定

下面以家庭净财富为因变量,分别以银行卡支付、信用卡支付和第三方支付参与为关注变量,研究家庭各支付方式的参与对家庭财富的影响。具体模型设定如下:

$$\text{Wealth} = \alpha \text{Payment} + X\beta + \varepsilon \qquad (3-3)$$

其中,Wealth 为家庭财富的自然对数,关注变量分别为银行卡支付参与、信用卡支付参与和第三方支付参与的虚拟变量,以上变量为 1 时,表示家庭参与了对应的支付方式,否则为 0。X 是一系列控制变量组成的向量。

根据以往研究家庭和居民财富的相关文献（韦宏耀和钟涨宝,2017;

吴卫星、邵旭方和陶利斌,2017;吴雨、彭嫣燕和尹志超,2016),我们引入以下控制变量:家庭个体特征变量(包括家庭规模、家庭总收入、农村家)、户主特征变量(健康状况、受教育年限、年龄、年龄^2、党员、男性、已婚、金融知识和风险态度)。为了控制地区经济发展水平的差异,我们引入了家庭所在市的年度人均 GDP;为了控制各地区不同消费习惯的固定效应,我们引入了社区虚拟变量。此外,在数据的处理上,对主要连续变量,如家庭财富、家庭收入等做了 1% 的 winsorize 处理,各变量的描述性统计特征见表 3 − 36。

3.4.3.2 内生性讨论

本部分的关注变量,即银行卡支付、信用卡支付和第三方支付可能是内生的,并且其内生性主要来源于两个方面:一方面是逆向因果,净财富多的家庭收入通常较高,所获得的金融服务也不同,即使在控制了家庭收入后,净财富较多的家庭和净财富较少家庭的理财习惯和支付方式可能本身就存在差异,比如,净财富较多的家庭有可能更偏向于使用信用卡或者第三方支付,而净财富较少的家庭可能根本就不需要信用卡等支付方式。另一方面是家庭各支付方式的参与同个人喜好和习惯密切相关,但这些变量又是不可观测的。这些因素引起的内生性问题可能引起估计结果的偏误。

与前面相同,我们用社区其他家庭的银行卡支付参与占比、信用卡支付参与占比和第三方支付占比分别作为银行卡支付、信用卡支付和第三方支付的工具变量。在剔除了含缺失值的样本后,我们共得到了 3 911 户京津冀地区的家庭。

3.4.3.3 变量描述

变量描述性统计结果见表 3 −36。

表 3 −36　变量描述性统计

变量名	变量描述	样本量	均值	标准差
因变量				
家庭净财富(万元)	家庭总资产 − 总负债	3 911	217.26	283.47
关注变量				
银行卡支付参与	参与 = 1,否则 = 0	3 911	0.88	0.33
信用卡支付参与	参与 = 1,否则 = 0	3 911	0.25	0.43
第三方支付参与	参与 = 1,否则 = 0	3 911	0.35	0.48

变量名	变量描述	样本量	均值	标准差
户主特征变量				
健康状况	主观评价1~5,越高越健康	3 911	3.41	0.98
受教育年限	从没上过学到博士研究生0~22年	3 911	10.57	4.13
年龄	户主年龄	3 911	56.70	14.71
年龄^2	户主年龄平方	3 911	3 430.63	1 647.78
党员	党员=1,否则=0	3 911	0.15	0.35
男性	男性=1,否则=0	3 911	0.74	0.44
已婚	已婚=1,否则=0	3 911	0.84	0.37
金融知识	根据因子分析而得	3 911	0.67	0.26
风险偏好	风险偏好=1,否则=0	3 911	0.92	0.29
风险厌恶	风险厌恶=1,否则=0	3 911	0.65	0.48
家庭特征变量				
家庭规模	家庭总人口数	3911	2.91	1.39
家庭收入(元)	家庭过去一年总收入	3 911	103 645.70	115 690.10
所在市人均GDP	2016年所在市GDP	3 911	86 390.99	36 838.64
农村家庭	农村家庭=1,否则=0	3 911	0.19	0.39
社区哑变量	家庭所在社区哑变量	3 911		

3.4.3.4 实证结果

表3-37为家庭各支付方式和家庭净财富的估计结果。表中(1)、(3)、(5)列分别为OLS估计结果,(2)、(4)、(6)列分别为对应的工具变量估计结果。第(1)列的估计结果表明,银行卡支付的参与对家庭净财富有正向影响,且系数为0.301,在1%的水平显著,考虑到变量Bank的内生性问题,采用工具变量估计;第(2)列中银行卡支付的系数依然为正,且和第(1)列系数差别不大,在IV估计解决了关注变量的内生性问题之后,银行卡支付参与对家庭净财富影响仍为正,且系数在1%的水平显著;第(3)列信用卡支付参与的OLS估计结果显示,信用卡支付参与对家庭净财富具有正向影响,系数为0.310,在1%的水平显著;第(4)列的工具变量估计系数依然为正,为0.358,且在1%的水平显著;同理,第(5)、(6)列结果与上述情况基本一致。以上情况说明,家庭各支付方式的参与对家庭净财富具有

正向影响。

表 3 – 37　家庭支付与财富

变量	（1）OLS	（2）2SLS	（3）OLS	（4）2SLS	（5）OLS	（6）2SLS
银行卡支付	0. 301 ***	0. 374 ***				
	(0. 095)	(0. 096)				
信用卡支付			0. 310 ***	0. 358 ***		
			(0. 060)	(0. 060)		
第三方支付					0. 250 ***	0. 330 ***
					(0. 061)	(0. 062)
健康状况	0. 087 ***	0. 086 ***	0. 086 ***	0. 086 ***	0. 083 ***	0. 082 ***
	(0. 029)	(0. 029)	(0. 029)	(0. 029)	(0. 029)	(0. 029)
受教育年限	0. 061 ***	0. 060 ***	0. 057 ***	0. 056 ***	0. 059 ***	0. 058 ***
	(0. 009)	(0. 009)	(0. 009)	(0. 009)	(0. 009)	(0. 009)
年龄	0. 084 ***	0. 084 ***	0. 085 ***	0. 086 ***	0. 090 ***	0. 092 ***
	(0. 013)	(0. 013)	(0. 013)	(0. 013)	(0. 013)	(0. 013)
年龄^2	– 0. 001 ***	– 0. 001 ***	– 0. 001 ***	– 0. 001 ***	– 0. 001 ***	– 0. 001 ***
	(0. 000)	(0. 000)	(0. 000)	(0. 000)	(0. 000)	(0. 001)
党员	0. 068	0. 069	0. 063	0. 063	0. 077	0. 082
	(0. 072)	(0. 070)	(0. 071)	(0. 070)	(0. 072)	(0. 071)
男性	0. 075	0. 075	0. 077	0. 078	0. 076	0. 077
	(0. 065)	(0. 064)	(0. 065)	(0. 064)	(0. 065)	(0. 064)
已婚	0. 034	0. 030	0. 069	0. 072	0. 077	0. 085
	(0. 088)	(0. 086)	(0. 088)	(0. 087)	(0. 088)	(0. 087)
金融知识	0. 003 ***	0. 003 ***	0. 003 ***	0. 003 ***	0. 003 ***	0. 003 ***
	(0. 001)	(0. 001)	(0. 001)	(0. 001)	(0. 001)	(0. 001)
风险偏好	0. 113	0. 112	0. 089	0. 084	0. 109	0. 107
	(0. 090)	(0. 089)	(0. 090)	(0. 089)	(0. 090)	(0. 088)
风险厌恶	– 0. 004	– 0. 006	0. 020	0. 023	0. 024	0. 031
	(0. 061)	(0. 060)	(0. 062)	(0. 060)	(0. 062)	(0. 061)
家庭规模	0. 114	0. 116 ***	0. 101 ***	0. 101 ***	0. 094 ***	0. 090 ***
	(0. 022)	(0. 021)	(0. 022)	(0. 021)	(0. 023)	(0. 022)
家庭收入	0. 402 ***	0. 400 ***	0. 399 ***	0. 397 ***	0. 402 ***	0. 398 ***
	(0. 031)	(0. 031)	(0. 031)	(0. 031)	(0. 031)	(0. 031)
所在市人均 GDP	0. 290	– 0. 192	0. 177	– 0. 229	0. 223	– 0. 239
	(0. 516)	(0. 339)	(0. 521)	(0. 339)	(0. 520)	(0. 337)

变量	（1） OLS	（2） 2SLS	（3） OLS	（4） 2SLS	（5） OLS	（6） 2SLS
农村家庭	−0.103	−0.141	−0.177	−0.220	−0.171	−0.226
	（0.503）	（0.462）	（0.509）	（0.468）	（0.510）	（0.049）
社区哑变量	Control	Control	Control	Control	Control	Control
N	3 911	3 911	3 911	3 911	3 911	3 911
一阶段 F 值		175.71***		599.07***		534.10***
R^2	0.433	0.432	0.433	0.433	0.432	0.432

注:括号中的数字为估计系数的标准误,其中第（1）~（6）列的标准误经过 White 异方差调整,结果四舍五入保留到第三位小数。 ***、**、*分别表示 1%、5% 和 10% 的水平显著。

3.4.4　主要结论

本部分用 OLS 和 2SLS 法研究了京津冀地区家庭各支付方式和家庭净财富之间的关系。研究发现,家庭银行卡支付、信用卡支付和第三方支付对家庭净财富存在显著的正向影响。其中,OLS 估计系数分别为 0.301、0.31 和 0.25,且各关注变量的系数均在 1% 的水平显著。进一步地,为了解决关注变量的内生性问题,我们采用了同社区其他家庭各支付方式的平均参与状况作为相应支付方式的工具变量进行 2SLS 估计,2SLS 估计系数分别为 0.374、0.358 和 0.33,且各关注变量系数均在 1% 的水平显著。综合以上结果,我们发现,家庭银行卡支付、信用卡支付和第三方支付可以显著提高家庭净财富水平。因此,京津冀地区协同发展还需要考虑金融普惠因素,扩大和优化金融服务,提高金融服务覆盖面有利于地区家庭财富的积累。

3.5　家庭支付与创业

Baumol（1990）指出,一个国家或地区是否能维持长期持续的经济增长,主要在于是否鼓励企业家创业。2014 年 9 月,李克强总理首次在公开场合提出"大众创业、万众创新"的号召。当时,他提出了要形成"大众创业""草根创业"的新浪潮,要形成"万众创新""人人创新"的新姿态。随后,首届世界互联网大会、国务院常务会议和各种公开场合中频繁出现了这一关键词。在2015年的政府工作报告中,李总理再次提到:"推动大众创业、万众创业,既可以扩大就业、增加居民收入,又有利于促进社会纵向流动和公平正义。"在论及创业创新文化时,李总理强调"让人们在创造财富的过程中,更好地实现精神追求和自身价值"。

清华大学发布的《全球创业观察报告2016—2017》(以下简称《报告》)显示,中国创业活动的质量在提高。但与发达经济体和G20经济体平均水平相比,2016年中国商务环境、创业环境条件得分为2.58,与加拿大(3.39)、德国(3.35)和美国(3.30)等相比,仍存在较大差距,中国商务环境亟须加强。此外,《报告》还显示,中国创业活动的质量在提高。从中国早期创业活动的结构特征来看,机会型创业比例由2009年的50.87%提高到2016—2017年的70.75%;同时,中国创业者的产品创新性、创业成长性和国际化程度在提高。2009年,20.19%的创业者认为自己提供的产品/服务具有创新性,2016—2017年这一比例为28.76%。2009年,15.65%的创业者认为企业具备高成长潜力,可以在5年内创造10个及以上就业岗位,2016—2017年这一比例为22.74%。创业者的海外客户比例提升最为明显,2009年仅有1.4%的创业者针对海外市场,而2016—2017年,7.67%的中国创业者拥有海外客户。与其他G20经济体相似,青年是中国创业活动的主体,高收入人群更愿意创业,社会对创业的认可度较高,创业动机以机会型为主。中国创业活动最活跃的年龄段是18～34岁的青年阶段,占总体创业者的比例为44.39%。

以上情况说明,虽然我国的创业情况与其他G20经济体存在一定差异,但创业热情、创业质量均有所提高。与此同时,京津冀地区协同发展的提出,尤其是家庭支付服务的推进和普及,对该地区家庭的创业具有重要意义。家庭对各支付方式的参与,如银行卡支付、信用卡支付和第三方支付,通常代表了该家庭享受的金融服务。家庭拥有的金融服务越全面,面临的信贷约束可能越小,对家庭创业也就越有利。本部分将讨论京津冀地区家庭各支付方式的参与和家庭创业之间的关系。

3.5.1　文献综述

创业不仅给经济增长提供了动力,还是解决发展中国家普遍存在的就业问题的重要渠道(Banerjee & Newman,1993;De Soto,2000;De Mel et al.,2009)。目前,我国对家庭创业行为的研究主要阐释了家庭结构(杨婵、贺小刚和李征宇,2017)、金融知识(尹志超等,2015)、政府管制(陈刚,2015)、房价(吴晓瑜、王敏和李力行,2014)和金融约束(张龙耀和张海宁,2013)等因素对家庭创业行为的影响。

张龙耀和张海宁(2013)基于2008年中国健康和养老调查(CHARLS)数据,研究了金融约束对家庭创业的影响,他们发现,家庭自有财富水平与创业概率显著正相关。从金融知识角度出发,尹志超等(2015)指出,近年来,我国颁布了一系列金融扶持政策,以改善创业环境、消除金融约束等对创业的抑制,并且金融知识水平的提高可显著推动家庭参与创业活动,并显著促进家庭主动创业。进一步地,金融知识主要通过改善家庭借款渠道偏好、提高家庭正规信贷需求和正规信贷可得性以及改善家庭的风险态度来降低金融约束等对创业精神的抑制作用,进而提高家庭创业意愿。从家庭结构出发,杨婵等(2017)基于上海财经大学2016年《中国千村调查》的数据,家庭成员担任村干部、拥有党员身份,或者是村里公认的德高望重者,将显著提高其选择创业活动的可能性,而家庭结构稳定性受到破坏的家庭,如父母离异、兄弟姐妹残疾、老人或子女残疾等,将显著降低其选择创业活动的概率。陈刚(2015)使用了4期CGSS调查数据,评估了政府管制对个人创业概率的影响,认为政府管制显著降低了个人从事"自我雇佣"的创业概率。但并未显著降低"自己当老板"的创业概率,此外,政府管制显著降低了"低社会网络组"和"低收入组"的创业概率,但并未显著降低"高社会网络组"和"高收入组"的创业概率。从房价出发,吴晓瑜、王敏和李力行(2014)通过构建一个职业选择模型,将房价上涨对人们创业行为的影响分离成"财富效应"、"信贷效应"以及"替代效应",研究发现,高房价给有房人群的创业带来了正的"财富效应"和"信贷效应",对无房人群而言,负的"替代效应"则会阻碍其创业。

已有文献从金融角度的解释,大多选择了信贷约束的视角来解释其对家庭创业行为的影响,家庭支付的参与通常包含其享受的金融服务的相关信息,本部分将基于京津冀地区家庭各支付方式的参与,考察家庭支付对创业的影响。

3.5.2 描述性统计

3.5.2.1 银行卡支付与创业

表3-38描述了银行卡和家庭创业比例的关系。从全国来看,有银行卡支付和无银行卡支付的家庭创业比例分别为14.9%和8.1%。从京津冀地区来看,北京、天津和河北有银行卡支付的家庭创业比例分别为7.6%、9.4%和16.2%,无银行卡支付的家庭创业比例为7.4%、11.8%和9.0%。由此可见,京津冀地区的家庭创业水平表现出了一定的地区特征。在天津,有银行卡支付的家庭创业占比低于无银行卡支付的家庭。由此可见,银行卡支付参与和家庭创业之间的关系不明确。

表3-38 银行卡支付与创业 （单位:%）

支付方式	北京	天津	河北	全国
银行卡支付	7.6	9.4	16.2	14.9
无银行卡支付	7.4	11.8	9.0	8.1

3.5.2.2 信用卡支付与创业

表3-39描述了信用卡和家庭创业参与比例的关系。从全国来看,有信用卡支付的家庭创业占比为23.2%,无信用卡支付的家庭创业占比为12.1%,相差约10个百分点。就京津冀而言,北京、天津和河北有信用卡支付的家庭创业占比分别为11.9%、11.9%和28.4%,无信用卡支付的创业占比分别为5.5%、8.8%和12.7%,其中差距最大的为河北,约15个百分点。由以上情况可看出,信用卡支付可能对创业有促进作用。

表3-39 信用卡支付与创业 （单位:%）

支付方式	北京	天津	河北	全国
信用卡支付	11.9	11.9	28.4	23.2
无信用卡支付	5.5	8.8	12.7	12.1

3.5.2.3 第三方支付与创业

表3－40描述了第三方支付和家庭创业占比的关系。从全国来看,有第三方支付的家庭创业占比为25.4%,无第三方支付的家庭创业占比仅为9.7%,相差约15个百分点。就京津冀地区而言,北京、天津和河北有第三方支付的家庭创业占比分别为12.5%、16.4%和28.7%,无第三方支付的家庭创业占比分别为3.5%、6.3%和10.5%,其中相差最大的是河北省,差距约为18个百分点,差距最小的北京也相差9个百分点。据此可以看出,第三方支付对家庭创业可能有积极影响。

表3－40　第三方支付与创业　　　　　（单位:%）

支付方式	北京	天津	河北	全国
第三方支付	12.5	16.4	28.7	25.4
无第三方支付	3.5	6.3	10.5	9.7

3.5.3 实证研究

3.5.3.1 模型与变量

为了研究金融知识对家庭创业行为的影响,选取的被解释变量为家庭是否创业,并将家庭创业界定为家庭有"从事个体经营或企业经营,包括个体户、租赁、运输、网店、经营企业等"。此外,农业生产经营如农、林、牧、渔不在研究范围内,不纳入家庭创业。

本部分主要采用 Probit 模型来分析家庭各支付方式的参与对家庭创业的影响。Probit 模型如下:

$$\Pr(\text{Entreprenour} = 1) = \alpha\text{Payment} + X\beta + \varepsilon \qquad (3-4)$$

上式中,$\varepsilon \sim N(0, \sigma^2)$。Entreprenour 是虚拟变量,当家庭参与创业时取1,否则取0。Payment 是关注变量,下文将分别以银行卡支付参与(Bank)、信用卡支付参与(Credit)和第三方支付参与(Third)替换;X是控制变量,主要包括了家庭特征变量、户主特征变量和地区控制变量。

借鉴相关文献(杨婵、贺小刚和李征宇,2017;陈刚,2015;尹志超等,

2015),本书引入以下控制变量:家庭个体特征变量(包括家庭规模、家庭总收入、农村家庭)、户主特征变量(健康状况、受教育年限、年龄、年龄^2、党员、男性、已婚、风险态度)。为了控制地区经济发展水平的差异,我们引入了家庭所在地的年度人均 GDP;为了控制各地区固定效应,我们引入了家庭所在地哑变量。此外,根据已有文献,本部分还手工整理了家庭所在地的人口规模和城镇登记失业率,数据来源于国民经济和社会发展公报,若该公报上未公布所在市区城镇登记失业率,则查询所在地当年的政府报告,若政府报告仍未公布该地城镇登记失业率(由于这种情况只在河北省存在),我们用河北省的城镇登记失业率代替该市的失业率。在数据的处理上,对主要连续变量,如家庭收入,做了上下 1% 的 winsorize 处理,各变量的描述性统计特征见表 3 – 41。

3.5.3.2 内生性讨论

关注变量,即银行卡支付、信用卡支付和第三方支付参与可能是内生的,其内生性主要来源于两个方面:一方面是逆向因果,参与创业的家庭和未参与创业的家庭面临的支付方式本身可能就存在差异,参与创业的家庭可能为了生产经营的需要参与某一支付方式,进而构成逆向因果。另一方面是来自遗漏变量所导致的内生性问题,如家庭对支付方式的参与完全可能由支付习惯形成,如一部分人偏好使用微信支付等第三方支付方式,而另一部分人则不愿使用这些支付方式,但这些偏好是无法观测但又与支付方式的参与强烈相关的。

与前面相同,我们用社区其他家庭的银行卡支付占比和信用卡支付占比分别作为该家庭银行卡支付、信用卡支付的工具变量。此处我们选用了"家庭所拥有的智能手机个数"作为第三方支付的工具变量。家庭拥有的智能手机个数越多,该家庭更可能使用第三方支付,但家庭拥有的智能手机个数和家庭是否创业并无直接关系,因此,家庭拥有的智能手机个数作为第三方支付的工具变量是合理的。在剔除了含缺失值的样本后,我们共得到了 3 985 户京津冀地区家庭的样本。

3.5.3.3 变量描述

变量性描述性统计结果见表3-41。

表3-41 变量描述性统计

变量名	变量描述	样本量	均值	标准差
因变量				
创业	家庭从事个体户、租赁、运输、网店、经营企业等取1,否则取0	3 985	217.26	283.47
关注变量				
银行卡支付参与	参与=1,否则=0	3 985	0.93	0.26
信用卡支付参与	参与=1,否则=0	3 985	0.25	0.43
第三方支付参与	参与=1,否则=0	3 985	0.35	0.48
户主特征变量				
健康状况	主观评价1~5,越高越健康	3 985	3.39	0.99
受教育年限	从没上过学到博士研究生0~22年	3 985	10.5	4.13
年龄	户主年龄	3 985	56.7	14.7
年龄^2	户主年龄平方	3 985	3 427.0	1 641.8
党员	党员=1,否则=0	3 985	0.14	0.35
男性	男性=1,否则=0	3 985	0.74	0.44
已婚	已婚=1,否则=0	3 985	0.84	0.37
金融知识	根据因子分析而得	3 985	66.4	26.4
风险偏好	风险偏好=1,否则=0	3 985	0.09	0.29
风险厌恶	风险厌恶=1,否则=0	3 985	0.65	0.48
家庭特征变量				
家庭规模	家庭总人口数	3 985	2.9	1.4
失业率	所在市城镇登记失业率	3 985	0.03	0.99
人口规模(万人)	所在市人口规模	3 985	1 506.8	581.5
家庭收入(元)	家庭过去一年总收入	3 985	102 756.5	115 422.5
所在地人均GDP	2016年所在地GDP	3 985	86 041.2	36 945.2
农村家庭	农村家庭=1,否则=0	3 985	0.19	0.39
地区哑变量	家庭所在地区哑变量	3 985		

3.5.3.4 实证结果

表3-42为家庭各支付方式参与和家庭创业的估计结果。表中(1)、(3)、(5)列分别为Probit模型估计结果,(2)、(4)、(6)列分别为其对应的工具变量估计结果。第(1)列的估计结果表明,银行卡支付对家庭创业的系数为-0.036,但不显著,考虑到变量Bank的内生性,采用工具变量估计;第(2)列中银行卡支付的系数仍为负,且和第(1)列系数差别不大,在IV估计解决了该关注变量的内生性问题之后,银行卡支付对家庭创业的影响仍不显著;第(3)列信用卡支付的估计结果显示,信用卡支付对家庭创业具有正向影响,系数为0.211,在1%的水平显著;第(4)列的工具变量估计系数依然为正,为1.242,且在5%的水平显著;第(5)列为第三方支付对家庭创业的估计结果,结果显示,第三方支付对家庭创业具有正向影响,系数为0.388,且在1%的水平显著,在引入工具变量后系数变为1.277,在1%的水平显著。以上情况说明,银行卡支付对家庭创业没有显著影响,但信用卡支付和第三方支付对家庭创业均有正向影响,且至少在5%的水平显著。

表3-42 家庭支付与创业

变量	(1) Probit	(2) IV_Probit	(3) Probit	(4) IV_Probit	(5) Probit	(6) IV_Probit
银行卡支付	-0.036	-0.110				
	(0.088)	(0.896)				
信用卡支付			0.211***	1.242**		
			(0.073)	(0.070)		
第三方支付					0.388***	1.277***
					(0.070)	(0.231)
健康状况	0.155***	0.155***	0.154***	0.138***	0.149***	0.125***
	(0.031)	(0.031)	(0.031)	(0.031)	(0.031)	(0.032)
受教育年限	-0.032***	-0.031***	-0.038***	-0.059***	-0.040***	-0.052***
	(0.009)	(0.011)	(0.009)	(0.010)	(0.010)	(0.009)
年龄	0.010	0.010	0.011	0.018	0.016	0.039**
	(0.017)	(0.017)	(0.017)	(0.017)	(0.017)	(0.017)
年龄^2	-0.000*	-0.000*	-0.000*	-0.000*	-0.000*	-0.000***
	(0.000)	(0.000)	(0.000)	(0.000)	(0.000)	(0.000)

续表

变量	（1）Probit	（2）IV_Probit	（3）Probit	（4）IV_Probit	（5）Probit	（6）IV_Probit
党员	0.044	0.043	0.040	0.030	0.063	0.104
	(0.086)	(0.087)	(0.087)	(0.087)	(0.087)	(0.084)
男性	0.122	0.121	0.127 *	0.156 **	0.131 *	0.140 *
	(0.074)	(0.074)	(0.075)	(0.075)	(0.075)	(0.072)
已婚	− 0.077	− 0.073	− 0.067	− 0.008	− 0.039	0.057
	(0.098)	(0.111)	(0.098)	(0.098)	(0.098)	(0.095)
金融知识	− 0.002	− 0.000	− 0.000	− 0.000	− 0.001	− 0.001
	(0.001)	(0.001)	(0.001)	(0.001)	(0.001)	(0.001)
风险偏好	0.144	0.145	0.121	0.008	0.135	0.093
	(0.100)	(0.101)	(0.101)	(0.101)	(0.101)	(0.098)
风险厌恶	0.058	0.060	0.067	0.129 *	0.093	0.170 **
	(0.066)	(0.072)	(0.067)	(0.068)	(0.068)	(0.068)
家庭规模	0.113 ***	0.111 ***	0.112 ***	0.093 ***	0.100 ***	0.056 **
	(0.023)	(0.033)	(0.023)	(0.023)	(0.023)	(0.025)
失业率	− 0.171	− 0.161	− 0.174	− 0.189	− 0.170	− 0.115
	(0.293)	(− 0.316)	(0.289)	(0.292)	(0.292)	(0.271)
人口规模	0.000	0.000	0.000	0.000	0.000	0.000
	(0.000)	(0.000)	(0.000)	(0.000)	(0.000)	(0.000)
家庭收入	0.074 **	0.077 *	0.061 *	0.000	0.053 *	− 0.001
	(0.075)	(0.046)	(0.033)	(0.032)	(0.032)	(0.033)
所在市人均 GDP	0.062	0.058	0.050	− 0.047	0.060	0.027
	(0.172)	(0.179)	(0.172)	(0.172)	(0.172)	(0.163)
农村家庭	− 0.202 **	− 0.203 **	− 0.187 **	− 0.116	− 0.158 *	− 0.062
	(0.084)	(0.084)	(0.084)	(0.084)	(0.084)	(0.085)
地区哑变量	Control	Control	Control	Control	Control	Control
N	3 985	3 985	3 985	3 985	3 985	3 985
Pseudo − R^2	0.110		0.113		0.121	

注:括号中的数字为估计系数的标准误,其中第(1)~(6)列的标准误经过 White 异方差调整,结果四舍五入保留到第三位小数。 *** 、** 、* 分别表示 1% 、5% 和 10% 的水平显著。

3.5.4 主要结论

本部分采用 Probit 模型和工具变量法研究了京津冀地区家庭各支付方式的参与和家庭创业之间的关系。银行卡支付和家庭创业的 Probit 估计结果显示,银行卡支付参与对家庭创业没有显著影响,在采用工具变量法解决了银行卡支付变量的内生性问题后,结果仍不显著。信用卡支付和家庭创业的 Probit 估计结果显示,家庭拥有信用卡支付对家庭创业有显著正影响,系数为 0.211,在 1% 的水平显著。为了解决内生性问题,进一步采用工具变量估计,IV_Probit 估计结果显示,信用卡支付的系数为 1.242,且在 5% 的水平显著。以上结果说明,信用卡支付对创业有显著的正向影响。第三方支付和家庭创业的 Probit 估计结果显示,第三方支付对家庭创业有正向影响,系数为 0.388,在 1% 的水平显著。进一步地,用"家庭拥有的智能手机个数"作为家庭第三方支付参与的工具变量,结果显示,第三方支付参与的系数为 1.277,且在 1% 的水平显著,该结果也证实了第三方支付对创业有积极影响。综合以上结论可发现,金融普惠会影响京津冀协同发展的深化,金融服务的普及能够有效提高京津冀地区家庭的创业水平。

3.6 小结

本章考察了京津冀地区家庭银行卡支付、信用卡支付和第三方支付对家庭收入、消费、财富和创业的影响。

实证结果表明,参与银行卡支付、信用卡支付和第三方支付对家庭收入有显著正影响,OLS 估计系数分别为 0.325、0.315 和 0.289,IV - 2SLS 估计系数分别为 0.362、0.320 和 0.34,且各系数均在 1% 的水平显著。罗楚亮(2017)指出,经济发展过程中的收入差距变动也许在更大程度上应当归因于具体的经济发展模式和某些具体的经济政策作用的结果。据此可认为,京津冀协同发展关系到是否有利于该地区内居民收入差距的进一步缩小,能否有效提高居民收入。进一步地,各支付方式普及不仅代表着家庭享受金融服务的程度,还促进了家庭收入的提高,根据实证结论可知,金融服务的普及有利于促进京津冀协同发展。

国内学者对消费和其影响因素进行了一系列的研究。1978—2009 年共 30 余年的中国消费形态不断变化(孙凤,2002),最终消费率呈现周期性波动的态势。1978 年经济起步初期消费率从上升走向下降,继而再次爬升,21 世纪初又经历了一大波大幅下降的过程(刘璐,2010)。当前中国的最终消费率仍然相对较低,甚至长期呈现下降趋势,居民内需与消费潜能有待释放。培育消费者的消费信心等有助于拉动消费主导型经济的发展(魏瑾瑞等,2011)。刘璐(2010)总结出影响消费率的 4 个层面:产业结构、社会保障和就业支出比例、金融发展水平和城市化水平。与黄兴海(2004)、王晓彦和胡德宝(2017)、李江一和李涵(2017)和崔海燕(2016)等的结论一致,本章以"金融发展水平"为切入点,研究发现,家庭通过对银行卡支付、信用卡支付和第三方支付的参与,会显著提高家庭的消费水平。通过考察家庭各支付方式的参与和消费的关系,实证结果表明:参与银行卡支付、信用卡支付和第三方支付对家庭消费有显著正影响,OLS 估计系数分别为 0.122、0.2 和 0.211,IV – 2SLS 估计系数分别为 0.109、0.22 和 0.235,且各系数均在 1% 的水平显著。以上结果和现有研究保持了高度一致,证明家庭各支付方式的参与会提高家庭消费。

本章考察了家庭各支付方式的参与和家庭净财富的关系,实证结果表明:参与银行卡支付、信用卡支付和第三方支付对家庭净财富有显著正向影响,OLS 估计系数分别为 0.301、0.31 和 0.25,2SLS 估计系数分别为 0.374、0.358 和 0.33,且各系数均在 1% 的水平显著。以上结果与收入这一流量概念相呼应,结果表明,京津冀地区协同发展还需要考虑金融普惠因素,扩大和优化金融服务,提高家庭支付参与的覆盖率有利于京津冀地区家庭财富的积累。

家庭是否使用银行卡支付、信用卡支付和第三方支付等支付服务通常代表了家庭享受的金融服务。进一步地,享受更多金融服务的家庭完全有可能面临较少的信贷约束,进而促进家庭的创业。本章考察了家庭银行卡支付、信用卡支付和第三方支付的参与和家庭创业的关系,研究发现:银行卡支付参与对家庭创业没有显著影响,在采取工具变量法解决内生性问题后,银行卡支付的回归系数仍不显著;信用卡支付对家庭创业有显著正向影响,Probit 模型估计系数为 0.211,在 1% 的水平显著,IV_Probit 估计系数为 1.242,在 5% 的水平下显著;第三方支付对家庭创业有显著正影响,Probit 模型估计系数为 0.388,IV_Probit 模型估计系数为 1.277,均在 1% 的水平显著。

4

京津冀家庭储蓄

4.1 家庭储蓄概况

4.1.1 家庭储蓄行为

目前,我国家庭的主要储蓄方式包括银行活期存款和定期存款。表4-1是全国及京津冀地区家庭的储蓄情况。从全国来看,拥有定期存款的家庭占比为15.64%,拥有活期存款账户的家庭占比为91.91%,拥有储蓄账户家庭的占比为91.16%。可见,拥有活期存款的家庭比例高,拥有定期存款的家庭比例低。从京津冀地区来看,北京拥有储蓄的家庭比例为95.85%,占比最高,天津和河北分别为95.02%和92.2%。从拥有定期储蓄的家庭比例来看,天津家庭最高,其次是北京和河北,分别为36.71%、34.98%和22.27%,均远高于全国平均水平15.64%。活期存款拥有率,北京略低于天津,分别为95.16%、95.54%,河北地区最低,为91.94%,略高于全国平均水平91.91%。

表4-1 京津冀储蓄家庭比例　　　　　（单位:%）

	定期储蓄	活期储蓄	储蓄
北京	34.98	95.16	95.85
天津	36.71	95.54	95.02
河北	22.27	91.94	92.20
全国	15.64	91.91	91.16

注:储蓄家庭比例界定为拥有储蓄账户的家庭在所有家庭样本的比例,定期储蓄和活期储蓄类似。

进一步分析家庭储蓄规模,见表4-2。从全国来看,平均储蓄规模为15.13万元,定期储蓄和活期储蓄规模分别为10.52万元和4.61万元。北京家庭定期储蓄规模、活期储蓄规模和总体储蓄规模分别为25.29万元、8.40万元和33.69万元。天津总体储蓄规模为17.47万元,定期储蓄和活期储蓄规模分别为12.97万元和4.5万元。河北的家庭储蓄规模分别为

9.08万元、3.07万元、12.15万元。家庭储蓄规模呈现出以下特征:定期储蓄规模偏高,活期储蓄规模偏低;河北两类家庭储蓄规模在京津冀地区最低,均低于全国平均水平。

表4-2 京津冀家庭储蓄规模 （单位:万元）

	定期储蓄	活期储蓄	总体储蓄
北京	25.29	8.40	33.69
天津	12.97	4.50	17.47
河北	9.08	3.07	12.15
全国	10.52	4.61	15.13

按城乡分类来分析家庭拥有储蓄比例的情况。从全国水平来看,城市和农村家庭拥有储蓄的比例分别为94.6%、93.22%。从京津冀地区来看,北京、天津、河北城市的储蓄拥有率分别为98.26%、95.96%、96.9%,均高于全国平均水平;农村地区的储蓄拥有率分别为95.33%、94.51%、90.6%,其中,天津和北京高于全国平均水平,而河北地区农村家庭储蓄率低于全国平均水平。具体情况见表4-3。

表4-3 城乡储蓄拥有率 （单位:%）

	城市储蓄拥有率	农村储蓄拥有率
北京	98.26	95.33
天津	95.96	94.51
河北	96.90	90.60
全国	94.60	93.22

进一步分析城乡地区的储蓄规模。从全国来看,城市和农村的家庭储蓄规模分别为18.45万元、15.2万元。从京津冀地区来看,北京、天津、河北城市的储蓄规模分别为28.7万元、20.17万元、18.75万元,均高于全国的平均水平;农村地区的储蓄规模分别为25.62、10.35万元、9.88万元,其中,天津和北京高于全国平均水平,而河北地区农村家庭储蓄规模低于全国平均水平。具体情况见表4-4。

表4-4 城乡储蓄规模 （单位:万元）

	城市储蓄规模	农村储蓄规模
北京	28.70	25.62
天津	20.17	10.35
河北	18.75	9.88
全国	18.45	15.20

4.1.2 家庭储蓄特征

4.1.2.1 受教育水平与家庭储蓄

（1）受教育水平①与家庭储蓄拥有率

从全国平均水平来看,户主学历为小学及以下、初中、高中、大学、研究生及以上的家庭拥有储蓄的占比分别为84.06%、92.64%、94.92%、98%、99.93%。分析京津冀地区,北京家庭储蓄拥有率分别为91.36%、93.6%、95.79%、99.22%、99.34%;天津家庭储蓄拥有率分别为82.34%、95.95%、96.14%、97.99%、100%;河北家庭储蓄拥有率分别为87.7%、93.11%、94.89、96.91%、100%。说明从受教育角度来看,家庭储蓄的拥有率随着教育水平的提高而增加,进一步说明,金融普惠随教育水平的提高而提高。具体情况见表4-5。

表4-5 教育水平与家庭储蓄拥有率 （单位:%）

	北京	天津	河北	全国
低学历	91.36	82.34	87.70	84.06
较低学历	93.60	95.95	93.11	92.64
中等学历	95.79	96.14	94.89	94.92
较高学历	99.22	97.99	96.91	98.00
高学历	99.34	100.00	100.00	99.93

---

① 受教育程水平为:低学历(没上过学或小学)、较低学历(初中)、中等学历(高中/中专/职高)、较高学历(大专/高职/本科)、高学历(研究生及以上)。

（2）受教育水平与家庭储蓄规模

从全国平均水平看，户主学历为小学及以下、初中、高中、大学、研究生及以上的家庭储蓄规模分别为1.95万元、3.66万元、6.21万元、9.3万元、16.02万元。分析京津冀地区，北京家庭储蓄规模分别为11.83万元、21.19万元、12.27万元、18.22万元、34.31万元，户主各教育阶段的储蓄规模均高于全国平均水平；天津家庭储蓄规模分别为3.74万元、5.62万元、8.46万元、21.99万元、10.23万元；河北家庭储蓄规模分别为1.59万元、4.06万元、4.98万元、9.29万元、13.26万元。这说明家庭储蓄规模随受教育水平的提高而增加。具体情况见表4-6。

表4-6　教育水平与家庭储蓄规模　　　　（单位：万元）

	北京	天津	河北	全国
低学历	11.83	3.74	1.59	1.95
较低学历	21.19	5.62	4.06	3.66
中等学历	12.27	8.46	4.98	6.21
较高学历	18.22	21.99	9.29	9.30
高学历	34.31	10.23	13.26	16.02

4.1.2.2　党员身份与家庭储蓄

（1）党员身份与家庭储蓄拥有

按户主是否入党，将家庭分为党员家庭和非党员家庭。从全国平均水平看，党员与非党员的家庭储蓄拥有率分别为91.84%、90.24%。其中，北京、天津、河北党员家庭的储蓄拥有率分别为96.79%、94.83%、92.43%，而非党员家庭的储蓄拥有率分别为94.04%、95.33%、91.87%。总体上，党员家庭储蓄拥有率高于非党员家庭储蓄拥有率。同时，京津冀地区党员和非党员的家庭储蓄拥有率也高于全国平均水平。具体情况见表4-7。

表4-7　党员家庭储蓄拥有率　　　　（单位：%）

	北京	天津	河北	全国
党员	96.79	94.83	92.43	91.84
非党员	94.04	95.33	91.87	90.24

（2）党员身份与家庭储蓄规模

进一步分析党员身份对家庭储蓄规模的影响。从全国来看,党员家庭的储蓄规模为 5.21 万元,非党员家庭的储蓄规模 3.93 万元。同时,北京、天津、河北党员家庭的储蓄规模分别为 47.19 万元、13.02 万元、4.86 万元,非党员家庭储蓄规模分别为 38.17 万元、6.94 万元、3.18 万元。进一步看,北京和天津,党员和非党员的家庭储蓄规模均高于全国平均水平,而河北的家庭储蓄规模均低于全国的平均水平。同时,党员家庭的储蓄规模均高于非党员家庭的储蓄规模。具体情况见表 4 - 8。

表 4 - 8　党员参与家庭储蓄规模　　　　（单位:万元）

	北京	天津	河北	全国
党员	47.19	13.02	4.86	5.21
非党员	38.17	6.94	3.18	3.93

4.1.2.3　社会保障与家庭储蓄

（1）社会保障[①]与家庭储蓄拥有率

根据有无参与社会保障分类,全国家庭储蓄拥有率的平均水平分别为 92.01%、87.72%。分地区来看,北京家庭储蓄拥有率分别为 96.21%、90.61%;天津家庭储蓄拥有率分别为 96.45%、84.66%;河北家庭储蓄拥有率分别为 92.67%、89.12%。由此可见,参与社会保障的家庭储蓄拥有率较高,并且京津冀地区,无论是参与社会保障的家庭还是没有参与社会保障的家庭,家庭储蓄拥有率均高于全国平均水平,说明京津冀地区金融普惠程度较高。具体情况见表 4 - 9。

表 4 - 9　社会保障与家庭储蓄拥有率　　　　（单位:%）

	北京	天津	河北	全国
有社会保障	96.21	96.45	92.67	92.01
无社会保障	90.61	84.66	89.12	87.72

---

① 问卷中 f100a 问题为:您目前参与下列哪种社会养老保险? 若户主回答 1、2、3、4、5、7777 中的任何一种或几种我们都设定为拥有社会保障,否则视为无社会保障。

（2）社会保障与家庭储蓄规模

进一步分析社会保障与家庭储蓄规模,如表4-10所示。根据有无参与社会保障分类,全国平均家庭储蓄规模分别为3.06万元、5.05万元。分地区看,北京有社会保障和无社会保障家庭储蓄规模分别为17.16万元和10.13万元,家庭储蓄规模远远高于全国平均水平。天津地区有、无社会保障的家庭储蓄规模分别为8.13万元、3.87万元,家庭储蓄规模略高于全国平均水平。河北家庭储蓄规模分别为4.38万元和2.68万元,储蓄规模低于全国平均水平。总体而言,无论是京津冀地区还是全国的平均水平,统计数据都显示,参与社会保障家庭的储蓄规模显著高于不参与社会保障的家庭。

表4-10 社会保障与家庭储蓄规模　　　　　（单位:万元)

	北京	天津	河北	全国
无社会保障	10.13	3.87	2.68	3.06
有社会保障	17.16	8.13	4.38	5.05

4.1.2.4 健康水平与家庭储蓄

（1）健康水平[①]与家庭储蓄拥有率

健康水平对储蓄拥有率和储蓄规模也存在影响。依户主的健康状况分类,全国平均家庭储蓄拥有率分别为93.53%、91.68%、84.34%。依地区分类,北京地区家庭储蓄拥有率分别为98.15%、95.19%、86.27%。天津地区家庭储蓄拥有率分别为95.52%、95.75%、91.59%,各健康水平段的家庭储蓄拥有率均高于全国平均水平。河北地区的家庭储蓄规模分别为93.97%、90.49%、82.22%,除户主身体差和身体一般的健康水平外,其他健康水平的户主家庭储蓄拥有率均高于全国平均水平。总体说来,除河北地区户主身体健康状况一般、差的水平以外,京津冀地区各健康水平段的家庭储蓄拥有率基本高于全国平均水平。户主家庭健康程度越高,则家庭储蓄拥有率越高,尤其是河北地区,健康水平差异对储蓄拥有率影响较

---

① 我们将问卷中 a2025b 选择1、2视为身体状健康,将选择3视为身体一般,将选择4、5视为身体状况不好。

大,其次是北京,最后是天津,影响较小。具体见表4-11。

表4-11 健康水平与家庭储蓄拥有率 （单位:%)

	北京	天津	河北	全国
身体健康	98.15	95.52	93.97	93.53
身体一般	95.19	95.75	90.49	91.68
身体差	86.27	91.59	82.22	84.34

（2）健康水平与家庭储蓄规模

进一步分析健康水平对家庭储蓄规模的影响。从全国来看,户主身体健康、身体一般、身体差的家庭储蓄规模分别为6.09万元、4.04万元、1.95万元,家庭的储蓄规模随户主健康水平的提升而增加。分地区来看,北京地区户主身体健康、身体一般和身体差的家庭,储蓄规模分别为17.88万元、18.76万元、12.21万元。天津地区各类家庭的储蓄规模分别为14.08万元、7.45万元、7.08万元。河北各类家庭储蓄规模分别为5.14万元、4.34万元、1.67万元。天津和河北地区的统计数据显示,户主的健康水平越高,则家庭的储蓄规模越大,因此,在天津和河北,户主的身体健康水平对家庭储蓄规模具有明显的促进作用。

表4-12 健康水平与家庭储蓄规模 （单位:万元)

	北京	天津	河北	全国
身体健康	17.88	14.08	5.14	6.09
身体一般	18.76	7.45	4.34	4.04
身体差	12.21	7.08	1.67	1.95

4.1.2.5 婚姻状况与家庭储蓄

（1）婚姻状况[①]与家庭储蓄拥有率

表4-13为户主的婚姻状况与家庭储蓄拥有率之间的关系。全国平均水平显示,户主已婚和未婚家庭的储蓄拥有率分别为76.78%和93.56%。

---

① 我们将问卷中a2024问题中,若户主选择回答2,我们设定户主已婚,其他选项设定户主未婚。

从京津冀地区来看,户主的婚姻状态对河北地区的家庭储蓄拥有率影响最大,已婚户主家庭储蓄拥有率为 96.73%,未婚户主家庭储蓄拥有率为 84.76%,二者相差 11.97%。其次是北京,已婚和未婚家庭的储蓄拥有率分别为 92.13% 和 82.93%,二者相差 9.2%。影响最低的是天津,其家庭储蓄拥有率分别为 96.19% 和 93.17%,二者相差 3.02%。进一步地,京津冀地区与全国平均水平一致,已婚户主的家庭储蓄拥有率高于未婚户主的家庭储蓄拥有率,并且具有明显的差异。

表 4 − 13   婚姻状况与家庭储蓄拥有率   (单位:%)

	北京	天津	河北	全国
未婚	82.93	93.17	84.76	76.78
已婚	92.13	96.19	96.73	93.56

(2)婚姻状况与家庭储蓄规模

如表 4 − 14 所示,比较户主已婚和未婚家庭的储蓄规模。从全国来看,全国未婚家庭的储蓄规模为 3.6 万元,已婚家庭的储蓄规模为 4.79 万元。分地区来看,北京户主已婚和未婚家庭的储蓄规模分别为 17.35 万元和 19.95 万元。天津已婚户主家庭储蓄规模为 11.4 万元,未婚家庭储蓄规模为 6.21 万元,差距为 5.19 万元。河北已婚户主家庭储蓄规模为 4.3 万元且低于全国水平,未婚家庭储蓄规模为 2.4 万元且低于全国水平,差距为 1.9 万元。天津和河北地区的统计数据显示,已婚家庭的储蓄规模均高于未婚家庭的储蓄规模。以上数据显示,婚姻状况对家庭储蓄规模具有显著的影响,对北京家庭储蓄规模具有抑制作用,而对天津、河北及全国家庭储蓄规模具有促进作用。

表 4 − 14   婚姻状况与家庭储蓄规模   (单位:万元)

	北京	天津	河北	全国
未婚	19.95	6.21	2.40	3.60
已婚	17.35	11.40	4.30	4.79

4.1.2.6 风险态度与家庭储蓄

（1）风险态度①与家庭储蓄拥有率

依据风险偏好水平比较家庭储蓄拥有率。从全国水平来看，不同风险偏好家庭平均储蓄拥有率分别为 95.56%、95.6%、90.84%。分京津冀地区来看，北京不同风险态度的家庭储蓄拥有率均分别为 100%、98.3%、94.48%，均高于全国平均水平。北京地区风险偏好的家庭的储蓄拥有率最高，风险厌恶家庭的储蓄拥有率最低。天津各风险偏好家庭的储蓄拥有率分别为 96.77%、96.81%、95.86%，均高于全国平均水平。天津风险中性的家庭储蓄拥有率最高，其次是风险偏好的家庭，家庭储蓄拥有率最低的是风险厌恶的家庭。河北各风险偏好家庭的储蓄拥有率分别为96.64%、98.11%、91.96%，均高于全国平均水平。其中，户主风险中性的家庭储蓄拥有率最高，其次是风险偏好的家庭，最低的是风险厌恶的家庭。具体如表 4－15所示。

表 4－15　风险偏好与家庭储蓄拥有率　　　　（单位：%）

	北京	天津	河北	全国
风险偏好	100.00	96.77	96.64	95.56
风险中性	98.30	96.81	98.11	95.60
风险厌恶	94.48	95.86	91.96	90.84

（2）风险态度与家庭储蓄规模

依据风险偏好水平比较家庭储蓄规模，从全国水平上来看，不同风险偏好下，家庭平均储蓄规模分别为 6.71 万元、6.38 万元、4.21 万元。分京津冀地区来看，北京家庭不同风险偏好下，储蓄规模分别为 11.66 万元、16.39 万元、20.07 万元，户主风险厌恶的家庭储蓄规模最高，其次是风险中性和风险偏好的家庭。天津各风险偏好的家庭储蓄规模分别为 8.8 万元、8.12 万元、12.15 万元，风险厌恶家庭储蓄规模最高，偏好风险的家庭次之、风险中性家庭最低。河北各风险偏好家庭的储蓄规模分别为 4.02 万元、

---

① 在问卷 h3104 中，若户主回答 1、2，我们设定对待风险的态度是风险偏好；若户主回答 3，设定户主对待的风险态度为风险中性；若户主回答 4、5，设定户主对待风险的态度为风险厌恶。

6.82 万元、3.6 万元,风险中性家庭储蓄规模最高,风险偏好家庭次之、风险厌恶家庭最低。具体情况如表 4 - 16 所示。

表 4 - 16　风险偏好与家庭储蓄规模　　（单位:万元）

	北京	天津	河北	全国
风险偏好	11.66	8.80	4.02	6.71
风险中性	16.39	8.12	6.82	6.38
风险厌恶	20.07	12.15	3.60	4.21

4.1.2.7　家庭规模与家庭储蓄

（1）家庭规模与家庭储蓄拥有率

我们按照家庭成员的数目来划分家庭的规模,比较不同规模家庭的储蓄拥有率。从全国来看,不同家庭人口数目的储蓄拥有率分别为 89.82%、93.47%、92.77%。分地区来看,北京地区不同人口数目家庭储蓄拥有率分别为 96.08%、99.79%、89.97%。天津地区不同人口数目家庭的储蓄拥有率分别为 94.52%、98.98%、93.21%。河北地区不同人口数目家庭储蓄拥有率分别为 90.44%、94.34%、94.28%。从以上数据可知,家庭人口数目为 4 人的家庭储蓄拥有率最高;北京和天津家庭人口数目超过 4 人的家庭储蓄拥有率最低,而河北和全国平均水平的储蓄拥有率在家庭人口数小于 3 人及以下家庭中最低。表 4 - 17 表明,京津冀地区各类家庭规模的储蓄拥有率均高于全国平均水平。

表 4 - 17　家庭规模与家庭储蓄拥有率　　（单位:%）

家庭规模	北京	天津	河北	全国
3 人及以下	96.08	94.52	90.44	89.82
4 人	99.79	98.98	94.34	93.47
4 人以上	89.97	93.21	94.28	92.77

（2）家庭规模与家庭储蓄规模

表 4 - 18 按照家庭成员数目,比较不同规模家庭的储蓄。从全国来看,各家庭成员数目的储蓄规模分别为 5.03 万元、4.38 万元、3.55 万元。分地

区来看,北京各家庭成员数目的储蓄规模分别为 16.45 万元、23.66 万元、23.85 万元,家庭储蓄规模随家庭人数的增加而增加。天津各家庭成员数目的储蓄规模分别为 11.45 万元、8.24 万元、3.96 万元,均高于全国平均水平。河北地区各家庭成员数目的储蓄规模分别为 4.88 万元、3.36 万元、3.06 万元,均低于全国平均水平。

表 4-18 家庭规模与家庭储蓄规模 （单位:万元）

家庭规模	北京	天津	河北	全国
3 人及以下	16.45	11.45	4.88	5.03
4 人	23.66	8.24	3.36	4.38
4 人以上	23.85	3.96	3.06	3.55

4.1.2.8 家庭结构与家庭储蓄

（1）家庭结构与家庭储蓄拥有率

我们依据家庭孩子数目和老人数目的特征,分析家庭储蓄拥有率。从全国来看,不同孩子数目的家庭储蓄拥有率分别为 89.64%、93.8%、93.19%。分地区来看,北京不同孩子数目的家庭储蓄拥有率分别为 95.34%、96.88%、96.99%,北京地区家庭有两个孩子及以上的家庭储蓄拥有率最高,最低的是没有孩子的家庭。天津不同孩子数目的家庭储蓄拥有率分别为 94.74%、96.38%、96.26%,天津地区家庭有一个孩子的家庭储蓄拥有率最高,没有孩子的家庭储蓄拥有率最低。河北不同孩子数目的家庭储蓄拥有率分别为 89.78%、94.47%、95.51%,河北地区家庭储蓄拥有率与北京地区的特征类似,储蓄拥有率最高的是两个及以上孩子的家庭,储蓄拥有率最低的是没有孩子的家庭。具体情况如表 4-19 所示。

表 4-19 家庭孩子数目与家庭储蓄拥有率 （单位:%）

	北京	天津	河北	京津冀	全国
0 个孩子	95.34	94.74	89.78	92.05	89.64
1 个孩子	96.88	96.38	94.74	95.35	93.80
2 个孩子及以上	96.99	96.26	95.51	95.61	93.19

我们依据家庭老人数目,比较分析家庭储蓄拥有率。从全国来看,不同老人数目的家庭储蓄拥有率分别为 92.58%、87.81%、87.73%。分地区来看,北京不同老人数目的家庭储蓄拥有率分别为 97.05%、92.79%、95.66%,北京家庭没有老人的储蓄拥有率最高,最低的是一个老人的家庭。天津不同老人数目的家庭储蓄拥有率分别为 96.77%、90.78%、92.7%,天津没有老人的家庭储蓄拥有率最高,有一个老人的家庭储蓄拥有率最低。河北不同老人数目的家庭储蓄拥有率分别为 93.56%、88.47%、89.6%,河北的家庭储蓄拥有率与北京、天津的特征类似,储蓄拥有率最高的是没有老人的家庭,储蓄拥有率最低的是有一个老人的家庭。具体情况如表 4 – 20 所示。

表 4 – 20　　家庭老人数目与家庭储蓄拥有率　　　　（单位:%）

	北京	天津	河北	京津冀	全国
0 个老人	97.05	96.77	93.56	94.71	92.58
1 个老人	92.79	90.78	88.47	89.50	87.81
2 个老人及以上	95.66	92.70	89.60	91.35	87.73

（2）家庭结构与家庭储蓄规模

下面比较分析不同孩子数目家庭与家庭储蓄规模的关系。从全国来看,不同孩子数目家庭的家庭储蓄规模分别为 4.72 万元、4.81 万元、3.59 万元。进一步细分地区来看,北京不同孩子数目家庭的储蓄规模分别为 17.46 万元、14.42 万元、19.69 万元,北京有两个孩子的家庭储蓄规模最高,其次是没有孩子的家庭,最低的是有一个孩子的家庭。天津不同孩子数目家庭的储蓄规模分别为 8.02 万元、6.92 万元、4.4 万元,天津的家庭储蓄规模随家庭孩子数量的增加而减少。河北不同孩子数目家庭的储蓄规模分别为 3.97 万元、5.28 万元、3.14 万元,河北储蓄规模最高的是有一个孩子的家庭,最低的是有两个孩子的家庭。具体情况如表 4 – 21 所示。

表 4 - 21　家庭孩子数目与家庭储蓄规模　　（单位：万元）

	北京	天津	河北	京津冀	全国
0 个孩子	17.46	8.02	3.97	8.09	4.72
1 个孩子	14.42	6.92	5.28	7.21	4.81
2 个孩子及以上	19.69	4.40	3.14	3.86	3.59

我们进一步分析家庭不同老人数目的储蓄规模。从全国来看，不同家庭老人数目的储蓄规模分别为 4.66 万元、3.5 万元、5.21 万元。进一步细分地区来看，北京家庭不同老人数目的储蓄规模分别为 16.45 万元、16.3万元、18.79 万元，北京有两个老人家庭的储蓄规模最高，其次是没有老人的家庭，最低的是有一个老人的家庭。天津不同老人数目家庭的储蓄规模分别为 6.84 万元、8.14 万元、10.21 万元，天津的家庭储蓄规模随老人数量的增加而增加。河北不同老人数目家庭的储蓄规模分别为 4.86 万元、1.72万元、3.33 万元，河北地区的家庭储蓄规模与京津冀地区的特征一致，储蓄规模最高的是没有老人的家庭，最低的是有一个老人的家庭。具体情况如表 4 - 22 所示。

表 4 - 22　家庭老人数目与家庭储蓄规模　　（单位：万元）

	北京	天津	河北	京津冀	全国
0 个老人	16.45	6.84	4.86	7.59	4.66
1 个老人	16.30	8.14	1.72	5.06	3.50
2 个老人及以上	18.79	10.21	3.33	7.86	5.21

4.2　家庭储蓄与消费

4.2.1　文献综述

储蓄对居民消费行为的作用主要通过预防性储蓄机制传导，预防性储蓄指的是具有风险规避特征的消费者为应对未来的不确定性，降低当前的消费水平,增加当前的储蓄水平,实际上这是消费者一种谨慎消费的选择。

国外学者主要从储蓄动机的理论和实证方面进行研究。首先从理论方面研究储蓄动机对消费的影响,Fisher(1956)和 Friedman(1957)等人较早开展对储蓄性动机理论的研究,他们的研究结果表明,家庭所有的收入中,若包含有较多的风险性收入,居民更倾向于将收入进行储蓄,利用当前的收入防范未来不确定性的谨慎性储蓄动机,从而起到风险规避和自我保护的作用。Leand(1968)通过对居民消费行为理论模型的构建,首次将储蓄动机因素引入消费函数理论,通过对两时期模型的探究,得出如果效用函数时间能够简化并且序数加总,当效用函数的三阶倒数为负时,居民会较少进行当期的消费而增加储蓄。Kimball(1990)首次提出了绝对谨慎消费系数和相对谨慎消费系数,并且说明以上两个指标可以用来衡量居民的预防性储蓄动机的强度。然后是实证方面的研究,Alessandra & Kim(2004)通过分析 1994—2000 年俄罗斯的面板数据,研究发现,居民收入的不确定性程度会显著影响居民的储蓄率,并且居民的预防性储蓄动机随收入不确定性的增加而增加。Carroll(1994)和 Kazarosian(1997)分别利用美国国民调查数据(NLS)和美国收入时间序列数据(FSID)的实证研究,发现预防性储蓄在家庭储蓄中扮演着重要的角色。

国内学者关于储蓄对消费行为影响的研究主要从两个方面进行。其一是预防性储蓄动机是否显著影响居民消费;其二是储蓄对居民消费行为的作用强度。谢平(2000)从我国经济度变迁的角度研究居民的消费和储蓄行为,由于我国经济和社会的不断变革,使得居民对未来收入的不确定性增强,从而增强了居民的预防性储蓄动机。孙凤(2002)、王建宇(2010)、徐会奇(2013)通过实证分析研究,发现居民收入的不确定性会显著抑制居民当前的消费水平。王克稳(2013)利用持久收入假说理论和农村居民 1985—2011 年的省级面板数据研究,发现农民的消费与收入不确定性和消费不确定性显著相关,且居民消费不确定性对居民当前的消费水平影响程度更大。臧旭恒、裴春霞(2004)利用省级面板数据证实我国居民的预防性储蓄动机在改革开放以来被不断强化。龙志和、周浩明(2000)利用 1991—1998 年城镇居民的面板数据,同样得出我国居民存在强烈的储蓄性动机,对我国居民的消费起到抑制作用。而一些学者对我国当前存在的预防性储蓄型动机提出质疑,朱海婷(2004)利用我国 35 个大中型城市的数据,实证分析我国居民的储蓄行为,结果发现,我国居民仅仅存在微弱的储蓄动机。同样,李春娥等(2011)利用 1978—2008 年城镇居民的调查数据研究发现,居民的当期消费与居民的储蓄行为不存在显著的关系。

4.2.2 描述性统计

我们以各地区家庭储蓄规模的平均值为参照,将高于平均储蓄 70% 的设为高储蓄家庭;将低于平均储蓄 30% 的设为低储蓄家庭;其余家庭储蓄规模设为中等。表 4 – 23 显示了不同储蓄规模家庭的消费水平。总体而言,居民家庭储蓄规模越大,则家庭消费水平越高。京津冀地区不同储蓄家庭的消费水平分别为 4.856 万元、5.917 万元和 7.971 万元,除中等家庭储蓄规模以外,家庭消费水平均高于全国平均水平;北京地区不同储蓄规模家庭的消费水平最高,分别为 7.798 万元、8.528 万元、9.425 万元;天津地区高储蓄家庭消费水平最高,而中等储蓄家庭最低,消费水平分别为 6.473 万元、6.371 万元、8.098 万元;河北地区不同储蓄规模家庭的消费水平均低于全国平均水平,分别为 4.044 万元、4.762 万元、6.696 万元。

表 4 – 23　家庭消费与家庭储蓄规模　　　　（单位:万元）

	北京	天津	河北	京津冀	全国
低储蓄家庭消费	7.798	6.473	4.044	4.856	4.793
中等储蓄家庭消费	8.528	6.371	4.762	5.917	6.496
高储蓄家庭消费	9.425	8.098	6.696	7.971	7.938

4.2.3 实证研究

4.2.3.1 模型设定

本节模型设定如下:

$$\text{Consumption} = \alpha + \beta_1 \text{Saving} + X\beta_2 + \mu \qquad (4-1)$$

其中,Consumption 代表家庭消费,是被解释变量;Saving 代表家庭储蓄规模;X 是控制变量,包括家庭特征(家庭规模、家庭少儿抚养比、家庭老人数量、是否拥有家用汽车、是否拥有自有住房)、户主特征(男性、年龄、已婚、受教育年限、健康水平、风险偏好、风险厌恶)、地区特征(所在省份人均 GDP、是否属于农村地区);μ 为残差项。所涉及变量的描述性统计在表 4 − 24 中给出。

表 4 − 24　变量描述性统计

	样本量	均值	标准差	最小值	最大值
被解释变量					
家庭消费	3 501	56 238.49	48 407	2 260	349 379
关注变量					
储蓄规模	3 501	65 361.75	193 799.90	0	9 489 597
家庭特征					
家庭规模	3 501	3.27	1.50	1	11
家庭少儿抚养比	3 501	0.13	0.17	0	0.67
家庭老人数量	3 501	0.43	0.72	0	3
拥有自有住房	3 501	0.89	0.31	0	1
拥有家用汽车	3 501	0.35	0.48	0	1
户主特征					
户主男性	3 501	0.80	0.40	0	1
户主年龄	3 501	53.18	13.58	18	98
户主已婚	3 501	0.91	0.28	0	1
户主学历	3 501	2.37	1.06	1	5
户主身体健康	3 501	1.71	0.73	1	3
户主风险偏好	3 501	0.10	0.30	0	1
户主风险厌恶	3 501	0.64	0.48	0	1

4.2.3.2　内生性讨论

家庭储蓄规模与家庭消费之间由于逆向因果、遗漏变量等原因,可能存在内生性问题。一方面,家庭消费水平越高,家庭可用于支配的收入越多,储蓄规模也越大。另一方面,个人性格特征和消费习惯的不同也会影响到家庭的消费水平,因而个体特征和消费习惯等遗漏变量的存在也可能导致高估或低估储蓄的影响。

因此,需要选取工具变量来解决内生性问题。本节选取家庭所在社区除自己家庭以外的储蓄规模的平均水平作为工具变量,主要考虑的是社区拥有储蓄规模平均水平越高,家庭储蓄规模可能越高,但社区储蓄规模平均水平对家庭消费水平没有直接影响。

4.2.3.3 变量描述

此处将模型中的变量进行描述性统计,结果如表 4-24 所示。从表 4-24 中可以发现,我们的被解释变量——京津冀地区家庭的平均消费水平为 5.62 万元;关注变量——家庭的平均储蓄规模为 6.54 万元;家庭特征的统计结果显示,京津冀地区的平均家庭规模为 3.27,比较符合我国现阶段的家庭人口数目,即平均家庭人口数目在 3 到 4 人之间;家庭少儿抚养比为 13%,家庭的平均老人数目为 0.43 人;并且在样本中,89% 的家庭拥有自有住房,说明京津冀地区家庭自有住房拥有率较高;35% 的家庭拥有自有家用汽车,我国汽车普及率较低。进一步分析户主的特征,在样本中,80% 的户主为男性,户主的平均年龄水平为 53.18 岁。数据显示,91% 的户主均已婚,样本中户主的受教育程度介于初中和高中水平;同时 10% 的户主属于风险偏好型,64% 的户主属于风险厌恶型,说明大部分户主对风险较为排斥。

4.2.3.4 实证结果

本部分主要研究京津冀地区家庭的储蓄规模对家庭消费的影响,表 4-25 给出了最小二乘法的估计结果。其中第(1)、(2)、(3)列分别为北京、天津、河北地区的 OLS 估计结果,第(4)列为京津冀地区 OLS 回归结果。京津冀地区家庭的储蓄规模每增加 10%,则家庭的消费水平会提升 0.2 个百分点,在 1% 的水平显著;从家庭特征变量分析,家庭人口数量每增加一人,则家庭消费水平增加 13%,在 1% 的水平显著;回归结果显示,拥有汽车家庭的消费水平比不拥有汽车家庭的消费水平高 25%,并在 1% 的水平显著;而家庭是否拥有住房、少儿抚养比、家庭老人数目对家庭消费无显著影响;从户主特征变量分析,户主为男性会抑制家庭的消费,在 1% 水平显著,户主为男性的家庭相较户主为女性的家庭,其家庭消费减少 10%;户主的年龄抑制家庭消费;已婚户主的家庭消费水平上比未婚家庭消费高 11%,在 5% 水平显著;户主学历与家庭消费呈正相关关系,在 1% 的水平显著,而户主婚姻和风险厌恶对家庭消费无显著影响;城市地区的消费比农村地区的消费水平高 61%,并且在 1% 水平显著。

表 4 – 25　储蓄对家庭消费的影响

ln(家庭消费)	北京	天津	河北	京津冀
关注变量	(1)	(2)	(3)	(4)
储蓄规模	0.011 **	0.003	0.021 ***	0.020 ***
	(0.005)	(0.004)	(0.005)	(0.003)
家庭特征				
家庭规模	0.176 ***	0.122 ***	0.137 ***	0.131 ***
	(0.020)	(0.018)	(0.014)	(0.010)
家庭少儿抚养比	0.187	0.180	– 0.047	0.014
	(0.166)	(0.151)	(0.014)	(0.017)
家庭老人数量	0.002	0.072 **	0.006	0.014
	(0.029)	(0.027)	(0.029)	(0.017)
拥有自有住房	– 0.114 **	0.011	0.057	– 0.049
	(0.049)	(0.043)	(0.067)	(0.032)
拥有自有汽车	0.187 ***	0.192 ***	0.333 ***	0.253 ***
	(0.040)	(0.041)	(0.042)	(0.025)
户主特征				
户主男性	– 0.076 **	– 0.011	– 0.094 *	– 0.102 ***
	(0.038)	(0.043)	(0.049)	(0.026)
户主年龄	– 0.003 *	– 0.009 **	– 0.010 ***	– 0.005 ***
	(0.002)	(0.042)	(0.002)	(0.001)
户主在婚	0.159 **	0.157 **	– 0.011	0.110 **
	(0.059)	(0.060)	(0.070)	(0.037)
户主学历	0.110 ***	0.092 ***	0.139 ***	0.131 ***
	(0.019)	(0.022)	(0.022)	(0.013)
户主身体健康	0.071 **	0.001	0.003	0.001
	(0.027)	(0.024)	(0.025)	(0.016)
户主风险偏好	0.176 **	0.091	0.000	0.16 ***
	(0.058)	(0.078)	(0.000)	(0.04)

续表

ln（家庭消费）	北京	天津	河北	京津冀
户主风险厌恶	−0.051	−0.052	−0.085	0.009
	(0.041)	(0.043)	(0.066)	(0.025)
地区特征				
lnGDP				−0.000 ***
				(0.000)
城市户籍	0.420 ***	0.512 ***	0.427 ***	0.609 ***
	(0.053)	(0.063)	(0.044)	(0.030)
N	1 179	937	1 375	3 491
$R-sq$	0.31	0.27	0.41	0.39

注：* 、** 、*** 分别表示在 10% 、5% 、1% 水平显著，括号内为异方差稳健标准差。

从表 4 – 25 中第（1）列回归结果来看，北京地区的家庭储蓄规模每增加 10% ，则家庭的消费水平会增加 10 个百分点，在 1% 的水平显著。从家庭特征变量分析，家庭规模，即家庭成员数量每增加一个，则家庭的消费水平在 1% 的水平显著增加 18% ；同时，汽车的拥有也会带动家庭的消费水平提高，回归结果显示，拥有汽车家庭的消费水平比不拥有汽车家庭的消费水平高 19% ，并在 1% 的水平显著；而家庭拥有住房会在 5% 的水平抑制家庭消费，即有房家庭比无房家庭的消费会减少 11% ；家庭的少儿抚养比与家庭老人数量对家庭消费不存在显著性关系。从户主特征变量分析，户主为男性和年龄越大，会抑制家庭的消费水平；户主已婚的消费水平比户主未婚的消费水平显著增加 16% ，并在 5% 的水平显著；户主的学历会在 1% 的水平显著促进家庭的消费，户主的学历每提升一个层次，则家庭的消费增加 11% ；风险偏好型的户主会在 5% 的水平提升家庭 18% 的消费，而户主厌恶风险的家庭对消费没有影响；城市地区的消费在 1% 水平显著地比农村地区的消费水平高 42% 。

从第（2）列回归结果来看，天津地区的家庭储蓄规模对家庭消费水平没有显著性影响。从家庭特征变量来看，家庭需抚养的老人数越多，则家庭的消费水平越高，并在 5% 的水平显著；同时汽车的拥有也会带动家庭的消费水平，回归结果显示，拥有汽车家庭的消费水平比不拥有汽车家庭的消费水平高 19% ，并在 1% 的水平显著；家庭是否拥有住房、少儿抚养比、家庭规模等对家庭消费不存在显著性关系。从户主特征变量分析,户主为男性会抑制家庭的消费水平,但在统计学意义上不显著;户主已婚的消费水平比户主未婚的消费水平增加16%,并在5%的水平上显著;户主的学历越高,则家庭的消费水平越高,并在1%的水平上显著;而户主的健康水平及对风险的态度对家庭消费无显著影响;在1%的水平上,城市地区的消费比农村地区的消费水平高51%。

从第(3)列回归结果来看,河北地区的家庭储蓄规模每增加1%,则家庭的消费水平会在1%的水平上增加2个百分点。从家庭特征变量分析,家庭的人口规模和家庭的消费水平呈正相关关系,且在1%的水平显著;回归结果显示,拥有汽车的家庭消费水平比不拥有汽车家庭的消费水平高33%,并在1%的水平显著;而家庭是否拥有住房、少儿抚养比、家庭老人数目对家庭消费无显著影响。从户主特征变量分析,户主为男性的家庭比户主为女性的家庭消费减少9%,在10%的水平显著;户主的消费水平随年龄的增加而减少,并在1%的统计水平上显著;户主的学历层次能显著促进家庭的消费水平;而户主婚姻、健康水平及对风险的态度对家庭消费无显著影响;城市家庭的消费比农村家庭的消费水平高43%,且在1%的水平显著。

从内生性的分析可知,由于模型存在遗漏变量和逆向因果关系的影响,可能会对估计结果造成偏误,我们利用社区的平均储蓄作为工具变量,对模型进行重新估计,得到的结果见表4-26。其中(1)、(2)、(3)列分别为考虑内生性以后,北京、天津、河北的估计结果,而第(4)列为京津冀地区考虑内生性的估计结果。底部报告了 Durbin - Wu - Hausan 家庭储蓄规模的内生性结果,第(1)列到第(4)列的 p 值均为 0.00,在 1% 的水平拒绝了外生性假设,说明模型存在内生性。在两阶段估计结果中,京津冀地区和河北地区 F 值分别为 36.55、18.21,根据 Stock 和 Yogo(2005)的研究,F 值大于 10% 的临界值为 10,故采用社区的平均储蓄规模做工具变量是合适的,且不存在弱的工具变量选择问题;而北京和天津地区 F 值分别为 9.14、6.21,F 值小于 10% 的临界值,说明工具变量的选择需进一步探究。

第(3)列和第(4)列用工具变量估计的结果显示,储蓄规模的回归系数分别为 0.27 和 0.29,并在 1% 的水平显著,与表 4-25 第(3)列和第(4)列估计结果的显著性一致,进一步说明河北地区和京津冀地区的家庭储蓄能显著促进家庭的消费;同时第(3)、(4)列工具变量估计的结果中,控制变量结果的显著性与表4-25中OLS的估计结果基本一致。

表4-26 储蓄对家庭消费的影响:工具变量回归

ln(家庭消费)	北京	天津	河北	京津冀
关注变量	(1)	(2)	(3)	(4)
储蓄规模	0.235***	0.466	0.270***	0.286***
	(0.056)	(0.567)	(0.064)	(0.031)
家庭特征				
家庭规模	0.093**	0.097	0.149***	0.118***
	(0.038)	(0.076)	(0.025)	(0.019)
家庭少儿抚养比	0.294	0.454	-0.100	0.116
	(0.240)	(0.638)	(0.237)	(0.162)
家庭老人数量	0.003	-0.054	-0.047	-0.021
	(0.048)	(0.187)	(0.050)	(0.033)
拥有家用汽车数量	0.220**	0.737	0.426**	0.371***
	(0.09)	(0.940)	(0.176)	(0.076)
拥有自有住房	0.051	-0.137	0.101	0.035
	(0.077)	(0.419)	(0.092)	(0.053)
户主特征				
户主男性	-0.114*	-0.130	-0.119	-0.122**
	(0.067)	(0.215)	(0.086)	(0.051)
户主年龄	-0.008**	-0.002	-0.009**	-0.007**
	(0.003)	(0.007)	(0.003)	(0.002)
户主在婚	0.063	-0.132	-0.235*	-0.066
	(0.106)	(0.421)	(0.139)	(0.079)
户主受教育年限	-0.030	-0.240	-0.030	-0.062*
	(0.051)	(0.421)	(0.060)	(0.034)
户主身体健康	0.174***	-0.046	0.207**	0.144***
	(0.053)	(0.118)	(0.070)	(0.035)

续表

ln（家庭消费）	北京	天津	河北	京津冀
户主风险偏好	0.136	− 0.088	0.295 **	0.148 **
	(0.087)	(0.367)	(0.140)	(0.073)
户主风险厌恶	0.082	0.212	− 0.114	0.013
	(0.071)	(0.251)	(0.070)	(0.048)
地区特征				
lnGDP				
城市户籍	0.353 ***	0.864 *	0.362 ***	0.433 ***
	(0.083)	(0.491)	(0.076)	(0.056)
N	1 179	937	1 375	3 491
一阶段 F 值	9.14	6.21	18.21	36.55
一阶段工具变量 T 值	4.83	0.84	4.63	9.88
DWH 检验 F 值	50.03	10.42	50.65	309.28
（p − value）	(0.00)	(0.00)	(0.00)	(0.00)

注：*、**、*** 分别表示在 10%、5%、1% 水平显著，括号内为异方差稳健标准差。

4.2.4 主要结论

本节首先描述了京津冀地区家庭储蓄与居民家庭消费水平的关系，并实证分析了家庭储蓄对家庭消费的影响。

总体来看，居民家庭储蓄规模越大，则家庭消费水平越高。京津冀地区不同储蓄规模家庭的消费水平分别为 4.856 万元、5.917 万元和 7.917 万元，除中等家庭储蓄规模以外，家庭消费水平均高于全国平均水平。北京地区各个储蓄规模下的家庭的消费水平均高于天津和河北，天津地区的高储蓄家庭消费水平较高，而中等储蓄家庭消费水平较低，河北地区不同储蓄规模家庭的消费水平均低于全国的平均水平。

回归分析表明，京津冀地区的储蓄规模会显著提高家庭的消费水平，在 1% 的水平显著，家庭的储蓄规模提高 1%，则京津冀地区的家庭的消费水平会显著增加 0.286 个百分点。同时，家庭规模、拥有家用汽车、户主学历、户主健康状况、所在省份人均 GDP 等均对家庭消费水平有正向影响，而户主年龄、户主性别为男性、家庭属于农村地区等均会对消费水平产生负向影响。

4.3 家庭储蓄与财富

4.3.1 文献综述

与家庭收入这一经典问题的研究相比,学术界对财富关注较少。学者们更多地从收入这一流量视角进行剖析和讨论,忽略了存量因素,如居民家庭的财富占有状况、财富持有不平等。然而,从存量方面来看,财富占有不公凸显的社会负面影响可能更大,更容易造成公众不满,激化社会矛盾和冲突。

虽然财富水平的差异能够在一定程度上激励人们的创新活动,但合理的财富平等程度、公正的财富分配和再分配制度与整个社会的福利和稳定紧密相关,有利于从全局层面提高劳动者的积极性,在长期内保持经济的平稳较快发展(张琳琬,2016)。财富对居民有重要的意义,除了用于消费,财富还能够提供短期和长期的经济担保、社会声望、政治权利,并且可以被用来创造更多的财富(Domhoff,1990;Henretta & Campbell,1978)。按照韦伯的资本主义精神假说,财富本身就是一种身份地位的象征,代表着理性人的一种效用形式,同时,居民财富分布对整个宏观经济的稳定具有重要影响,关系到国民经济的持续健康发展与和谐稳定。国外的许多学者基于财富的效用函数进行了研究。Kamihigashi(2008)认为,当股市出现泡沫时,社会的财富效应会对经济环境产生重要的影响,财富效应通过个人社会地位的提升能有效抑制经济的衰退。Kaplow(2009)将个人财富积累、遗产继承、他人馈赠3个因素作为财富的来源,并在此框架下构建了财富的效用函数,分析最优的储蓄率和消费水平。Roy(2010)从宏观的角度,在AK生产函数模型的框架下研究财富的效应函数,并得出宏观经济可持续增长的充分条件。Chen(2011)首次将货币存量引入经济增长模型中,并在财富效应函数的基础上进行分析,结果发现,政府的货币政策能使经济的发展由低稳态向高稳态过渡。

国内学者陈彦斌(2003)利用财富和消费习惯构建消费—资产组合模型,研究发现,个人的消费习惯及较弱的财富偏好往往能使个人的消费水平趋于稳定,在一定程度上解释了我国的"平滑消费之谜"。徐旭松等(2004)通过构建财富和消费的效用函数,表明投资者的偏好不仅取决于当期的消费水平,还取决于过去的消费及财富积累。王高望等(2014)从宏观经济的角度研究金融环境、财富水平对经济增长的作用,研究结果表明,财富效应对经济增长具有促进作用。还有一些学者在研究资产的财富效应时对家庭的资产进行详细的划分,其中,财富中的房产和金融资产是家庭资产中较为重要的财富,引起了许多学者的关注。骆祚炎(2008)通过实证分析,发现在我国,金融资产的财富效应要大于居民住房资产的财富效应。还有一些学者认为,在我国,住房资产的财富效应要大于金融资产的财富效应(魏锋,2007;张大永、曹红,2012)。谢冰洁(2012)等利用城镇调查的入户数据,通过实证分析,发现住房价格的上升会抑制家庭的消费,特别是成年男性未婚的家庭,抑制效果尤其明显。

分析以上的文献不难发现,大部分学者主要从收入或收入分配角度来关注家庭的资产水平,还有一些学者从其他不同角度分析财富效应,鲜有从居民微观个体的角度分析储蓄对居民财富持有的影响。因此,本书从家庭储蓄的角度探究居民的财富水平,这是对现有文献的重要补充,同时也为相关部门制定相应的政策提供了依据。

4.3.2 描述性统计

表4-27显示了不同储蓄规模家庭的财富水平。总体上,居民家庭储蓄规模越大,则家庭财富水平越高。京津冀地区不同储蓄规模家庭的储蓄水平分别为106.97万元、180.49万元和301.43万元,并且各储蓄水平的家庭财富积累均高于全国平均水平;北京地区不同储蓄规模家庭的财富水平最高,分别为268.57万元和362.52万元、457.07万元;天津地区的高储蓄家庭财富水平最高,低储蓄家庭财富水平最低,分别为143.67万元、207.14万元和298.55万元;河北地区除低储蓄家庭以外,其他储蓄规模家庭的财富水平均

低于全国平均水平,分别为71.25万元、101.45万元和191.69万元。

表4-27 财富与家庭储蓄 （单位:万元）

	北京	天津	河北	京津冀	全国
低储蓄家庭	268.57	143.67	71.25	106.97	59.06
中等储蓄家庭	362.52	207.14	101.45	180.49	110.95
高储蓄家庭	457.07	298.55	191.69	301.43	210.65

4.3.3 实证研究

4.3.3.1 模型设定

本节模型设定如下:

$$Wealth = \alpha + \beta_1 Saving + X\beta_2 + \mu \tag{4-2}$$

其中,Wealth代表家庭财富,是被解释变量;Saving代表家庭储蓄规模;X是控制变量,包括家庭特征(家庭规模、家庭少儿抚养比、家庭老人数量)、户主特征(男性、年龄、已婚、受教育年限、健康水平、风险偏好、风险厌恶)、地区特征(所在省份人均GDP、是否属于农村地区);μ为残差项。

4.3.3.2 内生性讨论

家庭储蓄规模与家庭财富之间由于逆向因果、遗漏变量等原因可能存在内生性问题。一方面,家庭财富水平越高,对未来的预防性储蓄动机可能会更弱,从而储蓄规模会缩小。另一方面,个人性格特征和对财富偏好的不同也会影响家庭的财富,因而个体特征和消费习惯等遗漏变量的存在也可能导致高估或低估储蓄的影响。

因此,需要选取工具变量来解决内生性问题。本节选取家庭所在社区除自己家庭以外的储蓄规模的平均水平作为工具变量,主要考虑的是社区储蓄规模平均水平越高,家庭储蓄规模可能越大,但社区拥有储蓄规模平均水平对家庭财富水平没有直接影响。

4.3.3.3 变量描述

将模型中的变量进行描述性统计分析,结果如表4-28所示。在表4-28中可以发现,我们的关注变量——京津冀地区家庭的财富水平均值为144.95万元;家庭的平均储蓄规模为6.22万元;家庭特征的统计结果显示,京津冀地区的平均家庭规模为 3.28 人,比较符合我国现阶段的家庭人口数目,平均家庭人口数目在 3 到 4 人;家庭少儿抚养比为 13% ,家庭的平均老人数目为 0.44 人。进一步分析户主的特征,样本中 80% 的户主为男性,户主的平均年龄水平为 53.21 岁,数据显示,91% 的户主已婚;样本中户主的受教育程度介于初中和高中水平;同时 10% 的户主属于风险偏好性,64% 的户主属于风险厌恶型,说明大部分户主对风险比较排斥。

表 4 - 28　变量描述性统计

	样本量	均值	标准差	最小值	最大值
被解释变量					
家庭财富	3 435	1 449 528	2 028 879	10	1 200 000 000
关注变量					
储蓄规模	3 435	62 221.21	180 794.40	0	9 489 597
家庭特征					
家庭规模	3 435	3.28	1.51	1	11
家庭少儿抚养比	3 435	0.13	0.17	0	0.67
家庭老人数量	3 435	0.44	0.72	0	3
户主特征					
户主男性	3 435	0.80	0.40	0	1
户主年龄	3 435	53.21	13.58	18	98
户主已婚	3 435	0.91	0.28	0	1
户主学历	3 435	2.36	1.06	1	5
户主身体健康	3 435	1.72	0.73	1	3
户主风险偏好	3 435	0.10	0.30	0	1
户主风险厌恶	3 435	0.64	0.48	0	1

4.3.3.4　实证结果

(1)基准回归结果

本部分主要研究京津冀地区家庭的储蓄规模对家庭财富的影响,表 4 - 29 给出了最小二乘法的估计结果。其中第(1)、(2)、(3)列分别为北京、天津、河北地区的 OLS 估计结果,第(4)列为京津冀地区 OLS 回归结果。

表 4 - 29 储蓄对家庭财富的影响

ln（家庭消费财富）	北京	天津	河北	京津冀
关注变量	（1）	（2）	（3）	（4）
储蓄规模	0. 151 ***	0. 119 ***	0. 117 ***	0. 140 ***
	（0. 020）	（0. 016）	（0. 011）	（0. 008）
家庭特征				
家庭规模	0. 286 **	0. 238 ***	0. 258 ***	0. 251 ***
	（0. 057）	（0. 058）	（0. 032）	（0. 026）
家庭少儿抚养比	- 0. 204 **	0. 068	- 1. 081 ***	- 0. 547 **
	（0. 417）	（0. 450）	（0. 285）	（0. 216）
家庭老人数量	- 0. 263 **	- 0. 117	- 0. 181 **	- 0. 198 ***
	（0. 088）	（0. 086）	（0. 063）	（0. 047）
户主特征				
户主男性	- 0. 071	0. 283 **	- 0. 034	- 0. 003
	（0. 119）	（0. 138）	（0. 109）	（0. 073）
户主年龄	0. 027 ***	0. 017 **	- 0. 016 ***	0. 012 ***
	（0. 005）	（0. 006）	（0. 004）	（0. 003）
户主在婚	- 0. 147	0. 284	- 0. 128	- 0. 031
	（0. 18）	（0. 196）	（0. 182）	（0. 109）
户主受教育年限	0. 265 ***	0. 436 ***	0. 235 ***	0. 316 ***
	（0. 059）	（0. 062）	（0. 048）	（0. 033）
户主身体健康	0. 032	- 0. 162 **	- 0. 203 ***	- 0. 151 ***
	（0. 082）	（0. 079）	（0. 057）	（0. 042）
户主风险偏好	0. 000	0. 324 *	0. 301 *	0. 000
	（0. 000）	（0. 170）	（0. 159）	（0. 000）
户主风险厌恶	- 0. 036	- 0. 207	0. 012	- 0. 219 **
	（0. 153）	（0. 131）	（0. 088）	（0. 093）
地区特征				
lnGDP				0. 000 **
				（0. 000）
城市户籍	0. 887 ***	0. 964 ***	0. 773 ***	1. 102 ***
	（0. 159）	（0. 166）	（0. 099）	（0. 077）
N	1 126	930	1 372	3 428
R - sq	0. 21	0. 25	0. 34	0. 30

注：* 、** 、*** 分别表示在10%、5%、1%水平显著,括号内为异方差稳健标准差。

第(4)列表示京津冀地区的回归结果,京津冀地区的家庭储蓄规模在1%的水平上会显著促进家庭积累财富,家庭的储蓄规模每提高10%,则家庭的财富水平会提升1.4个百分点。从家庭特征变量分析,家庭人口规模与家庭的财富水平正相关,在1%的水平显著。回归结果显示,家庭少儿抚养比越高和家庭老人的数量越多,则家庭的财富水平越低,分别在1%和5%的统计水平上显著。从户主特征变量分析,户主的健康水平会在1%的水平上抑制家庭的财富水平;随着户主年龄的增长,则家庭的财富积累越多;户主的学历会在1%的水平上显著增加家庭的财富,而户主婚姻、性别、风险偏好对家庭财富积累无显著影响。城市地区的财富水平比农村地区高1.1倍,并在1%的统计水平上显著。

从第(1)列回归结果来看,北京地区的家庭储蓄规模在1%的水平上会显著促进家庭财富积累,家庭的储蓄规模每提高10%,则家庭的财富水平会提升1.5个百分点。从家庭特征变量分析,家庭人口规模的增加会显著提升家庭的储蓄水平,家庭少儿抚养比例越高和家庭老人的数量越多,则会抑制家庭的财富水平,均在5%的统计水平上显著。从户主特征变量分析,随着户主年龄的增长,家庭财富水平在显著增加;户主的学历与家庭财富水平正相关,在1%的水平显著。而户主婚姻、性别、健康水平、风险偏好对家庭财富积累无显著性影响。城市地区的财富水平比农村地区高0.89倍,在1%的水平显著。

第(2)列表示天津地区的回归结果,天津地区的家庭储蓄规模在1%的水平上会显著促进家庭财富积累,家庭的储蓄规模每增加10%,则家庭的财富水平会提升1.2个百分点。从家庭特征变量分析,家庭的人口规模会显著性促进家庭财富水平的积累;家庭少儿抚养比和家庭老人的数量对家庭的财富水平无显著影响。从户主特征变量分析,户主的健康水平会在5%的水平上抑制家庭的财富水平;户主为男性的家庭财富水平在5%的水平上比户主为女性家庭的财富水平高28%。同样,随着户主年龄的增加,家庭的财富水平显著增加;户主的学历越高,则家庭的财富积累越多,在1%的水平显著。户主婚姻、风险态度对家庭财富积累无显著性影响。城市地区的财富水平比农村地区高0.96倍,并在1%的水平上显著。

第(3)列表示河北地区的回归结果,河北地区的家庭储蓄规模在1%的水平上会显著促进家庭财富的积累,家庭的储蓄规模每增加10%,则家庭的财富水平会提升12%。从家庭特征变量分析,家庭人口数越多,家庭财富积累越高,在1%的水平显著。回归结果显示,家庭少儿抚养比例高,会显著性抑制家庭的财富水平;同时,家庭需要抚养的老人数量多,则家庭财富水平显著性减少。从户主特征变量分析,户主的健康水平会在1%的水平抑制家庭的财富水平;随着户主年龄的增加和学历水平的提高,则家庭的财富水平会显著性增加,均在1%统计水平显著;而户主婚姻、性别及风险厌恶对家庭财富积累无显著性影响。城市地区的财富水平比农村地区高0.77倍,并在1%的水平显著。

(2)工具变量估计

由内生性问题的分析可知,由于模型存在遗漏变量和逆向因果关系的影响,可能会对估计结果造成偏误,我们利用社区的平均储蓄作为工具变量对模型进行重新估计,得到的结果见表4-30。其中(1)、(2)、(3)列分别为考虑内生性问题以后北京、天津、河北的估计结果,而第(4)列为京津冀地区考虑内生性问题后的估计结果。底部报告了 Durbin - Wu - Hausan 家庭储蓄规模的内生性结果。第(1)和第(2)列的 DWH 检验显示,模型不存在内生性;第(3)列和第(4)列的 p 值均为 0.000,在1%的水平拒绝了不存在内生性问题的假设,说明模型存在内生性问题。在两阶段估计的结果中,京津冀地区和河北地区 F 值分别为 35.5、17.72,根据 Stock & Yogo(2005)的研究,F 值大于 10% 的临界值为16.38,故采用社区的平均储蓄规模作工具变量是合适的,且不存在弱的工具变量选择问题。

由于第(1)列和第(2)列结果显示模型不存在内生性问题,可知 OLS 的估计结果是可靠的。第(3)列和第(4)列用工具变量估计的结果显示,储蓄规模的回归系数分别为 0.68 和 0.57,分别在 5% 和 1% 的水平显著,进一步说明河北地区和京津冀地区的家庭储蓄能显著提升家庭的财富水平;同时第(3)、(4)列工具变量估计结果中,控制变量结果的显著性与表4-29中 OLS 的估计结果显著性基本一致。

表 4 – 30   京津冀家庭储蓄对家庭财富的影响:工具变量回归

ln(家庭消费)	北京	天津	河北	京津冀
关注变量	(1)	(2)	(3)	(4)
储蓄规模	0.262 **	0.683	0.682 **	0.566 ***
	(0.091)	(0.503)	(0.137)	(0.058)
家庭特征				
家庭规模	0.235 ***	0.136	0.196 ***	0.179 ***
	(0.071)	(0.125)	(0.057)	(0.036)
家庭少儿抚养比	– 0.145	0.062	– 0.931 *	– 0.405
	(0.429)	(0.821)	(0.545)	(0.319)
家庭老人数量	– 0.258 **	– 0.241	– 0.256 **	– 0.232 ***
	(0.089)	(0.194)	(0.107)	(0.064)
户主特征				
户主男性	– 0.092	0. . 014	– 0.127	– 0.067
	(0.125)	(0.337)	(0.192)	(0.102)
户主年龄	0.025 ***	0.019 *	– 0.009	0.010 **
	(0.006)	(0.010)	(0.008)	(0.004)
户主在婚	– 0.207	– 0.105	– 0.556	– 0.329 **
	(0.191)	(0.472)	(0.343)	(0.160)
户主受教育年限	0.195 **	– 0.048	– 0.201	– 0.022
	(0.087)	(0.451)	(0.136)	(0.066)
户主身体健康	0.084	– 0.166	0.283 *	0.100
	(0.099)	(0.140)	(0.158)	(0.071)
户主风险偏好	0.005	0.215	0.701 **	0.228 *
	(0.156)	(0.421)	(0.299)	(0.135)
户主风险厌恶	– 0.099	0.351	– 0.149	0.002
	(0.128)	(0.268)	(0.157)	(0.093)
地区特征				
lnGDP				0.000 *
				(0.000)
城市户籍	0.856 ***	1.402 ***	0.598 ***	0.819 ***
	(0.161)	(0.513)	(0.179)	(0.110)

续表

ln(家庭消费)	北京	天津	河北	京津冀
N	1 126	930	1 372	3 428
一阶段 F 值	8.59	5.04	17.72	35.50
一阶段工具变量 T 值	4.75	0.27	4.75	9.89
DWH 检验卡方值	1.54	4.30	58.43	108.57
(p - value)	(0.21)	(0.04)	(0.00)	(0.00)

注:*、**、*** 分别表示在 10%、5%、1% 水平上显著,括号内为异方差稳健标准差。

4.3.4 主要结论

本节描述京津冀地区家庭储蓄规模与居民家庭财富水平的关系,并实证分析了家庭储蓄规模对家庭财富的影响。

京津冀地区的财富水平随储蓄规模的增加而增加,同时京津冀地区各储蓄规模的家庭财富均高于全国平均水平,并且低储蓄家庭的财富水平约为高储蓄家庭财富的 2 倍,其家庭财富分别为 106.97 万元、180.49 万元和 301.43 万元。回归分析表明,京津冀地区的储蓄规模会显著提高家庭的财富水平,在 1% 的水平,家庭的储蓄规模每增加 10%,则京津冀地区的家庭的财富水平会提高 1.4 个百分点。同时,家庭规模、户主的年龄、户主受教育年限、户主健康状况、省份人均 GDP 等均对家庭财富水平有正向影响,而家庭少儿抚养比、家庭老人的数量、户主的风险态度、家庭属于农村地区对家庭财富水平积累会产生负向影响。

4.4 家庭储蓄与创业

4.4.1 文献综述

熊彼特(1934)指出,企业家的创业和创新活动是经济发展的关键,而金融的核心功能是筛选出具有创业和创新精神的企业家并为其提供信贷资金,帮助企业家以创新性的要素组合方式促进经济发展。党的十八届三中全会提出,将完善扶持创业的优惠政策,形成政府激励创业、社会支持创业、劳动者勇于创业的新机制,作为推进我国社会事业改革创新的重要内容。

King & Levine(1993)指出,完善的金融体系应该具备甄选潜在企业家、集聚金融资源、为企业家庭提供资金、分散企业家创业风险等功能。Clarke & Aram(1997)利用美国和西班牙毕业生数据,从伦理学视角发现,金融环境不仅对金融交易的当事人产生影响,还会对人们的价值观产生影响,导致人们积累人力资本的方向发生变化。Gabszewicz & Laussel(2007)建立了一个双边垄断模型,给定经济主体特定数量的资本,研究经济主体选择创业还是借出资本以及借入或是借出多少,结果表明,拥有更多资本的主体倾向于选择创业,而拥有更少资本者更愿意借出。Schmalzetal 等人(2014)的研究结果表明,个体的创业活动大都受到抵押品限制的影响,特别是当房屋作为抵押品价值上升时,不仅会提升创业者成功的概率,还会增加创业者的规模和附加值。

国内学者马光荣和杨恩艳(2011)利用来自我国农村的样本数据,发现拥有更多社会网络的家庭更容易通过民间借贷筹集创业资金,进而提高创业的可能性,并且在正规金融越不发达的地区,民间借贷对农民创业支持越大,社会网络促进农民创业的作用越强。较低的金融资源可得性直接阻碍了我国家庭创业选择和创业质量的提高。张龙耀和张海宁(2013)指出,农村居民在获得金融资源方面面临更高的准入门槛,农村金融难以支持其开展创业活动。尹志超等(2015)论证金融知识能够降低金融约束对创业精神的抑制作用,提高家庭创业意愿,促进家庭创业。除此之外,多数学者关注社会网络(社会资本)反映的非正规金融发展程度对家庭创业的影响,如杨婵、贺小刚和李征宇(2017)利用 2016 年"中国千村的调查数据"实证分析家庭结构对农民创业的影响,农民群体中,社会精英家庭创业的可能性更大,而家庭结构不完善的家庭会抑制创业的可能性,同时,研究表明,精英农民家庭的创业属于机会型创业,而人力残缺家庭的创业属于生存型创业。

通过以上文献不难发现,大部分学者主要从个体的资源如社会网络关系、家庭结构、借贷约束等方面来分析家庭的创业行为,而本书将依托2017年中国家庭普惠金融调查数据,从家庭储蓄的角度来实证分析个体的创业行为。

4.4.2 描述性统计

表4-31显示了不同储蓄规模家庭的创业概率。总体上,京津冀地区高储蓄家庭的创业平均可能性最大,低储蓄家庭的创业平均可能性次之,而中等储蓄家庭的创业平均可能性最低,参与创业的平均概率分别为0.265、0.206、0.21;并且各储蓄规模家庭创业的平均概率低于全国平均水平;北京地区不同储蓄家庭的创业概率最低,分别为0.131、0.134、0.157,均低于全国平均水平;天津地区低储蓄家庭的创业平均概率最高,高储蓄家庭创业的可能性最小,其创业平均水平分别为0.177、0.152、0.133;河北地区中等储蓄家庭的创业概率最大,而高储蓄家庭的创业概率最小,其创业平均水平分别为0.25、0.23、0.18。

表4-31 储蓄规模与家庭创业

	北京	天津	河北	京津冀	全国
低储蓄家庭	0.131	0.177	0.230	0.210	0.229
中等储蓄家庭	0.134	0.152	0.250	0.206	0.295
高储蓄家庭	0.157	0.133	0.180	0.265	0.325

4.4.3 实证研究

4.4.3.1 模型设定

为考察家庭储蓄水平对创业的影响,模型具体设定如下:

$$\text{Prob}(Y = 1 \mid x) = \text{Prob}(\alpha + \beta_1 \text{Saving} + X\beta_2 + \mu > 0 \mid X) \qquad (4-3)$$

模型中,Y为被解释变量,指家庭创业;Saving代表家庭的储蓄规模;X是控制变量,包括家庭特征(家庭规模、家庭少儿占比、家庭老人数量、家庭是否拥有社保、家庭是否拥有家用汽车、是否拥有自有住房)、户主特征(男性、年龄、在婚、学历、身体健康水平、金融知识、风险偏好、风险厌恶)、地区特征(所在省份人均 GDP、是否属于农村地区);μ 为扰动项。

4.4.3.2　内生性讨论

在家庭储蓄规模和家庭创业之间可能存在逆向因果、遗漏变量等导致的内生性问题。

首先,家庭创业可能动用家庭资产,引起储蓄的变化:一方面可能由于创业的需要,家庭的储蓄规模减小,另一方面,创业可能导致更多的财富积累,使家庭的储蓄增加;其次,可能存在遗漏变量导致的内生性问题,如家庭创业能力很难用变量来量化,创业能力可能同时影响创业决策和家庭储蓄规模,从而导致估计偏误。

本节选取家庭所在社区的平均储蓄规模作为工具变量,主要考虑由于社区文化的影响,社区的平均储蓄水平越高,家庭的储蓄规模可能越高。但社区拥有储蓄规模的平均水平对家庭创业没有直接影响。因此,需要选取工具变量来解决内生性问题。当然,以上只是实际分析,是否具有内生性还需要进行计量检验。

4.4.3.3　变量描述

将模型中的变量进行描述性统计分析,结果如表 4 - 32 所示。在表 4 - 23 中可以发现,我们的关注变量——京津冀地区家庭的平均创业比率为 22%,说明京津冀地区居民的创业参与率较低;家庭的平均储蓄规模为 6.54 万元。家庭特征的统计结果显示,京津冀地区的平均家庭规模为 3.27 人,比较符合我国现阶段的家庭人口数目,平均家庭人口数目在 3 到 4 人;家庭少儿抚养比为 13%,家庭的平均老人数目为 0.43 人;并且在样本中,89% 的家庭拥有社会保障和拥有自有住房,说明京津冀地区社会保障覆盖率较高;35% 的家庭拥有自有家用汽车。进一步分析户主的特征,样本中 80% 的户主为男性,户主的平均年龄水平为 53.18 岁,数据显示,91% 的户主均已婚;样本中户主的受教育程度介于初中和高中水平;户主的平均金融知识经过加权合成得分为 69.69 分,整体金融知识水平偏低;同时 10% 的户主属于风险偏好型,63% 的户主属于风险厌恶型,说明大部分家庭对风险较为排斥。

表 4 - 32　描述性统计

	样本量	均值	标准差	最小值	最大值
被解释变量					
家庭创业	3 491	0.22	0.414	0	1
关注变量					
家庭储蓄规模	3 491	65 361.75	193 799.9	0	9 489 897
家庭特征					
家庭规模	3 491	3.27	1.505	1	11
少儿占比	3 491	0.13	0.170	0	0.667
家庭老人数量	3 491	0.43	0.722	0	3
拥有社保	3 491	0.89	0.307	0	1
拥有自有住房	3 491	0.89	0.308	0	1
拥有自有汽车	3 491	0.35	0.478	0	1
户主特征					
户主男性	3 491	0.80	0.403	0	1
户主年龄	3 491	53.18	13.59	18	98
户主在婚	3 491	0.91	0.281	0	1
户主学历	3 491	2.37	1.060	1	5
户主身体健康	3 491	1.71	0.728	1	3
户主金融知识	3 491	69.69	26.98	0	100
户主风险偏好	3 491	0.10	0.302	0	1
户主风险厌恶	3 491	0.63	0.481	0	1

4.4.3.4　实证结果

本部分主要研究京津冀地区家庭的家庭储蓄规模对家庭财富的影响，表 4 - 33 给出了 Probit 模型的估计结果。其中第(1)、(2)、(3)列分别为北京、天津、河北地区的 Probit 估计结果，第(4)列为京津冀地区 Probit 回归结果。第(4)列表示京津冀地区的回归结果，尽管家庭储蓄规模对家庭创业的回归结果显示为正，但在统计学意义上并不显著。从家庭特征变量分析，家庭人口规模越多，家庭进行创业的可能性越大，在 1% 的水平显著；同时回归结果显示,家庭少儿抚养比、家庭老人的数量和家庭拥有住房会抑制家庭创业的可能性,但在统计学意义上并不显著。而家庭参与社会保障会显著增加家庭进行创业的可能性,回归结果显示,参与社会保障在1%的水平上使得家庭创业的可能性增加43%。拥有汽车的家庭会在1%的水平上使家庭进行创业的概率显著增加33.2%。从户主特征变量分析,随着户主年龄的增加,家庭进行创业的概率会降低,创业一般需要旺盛的精力和体力,随着年龄的增加,创业的可能性会变得越来越小。户主结婚以后,创业的概率会降低,由于创业需要一定的资本和承担相应的风险,因此,当户主结婚以后,将面临较多的家庭支出和负担,可能会选择风险较低的受雇于他人的就业方式。户主的其他特征,如户主的受教育年限、健康水平、金融知识水平、对待风险的态度均不会显著影响家庭的创业行为。户主的户籍是农村的,也会抑制家庭进行创业,农村户主比城市户主进行创业的可能性减少了25.8%,并在1%的水平显著。

表4-33 储蓄对家庭创业的影响(Probit 估计结果)

创业哑变量	(1) 北京	(2) 天津	(3) 河北	(4) 京津冀
关注变量				
储蓄规模	0.008 (0.015)	-0.022 * (0.013)	0.021 ** (0.011)	0.003 (0.007)
家庭特征				
家庭规模	0.096 * (0.056)	0.117 ** (0.057)	0.063 * (0.033)	0.088 *** (0.025)
少儿抚养比	0.083 (0.429)	-0.496 (0.451)	-0.054 (0.307)	-0.032 (0.214)
家庭老人数量	-0.061 (0.094)	0.034 (0.086)	-0.109 * (0..066)	-0.050 (0.045)
社会保障	-0.500 ** (0.196)	-0.514 ** (0.169)	-0.298 ** (0.118)	0.430 *** (0.085)
拥有自有住房	-0.015 (0.140)	-0.035 (0.137)	-0.018 (0.150)	-0.045 (0.080)

续表

创业哑变量	北京	天津	河北	京津冀
拥有自有汽车	0.303**	0.069	0.503***	0.332***
	(0.113)	(0.127)	(0.089)	(0.060)
户主特征				
户主男性	0.085	0.161	0.090	0.109
	(0.110)	(0.134)	(0.117)	(0.067)
户主年龄	−0.014***	−0.017**	−0.010**	−0.013***
	(0.005)	(0.006)	(0.004)	(0.003)
户主在婚	−0.370**	−0.309*	−0.195	−0.254**
	(0.162)	(0.168)	(0.170)	(0.095)
户主受教育年限	−0.058	−0.057	−0.002	−0.041
	(0.060)	(0.064)	(0.051)	(0.033)
户主身体健康	−0.027	−0.015	−0.099*	−0.056
	(0.081)	(0.074)	(0.058)	(0.039)
金融知识	0.003	−0.000	0.001	0.001
	(0.002)	(0.002)	(0.001)	(0.001)
户主风险偏好	0.264*	0.400**	−0.093	0.021
	(0.158)	(0.201)	(0.151)	(0.061)
户主风险厌恶	−0.116	0.139	0.065	0.001
	(0.117)	(0.132)	(0.089)	(0.001)
地区特征				
lnGDP				−0.000
				(0.000)
城市户籍	0.250*	0.419**	−0.111	0.258***
	(0.140)	(0.172)	(0.106)	(0.072)
N	1 179	937	1 376	3 491
Pseudo R − sq	0.096	0.094	0.087	0.088
DWH 检验 F 值	0.25	2.69	2.28	0.10
(p − value)	(0.616)	(0.101)	(0.131)	(0.75)

注：*、**、***分别表示在10%、5%、1%水平显著,括号内为异方差稳健标准差。

第(1)列表示北京地区的回归结果。家庭储蓄规模对家庭创业的回归结果显示为正,但在统计学意义上并不显著。从家庭特征变量分析,家庭人口规模越大,家庭进行创业的概率越大,在10%的水平上显著;同时回归结果显示,家庭少儿抚养比、家庭老人的数量和家庭拥有住房在统计学意义上无实质性影响。家庭参与社会保障会使得家庭进行创业的可能性减少,户主参与社会保障的家庭比不参加社会保障的家庭创业的可能性减少50%,并且在5%的水平显著。相比没有汽车的家庭,拥有汽车会在1%的水平上使得家庭进行创业的概率显著增加30.3%。从户主特征变量分析,随着户主年龄的增加,家庭进行创业的概率越来越小,并在1%水平显著。相较于未婚家庭,已婚家庭进行创业的概率更低,并在5%的水平显著。户主的其他特征,如户主的受教育年限、健康水平、金融知识水平均不会显著影响家庭的创业行为。偏好风险的户主会促使家庭进行创业,由于创业需面临较大的风险,因此风险偏好者更喜欢自己创业。相较于城市户籍,农村户籍家庭创业的概率更低,回归结果显示,农村户籍家庭比城市户籍家庭进行创业的可能性减少25%,并在1%的水平显著。

第(2)列表示天津地区的回归结果,家庭储蓄规模对家庭创业可能性在10%的水平上显著抑制家庭进行创业,家庭的储蓄规模每提高10%,家庭进行创业的可能性就会减少0.22个百分点。从家庭特征变量分析,家庭人口规模越大,家庭进行创业的概率在5%的统计水平显著增加。家庭参与社会保障会使得家庭进行创业的可能性减少,户主参与社会保障的家庭比不参加社会保障的家庭创业的可能性减少51.4%,并且在5%的水平显著。同时回归结果显示,家庭少儿抚养比、家庭老人的数量、家庭拥有住房和家庭拥有汽车,在统计学意义上无显著性的影响。从户主特征变量分析,户主的年龄越大,家庭进行创业的概率越小,在1%的统计水平显著。已婚户主比未婚户主进行创业的概率低30.9%,在10%的统计水平显著。户主的其他特征,如户主的受教育年限、健康水平、金融知识水平均不会显著影响家庭创业行为。偏好风险的户主进行创业的可能性更大。相较城市户籍,农村户籍会抑制家庭进行创业,回归结果显示,农村户籍比城市户籍家庭进行创业的可能性减少41.9%,并在1%的水平显著。

第(3)列表示河北地区回归结果,家庭储蓄规模在5%的水平上能显著促进家庭进行创业,家庭的储蓄规模每增加 10%,家庭进行创业的可能性会显著增加 0.21 个百分点。从家庭特征变量分析,家庭人口规模越大,家庭进行创业的可能性越大,在 10% 的统计水平显著。家庭参与社会保障会使得家庭进行创业的可能性减少,户主参与社会保障的家庭比不参加社会保障的家庭创业的可能性减少 29.8%,并且在 5% 的水平显著。户主家庭老人的数目越多,则家庭进行创业的可能性越低。同时,拥有汽车家庭比不拥有汽车家庭创业的概率高 50.3%,并在 1% 的统计水平显著。回归结果显示,家庭少儿抚养比、家庭拥有住房对家庭是否创业无显著性的影响。从户主特征变量分析,户主年龄越大,则家庭创业的可能性越低,在 1% 统计水平显著;户主的健康水平在 10% 的水平会显著抑制家庭创业;农村户籍会抑制家庭进行创业,回归结果显示,农村户籍比城市户籍家庭创业的概率低 11.1%,并在 1% 的水平显著。户主的其他特征,如户主的性别、受教育年限、婚姻状况、健康水平、金融知识水平及对待风险的态度均不会显著影响家庭的创业行为。

由内生性的分析可知,由于模型存在遗漏变量和逆向因果关系的影响,可能会对估计结果造成偏误,我们利用社区的平均储蓄作为工具变量对模型进行估计,得到的结果见表 4 - 33。其中(1)、(2)、(3)列分别为考虑内生性以后北京、天津、河北的估计结果,而第(4)列为京津冀地区考虑内生性的估计结果。底部报告了 Durbin - Wu - Hausan 家庭储蓄规模的内生性结果,第(1)到第(4)列的 DWH 检验 P 值和 F 值均显示模型不存在内生性,故 Probit 的估计结果是可靠的。

4.4.4 主要结论

本节描述了京津冀地区家庭储蓄规模与家庭创业行为的研究,并实证分析了家庭的储蓄水平对家庭创业的影响。

京津冀地区平均创业率最高的是高储蓄家庭,其次是低储蓄家庭,创业率最低的是中等储蓄家庭。各储蓄规模家庭的平均创业率分别为 21%、20.6%、26.5%。回归结果表明,京津冀地区的储蓄规模对家庭的创业行为并无显著影响,而进一步分地区来看,北京地区家庭的储蓄规模对家庭创业行为无显著影响;天津地区在 10% 的水平上会抑制家庭进行创业,且储蓄规模每增加10%,家庭创业的可能性降低0.22个百分点;河北地区家庭储蓄规模对家庭的创业具有显著的促进作用,家庭的储蓄规模每增加10%,则家庭进行创业的可能性会显著提升0.21个百分点。同时,家庭的规模、参与社会保障、拥有自有汽车均对家庭创业行为有正向影响,而户主的年龄、已婚、家庭属于农村地区等均会对家庭创业行为产生负向影响。

4.5 小结

本章首先描述京津冀地区家庭储蓄规模的特征,然后实证分析其对家庭消费、财富、创业的影响。

京津冀地区家庭储蓄拥有率均高于全国平均水平,北京地区最高,河北最低,其家庭储蓄拥有率分别为95.85%、92.20%,二者相差3.65%。同时,京津冀地区,北京地区的家庭储蓄规模最高,河北地区的家庭储蓄规模最低,二者的差距为13.47万元。从城乡角度分析,京津冀地区,城市家庭储蓄拥有率均高于农村家庭的储蓄拥有率。京津冀地区户主受教育程度越高,家庭参与储蓄的比例越高;总体上看,户主所受教育程度越高,家庭储蓄规模越高。依党员分类,党员家庭储蓄拥有率高于非党员家庭储蓄拥有率;同时发现,入党有助于提高家庭的储蓄规模。此外,京津冀地区参与社会保障的家庭储蓄拥有率较高,且均高于全国平均水平,统计数据显示,参与社会保障家庭的储蓄规模显著高于不参与社会保障的家庭。户主家庭健康程度越高,则家庭储蓄拥有率越高,尤其是河北家庭户主的健康水平差异,对储蓄拥有率影响较大,其次是北京,天津影响最小。已婚户主的家庭储蓄拥有率高于未婚户主,并且具有明显的差异。婚姻对家庭储蓄规模具有显著影响,在北京具有抑制作用,而在天津、河北及全国则具有促进作用。天津、河北及全国风险中性家庭的储蓄拥有率最高,其次是风险偏好家庭,家庭储蓄拥有率最低的是风险厌恶家庭。同时,北京地区各风险偏好的家庭储蓄拥有率均高于全国的平均水平,分别为95.56%、95.6%、90.84%;从各类风险偏好水平来看,北京、天津家庭储蓄规模均高于全国平均水平,而河北家庭储蓄规模则低于全国平均水平。从京津冀地区及全国的平均水平来看,中等规模家庭储蓄拥有率最高;北京和天津地区小规模家庭储蓄拥有率最低,而河北和全国平均水平的储蓄拥有率在小规模家庭中最低。从统计数据来看,北京地区的家庭储蓄规模随家庭人数的增加而增加,天津、河北及全国的家庭储蓄规模均随家庭成员数目的增加而减少。按照家庭孩子数目的特征,京津冀地区家庭储蓄拥有率的水平高于全国的平均水平,其中两个孩子数目的家庭储蓄拥有率最高,没有孩子家庭的储蓄率最低,分别为 95.61%、92.05%。京津冀地区的总体家庭储蓄规模除 3 个老人及以上家庭外,储蓄规模均远远高于全国平均水平,北京地区有两个老人家庭的储蓄规模最高,天津地区的家庭储蓄规模随家庭老人数量的增加而增加,河北地区的家庭储蓄规模与京津冀地区的特征相一致,储蓄规模最高的是没有老人的家庭,最低的是有一个老人的家庭,其储蓄规模分别为 4.86 万元、1.72 万元、3.33 万元、2.10 万元。

回归分析表明,家庭储蓄规模的增加会显著提高家庭消费水平,即储蓄规模越大的家庭,消费水平越高;同时家庭的储蓄规模也会对家庭净财富产生显著影响;而家庭的储蓄规模对家庭的创业行为无显著影响。

5 ▶▶▶▶

京津冀家庭信贷

5.1 家庭信贷特征

5.1.1 家庭信贷概况

根据资金来源的不同,家庭信贷可分为正规信贷(贷款)和非正规信贷(借款)。正规信贷是指向银行、信用社等正规金融机构贷款;非正规信贷则是指向亲朋好友、民间金融组织、小额贷款公司、网络借贷平台等非银行渠道融资借款。若家庭有尚未还清的贷款,则认为其参与正规信贷;若有尚未还清的借款,则认为其参与非正规信贷。只要有两者其一,就说明家庭参与信贷市场。

表5-1显示了家庭信贷参与情况。由表5-1中的数据可知,就全国总体而言,有42.8%的家庭参与信贷,其中,有26.9%的家庭参与正规信贷,有14.2%的家庭参与非正规信贷。京津冀地区数据显示,除北京之外,京津冀家庭信贷参与比例普遍低于全国平均水平。北京家庭信贷参与比例最高,有43.6%的家庭参与信贷,其中,参与正规信贷的家庭占40.3%,远高于参与非正规信贷的家庭比例(2.7%)。其次是河北,有42.3%的家庭参与信贷,其中,参与正规信贷的家庭占25.9%,远高于参与非正规信贷的家庭占比(12.6%)。最后是天津,有40.3%的家庭参与信贷,其中,参与正规信贷的家庭占33.8%,而参与非正规信贷的家庭只有4.4%。

表5-1 家庭信贷参与 （单位:%）

	正规信贷参与[①]	非正规信贷参与[②]	信贷参与[③]
北京	40.3	2.7	43.6
天津	33.8	4.4	40.3
河北	25.9	12.6	42.3
全国	26.9	14.2	42.8

---

① 正规信贷参与包括工商业正规信贷、住房正规信贷、商铺正规信贷、教育正规信贷、信用卡。

② 非正规信贷参与包括工商业非正规信贷、住房非正规信贷、商铺非正规信贷、教育非正规信贷。

③ 信贷参与包括工商业信贷参与、住房信贷参与、汽车信贷参与、商铺信贷参与、教育信贷参与、医疗信贷参与、信用卡、其他非金融资产信贷参与、其他信贷参与。

我们绘出了家庭信贷参与情况的折线图。由图 5-1 不难发现,北京、天津以及河北的家庭主要依赖正规融资渠道满足家庭资金缺口,河北的非正规信贷参与比例最高,而北京家庭总体信贷市场参与程度更高。此外,无论是北京、天津,还是河北,正规信贷和非正规信贷参与之间是替代关系,正规信贷参与比例高的地区,非正规信贷参与比例相对较低;正规信贷参与比例低的地区,非正规信贷参与比例则相对较高。

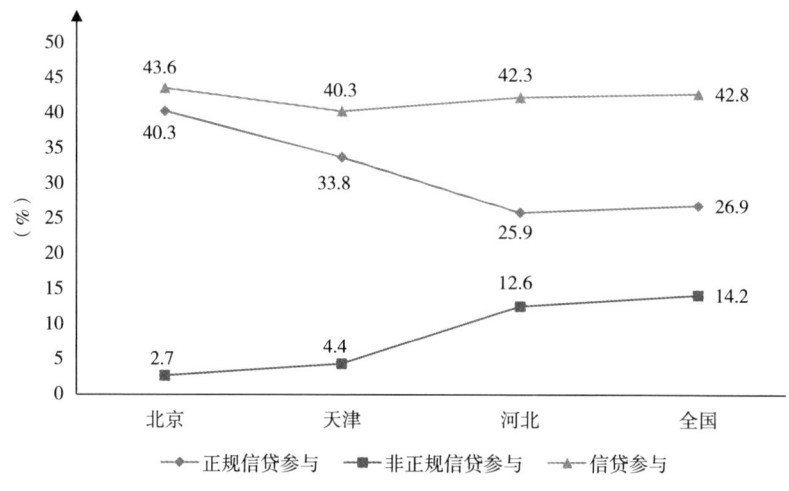

图 5-1 家庭信贷参与

5.1.2 家庭特征与信贷参与

5.1.2.1 受教育程度与信贷参与

教育是体现家庭成员人力资本水平的重要信号,与家庭信贷行为有着密切的关系。一般而言,正规金融机构在对贷款客户进行资格审查时更青睐教育程度较高的群体。根据户主受教育程度的不同,我们将家庭分为五组,依次为低学历(没上过学或只上过小学)、较低学历(初中)、中等学历(高中/中专/职高)、较高学历(大专/高职/本科)、高学历(研究生及以上)。

表 5-2 给出了户主受教育程度与家庭信贷参与的关系。由表 5-2 中的数据可知,户主学历越高,参与信贷的家庭比例越高,低学历家庭中仅有 26.3%的家庭参与信贷,而高学历家庭中这一比例高达 90.5%。与之对应的是,户主学历与家庭正规信贷参与比例呈正相关,与非正规信贷参与比例呈负相关。

表5－2　受教育程度与信贷参与　　　　（单位:%）

	正规信贷参与	非正规信贷参与	信贷参与
低学历	7.9	13.2	26.3
较低学历	22.7	11.0	38.3
中等学历	32.4	7.2	41.6
较高学历	66.6	4.0	68.8
高学历	89.8	5.6	90.5

我们绘出了受教育程度与信贷参与关系的折线图。由图5－2可知,低学历家庭中,仅有7.9%的家庭选择正规信贷,有13.2%的家庭选择非正规信贷;高学历家庭中有89.8%的家庭选择正规信贷,仅有5.6%的家庭选择非正规信贷。这证实了高学历家庭更容易获得正规信贷,也表明高学历家庭更偏好从信息透明度高、更加规范的正规金融机构融资。

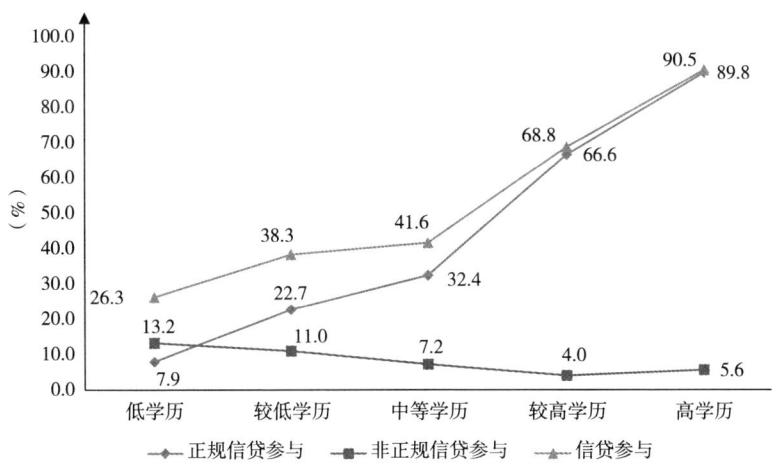

图5－2　受教育程度与信贷参与

5.1.2.2　金融知识与信贷参与

家庭金融知识水平反映了家庭成员在经济金融方面的素养,金融知识水平可能通过影响家庭对信贷业务的认知直接影响家庭信贷参与,也可能通过影响家庭投融资决策间接影响家庭信贷参与。中国家庭金融调查(CHFS)问卷涉及投资风险、通货膨胀、利息等问题,调查家庭对基本金融知识的掌握程度。笔者借鉴尹志超等(2014,2015)的做法,根据家庭对金融知识相关问题的回答进行因子分析,通过构建因子得分的方法衡量家庭金融知识水平。进一步地,以金融知识的中位数为界,将家庭分为两组:低金融知识和高金融知识。

表5-3给出了不同金融知识水平家庭的信贷参与差异。由表5-3可知,低金融知识家庭正规信贷参与比例仅为27.2%,远低于高金融知识家庭的32.7%;而不同金融知识水平家庭之间的非正规信贷参与比例差距相对较小,低金融知识家庭的这一比例相对较高,高金融知识家庭相对较低。总体上高金融知识家庭的信贷参与度更高。

表5-3　金融知识与信贷参与　　　　　　（单位:%）

	正规信贷参与	非正规信贷参与	信贷参与
高金融知识	32.7	9.2	44.4
低金融知识	27.2	9.6	40.1

我们绘出了金融知识与信贷参与关系的柱状图。由图5-3可知,高金融知识家庭总体信贷参与比例更高。这说明,家庭金融知识是影响家庭信贷参与,尤其是正规信贷参与的重要因素之一。提高居民金融知识水平,有利于提升家庭对正规信贷市场的参与程度。

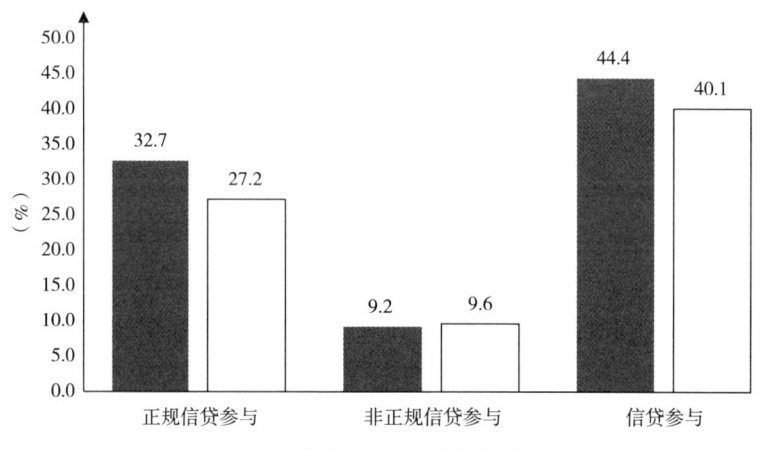

图5-3　金融知识与信贷参与

5.1.2.3 政治面貌与信贷参与

家庭成员的政治面貌一定程度上反映了其政治关系网络或者政治地位。党员身份可能会被正规金融机构识别为体现个人偿债能力的信号,从而使个人贷款申请通过的可能性更大。

根据户主的政治面貌,我们将家庭分为两组:户主党员家庭和户主非党员家庭。表5-4给出了不同政治面貌家庭的信贷参与差异。由表5-4可知,党员家庭正规信贷参与比例为41.5%,远高于非党员的28.2%;党员家庭非正规信贷参与比例为10.2%,略高于非党员家庭的9.3%。总体上,党员家庭负债比例为52%,高于非党员家庭的40.8%。

表5-4　政治面貌与信贷参与　　　　　　　　（单位:%）

	正规信贷参与	非正规信贷参与	信贷参与
党员	41.5	10.2	52.0
非党员	28.2	9.3	40.8

由图5-4可知,无论是正规信贷还是非正规信贷,户主党员的家庭参与程度都高于非党员家庭。已有文献证实户主的党员身份能够提高家庭贷款的可得性(刘辉煌等,2014)。可见,户主的政治面貌是影响家庭参与信贷市场的重要因素。

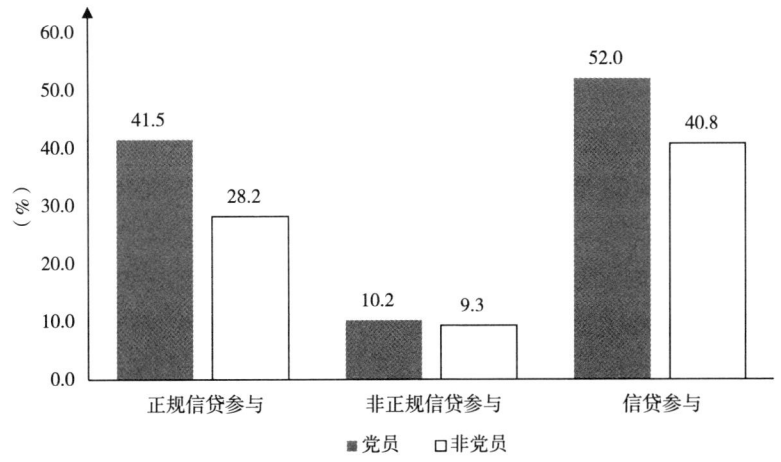

图5-4　政治面貌与信贷参与

5.1.2.4 社会网络与信贷参与

社会网络的度量已经得到了学者们的广泛研究,参照已有文献的做法,我们以家庭因节假日、红白喜事等事由发生的人情收支总和来衡量家庭社会关系,人情收支总和越大,家庭社会关系网络越广,越容易获取信贷资源。我们按照社会网络的不同分位数,将家庭分为九组。表5-5给出了不同分位数组家庭的信贷参与情况。

表5-5 社会网络与信贷参与 （单位:%）

社会网络	正规信贷参与	非正规信贷参与	信贷参与
20 及以下分位数(Q10)	21.5	9.5	38.2
20~30 分位数(Q20)	14.7	11.1	32.8
30~40 分位数(Q30)	18.9	8.6	35.2
40~50 分位数(Q40)	24.6	8.9	34.1
50~60 分位数(Q50)	29.1	14.8	44.0
60~70 分位数(Q60)	43.2	12.7	50.9
70~80 分位数(Q70)	44.4	7.9	51.6
80~90 分位数(Q80)	47.5	8.2	53.3
90 及以上分位数(Q90)	56.5	5.1	61.4

由表5-5可知,一方面,社会关系越强,家庭正规信贷参与比例越高;另一方面,社会网络资源在90及以上分位数的家庭,其非正规信贷参与比例低于社会网络资源在20及以下分位数的家庭,可能的原因是社会网络资源更丰富的家庭更多地转向正规信贷,因而降低了对非正规信贷的需求。

进一步地,我们绘出了关系网络与信贷参与关系的折线图。由图5-5可知,总体上看,随着社会关系的增强,家庭信贷比例呈现上升趋势。综上可知,社会网络对家庭正规信贷资源获取的影响更大,而对非正规信贷参与的影响相对较小。在我国人情社会的背景下,社会关系成为影响家庭信贷参与的又一重要因素。

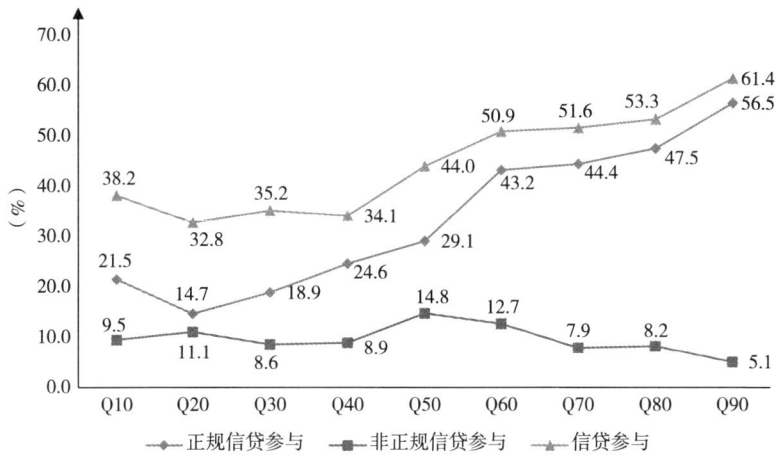

图 5 – 5 关系网络与信贷参与

诸多学者发现,社会关系会影响家庭信贷行为(马光荣、杨恩艳,2011;杨汝岱等,2011),社会网络作为一种非正式保险机制,帮助穷人获得信贷(Bastelaer,2000)。比加特(Biggart,2001)等还提出社会网络在金融交易中可扮演抵押品的角色,进而缓解因信息不对称所导致的逆向选择和道德风险问题。吉索、萨皮恩扎和辛加莱(Guiso、Sapienza & Zingales,2000,2004)以意大利为样本得出社会资本水平与融资的可获得性显著正相关。托马斯(Thomas,2007)以 1993—1998 为研究区间,认为越南贫穷家庭对正规借贷的需求特别低。程恩江等(2008)以孟加拉乡村银行中五户联保为核心的小额信贷为样本,得出这种小额信贷就是以社会网络中的友情、亲情为抵押的结论。埃弗雷特(Everett,2008)通过对小额贷款的研究,发现借款者的社会关系能提高其获得借款的概率,降低贷款利率,并激励他们积极还款。

还有一些文献重点探究社会网络对农户借贷行为的影响。马光荣和杨恩艳(2011)运用中国农村调查数据进行实证研究,结果表明,农民的社会网络越广,就拥有越多的民间借贷渠道,以亲情为基础的非正规金融弥补了农村正规金融发展滞后的缺陷。杨汝岱等(2011)基于社会网络视角研究了中国农户的民间借贷行为,得出社会网络有助于农户平衡现金流、缓解流动性约束的结论,社会网络对缓解正规金融资金供给不足具有重要作用。蔡秀、肖诗顺(2009)认为,社会资本在农户借贷行为中发挥着重要作用。民间融资在我国农村的总融资中占70%以上的比重(胡必亮,2000)。

5.1.2.5　健康与信贷参与

家庭成员的身体状况也可能会影响家庭参与信贷市场。根据户主的身体状况,可将家庭分为两组:户主身体状况好和户主身体状况不好。表5-6给出了不同身体状况家庭的信贷参与差异。

表5-6　身体状况与信贷参与　　　　　　　　(单位:%)

	正规信贷参与	非正规信贷参与	信贷参与
身体状况好①	38.1	7.9	46.1
身体状况一般	28.2	9.8	40.8
身体状况不好	11.9	12.8	35.0

由表5-6可知,户主健康的家庭正规信贷参与比例更高,为38.1%,而非正规信贷的参与比例更低,为7.9%。总体来看,户主健康的家庭参与信贷市场的比例更高。

进一步地,我们绘出了身体状况与信贷参与关系的柱状图,见图5-6。由图5-6可知,户主身体状况不好的家庭更倾向于非正规信贷,原因可能是这样的家庭更加脆弱,没有进入正规信贷市场的条件。

5.1.2.6　婚姻与信贷参与

家庭成员的婚姻状况也可能会影响家庭参与信贷市场。根据中国家庭金融调查(CHFS)的数据,户主的婚姻状况包括未婚、已婚、同居、分居、离婚、丧偶和再婚。表5-7给出了不同婚姻状况家庭的信贷参与差异。由表5-7可知,未婚家庭正规信贷参与比例更高,为47.9%,已婚家庭非正规信贷的参与比例更高,为10%。可能的原因是结婚之后,亲朋好友增多,拓宽了非正规信贷的融资渠道。

---

① 我们将问卷中a2025b:与同龄人相比,现在的身体状况如何? 1 非常好;2 好;3 一般;4 不好;5 非常不好。其中,我们将选择1和2视为身体状况好,选择3视为身体状况一般,将选择4、5视为身体状况不好。

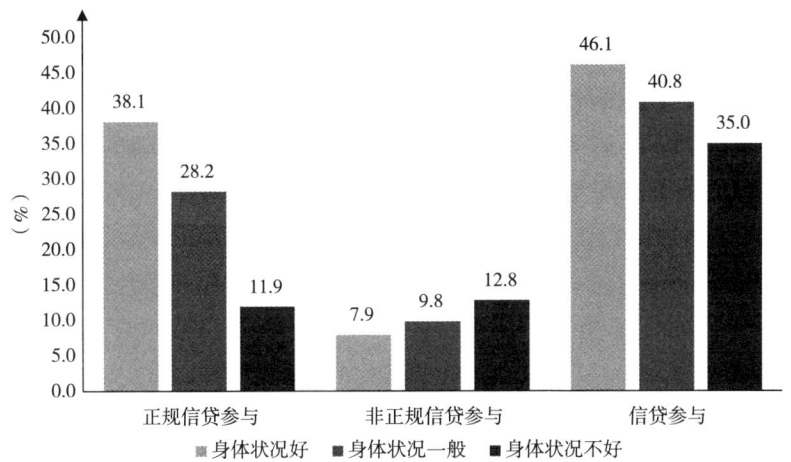

图 5-6　身体状况与信贷参与

表 5-7　婚姻与信贷参与　　　　　　　（单位:%）

	正规信贷参与	非正规信贷参与	信贷参与
未婚	47.9	3.5	51.7
已婚	30.4	10.0	43.2
同居	24.4	0.0	24.4
分居	17.7	0.0	36.4
离婚	36.6	9.6	47.1
丧偶	11.9	5.7	22.1
再婚	17.1	0.0	17.1

　　进一步地,我们绘出了婚姻与信贷参与关系的柱状图,见图 5-7。由图 5-7 可知,总体来看,未婚家庭参与信贷市场的比例最高,其次是离婚家庭。

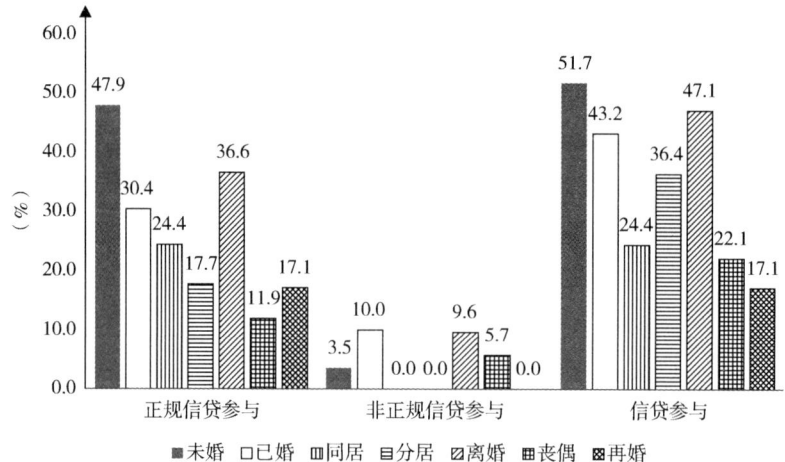

图 5 - 7　婚姻与信贷参与

5.1.2.7　风险态度与信贷参与

家庭信贷参与是一项风险活动,家庭获得融资以后,可能因无法偿还贷款,面临抵押品处置、破产等风险。若是从亲朋好友等非正规渠道融资,也可能因为无法偿还债务,损害家庭成员的声誉。因此,家庭风险态度也可能会影响信贷参与和选择。CHFS 调查通过询问家庭对投资项目的选择①来了解家庭风险态度。据此将家庭分为三组,依次为风险偏好家庭(选择高风险、高回报的项目或略高风险、略高回报的项目)、风险中性家庭(选择平均风险、平均回报的项目)、风险厌恶家庭(选择略低风险、略低回报的项目或不愿意承担任何风险)。

表 5 - 8 给出了不同风险态度家庭的信贷参与情况,进一步地,我们也绘出了风险态度和信贷参与关系的柱形图(见图 5 - 8)。由图 5 - 8 可知,越是偏好风险的家庭,正规信贷参与比例越高,风险偏好家庭这一比例高达 51.2%,风险中性家庭为 50.4%,风险厌恶家庭仅为 24.3%;而风险态

---

① 2017 年的问卷仅询问了新受访户的风险态度,关于老样本的风险态度,需要从 2015 年补充过来。问卷对应的问题是:如果您有一笔资金用于投资,您最愿意选择哪种投资项目? 1. 高风险、高回报的项目;2. 略高风险、略高回报的项目;3. 平均风险、平均回报的项目;4. 略低风险、略低回报的项目;5. 不愿意承担任何风险。

度对家庭非正规信贷影响相对较小,风险偏好家庭的非正规信贷参与比例为15.2%,风险中性家庭略低,为7.7%,而风险厌恶家庭较风险中性家庭稍高,为8.8%。此外,总体信贷参与比例也呈现出家庭越是偏好风险,信贷参与程度越高的趋势。

表5-8　风险态度与信贷参与　　　　　　　（单位:%）

	正规信贷参与	非正规信贷参与	信贷参与
风险偏好	51.2	15.2	62.0
风险中性	50.4	7.7	59.3
风险厌恶	24.3	8.8	37.0

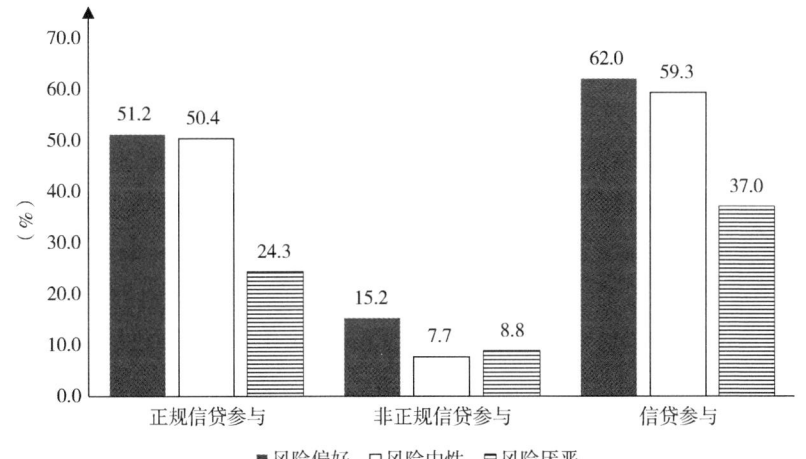

图5-8　风险态度与信贷参与

5.1.3　金融网点①与信贷参与

　　家庭居住地的金融发展水平是影响家庭信贷市场参与的又一重要因素。一般而言,家庭居住地附近金融服务网点越多,金融供给越充裕,家庭越有可能通过银行之类的正规融资渠道获取资金。接下来笔者将金融服务网点分为社区银行、小额贷款公司来详细考察。

---

　　① 京津冀城市样本的金融服务网点包括社区银行、小额贷款公司等。排除京津冀农村样本。

5.1.3.1 社区银行与信贷参与

社区银行是指资产规模较小,主要为经营区域内中小企业和居民家庭服务的地方性小型商业银行。需要强调的是,此处的信贷参与是社区层面的信贷参与,即社区所有家庭的平均信贷参与比例。

根据家庭所住的社区是否有社区银行进行分组,表5－9给出了社区银行与家庭信贷参与的关系。由表5－9中的数据可知,所在社区有社区银行的家庭正规信贷参与比例为38.1%,高于没有社区银行的家庭比例(38.0%),而前者非正规信贷参与比例为2.5%,低于后者(比例为5.2%);前者信贷参与总体比例为40.5%,略低于后者(比例为44.4%)。

表5－9　社区银行与信贷参与　　　　　(单位:%)

	正规信贷参与	非正规信贷参与	信贷参与
有社区银行	38.1	2.5	40.5
无社区银行	38.0	5.2	44.4

进一步,我们绘出了社区银行和信贷参与关系的柱形图。由图5－9可知,居住地有社区银行的家庭,正规信贷参与的增加尚不能抵消非正规信贷参与的下降,这一结果与京津冀家庭总体更加依赖非正规信贷有关。

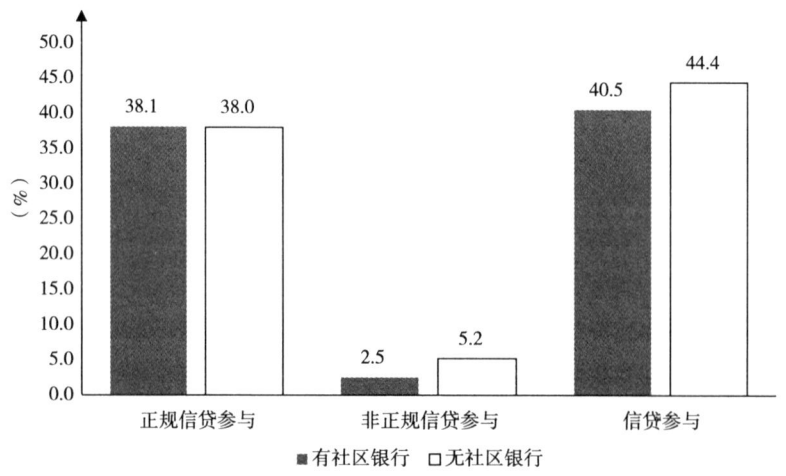

图5－9　社区银行与信贷参与

5.1.3.2 小额贷款公司与信贷参与

小额贷款公司是由自然人、企业法人与其他社会组织投资设立,不吸收公众存款,经营小额贷款业务的有限责任公司或股份有限公司。但与民间借贷相比,小额贷款更加规范,贷款利息可双方协商。

根据家庭所住的社区是否有小额贷款公司进行分组,表5-10给出了小额贷款公司与家庭信贷参与的关系。由表5-10中的数据可知,所在社区有小额贷款公司的家庭正规信贷参与比例为36.8%,低于社区没有小额贷款公司的家庭非正规信贷参与比例(38.1%);而前者非正规信贷参与比例为11.3%,高于后者非正规信贷参与比例(4.5%);前者信贷参与总体比例为45.1%,略高于后者非正规信贷参与比例(44.3%)。

表5-10 小额贷款公司与信贷参与 （单位:%）

	正规信贷参与	非正规信贷参与	信贷参与
有小额贷款公司	36.8	11.3	45.1
无小额贷款公司	38.1	4.5	44.3

进一步,我们绘出了小额贷款公司和信贷参与关系的柱形图。由图5-10可知,居住地有小额贷款公司的家庭,非正规信贷参与的增加基本能抵消正规信贷参与的下降。

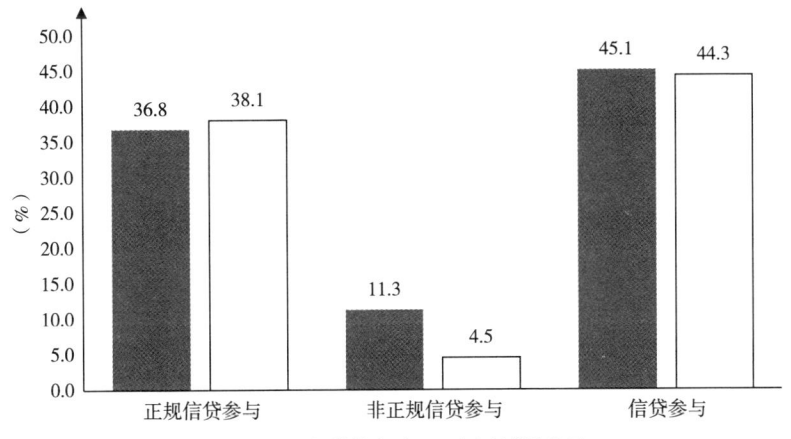

图5-10 小额贷款公司与信贷参与

5.1.4　家庭信贷余额及结构

5.1.4.1　按资金来源分类

负债余额是指家庭尚未还清的债务金额,负债总额是指家庭当初贷入(借入)的总金额。根据资金来源不同,家庭信贷余额可分为贷款余额和借款余额,表5-11给出了家庭不同资金来源的负债余额及其占比情况。由表5-11中的数据可知,从贷款方面看,全国平均家庭贷款余额为35 193元,占负债余额比例的56.7%。北京家庭贷款余额平均为63 359元,高于天津的63 906元和河北的33 437元,占负债余额的比重依然是北京最高,为84.2%,天津和河北分别为82.3%和57.1%。从借款方面看,我国家庭借款余额平均为10 849元,占负债比例为17.5%。京津冀家庭中,河北最高,为8 673元,占比也最高,为14.8%。北京和天津家庭的借款余额较低,占比也较低。总体来看,京津冀家庭的借款余额低于全国平均水平。

表5-11　家庭借贷余额及结构

地区	贷款余额		借款余额		负债余额(元)
	金额(元)	占负债余额比重(%)	金额(元)	占负债余额比重(%)	
北京	63 359	84.2	4 097	5.4	75 259
天津	63 906	82.3	4 927	6.3	77 652
河北	33 437	57.1	8 673	14.8	58 522
全国	35 193	56.7	10 849	17.5	62 036

5.1.4.2　按用途分类

根据家庭融资用途不同,表5-12和表5-13给出了家庭分项贷款余额及其占比情况。由表5-12可知,无论是北京、天津,还是河北,生产经营性贷款余额都最大,其次是住房贷款,再次是教育贷款。从全国来看,依然是生产经营性贷款余额最大,然后是教育贷款,最后是住房贷款。

表 5 – 12　家庭分项贷款余额　　　　　（单位:元）

地区	生产经营性贷款	住房贷款	教育贷款	其他贷款
北京	188 659	62 668	11 813	
天津	1 784 884	48 601	33 592	
河北	257 392	27 495	10 095	471 441
全国	282 119	28 582	30 368	389 770

表 5 – 13　家庭分项贷款余额占比　　　　（单位:%）

地区	生产经营性贷款	住房贷款	教育贷款	其他贷款
北京	71. 7	23. 8	4. 5	
天津	95. 6	2. 6	1. 8	
河北	33. 6	3. 6	1. 3	61. 5
全国	38. 6	3. 9	4. 2	53. 3

由表 5 – 13 可知,就全国平均水平而言,家庭住房贷款余额占总体贷款余额的比例为 3.9% 。在京津冀内部,家庭住房贷款所占比例北京市最高,为 23.8% ,天津市和河北省分别为 2.6% 、3.6% 。在生产经营贷款余额占比上,天津市领先,为 95.6% ,高于北京市的 71.7% 和河北省的 33.6% 。

表 5 – 14 和表 5 – 15 给出了家庭分项借款余额及其占比情况。由表 5 –14可知,不管是从全国整体,还是从京津冀地区来看,家庭生产经营性借款余额最大,其次是教育借款,再次是住房借款。

表 5 – 14　家庭分项借款余额　　　　　（单位:元）

地区	生产经营性借款	住房借款	教育借款	其他借款
北京	151 787	3 195	100 000	
天津	370 251	2 888	34 407	
河北	137 772	5 762	17 785	
全国	155 749	6 800	25 374	

表 5 - 15　家庭分项借款余额占比　　　　　（单位:%）

地区	生产经营性借款	住房借款	教育借款	其他借款
北京	59.5	1.3	39.2	
天津	90.8	0.7	8.4	
河北	85.4	3.6	11.0	
全国	82.9	3.6	13.5	

由表 5 - 15 可知,就全国平均而言,家庭住房借款余额占总体借款余额的比例为 3.6%,低于前面住房贷款余额占总体贷款余额的比例。京津冀家庭的住房借款占比差异较小,北京、天津和河北分别为 1.3%、0.7% 和 3.6%。在生产经营性借款余额占比上,天津市最高,为 90.8%;其次是河北省,为 85.4%;最后是北京市,为 59.5%。在教育借款余额占比上,北京市最高,为 39.2%;河北省其次,天津市最低,且两省市均低于全国平均水平(13.5%)。

表 5 - 16 和表 5 - 17 给出了家庭分项负债余额及其占比情况。家庭住房负债和医疗负债是家庭负债的主要构成部分。其中,京津冀的住房负债占比均高于全国平均水平。北京和河北的医疗负债占比高于全国平均水平,天津则低于全国平均水平。家庭负债总体结构表明住房支出是家庭负债的主要来源,对于这一大额支出,多数家庭需要借助外部融资渠道来弥补自身资金不足。

表 5 - 16　家庭分项负债余额　　　　　（单位:元）

地区	生产经营性负债	住房负债	汽车负债	教育负债	医疗负债	其他负债
北京	5 025	65 863	1 430	56	58 689	2 077
天津	18 966	51 490	1 687	344	38 200	4 358
河北	14 335	34 465	1 506	332	31 579	5 018
全国	16 157	36 396	1 979	1 194	33 245	3 414

表 5 - 17　家庭分项负债余额占比　　　　（单位:%）

地区	生产经营性负债	住房负债	汽车负债	教育负债	医疗负债	其他负债
北京	3.8	49.5	1.1	0.04	44.1	1.6
天津	16.5	44.8	1.5	0.3	33.2	3.8
河北	16.4	39.5	1.7	0.4	36.2	5.8
全国	17.5	39.4	2.1	1.3	36.0	3.7

5.2　家庭信贷与收入

5.2.1　文献综述

通过参与信贷市场,家庭可以对资源进行跨期配置,从而实现家庭福利水平提升。家庭收入、消费、资产、财富等经济状况能够反映家庭福利状况。下面分析不同信贷参与下家庭各方面福利状况的差异。

关于收入的研究集中于收入差距,尤其是金融发展与收入差距的关系。张立军、湛永(2006)认为,金融发展是通过门槛效应、非均衡效应和降低贫困效应来影响城乡收入差距的。国内学者对于金融发展与收入差距关系的论证也得出了不同的结论。一是中国金融发展扩大了收入差距。较多国内学者对金融发展影响居民收入的问题进行了实证研究,分析其影响渠道与途径。孙永强、万永琳(2011)认为,从长期来看,金融发展和对外开放均显著扩大了城乡居民收入差距,且金融发展的影响大于对外开放的影响。乔海曙、陈力(2009)从金融集聚理论的角度,结合中国二元经济结构特征,分析了金融发展影响城乡收入差距的内在机理,并运用 Kendall 非参数相关检验和分位数的方法对两者的关系进行了实证检验。他们以金融深度为指标,划分出三个区间,以此来说明金融发展与居民收入之间的关系。他们发现,从中国的县域金融层面来看,金融深度分位数小于 20% 的地区,城乡收入差距显著扩大;金融深度分位数在 20% ~70% 的地区,两者相关性不显著;而金融深度分位数大于 70% 的地区,城乡收入差距显著缩小。这进一步论证了金融发展和收入之间存在"倒 U 型"的非线性关系。

关于信贷参与和收入之间关系的研究主要集中于以农村家庭为样本。卡尔兰和津曼(Karlan & Zinman,2010)运用田野实验(Field Experiment)的方法,实证发现信贷项目能够提高借款户的收入。汉得克(Khandker,2005)运用孟加拉国的面板数据,实证发现小额信贷有助于提高收入,减少贫困。今井和阿赞(Imai & Azam,2012)研究发现,孟加拉国小额信贷对居民收入具有显著的正向影响,生产经营性小额信贷有助于提高家庭人均收入。赵爱玲(2000)分析了不同经济理论下(生命周期理论和永久收入理论)消费信贷和收入的关系,消费信贷使得个人与家庭能够在收入的不断变动中平滑消费。胡宗义等(2014)运用 1978—2007 年的时间序列数据,运用非线性平滑转移回归模型研究了我国农村小额信贷对农村居民收入的影响。研究结果表明,农村小额信贷与农村居民收入之间存在显著的非线性关系,农村小额信贷对农村居民收入具有促进作用,但存在不同区间的不同影响:当农村小额信贷增长率小于位置参数时,其对农村居民收入增长的正向促进作用相当有限;而当农村小额信贷增长率越过位置参数时,其对农村居民收入的正向促进作用变得非常显著。张建军等(2013)基于江苏、湖北两省的调研数据,采用平均处理效应下的 Match 模型,实证发现信贷与保险互联能有效改善农户信贷配给,显著提高农户的农业收入。冯海红(2016)基于 2009—2014 年山东省 17 个地市小额贷款公司的面板数据,运用固定效应模型、工具变量和中介效应等分析方法,从农民创业的中介效应视角实证检验小额信贷的农民增收效应。结果表明,小额信贷对农民收入具有显著的正向影响。李莹星(2015)将小额信贷扶贫的理论基础、采用的实证影响评估方法以及小额信贷干预对当地居民的经济和社会福利所产生的影响等方面的国内外代表性文献进行了系统梳理。钱水土等(2011)基于面板协整和误差修正模型,利用中国 29 个省区 1993—2009 年的相关统计数据,对中国农业信贷与农民收入的长期均衡关系与短期调整过程进行了实证分析。研究发现,农业信贷与农民家庭经营纯收入、农业信贷与农民工资性收入之间均存在面板协整关系,这两种长期稳定关系分别对短期农民家庭经营纯收入和工资性收入的增长具有抑制效应。他们进一步研究发现,不同地区农业信贷对农民收入的长期效应和短期调节效应具有异质性。

从现有研究来看,关于金融发展和经济增长、收入不平等的文献并没有获得一致结论。已有研究大多从宏观上研究金融发展和收入不平等之间的经验关系,缺乏对其微观机制的探讨。并且多以金融深化衡量的金融发展水平指标分析其对收入不平等的影响,没有构建一个反映金融普惠发展程度的综合性指标,更没有对金融普惠的不同维度对收入的影响效应进行深入比较分析。对于信贷参与和收入之间的关系研究主要集中于农村样本,研究农村小额信贷项目对农村居民收入的影响,而忽视了城市家庭。作为金融发展的重要内容,金融普惠四个维度之一的信贷与收入之间的关系仍然需要从学术上进行更深入的讨论。国内的研究鲜有基于微观数据的实证研究,本节将基于微观数据为信贷参与和收入之间的关系提供新的证据。

5.2.2 描述性统计

5.2.2.1 家庭信贷参与的收入效应

表 5-18 描述了家庭信贷参与和收入之间的关系。由表 5-18 中的数据可知,总体来看,京津冀无贷款家庭年收入均值为 62 274 元,低于有贷款家庭的 172 274 元;无借款家庭的年收入均值为 96 798 元,高于有借款家庭的 79 753 元;无负债家庭的年收入均值为 64 384 元,低于有负债家庭的 137 310 元。不难看出,总体上,负债家庭收入水平更高,其中,贷款拥有的收入效应为正,而借款的收入效应为负。分地区看,天津家庭信贷参与的收入效应与总体一致,而北京和河北家庭借款的收入效应也为正,这可能与家庭信贷结构有关,北京和河北家庭的住房借款比例相对更高,说明借款多用于投资性用途,因此增收致富的作用相对更大。

表 5-18　家庭信贷参与的收入效应　　　　（单位:元）

信贷参与	北京	天津	河北	京津冀总体
无贷款	119 860	81 416	44 312	62 274
有贷款	274 209	152 747	129 127	172 274

续表

信贷参与	北京	天津	河北	京津冀总体
无借款	180 910	105 576	65 970	96 798
有借款	223 113	105 091	68 347	79 753
无负债	117 116	80 040	45 047	64 384
有负债	266 056	143 425	95 266	137 310

5.2.2.2 信贷约束与家庭收入

表5-19描述了家庭信贷约束和收入之间的关系。由表5-19中的数据可知,无论是京津冀总体还是分地区来看,信贷约束对家庭收入都有负向影响。北京有信贷约束的家庭收入为176 103元,无信贷约束的家庭收入为182 071元;天津有信贷约束的家庭收入为61 473元,无信贷约束的家庭收入为105 697元;河北有信贷约束的家庭收入为35 952元,无信贷约束的家庭收入为66 736元;京津冀总体来看,有信贷约束的家庭收入为43 563元,无信贷约束的家庭收入为95 760元。可见,有信贷约束家庭和无信贷约束家庭的收入差距显著。

表5-19 信贷约束与家庭收入 （单位:元）

	北京	天津	河北	京津冀总体
信贷约束	176 103	61 473	35 952	43 563
无信贷约束	182 071	105 697	66 736	95 760

5.2.2.3 信贷需求与家庭收入

表5-20描述了家庭信贷需求和收入之间的关系。由表5-20中的数据可知,除天津家庭之外,从北京、河北以及京津冀总体来看,信贷需求对家庭收入的效应为正。北京有信贷需求的家庭收入为1 005 727元,无信贷需求的家庭收入为171 344元;天津有信贷需求的家庭收入为74 273元,无信贷需求的家庭收入为105 950元;河北有信贷需求的家庭收入为107 155元,无信贷需求的家庭收入为64 682元;从京津冀总体来看,有信贷需求的家庭收入为185 560元,无信贷需求的家庭收入为92 503元。可见,有信贷需求家庭和无信贷需求家庭的收入差距显著。

表 5 - 20　信贷需求与家庭收入　　　　（单位:元）

	北京	天津	河北	京津冀总体
有信贷需求	1 005 727	74 273	107 155	185 560
无信贷需求	171 344	105 950	64 682	92 503

5.2.2.4　家庭信贷和京津冀家庭收入差距

表 5 - 21 描述了家庭信贷参与和收入差距之间的关系。表 5 - 21 显示,京津冀信贷家庭与无信贷家庭总收入差距 72 926 元,信贷家庭是无信贷家庭的家庭总收入的 2.1 倍。其中,北京、天津、河北的信贷家庭与无信贷家庭的总收入差距分别是 148 940 元、63 385 元和 50 219 元,倍数分别是 2.3 倍、1.8 倍和 2.1 倍。从城乡比较来看,城镇、农村信贷家庭和无信贷家庭的家庭总收入差距分别是 90 547 元和 18 844 元,城镇明显高于农村,城镇、农村的信贷家庭分别是无信贷家庭的 2.1 倍、1.5 倍。

表 5 - 21　家庭信贷和收入差距　　　　（单位:元）

	信贷家庭	无信贷家庭	差距	倍数
北京	266 056	117 116	148 940	2.3
天津	143 425	80 040	63 385	1.8
河北	95 266	45 047	50 219	2.1
京津冀	137 310	64 384	72 926	2.1
农村	58 908	40 064	18 844	1.5
城镇	171 384	80 837	90 547	2.1

5.2.3　实证研究

5.2.3.1　模型设定

为了考察信贷参与对家庭收入的影响及影响机制,本书模型设定如下:

$$Income = \alpha_0 + \alpha_1 Credit\_Participation + X\beta + \mu \qquad (5-1)$$

模型 5-1 中,$\mu \sim N(0,\sigma^2)$。Income 是家庭总收入,包括工资薪金类收入、生产经营收入、财产性(金融性)收入以及转移性收入。Credit_Participation 是信贷参与;X 是控制变量,主要包括家庭特征变量、户主特征变量和省区固定效应。我们预测 $\alpha_1 > 0$,即信贷参与对家庭收入有积极的促进作用。

5.2.3.2 内生性讨论

在模型 5-1 中,关注变量(信贷参与)可能是内生的,其内生性可能来自两个方面:一方面,收入是决定家庭能否获取信贷的关键因素(Jappelli,1990)。家庭收入的多少决定家庭的消费水平,可能间接导致信贷参与概率的变化,例如,如果家庭入不敷出、过度消费或超前消费,则该家庭可能会从正规或非正规渠道为消费融资,从而参与信贷市场的概率增加。另一方面,信贷参与和家庭收入可能会同时受到其他因素的影响,例如,对未来经济的预期,而这些变量又是不可预测的。因此,本书要处理的一个关键问题是信贷参与的内生性。经过反复检验,本书用同一社区其他家庭信贷参与比例的平均值作为该家庭信贷参与的工具变量。由于群体效应,同一社区其他家庭信贷参与比例的平均值与该家庭信贷参与的比例满足相关性条件,另外,同一社区其他家庭信贷参与比例的平均值与该家庭的收入没有直接的关系,满足严格外生性条件。因此,我们认为将同一社区其他家庭信贷参与比例的平均值作为该家庭信贷参与比例的工具变量是合适的。后面还将在估计中给出具体的检验结果,对工具变量做进一步说明。

5.2.3.3 变量描述

为了检验信贷参与和家庭收入之间的因果关系,结合现有数据库并参照以往文献,笔者选取以下控制变量:家庭特征变量,包括家庭净财富、家庭规模、家庭小孩数量、家庭老人数量、家庭劳动力数量、家庭参与股票市场、家庭拥有自有汽车、家庭拥有自有住房、家庭是农村家庭;户主特征变量,包括户主男性、户主年龄、户主年龄的平方、户主身体健康、户主受教育年限、户主已婚、户主风险偏好、户主风险厌恶。此外,考虑到家庭所在省的社会、经济、文化因素对其消费可能也有影响,我们还控制了省区固定效应。表 5-22 详细给出了变量的描述性统计。

表 5 - 22 　描述性统计

	样本量	均值	标准差
被解释变量			
家庭收入	3 914	119 965.6	393 751.8
关注变量			
信贷参与	3 914	0.4	0.5
家庭特征			
家庭净财富	3 914	2 375 639.0	4 181 963.0
农村家庭	3 914	0.2	0.4
家庭规模	3 914	2.9	1.4
家庭小孩数量	3 914	0.5	0.8
家庭老人数量	3 914	0.5	0.8
家庭劳动力数量	3 914	2.1	1.3
参与股票市场	3 914	0.1	0.3
拥有自有汽车	3 914	0.3	0.5
拥有自有住房	3 914	0.9	0.3
户主特征			
户主男性	3 914	0.7	0.4
户主年龄	3 914	56.7	14.7
户主共产党员	3 914	0.1	0.4
户主已婚	3 914	0.8	0.4
户主受教育年限	3 914	10.5	4.1
户主身体健康	3 914	0.5	0.5
户主身体不好	3 914	0.2	0.4
户主风险偏好	3 914	0.1	0.3
户主风险厌恶	3 914	0.6	0.5

5.2.3.4　实证结果

（1）京津冀全样本

表 5 - 23 给出了信贷参与对家庭总收入影响的估计结果。第（1）列用

OLS进行了估计,第(2)列考虑到信贷参与可能存在的内生性,引入工具变量(IV)进行了估计。

表5-23 信贷参与和家庭收入:全样本

被解释变量:家庭收入	(1) OLS	(2) 2SLS
关注变量		
信贷参与	0.140 ***	3.169 ***
	(0.047)	(1.046)
家庭特征		
家庭净财富	0.221 ***	0.157 ***
	(0.017)	(0.030)
农村家庭	-0.176 ***	-0.163 *
	(0.061)	(0.089)
家庭规模	0.236 ***	0.141 ***
	(0.017)	(0.042)
家庭小孩数量	0.008	0.007
	(0.027)	(0.039)
家庭老人数量	-0.045	-0.077 *
	(0.032)	(0.046)
家庭劳动力数量	-0.019	-0.034
	(0.018)	(0.026)
参与股票市场	0.216 ***	-0.272
	(0.063)	(0.199)
拥有自有汽车	0.172 ***	-0.354 *
	(0.047)	(0.195)
拥有自有住房	-0.361 ***	-0.395 ***
	(0.082)	(0.104)
户主特征		
户主男性	-0.035	0.055
	(0.051)	(0.076)
户主年龄	-0.001	0.030 *
	(0.010)	(0.017)

续表

被解释变量:家庭收入	（1） OLS	（2） 2SLS
OLS	2SLS	
户主年龄^2	0.000	− 0.000
	(0.000)	(0.000)
户主共产党员	0.096 *	0.048
	(0.057)	(0.084)
户主已婚	0.275 ***	0.441 ***
	(0.074)	(0.114)
户主受教育年限	0.065 ***	0.024
	(0.007)	(0.017)
户主身体健康	0.100 **	0.180 ***
	(0.043)	(0.069)
户主身体不好	− 0.115 *	− 0.279 ***
	(0.061)	(0.103)
户主风险偏好	0.199 ***	− 0.056
	(0.077)	(0.136)
户主风险厌恶	0.112 **	0.210 ***
	(0.050)	(0.075)
北京	0.088 **	0.101
	(0.044)	(0.068)
河北	− 0.620 ***	− 0.740 ***
	(0.058)	(0.089)
N	3 914	3 914
R^2	0.379	
第一阶段 F 值		91.36 ***

注:*、**、***分别表示在10%、5%、1%水平上显著,括号内为异方差稳健标准差。

首先,对关注变量进行分析。在第(1)列的估计中,关注变量信贷参与的边际效应(marginal effect)为0.14,即信贷参与每增加1%,家庭总收入增加14%。第(2)列中,考虑到信贷参与可能会存在内生性问题,估计中用同一社区其他家庭信贷参与比例的平均值作为工具变量,进行了两阶段估计。在两阶段工具变量估计中,第一阶段估计的 F 值为91.36,根据斯托克和余吴(Stock & Yogo,2005)的研究,F 值在大于 10% 偏误下的临界值为10,不存在弱工具变量问题。因而,用同一社区其他家庭信贷参与比例的平均值作为工具变量是合适的。在第(2)列的估计中,关注变量信贷参与的边际效应为3.169,因此,用工具变量估计的结果进一步表明,参与信贷对家庭总收入具有显著正向影响。

接下来,对其他控制变量进行分析。家庭规模对家庭收入具有显著的正向影响,家庭净财富越多,家庭收入越多。户主身体健康、户主已婚、户主风险厌恶对家庭收入也有显著的正向影响,而农村家庭、拥有自有汽车、拥有自有住房对家庭收入有显著的负向影响,其余变量对家庭收入没有显著影响。北京家庭的收入较天津家庭没有显著差异,河北家庭的收入较天津家庭更少。

(2)京津冀分样本

下面分别以北京、天津、河北为样本估计信贷参与对家庭收入的影响,估计结果见表5-24。为了简化,此处只报告了 OLS 结果。

表5-24 分别是北京、天津、河北家庭信贷参与和家庭收入的回归结果。由表5-24 中的结果可知,对于北京家庭,信贷参与每增加1%,家庭总收入增加14.4%,在 10% 的水平显著;对于天津家庭,信贷参与每增加1%,家庭总收入增加14.7%,也在 10% 的水平显著;对于河北家庭,信贷参与对家庭收入没有显著影响。

表5-24 信贷参与和家庭收入:分样本

被解释变量:家庭收入	北京	天津	河北
关注变量			
信贷参与	0.144 *	0.147 *	0.127
	(0.077)	(0.077)	(0.082)
家庭特征			
家庭净财富	0.162 ***	0.223 ***	0.277 ***
	(0.029)	(0.035)	(0.026)
农村家庭	− 0.501 ***	− 0.101	− 0.054
	(0.113)	(0.132)	(0.081)

续表

被解释变量:家庭收入	北京	天津	河北
家庭规模	0.318 ***	0.184 ***	0.186 ***
	(0.027)	(0.034)	(0.026)
家庭小孩数量	− 0.011	− 0.010	0.029
	(0.039)	(0.051)	(0.050)
家庭老人数量	− 0.073	− 0.016	− 0.022
	(0.052)	(0.043)	(0.062)
家庭劳动力数量	− 0.042	− 0.012	0.007
	(0.028)	(0.034)	(0.034)
参与股票市场	0.300 ***	0.174 **	0.111
	(0.073)	(0.074)	(0.214)
拥有自有汽车	0.164 **	0.164 *	0.220 **
	(0.070)	(0.084)	(0.089)
拥有自有住房	− 0.409 ***	− 0.452 ***	− 0.073
	(0.132)	(0.122)	(0.182)
户主特征			
户主男性	0.049	− 0.010	− 0.154
	(0.073)	(0.089)	(0.108)
户主年龄	− 0.010	− 0.001	0.024
	(0.016)	(0.018)	(0.021)
户主年龄^2	0.000	0.000	− 0.000
	(0.000)	(0.000)	(0.000)
户主已婚	0.235 **	0.329 ***	0.287 *
	(0.112)	(0.118)	(0.165)
户主受教育年限	0.066 ***	0.053 ***	0.074 ***
	(0.009)	(0.013)	(0.013)
户主身体健康	0.211 **	0.026	0.197 **
	(0.099)	(0.078)	(0.098)

续表

被解释变量:家庭收入	北京	天津	河北
户主风险偏好	0.382 ***	0.132	0.057
	(0.101)	(0.110)	(0.162)
户主风险厌恶	0.164 *	0.103	0.058
	(0.084)	(0.092)	(0.081)
N	1 364	1 044	1 506
R^2	0.342	0.263	0.309

注:*、**、*** 分别表示在10%、5%、1%水平上显著,括号内为异方差稳健标准差。

（3）城市样本

表5-25是京津冀城市家庭信贷参与和家庭收入的回归结果。由表5-25中的结果可知,对于京津冀城市家庭,无论是OLS回归还是选用工具变量进行两阶段回归,参与信贷市场对家庭总收入都具有显著正向影响。

表5-25 信贷参与和家庭收入:城市样本

被解释变量:家庭收入	OLS	2SLS
关注变量		
信贷参与	0.168 ***	3.202 ***
	(0.054)	(1.209)
家庭特征		
家庭净财富	0.227 ***	0.163 ***
	(0.020)	(0.035)
家庭规模	0.238 ***	0.123 **
	(0.020)	(0.056)
家庭小孩数量	−0.005	0.018
	(0.031)	(0.045)
家庭老人数量	−0.053	−0.081
	(0.037)	(0.052)
家庭劳动力数量	−0.025	−0.052 *
	(0.021)	(0.030)

续表

被解释变量:家庭收入	OLS	2SLS
参与股票市场	0.207 ***	− 0.241
	(0.064)	(0.209)
拥有自有汽车	0.164 ***	− 0.386 *
	(0.053)	(0.232)
拥有自有住房	− 0.433 ***	− 0.432 ***
	(0.091)	(0.118)
户主特征		
户主男性	− 0.025	0.021
	(0.052)	(0.075)
户主年龄	− 0.006	0.019
	(0.011)	(0.017)
户主年龄^2	0.000	0.000
	(0.000)	(0.000)
户主已婚	0.289 ***	0.481 ***
	(0.079)	(0.132)
户主受教育年限	0.073 ***	0.020
	(0.007)	(0.023)
户主身体健康	0.123 *	0.301 ***
	(0.066)	(0.117)
户主风险偏好	0.259 ***	− 0.010
	(0.083)	(0.152)
户主风险厌恶	0.111 *	0.220 **
	(0.057)	(0.086)
北京	0.109 **	0.122 *
	(0.046)	(0.071)
河北	− 0.599 ***	− 0.695 ***
	(0.067)	(0.097)
N	3 186	3 186
R^2	0.335	
第一阶段 F 值		105.02 ***

注：* 、** 、*** 分别表示在10%、5%、1%水平上显著,括号内为异方差稳健标准差。

（4）异质性分析

表5-26是京津冀不同受教育程度的家庭信贷参与和家庭收入的回归结果。由表5-26中的结果可知,对于初等教育和高等教育家庭,信贷参与对家庭收入没有显著影响;对于中等教育家庭,信贷参与对家庭收入有显著影响。

表 5 - 26   信贷参与和家庭收入:不同受教育程度

被解释变量:家庭收入	初等教育 （2SLS）	中等教育 （2SLS）	高等教育 （2SLS）
关注变量			
信贷参与	5.514	2.729 **	- 0.754
	(3.855)	(1.122)	(2.351)
家庭特征	已控制	已控制	已控制
户主特征	已控制	已控制	已控制
地区固定效应	是	是	是
N	2 066	1 317	531
第一阶段 F 值	19.04 ***	33.89 ***	30.79 ***

注:*、**、***分别表示在10%、5%、1%水平上显著,括号内为异方差稳健标准差。

5.2.4　主要结论

首先,无论是京津冀全样本还是城市样本,参与信贷市场对家庭总收入都具有显著正向影响。其次,对于北京家庭,信贷参与每增加1%,家庭总收入增加14.4%,在10%的水平显著;对于天津家庭,信贷参与每增加1%,家庭总收入增加14.7%,也在10%的水平显著;对于河北家庭,信贷参与对家庭收入没有显著影响。最后,对于初等教育和高等教育家庭,信贷参与对家庭收入没有显著影响;对于中等教育家庭,信贷参与对家庭收入有显著影响。

5.3 家庭信贷与消费

5.3.1 文献综述

目前关于信贷参与和家庭消费的研究集中于消费信贷,尤其是狭义的信用卡信贷。许多学者和政策制定者都认识到不确定性、流动性约束是导致当前中国消费疲软和内需不足的重要原因(齐天翔、李文华,2000;万广华等,2001;申朴、刘康兵,2003;杜海韬、邓翔,2005;唐绍祥等,2010;张华初、刘胜蓝,2015)。消费信贷是否促进了居民消费的增长? 其影响机制是否在于缓解居民面临的流动性约束? 对这些问题的回答不仅有利于解决消费不振问题,而且可以更好地理解货币政策的乘数效应,进而为货币政策的调控提供参考依据。

我国消费信贷市场的发展起步较晚。1999 年 2 月,中国人民银行颁布了促进个人消费信贷的第一部法规——《关于开展个人消费信贷的指导意见》。此后,消费信贷在我国的发展非常迅速,但主要集中于住房抵押贷款,尽管住房抵押贷款的实施促进了居民的住房消费,但也被诸多学者认为抑制了家庭的非住房消费(颜色、朱国钟,2013)。

杰派利和帕加罗(Jappelli & Pagano,1989)基于跨国数据的实证研究,发现消费对收入的敏感系数与居民的负债水平(包括消费信贷与抵押贷款)负相关,与住房抵押贷款首付比例正相关。深入分析发现,信贷供给、信贷需求、人口年龄结构、消费偏好的差异均无法有效解释上述现象,因此,流动性约束可能是导致上述现象的重要原因,即低负债或住房抵押贷款首付比例较高的国家实际上反映了其受到较高的流动性约束,从而导致居民对收入变化过度敏感。巴龙米(Bayoumi,1993)利用英国 10 个区 1971—1987 年的面板数据检验了英国 20 世纪 80 年代初期放松金融管制对消费的影响,他采用个人消费信贷占国内生产总值(GDP)的比重作为金融管制放松程度的代理变量。研究发现,1971—1987 年的金融管制放松、缓解了约52%的流动性约束,从而为金融管制放松后消费大幅上涨提供了证据支撑。巴凯塔和格拉克(Bacchetta & Gerlach,1997)利用时间序列数据分析了20世纪70年代至90年代期间美国、加拿大、英国、日本、法国5个国家消费信贷对消费的影响,研究发现,消费信贷(包括抵押贷款)对5个国家的消费增长均有显著正向影响,而且美国的消费对收入与信贷的敏感系数均随着时间的推移而下降,这一发现提供了证明信贷扩张缓解流动性约束进而促进消费的证据。卢德维格松(Ludvigson,1999)在理论分析中放松了传统的预防性储蓄模型假定借贷规模固定不变的假设,研究发现,当允许借贷规模随着收入的变化而变化时,家庭消费将与消费信贷供给正相关,基于美国20世纪50年代至90年代的时间序列数据的实证检验支撑了他们的理论结论。

也有学者发现,消费信贷负向影响居民消费。埃基吉和邓恩(Ekici & Dunn,2010)的研究发现,信用卡负债与消费显著负相关,且对30~50岁的中年消费者的负向影响最大。他们认为,信用卡负债能否增加消费的关键在于消费者对未来收入的预期,预期收入降低将减少当前消费。

与国外的研究相比,国内还非常缺乏对消费信贷问题的研究,现有文献大都是基于宏观数据进行的分析,且研究也未取得一致结论。刘锐(2013)基于中国1999—2010年31个省份面板数据的研究发现,消费信贷(包括住房抵押贷款)显著促进了居民消费水平的增长。林晓楠(2007)利用时间序列数据分析了中、美两国消费信贷影响消费的差异,发现美国消费信贷的发展显著促进了消费的增长,而这一影响在中国不显著。

5.3.2 描述性统计

5.3.2.1 家庭信贷参与的消费效应

家庭消费水平是反映家庭福利状况的另一重要指标。表5-27描述了家庭信贷参与和消费之间的关系。由表5-27可知,与家庭年收入类似,对于京津冀地区而言,无贷款家庭的年消费均值为47 600元,远低于有贷款家庭的94 193元;而无借款家庭的年消费水平为62 032元,高于有借款家庭的56 844元。但北京和河北却与京津冀地区相反,北京、河北的无借款家庭的消费水平分别为102 535元、45 515元,均低于有借款家庭的

109 104 元、53 542 元。总体而言,负债家庭的消费均值较高。从京津冀地区来看,家庭信贷的消费效应和总体一致,具体见表 5 - 27。

表 5 - 27　家庭信贷参与的消费效应　　　　（单位:元）

信贷参与	北京	天津	河北	京津冀总体
无贷款	82 402	58 489	36 878	47 600
有贷款	132 808	99 800	74 146	94 193
无借款	102 535	73 278	45 515	62 032
有借款	109 104	54 751	53 542	56 844
无负债	81 252	57 982	35 634	47 904
有负债	130 474	93 971	61 407	80 191

5.3.2.2　信贷约束与家庭消费

表 5 - 28 描述了信贷约束和家庭消费之间的关系。由表 5 - 28 可知,无论是京津冀总体还是分地区来看,信贷约束对家庭消费均有负向影响。北京有信贷约束家庭的消费为 77 703 元,无信贷约束家庭的消费为 102 777 元;天津有信贷约束家庭的消费为 70 079 元,无信贷约束家庭的消费为72 477 元;河北有信贷约束家庭的消费为 44 399 元,无信贷约束家庭的消费为 46 558 元;京津冀总体来看,有信贷约束家庭的消费为 47 035 元,无信贷约束家庭的消费为 61 703 元。可见,有信贷约束家庭和无信贷约束家庭的消费差距显著。

表 5 - 28　信贷约束与家庭消费　　　　（单位:元）

	北京	天津	河北	京津冀总体
信贷约束	77 703	70 079	44 399	47 035
无信贷约束	102 777	72 477	46 558	61 703

5.3.2.3　信贷需求与家庭消费

表 5 - 29 描述了信贷需求和家庭消费之间的关系。由表 5 - 29 可知,无论是京津冀总体还是分地区来看,信贷需求对家庭消费的效应均为止。北京有信贷需求家庭的消费为 106 794 元,无信贷需求家庭的消费为 102 661 元;天津有信贷需求家庭的消费为 195 443 元,无信贷需求家庭的

消费为 70 914 元;河北有信贷需求家庭的消费为 83 181 元,无信贷需求家庭的消费为 45 103 元;京津冀总体来看,有信贷需求家庭的消费为 92 228元,无信贷需求家庭的消费为 60 630 元。可见,有信贷需求家庭和无信贷需求家庭的消费差距显著。

表 5 – 29 信贷需求与家庭消费 （单位:元）

	北京	天津	河北	京津冀总体
有信贷需求	106 794	195 443	83 181	92 228
无信贷需求	102 661	70 914	45 103	60 630

5.3.2.4 家庭信贷参与与京津冀家庭消费差距

表 5 – 30 描述了家庭信贷参与和消费差距之间的关系。表 5 – 30 显示,京津冀信贷家庭与无信贷家庭总消费差距 32 287 元,信贷家庭是无信贷家庭的家庭总消费的 1.7 倍。其中,北京、天津、河北的信贷家庭与无信贷家庭的总消费差距分别是 49 222 元、35 989 元和 25 773 元,倍数分别是1.6 倍、1.6 倍和 1.7 倍。从城乡比较来看,城镇、农村信贷家庭和无信贷家庭的家庭总消费差距分别是 33 913 元、18 127 元,城镇明显高于农村,城镇、农村信贷家庭的消费差距都是无信贷家庭的 1.6 倍。

表 5 – 30 家庭信贷和京津冀家庭消费差距

	信贷家庭(元)	无信贷家庭(元)	差距(元)	倍数
北京	130 474	81 252	49 222	1.6
天津	93 971	57 982	35 989	1.6
河北	61 407	35 634	25 773	1.7
京津冀	80 191	47 904	32 287	1.7
农村	47 313	29 186	18 127	1.6
城镇	94 480	60 567	33 913	1.6

5.3.3 实证研究

5.3.3.1 模型设定

为了考察信贷参与对家庭消费的影响及影响机制,模型设定如下:

$$\text{Consumption} = \alpha_0 + \alpha_1 \text{Credit\_Participation} + X\beta + \mu \qquad (5-2)$$

模型 5-2 中,$\mu \sim N(0, \sigma^2)$。Consumption 是家庭总消费,包括食品消费、衣服消费、日常用品消费、保健消费、医疗消费、交通通信消费、娱乐教育消费、生活居住消费以及奢侈品消费。Credit Participation 是我们关注的信贷参与;X 是控制变量,主要包括家庭特征变量、户主特征变量和省区固定效应。我们预测 $\alpha_1 > 0$,即信贷参与对家庭消费有积极的促进作用。

5.3.3.2 内生性讨论

模型 5-2 中,关注变量信贷参与可能是内生的,其内生性可能来自两个方面:一方面,家庭进行不同类型的消费可能导致信贷参与概率的变化,比如,家庭如果过度消费、超前消费,则可能会从正规或非正规渠道为消费融资,从而参与信贷市场的概率增加;另一方面,信贷参与和家庭消费可能会同时受到其他因素的影响,比如,当地的文化背景、风俗习惯、家庭自身的传统和偏好等,而这些变量又是不可观测的。因此,本书要处理的一个关键问题是信贷参与的内生性。经过反复检验,本书将用同一社区其他家庭信贷参与比例的平均值作为该家庭信贷参与的工具变量。由于群体效应,同一社区其他家庭信贷参与比例的平均值与该家庭信贷参与的比例满足相关性条件,另外,同一社区其他家庭信贷参与比例的平均值与该家庭的消费没有直接的关系,满足严格外生性条件。因此,我们认为将同一社区其他家庭信贷参与比例的平均值作为该家庭信贷参与比例的工具变量是合适的。后面还将在估计中给出具体的检验结果,对工具变量做进一步说明。

5.3.3.3 变量描述

为了检验信贷参与和家庭消费之间的因果关系,结合现有数据并参照以往文献,我们选取以下控制变量:家庭特征变量,包括家庭净财富、家庭规模、家庭小孩数量、家庭老人数量、家庭劳动力数量、家庭参与股票市场、家庭拥有自有汽车、家庭拥有自有住房、家庭是农村家庭;户主特征变量,包括户主男性、户主年龄、户主年龄的平方、户主身体健康、户主受教育年限、户主已婚、户主风险偏好、户主风险厌恶。此外,考虑到家庭所在省的社会、经济、文化因素对其消费可能也有影响,我们还控制了省区固定效应。考虑到年龄与家庭消费可能存在的非线性关系,本书借鉴格特勒和格鲁伯（Gertler & Gruber,2002）、斯蒂芬斯（Stephens,2004）和布劳恩（Asfaw & Braun,2004）的做法,引入年龄及年龄的平方项。由于风险,即未来事件发生的不确定性是现代经济社会的重要特征,消费作为家庭日常生活的重要方面,必然受到不确定性的影响。风险态度是人们对重要的不确定性所选择的回应方式,因此,个体或家庭的消费决策因风险态度不同也存在差异。户主风险态度必然影响家庭的消费行为,因此也控制了户主的风险态度。表5-31详细给出了家庭消费、信贷参与和家庭净财富的描述性统计,其余变量的描述性统计同表5-22。

表5-31　描述性统计

	样本量	均值	标准差
被解释变量			
家庭消费	3 959	70 719.7	99 758.1
关注变量			
信贷参与	3 959	0.4	0.5
家庭特征			
家庭净财富	3 959	2 388 318.0	4 209 632.0

5.3.3.4　实证结果

（1）京津冀全样本

表5-32给出了信贷参与对家庭总消费影响的估计结果。第（1）列用OLS进行了估计,在第（2）列考虑到信贷参与可能存在的内生性,引入工具变量（IV）进行了估计。

首先,对关注变量进行分析。在第（1）列的估计中,关注变量信贷参与的边际效应（marginal effect）为0.196,即信贷参与每增加1%,家庭总消费增加19.6%。在第（2）列中,考虑到信贷参与可能会存在内生性问题,估计中用同一社区其他家庭信贷参与比例的平均值作为工具变量,进行了两阶段估计。在两阶段工具变量估计中,第一阶段估计的 F 值为102.38,根据斯托克和余吴（Stock & Yogo,2005）的研究,F 值在大于10%偏误下的临界值为10,不存在弱工具变量问题。因而,用同一社区其他家庭信贷参与比例的平均值作为工具变量是合适的。在两阶段工具变量估计中,关注变量信贷参与的边际效应为 2.119,因此,用工具变量估计的结果进一步表明,参与信贷市场对家庭总消费具有显著正向影响。

接下来,对其他控制变量进行分析。家庭规模对家庭消费具有显著的正向影响,家庭成员越多,家庭总的消费越多,这与米莱斯(Miles,1997)、丁继红等(2013)的结论一致。家庭净财富越多,家庭消费越多。在两阶段估计中,户主身体健康、户主已婚对家庭消费也有显著的正向影响,而农村家庭、拥有自有住房对家庭消费有显著的负向影响,其余变量对家庭消费没有显著影响。

表 5-32 信贷参与和家庭消费:全样本

被解释变量:家庭消费	(1) OLS	(2) 2SLS
关注变量		
信贷参与	0.196 ***	2.119 ***
	(0.025)	(0.619)
家庭特征		
家庭净财富	0.106 ***	0.066 ***
	(0.009)	(0.017)
农村家庭	−0.356 ***	−0.342 ***
	(0.031)	(0.050)
家庭规模	0.128 ***	0.068 ***
	(0.008)	(0.024)
家庭小孩数量	−0.009	−0.012
	(0.014)	(0.021)
家庭老人数量	0.003	−0.017
	(0.015)	(0.025)
家庭劳动力数量	0.018 *	0.009
	(0.009)	(0.015)
参与股票市场	0.128 ***	−0.188
	(0.034)	(0.117)
拥有自有汽车	0.202 ***	−0.132
	(0.024)	(0.115)

续表

被解释变量:家庭消费	（1）OLS	（2）2SLS
拥有自有住房	− 0.296 ***	− 0.316 ***
	（0.038）	（0.057）
户主特征		
户主男性	− 0.060 **	− 0.004
	（0.025）	（0.045）
户主年龄	− 0.018 ***	0.001
	（0.005）	（0.010）
户主年龄^2	0.000 ***	0.000
	（0.000）	（0.000）
户主已婚	0.122 ***	0.231 ***
	（0.034）	（0.063）
户主受教育年限	0.033 ***	0.006
	（0.003）	（0.010）
户主身体健康	− 0.007	0.120 *
	（0.030）	（0.062）
户主风险偏好	0.074 *	− 0.087
	（0.040）	（0.082）
户主风险厌恶	0.010	0.070
	（0.024）	（0.043）
地区固定效应	是	是
N	3 959	3 959
R^2	0.488	
第一阶段 F 值		102.38 ***

注: * 、** 、*** 分别表示在10%、5%、1%水平上显著,括号内为异方差稳健标准差。

180

（2）京津冀分样本

下面分别在北京、天津、河北样本中估计信贷参与对家庭消费的影响，估计结果见表5-33。为了简化，此处只报告了OLS估计结果。

表5-33分别是北京、天津、河北家庭信贷参与和家庭消费的回归结果。由结果可知，对于北京家庭，信贷参与每增加1%，家庭总消费增加21.1%，在1%的水平显著；对于天津家庭，信贷参与每增加1%，家庭总消费增加14.8%，也在1%的水平显著；对于河北家庭，信贷参与每增加1%，家庭总消费增加21.8%，同样在1%水平显著。

表5-33 信贷参与和家庭消费：分样本

被解释变量：家庭消费	北京	天津	河北
关注变量			
信贷参与	0.211 ***	0.148 ***	0.218 ***
	(0.044)	(0.048)	(0.038)
家庭特征			
家庭净财富	0.075 ***	0.079 ***	0.146 ***
	(0.013)	(0.022)	(0.013)
农村家庭	− 0.490 ***	− 0.599 ***	− 0.266 ***
	(0.078)	(0.090)	(0.037)
家庭规模	0.160 ***	0.100 ***	0.114 ***
	(0.017)	(0.018)	(0.012)
家庭小孩数量	− 0.021	0.027	− 0.020
	(0.024)	(0.021)	(0.023)
家庭老人数量	0.039	− 0.031	0.001
	(0.026)	(0.026)	(0.026)
家庭劳动力数量	0.027 *	− 0.006	0.030 *
	(0.016)	(0.015)	(0.017)
参与股票市场	0.160 ***	0.071	0.179 **
	(0.053)	(0.053)	(0.073)
拥有自有汽车	0.191 ***	0.194 ***	0.238 ***
	(0.042)	(0.043)	(0.040)

被解释变量:家庭消费	北京	天津	河北
拥有自有住房	- 0. 282 ***	- 0. 214 ***	- 0. 248 ***
	(0. 062)	(0. 080)	(0. 066)
户主特征			
户主男性	- 0. 067 *	- 0. 030	- 0. 075
	(0. 040)	(0. 044)	(0. 047)
户主年龄	- 0. 022 ***	- 0. 003	- 0. 015 *
	(0. 007)	(0. 009)	(0. 008)
户主年龄^2	0. 000 ***	0. 000	0. 000
	(0. 000)	(0. 000)	(0. 000)
户主已婚	0. 146 ***	0. 191 ***	0. 013
	(0. 055)	(0. 063)	(0. 060)
户主受教育年限	0. 032 ***	0. 032 ***	0. 031 ***
	(0. 006)	(0. 006)	(0. 006)
户主身体健康	- 0. 013	- 0. 077	0. 012
	(0. 056)	(0. 056)	(0. 046)
户主风险偏好	0. 105 *	- 0. 012	0. 085
	(0. 060)	(0. 090)	(0. 065)
户主风险厌恶	- 0. 027	- 0. 005	0. 045
	(0. 040)	(0. 047)	(0. 039)
N	1 382	1 046	1 531
R^2	0. 376	0. 329	0. 472

注:* 、** 、*** 分别表示在10% 、5% 、1% 水平上显著,括号内为异方差稳健标准差。

(3)城市样本

表5－34 是京津冀城市家庭信贷参与和家庭消费的回归结果。由表5－34 中的结果可知,对于京津冀城市家庭,无论是 OLS 回归,还是选用工具变量进行两阶段回归,参与信贷市场对家庭总消费都具有显著正向影响。

表5－34 信贷参与和家庭消费:城市样本

被解释变量:家庭消费	OLS	2SLS
关注变量		
信贷参与	0.180 ***	2.787 ***
	(0.028)	(0.902)
家庭特征		
家庭净财富	0.105 ***	0.052 **
	(0.009)	(0.024)
家庭规模	0.119 ***	0.021
	(0.010)	(0.040)
家庭小孩数量	－0.019	－5.77e－08
	(0.015)	(0.030)
家庭老人数量	0.004	－0.023
	(0.017)	(0.035)
家庭劳动力数量	0.019 *	－0.004
	(0.010)	(0.022)
参与股票市场	0.125 ***	－0.265 *
	(0.034)	(0.154)
拥有自有汽车	0.206 ***	－0.273
	(0.027)	(0.176)
拥有自有住房	－0.306 ***	－0.305 ***
	(0.041)	(0.078)
户主特征		
户主男性	－0.036	－0.003
	(0.026)	(0.053)
户主年龄	－0.018 ***	0.003
	(0.005)	(0.012)
户主年龄^2	0.000 ***	0.000
	(0.000)	(0.000)

续表

被解释变量:家庭消费	OLS	2SLS
户主已婚	0.130 ***	0.307 ***
	(0.037)	(0.093)
户主受教育年限	0.036 ***	−0.010
	(0.004)	(0.017)
户主身体健康	−0.021	0.132
	(0.035)	(0.084)
户主风险偏好	0.079 *	−0.159
	(0.042)	(0.118)
户主风险厌恶	0.004	0.093
	(0.027)	(0.060)
地区固定效应	是	是
N	3 219	3 219
R^2	0.412	
第一阶段 F 值		106.71 ***

注:* 、** 、*** 分别表示在10% 、5% 、1%水平上显著,括号内为异方差稳健标准差。

（4）异质性分析

表5-35是京津冀地区不同受教育程度的家庭信贷参与和家庭消费的回归结果。由该结果可知,对于初等教育和高等教育家庭,信贷参与对家庭消费没有显著影响;对于中等教育家庭,信贷参与对家庭消费有显著影响。

表5-35　信贷参与和家庭消费:不同受教育程度

被解释变量:家庭消费	初等教育 （2SLS）	中等教育 （2SLS）	高等教育 （2SLS）
关注变量			
信贷参与	3.037	2.107 ***	−0.001
	(2.012)	(0.819)	(1.031)

续表

被解释变量:家庭消费	初等教育 (2SLS)	中等教育 (2SLS)	高等教育 (2SLS)
家庭特征	已控制	已控制	已控制
户主特征	已控制	已控制	已控制
地区固定效应	是	是	是
N	2 087	1 332	540
第一阶段 F 值	19.13 ***	34.09 ***	30.55 ***

注:* 、** 、*** 分别表示在 10% 、5% 、1% 水平上显著,括号内为异方差稳健标准差。

5.3.4　主要结论

首先,无论是京津冀全样本还是城市样本,参与信贷对家庭总消费都具有显著正向影响。其次,对于北京家庭,信贷参与每增加 1% ,家庭总消费增加 21.1% ,在 1% 的水平显著;对于天津家庭,信贷参与每增加 1% ,家庭总消费增加 14.8% ,也在 1% 的水平显著;对于河北家庭,信贷参与每增加 1% ,家庭总消费增加 21.8% ,同样在 1% 水平显著。最后,对于初等教育和高等教育家庭,信贷参与对家庭消费没有显著影响;对于中等教育家庭,信贷参与对家庭消费有显著影响。

5.4　家庭信贷与财富

5.4.1　文献综述

国内外现有研究主要基于财富不平等,关注财富差距。已有研究主要从财富积累动机、积累能力、积累方式三个方面对财富不平等形成机制进行论述。凯恩斯(1936)列出了风险预防、生命周期、跨期替代、改善、独立、投资(投机)活动、遗产、贪婪八种财富积累(储蓄)动机。哈格特(Huggett,

1996）利用基本生命周期模型解释财富不平等的形成。卡杰蒂（Cagetti，2003）将生命周期储蓄和预防性储蓄动机相结合，对两种动机导致的财富不平等进行了比较。纳迪（Nardi，2004）利用遗产动机解释了财富集中现象，并引入自愿遗产、或有遗产和收入能力传递三种代际关系解释前代对后代财富积累和财富分布的影响。卡斯塔尼达等（Castañeda et al. ,2003）同样模拟了存在代际遗产和能力传递的家庭在面对累进收入税、遗产税和社会保障条件下的财富积累行为，模型中不但引入了遗产传递导致的后代财富积累能力差别，同时将个体在有遗产传递和遗产税环境中做出的劳动供给行为内生化，从而更加真实地再现了美国财富分布的偏态特征。埃帕纳莱（Campanale，2007）指出，投资回报率随着财富水平递增，富人主要投资风险和回报率更高的资产组合，而穷人主要投资低风险且投资回报率低的资产组合。

国内对财富形成原因的讨论是从实证研究开始的。李实等（2000）、梁运文等（2010）从个体人口特征、职业特征、政治身份等多个方面对城镇居民的财富进行检验，发现上述因素不同程度地影响到城镇居民的财富积累。罗楚亮（2011,2012）验证了收入增长和收入波动对城镇居民财富积累的影响，收入增长和劳动力外出对农村居民的财富积累具有显著影响。严琼芳等（2013）利用2012年我国东部、中部、西部9个省份农村居民家庭财产调查数据进行检验，发现户主的受教育程度、外出务工经历、社会政治资本、专业技能等因素对农村家庭财产积累有正面影响。从个体财富积累动机和行为解释财富分布的国内文献并不多，王弟海、龚六堂（2006,2007）在新古典一般均衡框架下讨论财富不平衡的动态演化、稳态的决定以及初始财富分配对财富不平衡的持久影响，但是没有针对中国财富不平衡的形成机制进行讨论。陈彦斌和邱哲圣（2011）以中国房地产市场为背景，构建了包含内生性住房需求和生命周期特征的 Bewley 模型，刻画了房价对居民储蓄行为和财产不平衡的影响。

5.4.2 描述性统计

5.4.2.1 家庭信贷参与的财富效应

家庭净财富是家庭总资产与总负债的差额。表5-36 描述了家庭信贷参与和净财富之间的关系。由表 5 - 36 可知,从京津冀地区总体来看,有贷款家庭的净财富均值远高于无贷款家庭;有借款家庭的净财富均值则低于无借款家庭;有负债家庭的净财富均值也远远高于无负债家庭。分地区看,北京和河北无借款家庭的净财富分别为 3 860 029 元、900 211 元,低于有借款家庭的 3 960 330 元、949 982 元。

表 5 - 36　家庭信贷参与的净财富效应　　　　（单位:元）

信贷参与	北京	天津	河北	京津冀总体
无贷款	3 252 361	1 414 980	619 587	1 178 427
有贷款	4 767 135	3 427 220	1 727 781	2 826 217
无借款	3 860 029	2 124 456	900 211	1 724 866
有借款	3 960 330	1 470 966	949 982	1 159 033
无负债	3 283 829	1 483 092	646 990	1 288 888
有负债	4 611 582	3 005 520	1 261 017	2 194 659

5.4.2.2　信贷约束与家庭净财富

表 5 - 37 描述了信贷约束和家庭净财富之间的关系。由表 5 - 37 可知,对于京津冀总体而言,信贷约束对家庭净财富有负向影响。但是分地区来看,信贷约束对家庭净财富的效应为正。北京有信贷约束家庭的净财富为 5 719 129 元,无信贷约束家庭的净财富为 3 858 054 元;天津有信贷约束家庭的净财富为 3 386 046 元,无信贷约束家庭的净财富为 2 091 764 元;河北有信贷约束家庭的净财富为 956 512 元,无信贷约束家庭的净财富为 905 708 元;从京津冀总体来看,有信贷约束家庭的净财富为 1 281 016 元,无信贷约束家庭的净财富为 1 675 824 元。可见,有信贷约束家庭和无信贷约束家庭的净财富差距显著。

表 5 - 37　信贷约束与家庭净财富　　　　（单位:元）

	北京	天津	河北	京津冀总体
信贷约束	5 719 129	3 386 046	956 512	1 281 016
无信贷约束	3 858 054	2 091 764	905 708	1 675 824

5.4.2.3 信贷需求与家庭净财富

表 5-38 描述了家庭信贷需求和净财富之间的关系。由表 5-38 可知,无论是京津冀总体还是分地区来看,信贷需求对家庭净财富的效应为正。北京有信贷需求家庭的净财富为 5 734 011 元,无信贷约束家庭的净财富为 3 838 416 元;天津有信贷需求家庭的净财富为 2 707 491 元,无信贷需求家庭的净财富为 2 088 197 元;河北有信贷需求家庭的净财富为 1 547 697 元,无信贷需求家庭的净财富为 881 587 元;从京津冀总体来看,有信贷需求家庭的净财富为 1 994 064 元,无信贷需求家庭的净财富为 1 661 928 元。可见,有信贷需求家庭和无信贷需求家庭的净财富差距显著。

表 5-38 信贷需求与家庭净财富 （单位:元）

	北京	天津	河北	京津冀总体
有信贷需求	5 734 011	2 707 491	1 547 697	1 994 064
无信贷需求	3 838 416	2 088 197	881 587	1 661 928

5.4.2.4 家庭信贷与京津冀家庭净财富差距

表 5-39 描述了家庭信贷参与和净财富差距之间的关系。表 5-39 显示,京津冀信贷家庭与无信贷家庭净财富差距 905 771 元,信贷家庭是无信贷家庭的家庭净财富的 1.7 倍。其中,北京、天津、河北的信贷家庭与无信贷家庭的净财富差距分别是 1 327 753 元、1 522 428 元和 614 027 元,倍数分别是 1.4 倍、2.0 倍和 1.9 倍。从城乡比较来看,城镇、农村信贷家庭和无信贷家庭的家庭净财富差距分别是 1 038 695 元、140 205 元,城镇明显高于农村,城镇、农村信贷家庭的净财富差距分别是无信贷家庭的 1.6 倍和 1.3 倍。

表 5-39 家庭信贷与京津冀家庭净财富差距

	信贷家庭（元）	无信贷家庭（元）	差距（元）	倍数
北京	4 611 582	3 283 829	1 327 753	1.4
天津	3 005 520	1 483 092	1 522 428	2.0
河北	1 261 017	646 990	614 027	1.9
京津冀	2 194 659	1 288 888	905 771	1.7
农村	603 136	462 931	140 205	1.3
城镇	2 886 362	1 847 667	1 038 695	1.6

5.4.3 实证研究

5.4.3.1 模型设定

为了考察信贷参与对家庭净财富的影响及影响机制,模型设定如下:

$$Net\_Wealth = \alpha_0 + \alpha_1 Credit\_Participation + X\beta + \mu \qquad (5-3)$$

模型 $5-3$ 中, $\mu \sim N(0,\sigma^2)$ 。Net_Wealth 是家庭净财富,是家庭总资产与总负债的差额;Credit_Participation 是我们关注的信贷参与;X 是控制变量,主要包括家庭特征变量、户主特征变量和省区固定效应。我们预测 $\alpha_1 > 0$,即信贷参与对家庭净财富有正向影响。

5.4.3.2 内生性讨论

模型 $5-3$ 中,关注变量信贷参与可能是内生的,其内生性可能来自两方面:一方面,家庭净财富的多少可能导致信贷参与概率的变化,例如,在家庭资产不变的情况下,如果负债增加,则净财富减少,家庭从正规或非正规渠道借入资金的可能性增加;另一方面,信贷参与和家庭净财富可能会同时受到其他因素的影响,比如人的性格,性格乐观的人对未来有良好的预期,可能通过参与信贷市场获得融资来从事生产经营活动或者投资,使家庭净财富增加,而这些变量又是不可观测的。因此,需要处理的一个关键问题是信贷参与的内生性。经过反复检验,用同一社区其他家庭信贷参与比例的平均值作为该家庭信贷参与的工具变量。由于群体效应,同一社区其他家庭信贷参与比例的平均值与该家庭信贷参与的比例满足相关性条件,另外,同一社区其他家庭信贷参与比例的平均值与该家庭的净财富没有直接的关系,满足严格外生性条件。因此,我们认为将同一社区其他家庭信贷参与比例的平均值作为该家庭信贷参与比例的工具变量是合适的。后面还将在估计中给出具体的检验结果,对工具变量做进一步说明。

5.4.3.3 变量描述

为了检验信贷参与和家庭净财富之间的因果关系,结合现有数据并参照以往文献,笔者选取以下控制变量:家庭特征变量,包括家庭总收入、家庭规模、家庭小孩数量、家庭老人数量、家庭劳动力数量、家庭参与股票市场、家庭拥有自有汽车、家庭拥有自有住房、家庭是农村家庭;户主特征变量,包括户主男性、户主年龄、户主年龄的平方、户主身体健康、户主受教育年限、户主已婚、户主风险偏好、户主风险厌恶。此外,考虑到家庭所在省的社会、经济、文化因素对其消费可能也有影响,我们还控制了省区固定效应。表5-40详细给出了家庭净财富、信贷参与和家庭总收入的描述性统计,其余变量的描述性统计同表5-22。

表5-40　描述性统计

	样本量	均值	标准差
被解释变量			
家庭净财富	3 914	2 375 639.0	4 181 963.0
关注变量			
信贷参与	3 914	0.4	0.5
家庭特征			
家庭总收入	3 914	119 965.6	393 751.8

5.4.3.4　实证结果

(1)京津冀全样本

表5-41给出了信贷参与对家庭净财富影响的估计结果。第(1)列用OLS进行了估计,第(2)列考虑到信贷参与可能存在的内生性,引入工具变量(IV)进行了估计。

首先,对关注变量进行分析。在OLS估计中,关注变量信贷参与的边际效应(marginal effect)为0.2,即信贷参与每增加1%,家庭净财富增加20%。第(2)列中,考虑到信贷参与可能存在内生性问题,估计中用同一社区其他家庭信贷参与比例的平均值作为工具变量,进行了两阶段估计。在两阶段工具变量估计中,第一阶段估计的F值为100.98,根据斯托克和余吴(2005)的研究,F值大于10%偏误下的临界值为10,不存在弱工具变量问题。因此,用同一社区其他家庭信贷参与比例的平均值作为工具变量是合适的。在两阶段估计中,关注变量信贷参与的边际效应为6.470,因此,用工具变量估计的结果进一步表明,参与信贷市场对家庭净财富具有显著正向影响。

接下来,对其他控制变量进行分析。家庭总收入越多,家庭净财富越多。拥有自有住房、户主身体健康、户主已婚、户主风险厌恶对家庭净财富也有显著的正向影响,而农村家庭、家庭规模、拥有自有汽车、参与股票市场、户主风险偏好对家庭净财富有显著的负向影响,其余变量对家庭净财富没有显著影响。

表5-41　信贷参与和家庭净财富:全样本

被解释变量:家庭净财富	(1) OLS	(2) 2SLS
关注变量		
信贷参与	0.200 ***	6.470 ***
	(0.052)	(1.617)
家庭特征		
家庭总收入	0.304 ***	0.168 ***
	(0.026)	(0.054)
农村家庭	- 0.871 ***	- 0.767 ***
	(0.076)	(0.152)
家庭规模	- 0.025	- 0.195 ***
	(0.020)	(0.063)
家庭小孩数量	- 0.024	- 0.027
	(0.032)	(0.065)
家庭老人数量	0.002	- 0.068
	(0.034)	(0.076)
家庭劳动力数量	0.011	- 0.022
	(0.022)	(0.046)
参与股票市场	0.410 ***	- 0.630 **
	(0.057)	(0.318)
拥有自有汽车	0.528 ***	- 0.595 *
	(0.051)	(0.316)
拥有自有住房	2.806 ***	2.390 ***
	(0.085)	(0.180)
户主特征		
户主男性	- 0.044	0.147
	(0.057)	(0.129)

续表

被解释变量:家庭净财富	OLS	2SLS
户主年龄	0.030 ***	0.091 ***
	(0.011)	(0.028)
户主年龄^2	− 0.000 **	− 0.000
	(0.000)	(0.000)
户主已婚	0.073	0.435 **
	(0.078)	(0.181)
户主受教育年限	0.068 ***	− 0.019
	(0.008)	(0.027)
户主身体健康	0.265 ***	0.671 ***
	(0.074)	(0.171)
户主风险偏好	0.087	− 0.418 *
	(0.081)	(0.237)
户主风险厌恶	0.058	0.262 **
	(0.056)	(0.126)
地区固定效应	是	是
N	3 914	3 914
R^2	0.541	
第一阶段 F 值		100.98 ***

注:* 、** 、*** 分别表示在10% 、5% 、1%水平显著,括号内为异方差稳健标准差。

（2）京津冀分样本

下面利用北京、天津、河北样本估计信贷参与对家庭净财富的影响,估计结果见表5-42。为了简化,此处只报告了OLS结果。

由表5-42可知,对于北京家庭,信贷参与每增加1%,家庭净财富增加25.9%,在1%的水平显著;对于天津家庭,信贷参与对家庭净财富没有显著影响;对于河北家庭,信贷参与每增加1%,家庭净财富增加17.3%,在5%的水平显著。

表 5 - 42　信贷参与和家庭净财富:分样本

被解释变量:家庭净财富	北京	天津	河北
关注变量			
信贷参与	0.259 ***	0.152	0.173 **
	(0.090)	(0.102)	(0.078)
家庭特征			
家庭总收入	0.352 ***	0.304 ***	0.248 ***
	(0.067)	(0.051)	(0.031)
农村家庭	− 1.738 ***	− 1.872 ***	− 0.450 ***
	(0.233)	(0.180)	(0.082)
家庭规模	− 0.087 *	− 0.047	0.001
	(0.051)	(0.035)	(0.024)
家庭小孩数量	0.010	− 0.025	− 0.042
	(0.056)	(0.056)	(0.053)
家庭老人数量	0.044	0.052	− 0.037
	(0.064)	(0.059)	(0.051)
家庭劳动力数量	0.010	0.029	0.009
	(0.041)	(0.033)	(0.034)
参与股票市场	0.318 ***	0.507 ***	0.445 ***
	(0.093)	(0.100)	(0.110)
拥有自有汽车	0.559 ***	0.472 ***	0.601 ***
	(0.095)	(0.088)	(0.080)
拥有自有住房	2.791 ***	3.206 ***	2.366 ***
	(0.143)	(0.137)	(0.158)
户主特征			
户主男性	− 0.073	0.130	− 0.115
	(0.096)	(0.095)	(0.097)
户主年龄	0.055 ***	0.040 *	0.011
	(0.019)	(0.021)	(0.017)
户主年龄^2	− 0.000 **	− 0.000	− 0.000
	(0.000)	(0.000)	(0.000)

续表

被解释变量:家庭净财富	北京	天津	河北
户主已婚	-0.027	0.037	0.237*
	(0.130)	(0.130)	(0.135)
户主受教育年限	0.052***	0.069***	0.069***
	(0.014)	(0.014)	(0.012)
户主身体健康	0.224	-0.022	0.364***
	(0.161)	(0.124)	(0.105)
户主风险偏好	0.073	0.082	0.164
	(0.132)	(0.149)	(0.134)
户主风险厌恶	0.203*	0.047	-0.064
	(0.108)	(0.096)	(0.081)
N	1 364	1 044	1 506
R^2	0.461	0.625	0.484

注:*、**、***分别表示在10%、5%、1%水平显著,括号内为异方差稳健标准差。

（3）城市样本

表5-43是京津冀城市家庭信贷参与和家庭净财富的回归结果。由表5-43中的结果可知,对于京津冀城市家庭,无论是OLS回归还是选用工具变量进行两阶段回归,参与信贷市场对家庭净财富具有显著正向影响。

表5-43 信贷参与和家庭净财富:城市样本

被解释变量:家庭净财富	（1）OLS	（2）2SLS
关注变量		
信贷参与	0.181***	6.918***
	(0.057)	(1.956)
家庭特征		
家庭总收入	0.283***	0.122*
	(0.029)	(0.067)

续表

被解释变量:家庭净财富	(1) OLS	(2) 2SLS
家庭规模	-0.038 * (0.023)	-0.258 *** (0.085)
家庭小孩数量	-0.013 (0.034)	0.039 (0.078)
家庭老人数量	0.004 (0.038)	-0.066 (0.089)
家庭劳动力数量	0.011 (0.023)	-0.051 (0.055)
参与股票市场	0.402 *** (0.059)	-0.611 * (0.348)
拥有自有汽车	0.540 *** (0.056)	-0.720 * (0.394)
拥有自有住房	2.936 *** (0.089)	2.555 *** (0.196)
户主特征		
户主男性	-0.056 (0.056)	0.048 (0.133)
户主年龄	0.025 ** (0.012)	0.078 *** (0.030)
户主年龄^2	-0.000 (0.000)	-0.000 (0.000)
户主已婚	0.055 (0.080)	0.512 ** (0.221)
户主受教育年限	0.073 *** (0.008)	-0.042 (0.038)
户主身体健康	0.235 *** (0.083)	0.620 *** (0.194)

被解释变量:家庭净财富	OLS	2SLS
户主风险偏好	0.092	− 0.483 *
	(0.087)	(0.279)
户主风险厌恶	0.076	0.322 **
	(0.061)	(0.150)
地区固定效应	是	是
N	3186	3186
R^2	0.548	
第一阶段 F 值		106.68 ***

注:* 、** 、*** 分别表示在10%、5%、1%水平显著,括号内为异方差稳健标准差。

(4)异质性分析

表5-44是京津冀不同受教育程度的家庭信贷参与和家庭净财富的回归结果。由表5-44中的结果可知,对于中等教育家庭,信贷参与对家庭净财富在5%的水平有显著影响,对于初等教育和高等教育家庭,信贷参与对家庭净财富在10%的水平有显著影响。

表5-44 信贷参与和家庭净财富:不同受教育程度

被解释变量: 家庭净财富	初等教育 (2SLS)	中等教育 (2SLS)	高等教育 (2SLS)
关注变量			
信贷参与	14.388 *	3.228 **	4.957 *
	(7.725)	(1.293)	(2.747)
家庭特征	已控制	已控制	已控制
户主特征	已控制	已控制	已控制
地区固定效应	是	是	是
N	2 066	1 317	531
第一阶段 F 值	19.12 ***	34.09 ***	27.84 ***

注:* 、** 、*** 分别表示在10%、5%、1%水平显著,括号内为异方差稳健标准差。

5.4.4　主要结论

首先,无论是京津冀全样本还是城市样本,参与信贷市场对家庭净财富都具有显著正向影响。其次,对于北京家庭,信贷参与每增加1%,家庭净财富增加25.9%,在1%的水平显著;对于天津家庭,信贷参与对家庭净财富没有显著影响;对于河北家庭,信贷参与每增加1%,家庭净财富增加17.3%,在5%的水平显著。最后,对于中等教育家庭,信贷参与对家庭净财富在5%的水平有显著影响,对于初等教育和高等教育家庭,信贷参与对家庭净财富在10%的水平有显著影响。

5.5　家庭信贷与创业

5.5.1　文献综述

创新经济学大师约瑟夫·熊彼得认为,创业家是创造性的破坏者,并以创新性的要素组合方式促进经济发展。由此,创业活动和创业经济一直备受各国研究人员与公共政策决策者们的关注,并逐步形成了各具特色的鼓励和支持创业的公共政策体系。布莱克和斯特拉恩等人(Black & Strahan,2002;Klappera,Laevena & Rajan,2006)的研究进一步显示,完善的信贷市场和充分的创业信贷支持有利于促进创业的产生和企业的发展。

党的十八届三中全会将"完善扶持创业的优惠政策,形成政府激励创业、社会支持创业、劳动者勇于创业新机制"作为推进我国社会事业改革创新的重要内容。2015年3月17日,在第十三届全国人民代表大会第三次会议政府工作报告中,李克强总理更是将"大众创业、万众创新"作为推动我国经济发展调速不减势、量增质更优、提质增效升级的重要引擎。

"创业者"是培育创新和推动经济增长的动力源泉(Schumpeter,1934),阿吉翁和豪伊特(Aghion & Howitt,1990)的内生增长理论也指出,"企业家活力"是创新与经济增长的基础。进一步地,农户创业活动对转移农村富余劳动力、增加农户收入、创造农村就业机会、促进农村经济的转型升级、缩小城乡收入差距依然发挥着重要作用。

中国农村家庭普遍面临着较严重的信贷约束（朱喜、李子奈，2006；刘西川、程恩江，2009；程郁、罗丹，2010），关于信贷参与和家庭创业的文献，主要是从信贷参与的反面——信贷约束和创业来展开研究的。

在金融约束与企业家创业选择研究方面，已有研究主要关注金融约束是否会制约个体的创业选择，且实证研究往往遵循以下逻辑：如果个体受金融约束且无法获得创业所需的初始资金规模，那么那些拥有较多流动性（如初始财富）的个体才更有可能选择创业。埃文斯和约万诺维奇（Evans & Jovanovic，1989）做了开创性研究，他们构建了一个静态的职业选择理论模型，并利用美国青年纵向调查（The National Longitudinal Survey of Young Men，NLS）所获取的 1 500 个美国年轻白人男性的样本进行了实证检验，研究发现，金融约束从两个方面制约了个体的创业行为：第一，金融约束制约了潜在的具有创业能力的个体实现创业；第二，金融约束制约了成功的创业者实现最优规模的投资。近年来，国内学者开始关注农户创业所面临的金融约束，但尚未得出一致的结论。程郁和罗丹（2009）的研究发现，信贷约束并没有直接制约农户的创业行为，放松信贷约束并不一定会促进农户的创业活动。该研究采用工具变量的结构方程估计法解决"信贷约束"的内生性问题，但由于该内生变量为离散变量，采用此种方法所得的估计结果可能会存在偏差。而张龙耀和张海宁（2013）的研究则发现，金融约束是影响家庭创业的重要因素，尤其是对经济欠发达的农村地区的家庭创业的抑制作用更大，但书中仅通过间接衡量家庭财富变化与创业选择之间的关系难以真正说明信贷约束对家庭创业选择的影响程度。

翁辰、张兵（2015）研究发现，信贷约束显著制约了财富分布位于最低25%、50%～75%以及最高25%的样本家庭的创业选择，并且对财富水平较高的农村家庭创业影响更大。此外，信贷约束对户主年龄较小、受教育程度较低的农村家庭创业影响更大。

5.5.2 描述性统计

表5-45描述了家庭信贷参与和创业活动之间的关系。表5-45显

示,从京津冀总体来看,无贷款家庭创业、创业意愿和主动创业的概率分别为 0.110、0.075、0.072,低于有贷款家庭(创业、创业意愿和主动创业的概率分别为 0.221、0.134、0.193);无借款家庭创业、创业意愿和主动创业的概率分别为 0.130、0.087、0.098,低于有借款家庭(创业、创业意愿和主动创业的概率分别为 0.268、0.146、0.201);无负债家庭创业、创业意愿和主动创业的概率分别为 0.101、0.067、0.074,低于有负债家庭(创业、创业意愿和主动创业的概率分别为 0.200、0.129、0.155)。不难看出,总体上,负债家庭从事生产经营活动的概率更大。

表 5 - 45　京津冀总体家庭信贷参与和创业活动

	家庭创业	家庭创业意愿	家庭主动创业
有贷款	0.221	0.134	0.193
无贷款	0.110	0.075	0.072
有借款	0.268	0.146	0.201
无借款	0.130	0.087	0.098
有负债	0.200	0.129	0.155
无负债	0.101	0.067	0.074

5.5.3　实证研究

5.5.3.1　模型设定

为了考察信贷参与对家庭创业活动的影响及影响机制,模型设定如下:

$$\text{Prob}\{Y_i = 1 \mid X_i\} = \text{Prob}\{\alpha \text{Credit\_Participation} + X_i\beta + \mu_i > 0 \mid X_i\} \quad (5-4)$$

模型 5 - 4 中,$\mu \sim N(0, \sigma^2)$。$Y = 1$ 表示家庭创业、家庭主动创业和家庭有创业意愿。$Y = 0$ 表示家庭没有从事创业活动。Credit_Participation 是我们关注的信贷参与;X 是控制变量,主要包括家庭特征变量、户主特征变量和省区固定效应。我们预测 $\alpha_i > 0$,即信贷参与对家庭创业活动有正向影响。

5.5.3.2　内生性讨论

模型 5 - 4 中,关注变量信贷参与可能是内生的,其内生性可能来自两方面:一方面,家庭从事生产经营活动可能导致信贷参与概率的变化,例如,家庭从事生产经营活动,对资金的需求增加,则会更多地进行借贷,从而参与信贷市场;另一方面,信贷参与和家庭从事生产经营活动可能会同时受到其他因素的影响,如当地的文化背景、风俗习惯、家庭自身的传统和偏好等,而这些变量又是不可观测的。因此,这里要处理的一个关键问题是信贷参与的内生性。经过反复检验,笔者将用同一社区其他家庭信贷参与比例的平均值作为该家庭信贷参与的工具变量。由于群体效应,同一社区其他家庭信贷参与比例的平均值与该家庭信贷参与的比例满足相关性条件,另外,同一社区其他家庭信贷参与比例的平均值与该家庭的生产经营活动没有直接的关系,满足严格外生性条件。因此,我们认为将同一社区其他家庭信贷参与比例的平均值作为该家庭信贷参与比例的工具变量是合适的。后面还将在估计中给出具体的检验结果,对工具变量做进一步说明。

5.5.3.3 变量描述

为了检验信贷参与和家庭创业活动之间的因果关系,结合现有数据并参照以往文献,我们选取以下控制变量,家庭特征变量:包括家庭净财富、家庭规模、家庭小孩数量、家庭老人数量、家庭劳动力数量、家庭参与股票市场、家庭拥有自有汽车、家庭拥有自有住房、家庭是农村家庭;户主特征变量,包括户主男性、户主年龄、户主年龄的平方、户主身体健康、户主受教育年限、户主已婚、户主风险偏好、户主风险厌恶。此外,考虑到家庭所在省的社会、经济、文化因素对其消费可能也有影响,我们还控制了省区固定效应。表 5 - 46 详细给出了家庭创业、家庭主动创业和家庭有创业意愿、信贷参与和家庭净财富的描述性统计,其余变量的描述性统计同表 5 - 22。

表 5 - 46　描述性统计

	样本量	均值	标准差
被解释变量			
家庭创业	3 959	0.1	0.3
家庭创业意愿	3 959	0.1	0.3
家庭主动创业	3 959	0.1	0.3

续表

	样本量	均值	标准差
关注变量			
信贷参与	3 959	0.4	0.5
家庭净财富	3 959	2 388 318.0	4 209 632.0

5.5.3.4 实证结果

表 5 - 47 给出了信贷参与对家庭创业活动的估计结果。第(1)列是信贷参与对家庭创业的估计结果,第(2)列是信贷参与对家庭创业意愿的估计结果,第(3)列是信贷参与和家庭主动创业的估计结果。由表 5 - 47 可知,信贷参与对家庭创业、家庭创业意愿和家庭主动创业具有显著的正向影响,信贷参与能够促进家庭从事生产经营活动。

表 5 - 47 信贷参与和家庭创业活动

被解释变量	(1) Probit (家庭创业)	(2) Probit (家庭创业意愿)	(3) Probit (家庭主动创业)
关注变量			
信贷参与	0.032 ***	0.021 **	0.023 ***
	(0.010)	(0.008)	(0.008)
家庭特征			
家庭净财富	0.023 ***	0.000	0.021 ***
	(0.004)	(0.002)	(0.003)
农村家庭	- 0.013	0.017	- 0.003
	(0.011)	(0.011)	(0.010)
家庭规模	0.012 ***	0.007 ***	0.010 ***
	(0.003)	(0.002)	(0.003)
家庭小孩数量	0.003	0.003	- 0.000
	(0.006)	(0.004)	(0.004)

续表

被解释变量	（1） Probit （家庭创业）	（2） Probit （家庭创业意愿）	（3） Probit （家庭主动创业）
家庭老人数量	0.020 ***	− 0.007	0.015 ***
	（0.006）	（0.005）	（0.005）
家庭劳动力数量	0.007 *	0.000	0.004
	（0.004）	（0.003）	（0.003）
参与股票市场	− 0.003	− 0.005	− 0.000
	（0.012）	（0.009）	（0.009）
拥有自有汽车	0.048 ***	0.011	0.036 ***
	（0.011）	（0.008）	（0.009）
拥有自有住房	− 0.092 ***	0.001	− 0.070 ***
	（0.024）	（0.011）	（0.022）
户主特征			
户主男性	0.020 **	0.012	0.021 ***
	（0.010）	（0.007）	（0.007）
户主年龄	0.000	− 0.004 *	− 0.002
	（0.002）	（0.002）	（0.002）
户主年龄^2	− 0.000	8.77e − 06	− 5.10e − 07
	（0.000）	（0.000）	（0.000）
户主共产党员	− 0.006	− 0.008	− 0.005
	（0.012）	（0.009）	（0.009）
户主已婚	− 0.014	− 0.008	− 0.025 *
	（0.015）	（0.012）	（0.014）
户主受教育年限	− 0.008 ***	− 0.000	− 0.005 ***
	（0.001）	（0.001）	（0.001）
户主身体健康	0.029 ***	− 0.003	0.017 **
	（0.009）	（0.007）	（0.007）

续表

被解释变量	(1) Probit （家庭创业）	(2) Probit （家庭创业意愿）	(3) Probit （家庭主动创业）
户主身体不好	− 0.004	0.020*	− 0.005
	(0.014)	(0.012)	(0.011)
户主风险偏好	0.021	0.043***	0.008
	(0.017)	(0.016)	(0.012)
户主风险厌恶	0.012	− 0.004	0.006
	(0.009)	(0.007)	(0.007)
北京	− 0.038***	− 0.016*	− 0.020**
	(0.010)	(0.008)	(0.008)
河北	0.039***	0.009	0.028***
	(0.013)	(0.009)	(0.011)
N	3 959	3 959	3 959
Wald 卡方检验	318.87***	292.33***	259.21***
Pseudo R^2	0.147	0.149	0.160

注：*、**、*** 分别表示在 10%、5%、1% 水平显著，括号内为异方差稳健标准差。

5.5.4 主要结论

参与信贷市场对家庭创业、家庭创业意愿和家庭主动创业具有显著正向影响。正规信贷参与比例越高，家庭创业、主动创业的概率越大，家庭创业的意愿也越大；非正规信贷参与比例越高，家庭创业、主动创业的概率越大，家庭创业的意愿也越大；总的信贷参与比例越高，家庭创业、主动创业的概率越大，家庭创业的意愿也越大。总之，家庭参与信贷市场能够显著地促进家庭从事生产经营活动。因此，应大力发展信贷市场，鼓励创业，为家庭从事生产经营活动提供良好的信贷条件。

5.6　　小结

本章详细分析了京津冀家庭信贷特征和京津冀家庭信贷参与情况,同时实证研究了京津冀家庭信贷参与对家庭收入、消费、总资产、净财富和创业的影响。各子节中,笔者还从信贷参与、信贷约束和信贷需求等方面入手对京津冀家庭信贷行为进行了详细分析。通过数据分析,我们得出如下几个方面结论。

5.6.1　信贷参与方面

总体上,北京市和天津市家庭正规信贷参与比例更高,河北省家庭非正规信贷参与比例更高。家庭信贷参与既与自身特征有关,也受到所居住地金融服务便利程度的影响。笔者发现,教育程度越高,家庭正规信贷参与比例越高,非正规信贷参与比例越低;金融知识水平越高的家庭获得更多的正规信贷,更少依赖非正规信贷;户主是党员的家庭更容易获得信贷资源;家庭社会网络越强,也更容易获得正规信贷,而非正规信贷的需求因此被抑制,非正规信贷参与比例相对较低;偏好风险的家庭更多参与正规信贷;身体健康状况也是影响信贷参与的重要因素,户主健康的家庭参与信贷市场的比例更高;户主未婚的家庭正规信贷参与比例更高,户主已婚的家庭非正规信贷的参与比例更高。最后,所住社区有社区银行的家庭正规信贷参与度也更高。

5.6.2　家庭信贷与收入

首先,无论是京津冀全样本还是城市样本,参与信贷市场对家庭总收入具有显著正向影响。其次,对于北京家庭,信贷参与每增加1%,家庭总收入增加14.4%,在10%的水平显著;对于天津家庭,信贷参与每增加1%,家庭总收入增加14.7%,也在10%的水平显著;对于河北家庭,信贷参与对家庭收入没有显著影响。最后,对于初等教育和高等教育家庭,信贷参与对家庭收入没有显著影响;对于中等教育家庭,信贷参与对家庭收入有显著影响。

5.6.3　家庭信贷与消费

首先,无论是京津冀全样本还是城市样本,参与信贷市场对家庭总消费具有显著正向影响。其次,对于北京家庭,信贷参与每增加 1%,家庭总消费增加 21.1%,在 1% 的水平显著;对于天津家庭,信贷参与每增加 1%,家庭总消费增加 14.8%,也在 1% 的水平显著;对于河北家庭,信贷参与每增加 1%,家庭总消费增加 21.8%,同样在 1% 水平显著。最后,对于初等教育和高等教育家庭,信贷参与对家庭消费没有显著影响,对于中等教育家庭,信贷参与对家庭消费有显著影响。

5.6.4　家庭信贷与财富

首先,无论是京津冀全样本还是城市样本,参与信贷市场对家庭净财富具有显著正向影响。其次,对于北京家庭,信贷参与每增加 1%,家庭净财富增加 25.9%,在 1% 的水平显著;对于天津家庭,信贷参与对家庭净财富没有显著影响;对于河北家庭,信贷参与每增加 1%,家庭净财富增加 17.3%,在 5% 的水平显著。最后,对于中等教育家庭,信贷参与对家庭净财富在 5% 的水平有显著影响;对于初等教育和高等教育家庭,信贷参与对家庭净财富在 10% 的水平有显著影响。

5.6.5　家庭信贷与创业

信贷市场参与对家庭创业、家庭创业意愿和家庭主动创业具有显著正向影响。正规信贷参与比例越高,家庭创业、主动创业的概率越大,家庭创业的意愿也越大;非正规信贷参与比例越高,家庭创业、主动创业的概率越大,家庭创业的意愿也越大;总的信贷参与比例越高,家庭创业、主动创业的概率越大,家庭创业的意愿也越大。总之,家庭参与信贷市场能够显著地促进家庭从事生产经营活动。因此,应大力发展信贷市场,鼓励创业,为家庭从事生产经营活动提供良好的信贷条件。

6 ▶▶▶

京津冀家庭保障

6.1 家庭保障特征

社会保障制度是国家通过立法制定的社会保险、救助、补贴等一系列制度的总称,是现代国家最重要的社会经济制度之一,其作用在于保障全体社会成员基本生存与生活需要,特别是保障公民在年老、疾病、伤残、失业、生育、死亡、遭遇灾害、面临生活困难时的特殊需要,由国家通过国民收入分配和再分配实现。现代国家必须制定社会保障法律规范,保证社会保障制度真正得到贯彻实施(奚洁人,2007)。社会养老保险与社会医疗保险是我国社会保障制度的重要组成部分,也是本章研究的重点。除此之外,我国的社会保障制度还包括失业保险、生育保险、工伤保险以及住房公积金。

6.1.1 社会养老保险

6.1.1.1 养老保险覆盖率

表 6-1 是中国 16 周岁及以上居民的养老方式分布情况。从表 6-1 中的数据可知,全国有 28% 的居民无任何形式的养老保障,63.8% 的居民依靠社会养老保险养老,7.21% 的居民通过退休工资养老。对京津冀地区而言,17.03% 的居民无任何形式的养老保障,低于全国平均值;71.51% 的居民通过社会养老保险养老,10.52% 的居民通过领取退休工资养老,均高于全国平均值。在北京,11.15% 的居民无任何形式的养老保障,低于全国和京津冀平均水平;70.79% 的居民通过社会养老保险养老,16.98% 的居民通过领取退休工资养老,后者高于全国和京津冀平均水平。在天津,16.7% 的居民无任何形式的养老保障;71.54% 的居民依靠社会养老保险养老,11.04% 的居民通过领取退休工资养老。在河北,21.6% 的居民无任何形式的养老保障;72.04% 的居民依靠社会养老保险养老,5.39% 的居民通过领取退休工资养老。通过对比分析,在京津冀地区,北京无养老保障的比例最低,河北无养老保障的比例最高;北京居民依靠退休工资养老的比

例高于天津和河北,河北居民依靠养老保险养老的比例则要高于北京和天津。

表6-1 居民养老方式分布 （单位：%）

养老方式	全国	京津冀	北京	天津	河北
无社会养老保险	28.00	17.03	11.15	16.70	21.60
有社会养老保险	71.01	82.03	87.77	82.58	77.43
——养老保险	63.80	71.51	70.79	71.54	72.04
——退休工资	7.21	10.52	16.98	11.04	5.39
其他	0.99	0.94	1.08	0.72	0.97

表6-2描述了社会养老保险的类型分布占比。从表6-2中的数据可知,在社会养老保险中,城镇职工基本养老保险和新型农村社会养老保险占比较高。就全国总体而言,城镇职工基本养老保险占比为35.23%,京津冀为50.03%,北京为69.25%,天津为78.89%,河北为19.37%。全国总体而言,新型农村社会养老保险占比为51.45%,京津冀为40.02%,北京为18.1%,天津为10.53%,河北为73.02%。从京津冀地区来看,北京和天津居民主要依靠城镇职工基本养老保险养老,河北居民则主要依靠新型农村社会养老保险养老。

表6-2 社会养老保险种类分布占比 （单位：%）

社会养老保险种类	全国	京津冀	北京	天津	河北
城镇职工基本养老保险	35.23	50.03	69.25	78.89	19.37
新型农村社会养老保险	51.45	40.02	18.10	10.53	73.02
城镇居民基本养老保险	10.09	7.83	10.64	9.47	4.83
城乡统一居民社会养老保险	3.23	2.12	2.01	1.11	2.78

6.1.1.2 养老保险领取

表6-3是50周岁以上拥有社会养老保险的居民开始领取养老保险金的比例。从表6-3中的数据可知,拥有养老保险并且年龄在50周岁以上的人群中,70.87%的居民已经开始领取养老保险,29.13%的居民尚未开始

领取。京津冀地区有 75.96% 的居民已经开始领取社会养老保险,高于全国均值。北京居民领取社会养老保险的比例是 81.38%,低于天津的82.59%,高于河北的 66.35%。

表6-3　50周岁以上开始领取社会养老保险金的比例（单位：%）

是否领取	全国	京津冀	北京	天津	河北
领取	70.87	75.96	81.38	82.59	66.35
未领取	29.13	24.04	18.62	17.41	33.65

6.1.1.3　社会养老保险支出与收入

表6-4是居民的养老保险年保费和年收入情况。表6-4中的数据显示,全国居民的养老保险金缴费支出平均值是 2 562 元,京津冀地区是2 075 元;北京居民的社会养老保险缴费支出是 5 435 元,低于天津的 6 440元,高于河北的 984 元。全国居民的养老保险收入平均值是 15 500 元,京津冀地区是 19 341 元,均高于全国平均水平;北京居民的社会养老保险收入是 35 727 元,高于天津的 34 296 元以及河北的 8 523 元。

表6-4　社会养老保险个人缴费和收入比较　　　（单位：元）

比较项目	全国	京津冀	北京	天津	河北
缴费支出	2 562	2 075	5 435	6 440	984
领取收入	15 500	19 341	35 727	34 296	8 523

按照社会养老保险的种类来分析年保费和年收入水平。表6-5是社会养老保险年平均个人缴费支出情况。从全国来看,城镇职工基本养老保险由个人承担的保费金额平均为 5 972 元,新型农村社会养老保险的保费金额平均为 724 元,城镇居民基本养老保险的保费金额平均为 5 333 元,城乡统一居民社会养老保险的保费金额平均为 2 165 元。就京津冀地区而言,城镇职工基本养老保险由个人承担的保费金额平均为 6 603 元,新型农村社会养老保险的保费金额平均为 265 元,城镇居民基本养老保险的保费金额平均为 3 413 元,城乡统一居民社会养老保险的保费金额平均为 1 365元。城镇职工基本养老保险和城镇居民基本养老保险个人缴费支出较多。

表 6-5　社会养老保险个人缴费支出　　　　（单位：元）

社会养老保险种类	全国	京津冀	北京	天津	河北
城镇职工基本养老保险	5 972	6 603	6 715	9 274	5 197
新型农村社会养老保险	724	265	1 301	717	196
城镇居民基本养老保险	5 333	3 413	6 210	6 921	1 664
城乡统一居民社会养老保险	2 165	1 365	6 134	3 197	657

　　表 6-6 给出了社会养老保险的个人领取收入情况。从全国来看,城镇职工基本养老保险的保费收入平均为 29 911 元,新型农村社会养老保险的个人领取收入平均为 2 513 元,城镇居民基本养老保险的个人领取收入平均为 15 897 元,城乡统一居民社会养老保险的个人领取收入平均为 9 140元。就京津冀地区而言,城镇职工基本养老保险的个人领取收入平均为 34 165 元,新型农村社会养老保险的个人领取收入平均为 1 844 元,城镇居民基本养老保险的个人领取收入平均为 18 586 元,城乡统一居民社会养老保险的个人领取收入平均为 5 979 元。从表 6-6 中的数据可知,城镇职工基本养老保险和城镇居民基本养老保险个人领取收入较多。

表 6-6　社会养老保险个人领取收入　　　　（单位：元）

社会养老保险种类	全国	京津冀	北京	天津	河北
城镇职工基本养老保险	29 911	34 165	39 382	34 851	26 601
新型农村社会养老保险	2 513	1 844	6 481	6 418	1 304
城镇居民基本养老保险	15 897	18 586	28 609	20 438	8 986
城乡统一居民社会养老保险	9 140	5 979	13 853	10 621	3 477

6.1.1.4　养老保险金与退休金的比较

　　表 6-7 给出了年养老保险金和年退休金的比较。从全国来看,相对于社会养老保险平均为 11 362 元的养老金而言,退休人员的平均工资收入为 37 232 元。就京津冀地区而言,社会养老保险的养老金平均为 15 071 元,退休人员的平均工资收入为 42 307 元;北京居民的社会养老保险的养老金平均为 30 565 元,退休人员的平均工资收入为 50 266 元;天津居民的社会养老保险的养老金平均为 31 364 元,退休人员的平均工资收入为

47 943 元;河北居民的养老金收入最低,社会养老保险的养老金平均仅为 5 775 元,退休人员的平均工资收入为 31 616 元。从表 6 – 7 的数据可知,退休金收入整体高于社会养老保险收入,京津冀差距平均达到 2.8 倍。

表 6 – 7 社会养老保险收入和退休金比较   （单位:元）

领取金额	全国	京津冀	北京	天津	河北
社会保险	11 362	15 071	30 565	31 364	5 775
退休金	37 232	42 307	50 266	47 943	31 616

6.1.1.5 社会养老保险账户余额

不同社会养老保险的平均余额差距很大。如表 6 – 8 所示,就全国而言,城镇职工基本养老保险的账户余额平均为 12 493 元,城镇居民基本养老保险的账户余额平均为 9 573 元,城乡统一居民社会养老保险的账户余额平均为 4 901 元,而新型农村社会养老保险的余额仅为 1 271 元。在京津冀地区,城镇职工基本养老保险的账户余额平均为 14 006 元,城镇居民基本养老保险的账户余额平均为 8 743 元,城乡统一居民社会养老保险的账户余额平均为 3 095 元,而新型农村社会养老保险的余额则为 898 元。无论全国还是京津冀地区,城镇职工基本养老保险余额均高于其他类型社会养老保险。

表 6 – 8 社会养老保险账户余额   （单位:元）

社会养老保险种类	全国	京津冀	北京	天津	河北
城镇职工基本养老保险	12 493	14 006	15 004	6 281	19 038
新型农村社会养老保险	1 271	898	4 866	3 324	559
城镇居民基本养老保险	9 573	8 743	7 868	12 832	8 314
城乡统一居民社会养老保险	4 901	3 095	12 720	4 828	1 426

6.1.1.6 企业年金

由表 6 – 9 可知,拥有企业年金的居民,全国占比为 6.52%,京津冀地区占比为 6.28%,北京占比为 7.98%,天津最低,占比为 3.86%,河北占比为 6.8%。拥有企业年金并且已经开始领取的居民,全国占比为 16.76%,

京津冀地区占比为 23.40%,北京占比为 28.22%,天津占比为 20.97%,河北占比为 12.28%。

表 6 – 9　企业年金拥有和领取情况　　　（单位：%）

年金拥有与领取	全国	京津冀	北京	天津	河北
拥有企业年金占比	6.52	6.28	7.98	3.86	6.80
已经开始领取占比	16.76	23.40	28.22	20.97	12.28

由表 6 – 10 可知,个人年金缴费,全国平均为 4 758 元,京津冀地区平均为 3 132 元,北京平均为 3 852 元,天津平均为 3 497 元,河北平均为 2 068 元。个人年金收入,全国平均为 16 464 元,京津冀地区平均为 12 221 元,北京平均为 13 690 元,天津平均为 15 710 元,河北平均为 5 661 元。个人年金账户余额,全国平均为 16 832 元,京津冀地区平均为 20 222 元,北京平均为 20 884 元,天津平均为 30 638 元,河北平均为 14 335 元。从表 6 – 10 中的数据可知,京津冀地区个人年金账户余额高于全国平均余额。

表 6 – 10　企业年金缴费、收入与账户余额情况　　　（单位：元）

年金缴费与收入	全国	京津冀	北京	天津	河北
个人年金缴费	4 758	3 132	3 852	3 497	2 068
个人年金收入	16 464	12 221	13 690	15 710	5 661
个人年金账户余额	16 832	20 222	20 884	30 638	14 335

6.1.2　社会医疗保险

6.1.2.1　医疗保险覆盖率

如表 6 – 11 所示,全国医疗保险覆盖率为 92%,其中,社会医疗保险覆盖率为 83.26%,补充医疗保险覆盖率为 8.06%。京津冀地区医疗保险覆盖率为 92.87%,其中,社会医疗保险覆盖率为 79.86%,补充医疗保险覆盖率为 12.33%。北京的医疗保险覆盖率为 94.29%,其中,社会医疗保险覆盖率为 75.83%,补充医疗保险覆盖率为 17.73%。天津的医疗保险覆盖率为91.63%,其中,社会医疗保险覆盖率为77.09%,补充医疗保险覆盖率为14.21%。河北的医疗保险覆盖率为92.55%,其中,社会医疗保险覆盖率为84.04%,补充医疗保险覆盖率为7.68%。通过对比分析,在京津冀地区,北京居民医疗保险覆盖率和补充医疗保险覆盖率均最高。

表6-11 医疗保险覆盖率　　　(单位:%)

有无医保	全国	京津冀	北京	天津	河北
有医疗保险	92.00	92.87	94.29	91.63	92.55
——社会医疗保险	83.26	79.86	75.83	77.09	84.04
——补充医疗保险	8.06	12.33	17.73	14.21	7.68
——其他医疗保险	0.68	0.68	0.73	0.33	0.83
没有医疗保险	8.00	7.13	5.71	8.37	7.45

表6-12显示,在全国,有19.27%的居民拥有城镇职工基本医疗保险,13.63%的居民拥有城镇居民基本医疗保险,55.61%的居民拥有新型农村合作医疗保险,2.77%的居民拥有城乡居民基本医疗保险,1.17%的居民拥有公费医疗,0.18%的居民拥有企业补充医疗保险,2.38%的居民拥有大病医疗统筹,0.14%的居民拥有社会互助,1%的居民拥有单位购买的商业医疗保险,5.11%的居民拥有个人购买的商业医疗保险,还有0.74%的居民拥有其他类型的医疗保险。在京津冀地区,有30.37%的居民拥有城镇职工基本医疗保险,12.1%的居民拥有城镇居民基本医疗保险,39%的居民拥有新型农村合作医疗保险,2.32%的居民拥有城乡居民基本医疗保险,2.17%的居民拥有公费医疗,0.39%的居民拥有企业补充医疗保险,4.41%的居民拥有大病医疗统筹,0.06%的居民拥有社会互助,1.21%的居民拥有单位购买的商业医疗保险,7.23%的居民拥有个人购买的商业医疗保险,还有0.73%的居民拥有其他类型的医疗保险。在北京,有42.4%的居民拥有城镇职工基本医疗保险,16.23%的居民拥有城镇居民基本医疗保险,14.21%的居民拥有新型农村合作医疗保险,1.99%的居民拥有城乡居民基本医疗保险,5.46%的居民拥有公费医疗,0.98%的居民拥有企业补充医疗保险,5.19%的居民拥有大病医疗统筹,0.18%的居民拥有社会互助,2.17%的居民拥有单位购买的商业医疗保险,10.42%的居民拥有个

人购买的商业医疗保险,还有0.77%的居民拥有其他类型的医疗保险。在天津,有51.03%的居民拥有城镇职工基本医疗保险,15.27%的居民拥有城镇居民基本医疗保险,14.52%的居民拥有新型农村合作医疗保险,2.61%的居民拥有城乡居民基本医疗保险,0.71%的居民拥有公费医疗,0.04%的居民拥有企业补充医疗保险,7.56%的居民拥有大病医疗统筹,1.15%的居民拥有单位购买的商业医疗保险,6.76%的居民拥有个人购买的商业医疗保险,还有0.36%的居民拥有其他类型的医疗保险。在河北,11.36%的居民拥有城镇职工基本医疗保险,7.62%的居民拥有城镇居民基本医疗保险,68.78%的居民拥有新型农村合作医疗保险,2.4%的居民拥有城乡居民基本医疗保险,0.66%的居民拥有公费医疗,0.16%的居民拥有企业补充医疗保险,2.25%的居民拥有大病医疗统筹,0.59%的居民拥有单位购买的商业医疗保险,5.28%的居民拥有个人购买的商业医疗保险,还有0.9%的居民拥有其他类型的医疗保险。从表6-12中的数据可知,城镇职工基本医疗保险、城镇居民基本医疗保险、新型农村合作医疗保险、城乡居民基本医疗保险、商业医疗保险(个人购买)是我国医疗保险的主要类型。

表6-12 医疗保险种类分布 （单位：%）

医保种类	全国	京津冀	北京	天津	河北
城镇职工基本医疗保险	19.27	30.37	42.40	51.03	11.36
城镇居民基本医疗保险	13.63	12.10	16.23	15.27	7.62
新型农村合作医疗保险	55.61	39.00	14.21	14.52	68.78
城乡居民基本医疗保险	2.77	2.32	1.99	2.61	2.40
公费医疗	1.17	2.17	5.46	0.71	0.66
企业补充医疗保险	0.18	0.39	0.98	0.04	0.16
大病医疗统筹	2.38	4.41	5.19	7.56	2.25
社会互助	0.14	0.06	0.18	0.00	0.00
商业医疗保险(单位购买)	1.00	1.21	2.17	1.15	0.59
商业医疗保险(个人购买)	5.11	7.23	10.42	6.76	5.28
其他	0.74	0.73	0.77	0.36	0.90

6.1.2.2 医疗保险保费

如表 6-13 所示,全国居民的社会医疗保险保费年支出平均为 379 元,京津冀地区是 444 元,北京是 873 元,天津是 757 元,河北仅为 294 元,低于全国、北京以及天津的平均值。在不同社会医疗保险种类中,商业医疗保险(个人购买)是保费支付最高的险种,保费支出在全国平均为 4 738 元,京津冀地区平均为 4 855 元;其次为大病医疗统筹,全国平均为 941 元,京津冀地区平均为 1 155 元。

表 6-13 医疗保险保费支出 （单位:元）

医保种类	全国	京津冀	北京	天津	河北
社会医疗保险	379	444	873	757	294
商业医疗保险(单位购买)	586	717	950	739	501
商业医疗保险(个人购买)	4 738	4 855	6 889	5 703	3 433
企业补充医疗保险	655	333	227	0.42	1 072
大病医疗统筹	941	1 155	1 145	595	1 493
社会互助	234	11	11	0	0
其他	525	911	1 315	354	836

6.1.2.3 医疗保险账户余额

表 6-14 给出了拥有医疗保险居民的账户余额。从全国来看,医疗保险账户余额平均为 4 135 元,京津冀地区为 5 362 元,北京最高,为 9 483 元,天津为 6 576 元,河北为 3 898 元。对于拥有社会医疗保险账户的居民来说,全国居民的社会医疗保险账户余额平均为 1 742 元,京津冀地区为 1 922 元,北京为 3 802 元,天津为 2 039 元,河北为 1 342 元。对于拥有补充医疗保险账户的居民来说,全国居民的补充医疗保险账户余额平均为 24 527 元,京津冀地区为 25 266 元,北京为 26 439 元,天津为 28 798 元,河北为 23 415 元。

表 6-14 医疗保险账户余额 （单位:元）

账户余额	全国	京津冀	北京	天津	河北
医疗保险	4 135	5 362	9 483	6 576	3 898
——社会医疗保险	1 742	1 922	3 802	2 039	1 342
——补充医疗保险	24 527	25 266	26 439	28 798	23 415

6.1.2.4 医疗保险与住院情况

表 6-15 是有医疗保险和没有医疗保险的居民在住院比例上的对比分析。从全国平均水平来看,有医疗保险的居民的住院比例为 11.96%,其中,参加社会医疗保险居民的住院比例是 12.03%,购买补充医疗保险的居民的住院比例是 10.68%;而没有医疗保险的居民的住院比例则为 7.86%。对京津冀地区而言,有医疗保险的居民住院比例为 10.6%,其中,参加社会医疗保险居民的住院比例是 10.68%,购买补充医疗保险的居民的住院比例是 8.4%;而没有医疗保险的居民的住院比例为 6.21%。没有医疗保险的居民住院比例低于有医疗保险的居民,天津的对比最为明显。

表 6-15　有医保和无医保住院比例对比　　（单位：%）

住院比例	全国	京津冀	北京	天津	河北
有医疗保险	11.96	10.60	9.39	10.69	11.38
——社会医疗保险	12.03	10.68	9.60	10.70	11.40
——补充医疗保险	10.68	8.40	6.15	11.03	9.41
没有医疗保险	7.86	6.21	4.95	2.61	9.12

表 6-16 是有医疗保险和没有医疗保险的居民在年均住院费用上的对比分析。从全国平均水平来看,有医疗保险的居民住院费用支出是 16 390 元,其中,参加社会医疗保险的居民住院费用是 16 419 元,购买补充医疗保险的居民住院费用是 18 097 元;而没有医疗保险的居民住院费用为 12 036 元。对于京津冀地区而言,有医疗保险的居民住院费用支出是 18 931 元,其中,参加社会医疗保险的居民住院费用是 19 066 元,购买补充医疗保险的居民住院费用是 23 496 元;而没有医疗保险的居民住院费用为 18 228 元。从表 6-16 中的数据可知,除河北地区外,有医疗保险的居民的住院费用要高于无医疗保险居民的住院费用。

表 6-16　有医保和无医保住院费用对比　　（单位：元）

住院费用	全国	京津冀	北京	天津	河北
医疗保险	16 390	18 931	32 821	40 650	12 994
——社会医疗保险	16 419	19 066	32 974	41 776	13 054
——补充医疗保险	18 097	23 496	33 601	33 252	15 314
没有医疗保险	12 036	18 228	14 477	6 154	19 720

表 6 - 17 给出了医疗保险在住院费用上的报销比例。全国平均水平是 47.29%,其中,社会医疗保险的报销比例是 47.33%,补充医疗保险的报销比例是 53.17%。京津冀地区平均水平是 45.45%,其中,社会医疗保险的报销比例是 45.56%,补充医疗保险的报销比例是 49.53%。北京居民的医疗保险报销比例最高,为 53.27%;天津次之,为 44.12%;河北最低,为 44.09%。

表 6 - 17　医疗保险保险比例　　　　（单位:%）

报销比例	全国	京津冀	北京	天津	河北
医疗保险	47.29	45.45	53.27	44.12	44.09
——社会医疗保险	47.33	45.56	53.54	44.64	44.11
——补充医疗保险	53.17	49.53	56.01	52.89	45.52

6.1.3　失业保险

图 6 - 1 给出了失业保险的覆盖情况。从全国来看,年龄大于 16 周岁、有非农工作的居民中有 18.66% 的人拥有失业保险。在京津冀地区,失业保险覆盖率为 33.38%,北京的失业保险覆盖率最高,为 61.88%,天津次之,为 49.67%,河北最低,且低于全国平均水平,仅为 11.96%。

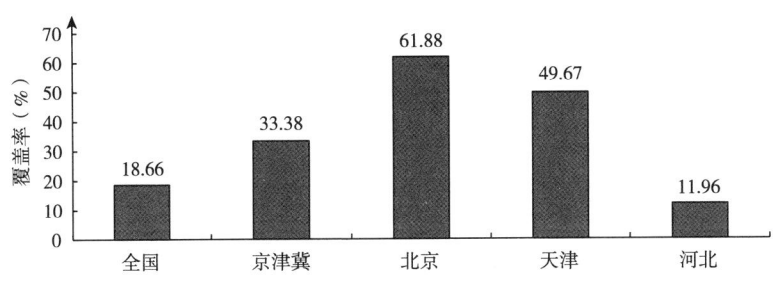

图 6 - 1　失业保险覆盖率

6.1.4　住房公积金

如表 6 - 18 所示,全国拥有住房公积金的居民占比为 20.11%,京津冀地区为 24.62%,北京为 32.78%,天津为 24.16%,河北为 15.61%。在拥有住房公积金的居民中,有94.46%的居民还在继续缴纳住房公积金,京津冀地区继续缴纳比例为94.81%,与全国平均水平相差不大;北京、天津、河北当前缴费比例差距也不明显。2016年缴纳的公积金全国平均为7 584元,京津冀地区居民平均缴纳9 492元,其中,天津最高,平均缴纳12 132元,北京次之,平均缴纳11 052元,河北最低,仅为6 492元。公积金账户余额平均为34 641元,京津冀地区平均为38 938元。拥有公积金的居民中,2016年使用公积金的占比为17.16%,京津冀地区使用公积金的占比为19.14%。2016年全国提取公积金平均为3 6840元,京津冀地区居民平均提取42 174元。

表6-18　住房公积金基本情况

基本情况	全国	京津冀	北京	天津	河北
拥有住房公积金比例(%)	20.11	24.62	32.78	24.16	15.61
当前缴费比例(%)	94.46	94.81	94.88	95.63	93.47
2016年缴纳的公积金(元)	7 584	9 492	11 052	12 132	6 492
公积金账户余额(元)	34 641	38 938	36 077	47 559	37 271
2016年使用公积金的比例(%)	17.16	19.14	22.37	16.98	14.37
2016年提取公积金的金额(元)	36 840	42 174	43 088	54 995	30 769

如表6-19所示,提取公积金的原因中,占比最高的是买房,全国平均为51.05%,京津冀地区为46.45%,北京为43.65%,天津为59.76%,河北为35.42%。其次为偿还购房贷款本息。其他提取公积金的原因主要包括房屋建造、大修、翻建,付房租,以及离退休等。

表6-19　住房公积金提取原因　　　　　　　(单位:%)

基本情况	全国	京津冀	北京	天津	河北
买房	51.05	46.45	43.65	59.76	35.42
房屋建造、大修、翻建	5.82	5.48	8.84	0.00	2.08
偿还购房贷款本息	27.05	26.77	22.65	33.33	31.25
付房租	3.88	5.48	7.18	1.23	6.25
离退休	2.14	1.94	2.76	0.00	2.08
与单位解除劳动关系	1.12	0.32	0.00	1.23	0.00
投资股票等	0.41	0.32	0.00	0.00	2.08
其他	8.52	13.23	14.92	4.94	20.83

6.2 家庭保障与收入

6.2.1 文献综述

改革开放以来,我国经济发展取得巨大飞跃,早在 2010 年,我国人均 GDP 就已突破 4 000 美元,步入中等收入国家行列(丁少群、许志涛, 2013)。2016 年,我国人均 GDP 已经达到 8 866 美元。与此同时,居民的收入水平也在不断提高,城镇居民的人均可支配收入从 1978 年的 343 元增长到 2016 的 33 616 元,农村居民的人均可支配收入也从 1978 年的 134 元增加到了 2016 年的 12 363 元(见图 6 - 2)[①]。由图 6 - 2 可以看出,虽然城乡居民的收入水平都得到了很大程度的提高,但在不同的地区,我国的收入分配存在巨大的不平衡性。根据库兹涅茨的"倒 U 型"理论,收入差距扩大是经济增长的必然结果。党的十九大报告指出,我国社会主要矛盾已经转化为人民日益增长的美好生活需要和不平衡不充分的发展之间的矛盾。因此,收入分配问题需要引起足够重视。

社会保障的核心价值是追求社会公平,它是调节居民收入分配的重要手段(何文炯,2011),而且社会保障的再分配作用已经在很多国家的实践中得到了证实。埃尔维克(Ervik,1998)研究发现,社会保障为美国基尼系数的下降贡献率高达 40% 以上。杰苏伊特和马勒(Jesuit&Mahler,2004)运用 LIS 数据对瑞典、德国、美国等 13 个发达国家 1980—2000 年的财政再分配数据进行了对比研究,发现在发达国家,社会保障的调节作用要大于税收。康德·鲁伊斯和哈鲁林(Conde - Ruiz&Profeta,2007)发现,2004 年,英国再次分配后,基尼系数降幅达到了 36.8%,其中,直接的社会保障措施贡献最为突出。在日本,社会保障调节后的基尼系数比再分配前低 0.02 ~ 0.07(刘乐山,2008)。卡洛和斯特凡诺(Carlo&Stefano,2006)利用意大利 1991—2002 年的数据分析发现,意大利的养老金财产扩大了家庭财产分布

[①] 数据来自《中国统计年鉴》,自 2016 年起不再推算。

的不平等程度。王延中等(2016)根据经济合作与发展组织(OECD)的数据,总结出 2010 年有些国家通过税收和转移支付(主要是社会保障)调节后基尼系数变化明显,平均下降了 0.2 左右,其中,奥地利、比利时、芬兰、法国、德国、斯洛文尼亚等国基尼系数下降了 0.2 以上。

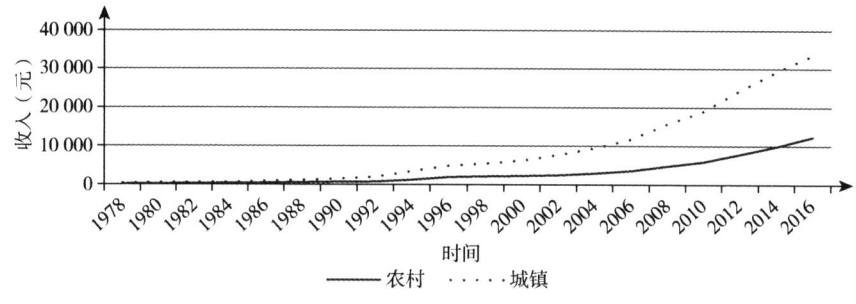

图 6-2 城乡居民收入

在我国,社会保障是一个综合体系,主要包括社会保险、社会福利、社会救助等。近年来,专家学者们围绕社会保障和收入问题进行了多个角度的研究。由于研究视角和方法的不同、数据来源的差异等,各位专家学者关于社会保障在调节收入分配方面的作用未达成共识。很多研究发现,我国社会保障在调节收入分配时发挥的是一种"逆向调节"作用(宋晓梧,2010;香伶,2006)。王茂福和谢勇才(2012)对比了城乡之间以及不同收入阶层之间的收入情况,认为社会保障转移支付拉大了他们之间的差距。目前,我国的基本养老和医疗保险给中高收入阶层居民带来的好处大于给低收入阶层居民带来的好处,从而扩大了收入差距(王小鲁和樊纲,2005)。在 2005 年改革方案下,2002 年时,40 岁以上的群体中存在较明显的逆向收入转移倾向(何立新,2007)。彭浩然和申曙光(2007)认为,相较于原养老保险制度,新养老保险制度可能会引起严重的代际不公平。同时,我国目前的医疗保障制度在收入再分配方面缺乏调节机制,没有发挥其调节收入再分配的功能(金彩红,2005)。综上所述,我国现行的社会保障体系依然存在诸多不足与问题,但不可否认的是,我们"五险一金"的社会保障体系对我国的收入分配依然发挥着一定的积极作用(王延中和龙玉其,2013)。高文书(2012)分析了陕西省宝鸡市数据,发现社会保障转移性收入降低了城乡居民收入的基尼系数。任苒和金凤(2007)指出,新型农村医疗合作补偿后,不平等程度有所缓解,并且低收入人群获得的补偿高于高收入人群(谭晓婷和钟甫宁,2010)。

综上所述,目前我国对于社会保障的收入再分配作用的讨论依然存在巨大分歧,且大部分都是从收入分配视角开展研究的,鲜少有文献直接研究社会保障是否会对收入造成直接影响。在已有的研究中,有些研究仅仅从理论上或运用简单的统计数据论述了社会保障的收入分配作用,通过实证方法实现的少之又少。本节将利用中国家庭普惠金融调查(CHFS)2017年的数据,从社会保障对收入水平的影响这一角度展开研究,探索社会保障与京津冀地区居民收入水平的关系,为这方面的研究提供了新的微观证据。

6.2.2 描述性统计

6.2.2.1 社会养老保险与家庭收入差距

表 6 - 20 显示,全国有社会养老保险的家庭与无社会养老保险的家庭收入差距为 30 036 元,拥有社会养老保险的家庭的收入是无社会养老保险家庭收入的 1.59 倍。就整个京津冀地区而言,有社会养老保险的家庭与无社会养老保险的家庭收入差距为 31 985 元,有社会养老保险的家庭的收入是无社会养老保险家庭收入的 1.58 倍。北京、天津、河北有社会养老保险的家庭与无社会养老保险的家庭收入差距分别为 67 363 元、86 342 元和 7 195元,有社会养老保险家庭的收入分别是没有社会养老保险家庭收入的 1.95 倍、4.48 倍和 1.13 倍。从城乡比较来看,城镇、农村有社会养老保险家庭和无社会养老保险家庭的收入差距分别是 41 727 元和 9 910 元,城镇明显高于农村,城镇、农村有社会养老保险家庭的收入分别是无社会养老保险家庭收入的 1.72 倍和 1.25 倍。

表 6 - 20 社会养老保险与家庭收入差距

	有社会养老保险家庭(元)	无社会养老保险家庭(元)	差距(元)	倍数
北京	138 111	70 748	67 363	1.95
天津	111 120	24 778	86 342	4.48
河北	64 490	57 295	7 195	1.13
京津冀	86 670	54 685	31 985	1.58
农村	49 757	39 847	9 910	1.25
城镇	100 025	58 298	41 727	1.72
全国	81 048	51 012	30 036	1.59

6.2.2.2 社会医疗保险与家庭收入差距

表6-21显示,全国有社会医疗保险的家庭与无社会医疗保险的家庭收入差距为30 635元,有社会医疗保险的家庭的收入是无社会医疗保险家庭收入的1.64倍。就整个京津冀地区而言,拥有社会医疗保险的家庭与无社会医疗保险的家庭收入差距为48 738元,有社会医疗保险的家庭的收入是无社会医疗保险家庭收入的2.32倍。北京、天津、河北有社会医疗保险的家庭与无社会医疗保险的家庭收入差距分别为97 943元、79 918元和26 293元,拥有社会医疗保险家庭的收入分别是没有社会医疗保险家庭收入的3.48倍、3.86倍和1.68倍。从城乡比较来看,城镇、农村有社会医疗保险家庭和无社会医疗保险家庭的收入差距分别是39 881元和17 643元,城镇、农村有社会医疗保险家庭的收入分别是无社会医疗保险家庭收入的1.71倍和1.56倍。

表6-21 社会医疗保险与家庭收入差距

	有社会医疗保险家庭(元)	无社会医疗保险家庭(元)	差距(元)	倍数
北京	137 456	39 513	97 943	3.48
天津	107 815	27 897	79 918	3.86
河北	64 717	38 424	26 293	1.68
京津冀	85 777	37 039	48 738	2.32
农村	48 983	31 340	17 643	1.56
城镇	96 093	56 212	39 881	1.71
全国	78 140	47 505	30 635	1.64

6.2.3 实证研究

6.2.3.1 模型设定

根据中国家庭普惠金融调查,家庭收入主要包括工资薪金收入、生产性经营收入、财产性收入和转移性收入。其中,工资收入包括税后工资、税后奖金和税后补贴;农业收入是指家庭从事农业生产经营所获得的净收入,即农业毛收入减去农业生产成本(因农业生产经营而产生的雇佣成本和其他成本),再加上从事农业生产经营获得的食品补贴和货币补贴;工商业收入是指家庭从事工商业经营项目所获得的净收入,工商业经营项目包括个体户、租赁、运输、网店、经营企业;财产性收入主要包括金融资产收入(包括定期存款利息收入、股票价差或分红收入、债券投资获得的收入、基金差价或分红收入、金融衍生品收入、金融理财产品获得的收入、非人民币资产投资获得的收入和黄金投资获得的收入等)、房屋土地出租收入(商铺出租的租金收入、土地出租获得的租金及土地分红、房屋出租获得的租金)及汽车保险理赔收入;转移性收入包括退休金养老收入和保险收入、从非家庭成员处获得的现金和非现金收入及政府转移性收入(甘犁、尹志超等,2012)。社会养老保险和社会医疗保险是我国家庭保障最主要的组成部分,本节分别估计这两者对家庭收入的影响。

为了估计社会养老保险参与对家庭收入水平的影响,将模型设定如下:

$$\text{Income} = \alpha_0 + \alpha_1 \text{Endowment\_Insurance} + X\alpha_2 + \mu \qquad (6-1)$$

其中,Income 代表家庭收入,是被解释变量;Endowment_Insurance 代表是否拥有养老保险,1 表示拥有,0 表示没有;X 是控制变量,包括家庭特征(家庭净财富、家庭规模、家庭劳动力数量[1]、家庭老人数量[2]、拥有家用汽车数量、是否拥有自有住房、是否经营个体工商业)、户主特征(男性、年龄、已婚[3]、受教育年限、是否健康[4]、是否有工作、风险偏好、风险厌恶)、地区特征(所在省份人均 GDP、是否属于农村地区);μ 为残差项。

为估计社会医疗保险对家庭收入水平的影响,将模型设定如下:

$$\text{Income} = \beta_0 + \beta_1 \text{Medical\_Insurance} + X\beta_2 + \nu \qquad (6-2)$$

其中,Income 代表家庭收入,是被解释变量;Medical_Insurance 代表是否拥有医疗保险,1 表示拥有,0 表示没有;X 是控制变量,包括家庭特征(家庭净财富、家庭规模、家庭劳动力数量、家庭老人数量、拥有家用汽车数量、是

---

[1] 指大于 15 岁小于等于 65 岁的人口。

[2] 指大于 65 岁的人口。

[3] 已婚包括已婚、再婚;非婚包括未婚、同居、分居、离婚、丧偶。

[4] CHFS 问卷中衡量健康状况的问题是:与同龄人相比,健康状况如何? 1. 非常好 2. 好 3. 一般 4. 不好 5. 非常不好。本书中将选项 1 和 2 定义为身体健康;3 定义为身体一般;4 和 5 定义为身体不健康。

否拥有自有住房、是否经营个体工商业)、户主特征(男性、年龄、在婚、受教育年限、是否健康、是否有工作、风险偏好、风险厌恶)、地区特征(所在省份人均 GDP、是否属于农村地区);ν 为残差项。

6.2.3.2　内生性讨论

家庭是否拥有社会保障与家庭收入之间因逆向因果、遗漏变量等原因可能存在内生性问题。一方面,家庭收入不同给家庭带来不同的受教育机会,从而了解社会保障参与及运行机制的机会不均等,家庭参与社会保障活动的机会也就不均等;另一方面,能力不同导致家庭获得收入的能力不同,而能力很难用变量加以度量,因而能力等遗漏变量的存在也可能导致高估或低估社会保障的影响。因此,需要选取工具变量来解决内生性问题。本节选取家庭所在社区拥有社会保障的平均水平作为工具变量,主要考虑到社区拥有社会保障平均水平越高,家庭拥有社会保障的可能性越高,但社区拥有社会保障平均水平对家庭收入水平没有直接影响。

6.2.3.3　变量描述

本章所涉及变量的描述性统计在表 6 – 22 中给出。京津冀地区社会养老保险均值为 0.93,社会医疗保险均值为 0.97。京津冀家庭收入、净财富和工商业外总资产分别为 8.42 万元、157.69 万元和 217.91 万元。京津冀地区家庭规模平均大于 3 人,自有住房平均拥有水平为 0.89。经营个体工商业的家庭均值为 0.14。户主大部分为男性、已婚,且平均年龄超过 53岁,受教育年限平均大于 9 年。户主身体健康的多于不健康的,风险厌恶的多于风险偏好的。样本中农村家庭比重为 0.36。

表 6 – 22　描述性统计

	观测值	均值	标准差
社会养老保险	4 042	0.93	0.26
社会医疗保险	4 042	0.97	0.17
家庭收入(万元)	4 042	8.42	19.31
家庭净财富(万元)	4 042	157.69	242.86
工商业外总资产(万元)	4 042	217.91	286.10
家庭规模	4 042	3.26	1.53

续表

	观测值	均值	标准差
家庭老人数量	4 042	0.44	0.72
家庭孩子数量	4 042	0.57	0.78
家庭劳动力数量	4 042	2.25	1.25
拥有家用汽车数量	4 041	0.41	0.61
拥有自有住房	4 042	0.89	0.32
经营个体工商业	4 042	0.14	0.35
户主男性	4 042	0.79	0.41
户主年龄	4 041	53.46	13.74
户主已婚	4 037	0.87	0.33
户主受教育年限	4 038	9.70	4.17
户主身体健康	4 042	0.45	0.50
户主身体不健康	4 042	0.17	0.38
户主有工作	4 040	0.65	0.48
户主风险偏好	4 042	0.10	0.30
户主风险厌恶	4 042	0.63	0.48
所在省份人均 GDP(万元)	4 042	6.89	3.52
农村	4 042	0.36	0.48

6.2.3.4 实证结果

(1)京津冀家庭保障对家庭收入水平的影响

本部分主要研究了京津冀地区家庭的社会保障参与对家庭收入水平的影响,表 6-23 给出了相关的估计结果。其中,第(1)列、第(3)列为 OLS 估计结果,第(2)列、第(4)列为了解决内生性问题,引入了工具变量进行两阶段估计,给出了工具变量估计结果。

表 6-23 的第(2)列、第(4)列显示,社会养老保险和社会医疗保险与收入之间均存在内生性问题,我们通过工具变量法加以解决。经过检验,第一阶段 F 值分别为 48.75 和 18.6,大于经验值 10,不存在弱工具变量问题。第(2)列显示,拥有社会养老保险的家庭比无社会养老保险的家庭收

入高 99.6%。从其他变量来看,家庭净财富、家庭规模、家庭劳动力数量、家庭老人数量、家用汽车数量、户主已婚、户主受教育年限、户主身体健康、户主有工作、户主风险偏好、户主风险厌恶、所在省份人均 GDP 会对家庭收入水平有显著的正向影响;拥有自有住房会显著降低家庭收入水平;其他家庭和户主特征则没有显著影响。

表 6-23 第(4)列显示,有社会医疗保险的家庭比无社会医疗保险的家庭收入高 85.3%。从其他变量来看,家庭净财富、家庭规模、家庭劳动力数量、家庭老人数量、家用汽车数量、户主年龄、户主在婚、户主受教育年限、户主身体健康、户主有工作、户主风险偏好、户主风险厌恶、所在省份人均 GDP 会对家庭收入水平有显著的正向影响;拥有自有住房会显著降低家庭收入水平;其他因素则没有显著影响。

表 6-23　京津冀家庭保障对家庭收入水平的影响

ln(家庭收入)	(1) OLS	(2) 2SLS	(3) OLS	(4) 2SLS
关注变量				
社会养老保险	1.146 *** (0.178)	0.996 *** (0.168)		
社会医疗保险			0.973 *** (0.232)	0.853 *** (0.224)
家庭特征				
ln(家庭净财富)	0.166 *** (0.017)	0.168 *** (0.017)	0.178 *** (0.018)	0.179 *** (0.018)
家庭规模	0.153 *** (0.035)	0.152 *** (0.035)	0.148 *** (0.035)	0.148 *** (0.035)
家庭劳动力数量	0.142 *** (0.044)	0.144 *** (0.043)	0.148 *** (0.045)	0.149 *** (0.044)
家庭老人数量	0.111 ** (0.052)	0.114 ** (0.051)	0.126 ** (0.052)	0.127 ** (0.051)
拥有家用汽车数量	0.117 *** (0.042)	0.121 *** (0.041)	0.133 *** (0.042)	0.134 *** (0.041)

续表

ln(家庭收入)	(1) OLS	(2) 2SLS	(3) OLS	(4) 2SLS
拥有自有住房	−0.176**	−0.181**	−0.201**	−0.202**
	(0.083)	(0.082)	(0.086)	(0.085)
经营个体工商业	0.017	0.009	−0.041	−0.041
	(0.075)	(0.074)	(0.077)	(0.076)
户主特征				
户主男性	−0.025	−0.027	−0.029	−0.030
	(0.050)	(0.049)	(0.051)	(0.050)
户主年龄	0.003	0.004	0.006**	0.006***
	(0.002)	(0.002)	(0.002)	(0.002)
户主在婚	0.200***	0.206***	0.218***	0.222***
	(0.070)	(0.069)	(0.070)	(0.069)
户主受教育年限	0.050***	0.051***	0.052***	0.053***
	(0.006)	(0.006)	(0.007)	(0.007)
户主身体健康	0.097**	0.097**	0.089**	0.090**
	(0.042)	(0.041)	(0.043)	(0.042)
户主身体不健康	−0.040	−0.041	−0.050	−0.049
	(0.060)	(0.059)	(0.061)	(0.060)
户主有工作	0.243***	0.246***	0.263***	0.262***
	(0.054)	(0.053)	(0.056)	(0.055)
户主风险偏好	0.239***	0.236***	0.195***	0.197***
	(0.075)	(0.073)	(0.073)	(0.072)
户主风险厌恶	0.105**	0.105**	0.094*	0.096**
	(0.047)	(0.046)	(0.048)	(0.048)
地区特征				
lnGDP	1.715***	1.468***	1.742***	1.364***
	(0.420)	(0.250)	(0.408)	(0.252)
农村	−0.193	−0.177	−0.076	−0075
	(0.296)	(0.292)	(0.310)	(0.304)

续表

ln(家庭收入)	(1) OLS	(2) 2SLS	(3) OLS	(4) 2SLS
社区哑变量	已控制	已控制	已控制	已控制
有效样本量	3 911	3 911	3 911	3 911
一阶段 F 值		48.75		18.60
一阶段工具变量 T 值		−47.14		−28.77
DWH 检验 F 值/Chi2		7.587		2.856
(p－value)		(0.006)		(0.091)

注:＊、＊＊、＊＊＊分别表示在10%、5%、1%水平显著,括号内为异方差稳健标准差。

(2)北京家庭保障对家庭收入的影响

为了探讨北京样本下家庭保障对家庭收入水平的影响,表6－24给出了北京地区社会养老保险和社会医疗保险对家庭收入水平的OLS回归结果。表6－24第(1)列显示,有社会养老保险的家庭比无社会养老保险的家庭收入高149.2%。从其他变量来看,家庭净财富、家庭规模、拥有家用汽车数量、户主受教育年限、户主有工作、户主风险偏好对家庭收入水平有显著的正向影响;处于农村地区显著降低家庭收入水平;其他家庭和户主特征则没有显著影响。

表6－24第(2)列显示,有社会医疗保险的家庭比无社会医疗保险的家庭收入高114.6%。从其他变量来看,家庭净财富、家庭规模、拥有家用汽车数量、户主受教育年限、户主有工作、户主年龄、户主在婚、户主风险偏好、户主风险厌恶对家庭收入水平有显著的正向影响;拥有自有住房、处于农村地区显著降低家庭收入水平;其他家庭和户主特征则没有显著影响。

表6－24　北京家庭保障对家庭收入水平的影响

ln(家庭收入)	(1) OLS	(2) OLS
关注变量		
社会养老保险	1.492＊＊＊	
	(0.378)	

续表

ln（家庭收入）	（1） OLS	（2） OLS
社会医疗保险		1.146 *** （0.415）
家庭特征		
ln（家庭净财富）	0.117 *** （0.027）	0.136 *** （0.031）
家庭规模	0.279 *** （0.053）	0.273 *** （0.052）
家庭劳动力数量	0.021 （0.064）	0.032 （0.064）
家庭老人数量	0.076 （0.084）	0.079 （0.084）
拥有家用汽车数量	0.162 *** （0.050）	0.175 *** （0.052）
拥有自有住房	− 0.182 （0.130）	− 0.234 * （0.138）
经营个体工商业 （0.125）	0.083 （0.123）	0.013
户主特征		
户主男性	0.061 （0.069）	0.060 （0.070）
户主年龄	0.004 （0.004）	0.060 * （0.004）
户主在婚	0.137 （0.097）	0.177 * （0.097）
户主受教育年限	0.045 *** （0.009）	0.048 *** （0.009）
户主身体健康	0.036 （0.055）	0.041 （0.056）

续表

ln(家庭收入)	(1) OLS	(2) OLS
户主身体不健康	-0.091	-0.134
	(0.102)	(0.110)
户主有工作	0.214***	0.225***
	(0.077)	(0.079)
户主风险偏好	0.399***	0.415***
	(0.097)	(0.096)
户主风险厌恶	0.109	0.139*
	(0.073)	(0.078)
地区特征		
农村	-1.152***	-1.076***
	(0.317)	(0.345)
社区哑变量	已控制	已控制
有效样本量	1 361	1 361

注：*、**、*** 分别表示在10%、5%、1%水平显著,括号内为异方差稳健标准差。

(3)天津家庭保障对家庭收入的影响

为了探讨天津样本下家庭保障对家庭收入水平的影响,表6-25给出了天津社会养老保险和社会医疗保险对家庭收入水平的OLS回归结果。表6-25第(1)列显示,有社会养老保险的家庭比无社会养老保险的家庭收入高178.1%。从其他变量来看,家庭净财富、家庭老人数量、拥有家用汽车数量、户主在婚、户主受教育年限、户主有工作、户主风险偏好对家庭收入水平有显著的正向影响;拥有自有住房显著降低家庭收入水平;其他家庭和户主特征则没有显著影响。

表6-25第(2)列显示,有社会医疗保险的家庭比无社会医疗保险的家庭收入高145.6%。从其他变量来看,家庭净财富、家庭劳动力数量、家庭老人数量、拥有家用汽车数量、户主在婚、户主受教育年限、户主年龄、户主有工作、户主风险偏好对家庭收入水平有显著的正向影响;拥有自有住房显著降低家庭收入水平;其他家庭和户主特征则没有显著影响。

表 6 – 25 天津家庭保障对家庭收入水平的影响

ln(家庭收入)	(1) OLS	(2) OLS
关注变量		
社会养老保险	1.781 ***	
	(0.417)	
社会医疗保险		1.456 ***
		(0.519)
家庭特征		
ln(家庭净财富)	0.146 ***	0.186 ***
	(0.030)	(0.030)
家庭规模	0.069	0.021
	(0.079)	(0.074)
家庭劳动力数量	0.157	0.213 **
	(0.099)	(0.094)
家庭老人数量	0.212 **	0.274 ***
	(0.099)	(0.094)
拥有家用汽车数量	0.154 ***	0.188 ***
	(0.057)	(0.056)
拥有自有住房	– 0.319 ***	– 0.430 ***
	(0.119)	(0.117)
经营个体工商业	0.144	– 0.025
	(0.157)	(0.144)
户主特征		
户主男性	– 0.054	– 0.040
	(0.086)	(0.088)
户主年龄	0.005	0.007 **
	(0.003)	(0.003)
户主在婚	0.195 **	0.201 *
	(0.099)	(0.103)

续表

ln(家庭收入)	(1) OLS	(2) OLS
户主受教育年限	0.045 ***	0.045 ***
	(0.012)	(0.012)
户主身体健康	0.069	0.075
	(0.077)	(0.080)
户主身体不健康	0.052	0.027
	(0.080)	(0.088)
户主有工作	0.229 ***	0.234 ***
	(0.084)	(0.087)
户主风险偏好	0.194 *	0.171 *
	(0.083)	(0.098)
户主风险厌恶	0.054	0.041
	(0.083)	(0.089)
地区特征		
农村	0.623	0.743
	(0.539)	(0.568)
社区哑变量	已控制	已控制
有效样本量	1 044	1 044

注：* 、** 、*** 分别表示在10% 、5% 、1% 水平显著,括号内为异方差稳健标准差。

（4）河北家庭保障对家庭收入的影响

为了探讨河北样本下家庭保障对家庭收入水平的影响,表6－26 给出了河北地区社会养老保险和社会医疗保险对家庭收入水平的 OLS 回归结果。表6－26 第(1)列显示,有社会养老保险的家庭比无社会养老保险的家庭收入高77.9％。从其他变量来看,家庭净财富、家庭规模、家庭劳动力数量、户主受教育年限、户主身体健康、户主有工作对家庭收入水平有显著的正向影响;其他家庭和户主特征则没有显著影响。

表6－26 第(2)列显示,拥有社会医疗保险的家庭比无社会医疗保险

的家庭收入高51.6%。从其他变量来看,家庭净财富、家庭规模、家庭劳动力数量、户主受教育年限、户主在婚、户主身体健康、户主有工作对家庭收入水平有显著的正向影响;其他家庭和户主特征则没有显著影响。

表6-26 河北家庭保障对家庭收入水平的影响

ln(家庭收入)	(1) OLS	(2) OLS
关注变量		
社会养老保险	0.779***	
	(0.226)	
社会医疗保险		0.516*
		(0.311)
家庭特征		
ln(家庭净财富)	0.219***	0.220***
	(0.030)	(0.030)
家庭规模	0.088*	0.096*
	(0.053)	(0.052)
家庭劳动力数量	0.208***	0.199***
	(0.073)	(0.071)
家庭老人数量	0.067	0.073
	(0.083)	(0.082)
拥有家用汽车数量	0.083	0.095
	(0.094)	(0.092)
拥有自有住房	0.027	0.055
	(0.180)	(0.176)
经营个体工商业	-0.044	-0.064
	(0.114)	(0.115)
户主特征		
户主男性	-0.144	-0.157
	(0.115)	(0.113)

续表

ln(家庭收入)	(1) OLS	(2) OLS
户主年龄	0.0003	0.003
	(0.004)	(0.004)
户主在婚	0.280	0.303 *
	(0.182)	(0.176)
户主受教育年限	0.054 ***	0.057 ***
	(0.013)	(0.013)
户主身体健康	0.170 **	0.149 *
	(0.080)	(0.079)
户主身体不健康	−0.039	−0.041
	(0.105)	(0.102)
户主有工作	0.319 ***	0.340 ***
	(0.106)	(0.108)
户主风险偏好	0.069	−0.015
	(0.164)	(0.156)
户主风险厌恶	0.099	0.078
	(0.081)	(0.081)
地区特征		
农村	−0.083	−0.004
	(0.297)	(0.300)
社区哑变量	已控制	已控制
有效样本量	1 506	1 506

注：* 、** 、*** 分别表示在10%、5%、1%水平显著，括号内为异方差稳健标准差。

6.2.4　主要结论

本节描述了京津冀地区家庭保障与居民家庭收入水平之间的关系，并实证分析了家庭保障对家庭收入的影响。

京津冀地区拥有社会养老保险的家庭与无社会养老保险的家庭收入差距为 31 985 元,拥有社会养老保险的家庭收入是无社会养老保险家庭收入的 1.58 倍。京津冀拥有社会医疗保险的家庭与无社会医疗保险的家庭收入差距为 48 738 元,拥有社会医疗保险的家庭收入是无社会医疗保险家庭收入的 2.32 倍。

回归结果表明,参与社会养老保险和社会医疗保险都会显著提高家庭收入水平,同时,家庭规模、家庭劳动力数量、家庭老人数量、拥有家用汽车数量、户主受教育年限、户主健康状况、所在省份人均 GDP 等均对家庭收入水平有正向影响,而家庭拥有自有住房、户主性别为男性、家庭属于农村地区等均会对收入水平产生负向影响。

6.3 家庭保障与消费

6.3.1 文献综述

完善的社会保障制度是改善民生的重要途径,只有生活后顾无忧时,居民才敢于消费。消费需求是繁荣市场、促进经济发展的根本动力。但是,影响居民消费的因素却是错综复杂的。关于社会保障对居民消费行为的影响,有许多消费理论给出了不同的解释。凯恩斯(Keynes)的绝对收入假说(1936)认为,社会保障是国家干预社会经济的一种重要手段,社会保障体系可以将收入由边际消费倾向低的高收入群体向边际消费倾向高的低收入群体转移。莫迪利亚尼(Modigliani)的生命周期假说(1975)用整个生命周期中的平滑消费来解释居民消费行为,认为社会保障体系越完善,居民储蓄的意愿就越弱,边际消费倾向就越高。弗里德曼(Friedman)永久消费理论(1957)将社会保障作为永久收入,通过社会保障可以增加社会整体福利水平,从而影响居民的消费行为。利兰(Leland)预防性储蓄理论(1978)则认为,社会保障具有社会保险功能,可以降低家庭对未来收入和支出的不确定性,从而减少预防性储蓄,起到扩大消费的作用。

学术界关于社会保障对消费影响的实证分析得出的结果不完全一致。一方面,部分研究认为,社会保障对居民消费有正向促进作用。费尔德斯坦(Feldstein,1974)实证分析了养老社会保障对美国居民储蓄的双重效应,即资产替代效应和引致退休效应。他得出的结论是,美国养老社会保障制度替代居民储蓄的30%~40%,即社会保障对居民的消费促进作用显著。考特利克夫(Kotlikoff,2009)使用生命周期储蓄模型的研究结果表明,退休效应仅仅部分抵消了社会保障的替代效应,因此社会保障最终增加了私人储蓄。Aydede(2007)利用土耳其1970—2003年的时间序列数据分析了公共养老金计划对总消费的影响,研究结果表明,土耳其现收现付的养老金计划对消费有显著的正效应。蒋南平等(2012)利用地市级的面板数据进行了实证分析,证明了我国社会保障对居民消费具有正向促进作用,且欠发达城市的效果更为显著。陶纪坤(2007)对城乡居民的社会保障项目及其水平进行了对比分析,发现农村社会保障制度建设的落后加剧了城乡消费差距。尹阳娜(2006)认为,社会保障可以通过影响预期和当期收入以及边际消费倾向来影响居民和社会的消费水平。赵建国等(2011)则认为,长期来看,城镇和农村社会保障支出都促进了消费水平的提高,其中,增加农村社会保障对消费的促进作用更大。方匡南、章紫艺(2013)得出结论,有社会保障家庭人均消费高于无社会保障家庭人均消费,消费收入弹性呈"几"字形。

另一方面,一些学者则得出了社会保障会抑制消费的结论。卡根(Cagan,1965)分析发现,拥有养老保险会使人产生退休欲望,从而增加储蓄,减少消费。巴罗(Barro,1979)的代际转移支付理论推翻了生命周期模型,他认为社会保障有可能被个人代际转移支付所补偿,抵消一部分挤出效应,社会保障对消费的影响不确定。布莱克(Blake,2004)利用英国1948—1994年的数据,研究了房产价值和养老金财富对个人消费和退休行为的影响,研究结果表明,国家养老金会增加消费,而职业养老金和私人养老金则会导致更多的储蓄。杨天宇和王小婷(2007)运用1980—2004年全国总量时间序列数据分析发现,由于社会保障制度的静态缺陷,社会保障制度变革使得居民资产替代效应降低,社会保障的财政支出挤出了居民的消费。王晓霞和孙华臣(2008)利用格兰杰因果检验,结合多元线性回归模型,对我国1993—2005年社会保障支出和消费需求的关系进行了分析,发现社会保障支出会对消费产生抑制作用。

总体来看,关于我国社会保障与家庭消费之间的研究多是从宏观角度进行的,微观角度研究的较少,本节将利用中国家庭普惠金融调查2017年的数据,从微观的角度,实证分析社会保障对家庭消费的影响。

6.3.2 描述性统计

6.3.2.1 社会养老保险与家庭消费的差距

表6-27显示,全国有社会养老保险的家庭与无社会养老保险的家庭消费差距为5 780元,有社会养老保险的家庭的消费是无社会养老保险家庭消费的1.11倍。就整个京津冀地区而言,有社会养老保险的家庭与无社会养老保险的家庭消费差距为15 576元,有社会养老保险的家庭的消费是无社会养老保险家庭消费的1.35倍。北京、天津、河北有社会养老保险的家庭与无社会养老保险的家庭消费差距分别为8 191元、31 078元和8 099元,有社会养老保险家庭的消费分别是没有社会养老保险家庭消费的1.10倍、1.75倍和1.21倍。从城乡比较来看,城镇、农村有社会养老保险家庭和无社会养老保险家庭的消费差距分别是8 322元和633元,城镇明显高于农村,城镇、农村有社会养老保险家庭的消费分别是无社会养老保险家庭消费的1.14倍和1.02倍。

表6-27　社会养老保险与家庭消费差距

	有社会养老保险家庭(元)	无社会养老保险家庭(元)	差距(元)	倍数
北京	94 154	85 963	8 191	1.10
天津	72 731	41 653	31 078	1.75
河北	46 642	38 543	8 099	1.21
京津冀	60 372	44 796	15 576	1.35
农村	38 459	37 826	633	1.02
城镇	66 937	58 615	8 322	1.14
全国	56 186	50 406	5 780	1.11

6.3.2.2 社会医疗保险与家庭消费差距

表 6-28 显示,全国有社会医疗保险的家庭与无社会医疗保险的家庭消费差距为 11 403 元,有社会医疗保险家庭的消费是无社会医疗保险家庭消费的 1.26 倍。就整个京津冀地区而言,有社会医疗保险家庭与无社会医疗保险家庭消费差距为 21 283 元,有社会医疗保险家庭的消费是无社会医疗保险家庭消费的 1.55 倍。北京、天津、河北有社会医疗保险的家庭与无社会医疗保险的家庭消费差距分别为 20 392 元、30 991 元和 16 701 元,有社会医疗保险家庭的消费分别是没有社会医疗保险家庭消费的 1.28 倍、1.76 倍和 1.56 倍。从城乡比较来看,城镇、农村有社会医疗保险家庭和无社会医疗保险家庭的消费差距分别是 12 425 元和 11 943 元,城镇、农村有社会医疗保险家庭的消费分别是无社会医疗保险家庭消费的 1.23 倍和 1.44 倍。

表 6-28 社会医疗保险与家庭消费差距

	有社会医疗保险家庭(元)	无社会医疗保险家庭(元)	差距(元)	倍数
北京	94 279	73 887	20 392	1.28
天津	71 610	40 619	30 991	1.76
河北	46 489	29 788	16 701	1.56
京津冀	59 863	38 580	21 283	1.55
农村	38 797	26 854	11 943	1.44
城镇	66 335	53 910	12 425	1.23
全国	55 841	44 438	11 403	1.26

6.3.3 实证研究

6.3.3.1 模型设定

为估计社会养老保险对家庭消费水平的影响,将模型设定如下:

$$\text{Consump} = \alpha_0 + \alpha_1 \text{Endowment\_Insurance} + X\alpha_2 + \mu \qquad (6-3)$$

其中,Consump 代表家庭消费,是被解释变量;Endowment_Insurance 代表是否有社会养老保险,1 表示有,0 表示没有;X 是控制变量,包括家庭特征(家庭收入、家庭净财富、家庭规模、家庭孩子数量、拥有家用汽车数量、是否拥有自有住房、是否经营个体工商业)、户主特征(男性、年龄、在婚、受教育年限、是否健康、是否有工作、风险偏好、风险厌恶)、地区特征(所在省份人均 GDP、是否属于农村地区);μ 为残差项。

为估计社会医疗保险对家庭消费水平的影响,将模型设定如下:

$$\text{Consump} = \beta_0 + \beta_1 \text{Medical\_Insurance} + X\beta_2 + \nu \tag{6.4}$$

其中,Consump 代表家庭消费,是被解释变量;Medical_Insurance 代表是否有医疗保险,1 表示有,0 表示没有;X 是控制变量,包括家庭特征(家庭收入、家庭净财富、家庭规模、家庭孩子数量、拥有家用汽车数量、是否拥有自有住房、是否经营个体工商业)、户主特征(男性、年龄、在婚、受教育年限、是否健康、是否有工作、风险偏好、风险厌恶)、地区特征(所在省份人均 GDP、是否属于农村地区);ν 为残差项。

6.3.3.2 内生性讨论

一方面,不同的家风使得家庭消费习惯会有比较大的差异,而家风难以加以计量;另一方面,家庭消费中包括医疗消费支出,而医疗消费的提高可能会激励家庭参与社会保障,尤其是社会医疗保险,因而遗漏变量、逆向因果的存在使得笔者在估计社会保障对家庭消费水平影响时可能会存在内生性问题,会高估或低估社会保障的效果,需要通过选取工具变量来解决内生性问题。我们选取家庭所在社区拥有社会保障的平均水平作为工具变量,主要考虑到社区拥有社会保障平均水平越高,家庭拥有社会保障的可能性越高,但社区拥有的社会保障平均水平对家庭消费水平没有直接影响。

6.3.3.3 实证结果

(1)京津冀家庭保障对家庭消费水平的影响

本部分主要研究了京津冀地区家庭的社会保障参与对家庭消费水平的影响,表 6-29 给出了相关的估计结果。其中第(1)(3)列为 OLS 估计结果,第(2)(4)列为了解决内生性问题,引入了工具变量进行两阶段估计,给出了工具变量估计结果。

从表 6-29 的 OLS 和 2SLS 回归结果来看,第(2)列 DWH 结果是显著的,说明在估计社会养老保险对家庭消费的影响时存在内生性问题,第(4)列 DWH 结果不显著,说明在估计社会医疗保险对家庭消费的影响时不存在内生性问题。因此用工具变量来解决社会养老保险与家庭消费之间的内生性问题,第一阶段 F 值为 46.95,高于经验值 10,工具变量 t 值分别为 -47.28,不存在弱工具变量问题。第(2)列显示,拥有社会养老保险家庭的消费比没有社会养老保险家庭消费高 12.2%。从其他变量来看,家庭收入、家庭净财富、家庭规模、拥有家用汽车数量、经营个体工商业、户主在婚、户主受教育年限、户主风险偏好、所在省份人均 GDP 对家庭消费水平有显著的正向影响;拥有自有住房、户主年龄、户主身体健康、户主有工作会对家庭消费水平有显著的负向影响;其他家庭和户主特征则没有显著影响。

表 6-29 中第(3)列显示,有社会医疗保险家庭比无社会医疗保险家庭的消费高 18.6%。从其他变量来看,家庭收入、家庭净财富、家庭规模、拥有家用汽车数量、经营个体工商业、户主在婚、户主受教育年限、户主风险偏好、所在省份人均 GDP 对家庭消费水平有显著的正向影响;拥有自有住房、户主年龄、户主身体健康、户主有工作会对家庭消费水平有显著的负向影响;其他家庭和户主特征则没有显著影响。

表 6-29　京津冀家庭保障对家庭消费水平的影响

ln(家庭消费)	(1) OLS	(2) 2SLS	(3) OLS	(4) 2SLS
关注变量				
社会养老保险	0.122 **	0.156 ***		
	(0.048)	(0.049)		
社会医疗保险			0.186 ***	0.186 **
			(0.072)	(0.074)
家庭特征				
ln(家庭收入)	0.085 ***	0.084 ***	0.087 ***	0.087 ***
	(0.010)	(0.010)	(0.010)	(0.010)
ln(家庭净财富)	0.056 ***	0.055 ***	0.056 ***	0.056 ***
	(0.009)	(0.008)	(0.009)	(0.008)
家庭规模	0.120 ***	0.120 ***	0.118 ***	0.118 ***
	(0.012)	(0.011)	(0.012)	(0.011)

续表

ln（家庭消费）	（1）OLS	（2）2SLS	（3）OLS	（4）2SLS
家庭孩子数量	0.004	0.005	0.005	0.005
	(0.022)	(0.021)	(0.022)	(0.021)
拥有家用汽车数量	0.182 ***	0.181 ***	0.183 ***	0.183 ***
	(0.018)	(0.018)	(0.018)	(0.018)
拥有自有住房	−0.115 ***	−0.114 ***	−0.116 ***	−0.116 ***
	(0.038)	(0.037)	(0.038)	(0.037)
经营个体工商业	0.144 ***	0.146 ***	0.138 ***	0.138 ***
	(0.033)	(0.032)	(0.033)	(0.032)
户主特征				
户主男性	−0.008	−0.008	−0.008	−0.008
	(0.024)	(0.023)	(0.024)	(0.023)
户主年龄	−0.008 ***	−0.008 ***	−0.008 ***	−0.008 ***
	(0.001)	(0.001)	(0.001)	(0.001)
户主在婚	0.105 ***	0.103 ***	0.104 ***	0.104 ***
	(0.031)	(0.030)	(0.031)	(0.030)
户主受教育年限	0.020 ***	0.020 ***	0.020 ***	0.020 ***
	(0.003)	(0.003)	(0.003)	(0.003)
户主身体健康	−0.035 *	−0.035 *	−0.036 *	−0.036 *
	(0.021)	(0.021)	(0.021)	(0.021)
户主身体不健康	0.020	0.021	0.019	0.019
	(0.031)	(0.030)	(0.030)	(0.030)
户主有工作	−0.112 ***	−0.112 ***	−0.110 ***	−0.110 ***
	(0.026)	(0.026)	(0.026)	(0.026)
户主风险偏好	0.067 *	0.068 *	0.060	0.060
	(0.039)	(0.038)	(0.039)	(0.038)
户主风险厌恶	−0.007	−0.007	−0.010	−0.010
	(0.022)	(0.022)	(0.022)	(0.022)

续表

ln(家庭消费)	(1) OLS	(2) 2SLS	(3) OLS	(4) 2SLS
地区特征				
lnGDP	0.734 ***	0.893 ***	0.735 ***	0.874 ***
	(0.168)	(0.133)	(0.167)	(0.134)
农村	−0.144	−0.148	−0.132	−0.132
	(0.172)	(0.169)	(0.168)	(0.165)
社区哑变量	已控制	已控制	已控制	已控制
有效样本量	3 911	3 911	3 911	3 911
一阶段 F 值		46.95		18.64
一阶段工具变量 T 值		−47.28		−28.80
DWH 检验 F 值/Chi^2		3.577		0.000
（p-value）		(0.059)		(0.996)

注：*、**、***分别表示在10%、5%、1%水平显著,括号内为异方差稳健标准差。

（2）北京家庭保障对家庭消费水平的影响

为了探讨北京样本下家庭保障对家庭消费水平的影响,表6－30给出了北京社会养老保险和社会医疗保险对家庭消费水平的 OLS 回归结果。第（1）列显示,有无社会养老保险对消费的影响不显著。从其他变量来看,家庭收入、家庭净财富、家庭规模、拥有家用汽车数量、经营个体工商业、户主在婚、户主受教育年限、户主风险偏好对家庭消费水平有显著的正向影响;拥有自有住房、户主年龄大、处于农村地区会显著降低家庭消费水平;其他家庭和户主特征则没有显著影响。

表6－30第（2）列显示,有社会医疗保险与否对消费的影响不显著。从其他变量来看,家庭收入、家庭净财富、家庭规模、拥有家用汽车数量、经营个体工商业、户主在婚、户主受教育年限、户主风险偏好对家庭消费水平有显著的正向影响;拥有自有住房、户主年龄大、处于农村地区会显著降低家庭消费水平;其他家庭和户主特征则没有显著影响。

表6－30　北京家庭保障对家庭消费水平的影响

ln(家庭消费)	(1) OLS	(2) OLS
关注变量		
社会养老保险	－ 0.090	
	(0.113)	
社会医疗保险		0.067
		(0.132)
家庭特征		
ln(家庭收入)	0.115 ***	0.109 ***
(0.022)	(0.022)	
ln(家庭净财富)	0.040 ***	0.039 ***
	(0.012)	(0.012)
家庭规模	0.121 ***	0.121 ***
	(0.020)	(0.020)
家庭孩子数量	0.025	0.025
	(0.044)	(0.044)
拥有家用汽车数量	0.175 ***	0.174 ***
	(0.030)	(0.030)
拥有自有住房	－ 0.130 **	－ 0.128 **
	(0.063)	(0.063)
经营个体工商业	0.243 ***	0.247 ***
	(0.070)	(0.070)
户主特征		
户主男性	－ 0.052	－ 0.050
	(0.036)	(0.036)
户主年龄	－ 0.006 ***	－ 0.006 ***
	(0.002)	(0.002)
户主在婚	0.124 ***	0.118 ***
	(0.046)	(0.046)

ln(家庭消费)	(1) OLS	(2) OLS
户主受教育年限	0.023 ***	0.023 ***
	(0.005)	(0.005)
户主身体健康	−0.047	−0.048
	(0.035)	(0.035)
户主身体不健康	0.012	0.013
	(0.058)	(0.058)
户主有工作	−0.039	−0.040
	(0.045)	(0.045)
户主风险偏好	0.128 **	0.127 **
	(0.058)	(0.058)
户主风险厌恶	−0.029	−0.030
	(0.038)	(0.038)
地区特征		
农村	−0.777 ***	−0.786 ***
	(0.200)	(0.198)
社区哑变量	已控制	已控制
有效样本量	1 361	1 361

注：* 、** 、*** 分别表示在10%、5%、1%水平显著，括号内为异方差稳健标准差。

（3）天津家庭保障对家庭消费水平的影响

为了探讨天津样本下家庭保障对家庭消费水平的影响，表6－31给出了天津社会养老保险和社会医疗保险对家庭消费水平的 OLS 回归结果。第（1）列显示，有无社会养老保险对消费的影响不显著。从其他变量来看，家庭收入、家庭净财富、家庭规模、拥有家用汽车数量、经营个体工商业、户主在婚、户主受教育年限对家庭消费水平有显著的正向影响；户主年龄大、户主有工作、处于农村地区会显著降低家庭消费水平；其他家庭和户主特征则没有显著影响。第（2）列显示，有社会医疗保险的家庭比没有社会医疗保险的家庭消费高31.1%。从其他变量来看,家庭收入、家庭净财富、家庭规模、拥有家用汽车数量、经营个体工商业、户主在婚、户主受教育年限对家庭消费水平有显著的正向影响;户主年龄大、户主有工作、处于农村地区会显著降低家庭消费水平;其他家庭和户主特征则没有显著影响。

表6-31　天津家庭保障对家庭消费水平的影响

ln(家庭消费)	(1) OLS	(2) OLS
关注变量		
社会养老保险	0.065	
	(0.103)	
社会医疗保险		0.311*
		(0.160)
家庭特征		
ln(家庭收入)	0.114***	0.108***
	(0.027)	(0.027)
ln(家庭净财富)	0.041**	0.041**
	(0.020)	(0.020)
家庭规模	0.101***	0.098***
	(0.022)	(0.022)
家庭孩子数量	-0.041	-0.040
	(0.042)	(0.042)
拥有家用汽车数量	0.170***	0.172***
	(0.034)	(0.034)
拥有自有住房	-0.094	-0.095
	(0.074)	(0.073)
经营个体工商业	0.108*	0.104*
	(0.062)	(0.062)
户主特征		
户主男性	0.004	0.004
	(0.042)	(0.042)

续表

ln(家庭消费)	（1） OLS	（2） OLS
户主年龄	− 0.007 ***	− 0.007 ***
	（0.002）	（0.002）
户主在婚	0.148 ***	0.144 ***
	（0.054）	（0.054）
户主受教育年限	0.020 ***	0.019 ***
	（0.006）	（0.006）
户主身体健康	0.013	0.013
	（0.037）	（0.037）
户主身体不健康	0.060	0.055
	（0.055）	（0.054）
户主有工作	− 0.168 ***	− 0.165 ***
	（0.046）	（0.046）
户主风险偏好	− 0.013	− 0.018
	（0.084）	（0.083）
户主风险厌恶	− 0.036	− 0.043
	（0.042）	（0.042）
地区特征		
农村	− 0.536 ***	− 0.519 ***
	（0.195）	（0.194）
有效样本量	1 044	1 044

注：*、**、*** 分别表示在10%、5%、1%水平显著,括号内为异方差稳健标准差。

（4）河北家庭保障对家庭消费水平的影响

为了探讨河北样本下家庭保障对家庭消费水平的影响,表6－32给出了河北社会养老保险和社会医疗保险对家庭消费水平的OLS回归结果。第（1）列显示,有社会养老保险的家庭消费比没有社会养老保险的家庭高22%。从其他变量来看,家庭收入、家庭净财富、家庭规模、拥有家用汽车数量、经营个体工商业、户主受教育年限对家庭消费水平有显著的正向影响;户主年龄大、户主有工作会显著降低家庭消费水平;其他家庭和户主特征则没有显著影响。

表6-32第(2)列显示,有社会医疗保险的家庭消费比没有社会医疗保险的家庭高17.3%。从其他变量来看,家庭收入、家庭净财富、家庭规模、拥有家用汽车数量、经营个体工商业、户主受教育年限对家庭消费水平有显著的正向影响;户主年龄大、户主有工作、户主身体健康会显著降低家庭消费水平;其他家庭和户主特征则没有显著影响。

表6-32 河北家庭保障对家庭消费水平的影响

ln(家庭消费)	(1) OLS	(2) OLS
关注变量		
社会养老保险	0.220 ***	
	(0.060)	
社会医疗保险		0.173 *
		(0.098)
家庭特征		
ln(家庭收入)	0.057 ***	0.061 ***
	(0.013)	(0.013)
ln(家庭净财富)	0.087 ***	0.086 ***
	(0.014)	(0.014)
家庭规模	0.121 ***	0.120 ***
	(0.018)	(0.019)
家庭孩子数量	0.012	0.015
	(0.033)	(0.033)
拥有家用汽车数量	0.191 ***	0.193 ***
	(0.032)	(0.032)
拥有自有住房	-0.085	-0.078
	(0.069)	(0.068)
经营个体工商业	0.108 **	0.103 **
	(0.045)	(0.045)

续表

ln（家庭消费）	（1） OLS	（2） OLS
户主特征		
户主男性	0.031	0.029
	(0.047)	(0.047)
户主年龄	− 0.010 ***	− 0.009 ***
	(0.002)	(0.002)
户主在婚	0.038	0.042
	(0.062)	(0.062)
户主受教育年限	0.013 **	0.014 **
	(0.005)	(0.005)
户主身体健康	− 0.054	− 0.061 *
	(0.037)	(0.037)
户主身体不健康	− 0.004	− 0.005
	(0.049)	(0.049)
户主有工作	− 0.125 ***	− 0.121 ***
	(0.045)	(0.045)
户主风险偏好	0.044	0.020
	(0.066)	(0.066)
户主风险厌恶	0.040	0.033
	(0.037)	(0.037)
地区特征		
农村	− 0.141	− 0.117
	(0.175)	(0.172)
社区哑变量	已控制	已控制
有效样本量	1 506	1 506

注：* 、** 、*** 分别表示在10%、5%、1%水平显著,括号内为异方差稳健标准差。

6.3.4　主要结论

本节描述了京津冀地区家庭保障与居民家庭消费水平之间的关系,并实证分析了家庭保障对家庭消费的影响。

京津冀地区有社会养老保险的家庭与无社会养老保险的家庭消费差距为 15 576 元,有社会养老保险家庭的消费是无社会养老保险家庭消费的1.35 倍。京津冀拥有社会医疗保险家庭与无社会医疗保险家庭的消费差距为 21 283 元,有社会医疗保险家庭的消费是无社会医疗保险家庭消费的1.55 倍。

回归分析结果表明,参与社会养老保险和医疗保险的家庭比未参与家庭消费要高,同时,家庭收入、家庭净财富、家庭规模、家庭孩子数量、拥有家用汽车数量、经营个体工商业、户主在婚、户主受教育年限、户主风险偏好、所在省份人均 GDP 等均对家庭消费水平有正向影响,而家庭拥有自有住房、户主性别为男性、户主年龄、户主有工作、家庭属于农村地区等均会对消费水平产生负向影响。

6.4　家庭保障与财富

6.4.1　文献综述

随着我国经济的高速增长和资本市场的逐步建立与完善,居民财富也呈现出不断增加的趋势。财富的增加在不同家庭间是不对等的,我们可以看到城乡间、地区间、行业间财富水平的巨大差异。根据国家统计局公布的数据,我国 2016 年的基尼系数为 0.465,已经超过 0.4 的国际警戒线,说明我国的贫富差距问题应该得到足够的重视。党的十九大报告指出,我国社会主要矛盾已经转化为人民日益增长的美好生活需要和不平衡不充分发展之间的矛盾,贫富差距的存在正是不平衡发展的体现,长此以往,会对和谐社会的构建造成极其不利的影响。

国内外学者对财富发展趋势进行了不同角度的研究。肖尔茨(Scholz, 2003)研究发现,经济增长的利益几乎完全被最富有的20%家庭分享,财富增长存在顶层集中现象。沃尔夫(Wolff,2007)也发现,美国家庭财产增长与财富水平呈正比,底层40%的家庭平均财富水平负增长。与发达国家相比,中国的财富分布研究较为滞后,除了数据资料不足以外,制度环境也在很大程度上制约了该项研究的发展。李实等(2000,2005)、赵人伟(2007)根据1995年和2002年中国家庭收入调查(CHIP)测得城镇居民净财产的基尼系数从1995年的0.40上升到2002年的0.48,农村居民净财产的基尼系数从1995年0.3上升到2002年的0.40,全体居民净财产的基尼系数从1995年的0.40上升到2002年的0.55。李实等(2014)利用2010年中国家庭收入调查(CHIP)分析了居民财产存量和分布差距的变化,其结论表明,2010年,中国家庭人均净财产比2002年增加了4.1倍,全体居民净财产的基尼系数从2002年的0.54扩大到2010年的0.74,房产成为拉大财富差距的重要因素。陈彦斌(2008)、梁运文等(2010)利用2005年和2007年奥尔多投资研究中心的"中国投资者行为调查(Aordo)",测得2007年我国城镇居民和农村居民净财产不平衡的基尼系数分别为0.58和0.62,金融资产和房产是我国居民财富不平衡的主要来源。甘犁等(2012)发布了《中国家庭金融调查报告2012》,致力于揭示中国家庭财富状况的演变特征。

西方国家对财富形成原因主要从三个方面进行了分析:财富积累动机、积累能力和积累方式。凯恩斯(2015)列出了风险预防、生命周期、跨期替代、改善、独立、投资(投机)活动、遗产、贪婪八种财富积累动机。哈格特(Huggett,1996)利用基本生命周期模型解释财富不平衡的形成。纳迪(Nardi,2004)利用遗产动机解释了财富集中现象。坎帕纳莱(Campanale,2007)则揭示了这样一个现象:富人主要投资风险和回报率更高的资产组合,而穷人主要投资低风险且投资回报率低的资产组合。

国内对财富形成原因的讨论以实证分析为主。李实等(2000)、梁运文等(2010)发现个体人口特征、职业特征、政治身份等多个方面对城镇居民的财富积累存在影响;罗楚亮(2011,2012)验证了收入增长和收入波动对城镇居民的财富积累,收入增长和劳动力外出对农村居民的财富积累具有显著影响;严琼芳等(2013)利用2012年东、中、西9个省份农村居民家庭财产调查数据进行检验,发现户主的受教育程度、外出务工经历、社会政治资本、专业技能等因素对农村家庭财产积累有正面影响。王弟海、龚六堂(2006,2007)在新古典一般均衡框架下讨论财富不平衡的动态演化、稳态的决定以及初始财富分配对财富不平衡的持久影响。陈彦斌和邱哲圣(2011)以中国房地产市场为背景,构建了包含内生性住房需求和生命周期特征的Bewley模型,分析了房价对居民储蓄行为和财产不平衡的影响。吴卫星等(2015,2016)发现财富更高的家庭更容易从资本市场获得收益,且他们的负债成本往往更低,这会进一步扩大财富差距。

现有文献主要运用截面分析和历史分析的方法,通过基尼系数与洛伦兹曲线的刻画对国家、城乡及特定地区的居民家庭财富分布进行了考察,从财富积累动机与能力、市场转型和制度变迁、个人特征、房产分配等方面分析了家庭财富形成的原因。然而,这些文献中涉及社会保障和家庭财富关系的研究其少,由于我国家庭金融调查起步较晚,家庭微观数据的缺乏制约了学者对家庭财富问题的研究。本节基于中国家庭普惠金融调查数据,探究社会保障对家庭财富水平的影响。

6.4.2 描述性统计

6.4.2.1 社会养老保险与家庭净财富差距

表6-33显示,全国有社会养老保险的家庭与无社会养老保险的家庭净财富差距为360 895元,有社会养老保险家庭的净财富是无社会养老保险家庭净财富的1.7倍。就整个京津冀地区而言,有社会养老保险的家庭与无社会养老保险的家庭净财富差距为606 069元,有社会养老保险家庭的净财富是无社会养老保险家庭净财富的1.6倍。北京、天津、河北有社会养老保险家庭与无社会养老保险家庭净财富差距分别为1 638 456元、1 709 265元和-96 384元,有社会养老保险家庭的净财富分别是没有社会养老保险家庭净财富的1.83倍、5.56倍和0.9倍。从城乡比较来看,城镇、农村有社会养老保险家庭和无社会养老保险家庭的净财富差距分别是519 395元和80 575元,城镇明显高于农村,城镇、农村拥有社会养老保险家庭的净财富分别是无社会养老保险家庭净财富的1.77倍和1.31倍。

表 6 - 33　社会养老保险与家庭财富差距

	有社会养老保险家庭（元）	无社会养老保险家庭（元）	差距（元）	倍数
北京	3 602 977	1 964 521	1 638 456	1.83
天津	2 084 383	375 118	1 709 265	5.56
河北	871 519	967 903	- 96 384	0.90
京津冀	1 618 995	1 012 926	606 069	1.60
农村	344 415	263 840	80 575	1.31
城镇	1 195 512	676 117	519 395	1.77
全国	874 207	513 312	360 895	1.70

6.4.2.2　社会医疗保险与家庭财富差距

表 6 - 34 显示,全国有社会医疗保险家庭与无社会医疗保险家庭的净财富差距为 230 073 元,有社会医疗保险家庭的净财富是无社会医疗保险家庭净财富的 1.38 倍。就整个京津冀地区而言,有社会医疗保险家庭与无社会医疗保险家庭净财富差距为 610 141 元,有社会医疗保险家庭的净财富是无社会医疗保险家庭净财富的 1.62 倍。北京、天津、河北拥有社会医疗保险家庭与无社会医疗保险家庭净财富差距分别为 1 257 213 元、1 498 071元和112 922 元,有社会医疗保险家庭的净财富分别是没有社会医疗保险家庭净财富的1.55 倍、3.89 倍和1.15 倍。从城乡比较来看,城镇、农村拥有社会医疗保险家庭和无社会医疗保险家庭的净财富差距分别是324 462元和125 907 元,城镇明显高于农村,城镇、农村有社会医疗保险家庭的净财富分别是无社会医疗保险家庭净财富的1.4 倍和1.6 倍。

表 6 - 34　社会医疗保险与家庭财富差距

	有社会医疗保险家庭（元）	无社会医疗保险家庭（元）	差距（元）	倍数
北京	3 559 908	2 302 695	1 257 213	1.55
天津	2 016 373	518 302	1 498 071	3.89
河北	883 197	770 275	112 922	1.15
京津冀	1 592 673	982 532	610 141	1.62
农村	337 497	211 590	125 907	1.60
城镇	1 139 569	815 107	324 462	1.40
全国	833 903	603 830	230 073	1.38

6.4.3 实证研究

6.4.3.1 模型设定

本节参照莫利塞特和张(Morissette & Zhang,2006)的界定方法,将家庭财富定义为家庭净财富值,即家庭总资产减去家庭总负债。根据中国家庭普惠金融调查数据,家庭总资产包括农业、工商业、房产、汽车、耐用品、奢侈品、活期存款、定期存款、股票、基金、期货、权证、外汇资产、黄金和借出款等。家庭总负债包括正规金融贷款和非正规金融贷款。

为了估计社会养老保险参与对家庭财富水平的影响,将模型设定如下:

$$\text{Wealth} = \alpha_0 + \alpha_1 \text{Endowment\_Insurance} + X\alpha_2 + \mu \tag{6-5}$$

其中,Wealth 代表家庭净财富,是被解释变量;Endowment_Insurance 代表是否有社会养老保险,1 表示有,0 表示没有;X 是控制变量,包括家庭特征(家庭收入、家庭消费、家庭规模、家庭劳动力数量、拥有家用汽车数量、是否拥有自有住房、是否经营个体工商业)、户主特征(男性、年龄、在婚、受教育年限、是否有工作、风险偏好、风险厌恶)、地区特征(所在省份人均 GDP、是否属于农村地区);μ 为残差项。

为估计社会医疗保险对家庭财富水平的影响,将模型设定如下:

$$\text{Wealth} = \beta_0 + \beta_1 \text{Medical\_Insurance} + X\beta_2 + \nu \tag{6-6}$$

其中,Wealth 代表家庭净财富,是被解释变量;Medical_Insurance 代表是否有医疗保险,1 表示有,0 表示没有;X 是控制变量,包括家庭特征(家庭收入、家庭消费、家庭规模、家庭劳动力数量、拥有家用汽车数量、是否拥有自有住房、是否经营个体工商业)、户主特征(男性、年龄、在婚、受教育年限、是否有工作、风险偏好、风险厌恶)、地区特征(所在省份人均 GDP、是否属于农村地区);ν 为残差项。

6.4.3.2 内生性讨论

家庭是否有社会保障与家庭净财富之间由于逆向因果、遗漏变量等原因可能存在内生性问题。一方面,家庭财富水平不同给家庭带来了不同的受教育机会,从而了解社会保障参与及运行机制的机会不均等,家庭参与社会保障活动的机会也就不均等;另一方面,家庭积累财富的能力不同,而能力很难用变量加以度量,因而能力等遗漏变量的存在也可能导致高估或低估社会保障的影响。因此,需要选取工具变量来解决内生性问题。本节选取家庭所在社区拥有社会保障的平均水平作为工具变量,主要考虑社区拥有社会保障平均水平越高,家庭拥有社会保障的可能性越高,但社区拥有社会保障平均水平对家庭净财富水平没有直接影响。

6.4.3.3 实证结果

(1)京津冀家庭保障对家庭净财富水平的影响

本部分主要研究了京津冀地区家庭的社会保障参与对家庭净财富的影响,表6-35给出了相关的估计结果。其中第(1)列、第(3)列为OLS估计结果,第(2)列、第(4)列为了解决内生性问题,引入了工具变量进行两阶段估计,给出了工具变量估计结果。

从表6-35的OLS和2SLS回归结果来看,第一阶段F值分别为47.25和18.78,高于经验值10,工具变量的t值分别为-47.23和-28.81,不存在弱工具变量问题。同时,第(2)列、第(4)列DWH结果是不显著的,说明在估计社会养老保险和社会医疗保险对家庭净财富的影响时不存在内生性问题。第(1)列显示,有社会养老保险家庭的财富水平比没有社会养老保险家庭高34.3%。从其他变量来看,家庭收入、家庭劳动力数量、拥有家用汽车数量、拥有自有住房、经营个体工商业、户主年龄、户主在婚、户主受教育年限、户主风险偏好、所在省份人均GDP会对家庭净财富水平有显著的正向影响;家庭规模大、户主身体不健康、户主有工作会显著降低家庭财富水平;其他家庭和户主特征则没有显著影响。

表6-35第(3)列显示,拥有社会医疗保险与否对家庭净财富没有显著影响。从其他变量来看,家庭收入、家庭规模、家庭劳动力数量、拥有家用汽车数量、拥有自有住房、经营个体工商业、户主年龄、户主在婚、户主风险偏好、户主受教育年限、所在省份人均GDP会对家庭净财富水平有显著的正向影响;家庭规模大、户主身体不健康会显著降低家庭财富水平;其他家庭和户主特征则没有显著影响。

表 6 – 35　京津冀家庭保障对家庭财富水平的影响

ln（家庭净财富）	（1）OLS	（2）2SLS	（3）OLS	（4）2SLS
关注变量				
社会养老保险	0.343 ***	0.339 ***		
	(0.124)	(0.125)		
社会医疗保险			0.232	0.282 *
			(0.156)	(0.159)
家庭特征				
ln（家庭收入）	0.216 ***	0.216 ***	0.225 ***	0.224 ***
	(0.024)	(0.024)	(0.024)	(0.024)
家庭规模	– 0.055 **	– 0.055 **	– 0.056 **	– 0.056 **
	(0.029)	(0.025)	(0.026)	(0.025)
家庭劳动力数量	0.110 ***	0.110 ***	0.109 ***	0.108 ***
	(0.029)	(0.028)	(0.029)	(0.028)
拥有家用汽车数量	0.411 ***	0.411 ***	0.416 ***	0.415 ***
	(0.036)	(0.036)	(0.036)	(0.035)
拥有自有住房	2.869 ***	2.869 ***	2.869 ***	2.869 ***
	(0.085)	(0.085)	(0.087)	(0.086)
经营个体工商业	0.399 ***	0.399 ***	0.383 ***	0.383 ***
	(0.058)	(0.058)	(0.059)	(0.058)
户主特征				
户主男性	0.068	0.068	0.067	0.067
	(0.054)	(0.054)	(0.055)	(0.054)
户主年龄	0.004 *	0.004 *	0.005 **	0.005 **
	(0.002)	(0.002)	(0.002)	(0.002)
户主在婚	0.117 *	0.117 *	0.122 *	0.121 *
	(0.070)	(0.070)	(0.071)	(0.070)
户主受教育年限	0.048 ***	0.048 ***	0.049 ***	0.049 ***
	(0.008)	(0.008)	(0.008)	(0.008)

续表

ln(家庭净财富)	(1) OLS	(2) 2SLS	(3) OLS	(4) 2SLS
户主身体健康	0.030	0.030	0.027	0.027
	(0.046)	(0.046)	(0.047)	(0.046)
户主身体不健康	−0.155 **	−0.155 **	−0.158 **	−0.158 **
	(0.072)	(0.072)	(0.074)	(0.074)
户主有工作	−0.093 *	−0.093 *	−0.090	−0.089
	(0.056)	(0.056)	(0.057)	(0.056)
户主风险偏好	0.141 *	0.141 *	0.128 *	0.127 *
	(0.076)	(0.076)	(0.078)	(0.076)
户主风险厌恶	0.067	0.067	0.064	0.063
	(0.052)	(0.052)	(0.053)	(0.052)
地区特征				
lnGDP	0.781 **	0.781 **	3.396 ***	0.736 **
	(0.314)	(0.314)	(0.551)	(0.313)
农村	−0.340	−0.340	−0.305	−0.305
	(0.553)	(0.553)	(0.554)	(0.543)
社区哑变量	已控制	已控制	已控制	已控制
有效样本量	3 911	3 911	3 911	3 911
DWH 检验 F 值/卡方 (p - value)		0.007 (0.933)		0.713 (0.398)

注: * 、** 、*** 分别表示在10% 、5% 、1% 水平显著,括号内为异方差稳健标准差。

(2)北京家庭保障对家庭净财富水平的影响

为了探讨北京样本下家庭保障对家庭净财富水平的影响,表6-36给出了北京社会养老保险和社会医疗保险对家庭净财富水平的 OLS 和 2SLS 回归的结果。第(1)列显示,有社会养老保险的家庭比无社会养老保险的家庭净财富高64.2% 。从其他变量来看,家庭收入、家庭劳动力数量、拥有家用汽车数量、拥有自有住房、经营个体工商业、户主年龄、户主受教育年限会对家庭净财富水平有显著的正向影响；家庭规模大、处于农村地区会显著降低家庭财富水平；其他家庭和户主特征则没有显著影响。

表6-36第(2)列显示，社会医疗保险对家庭净财富没有显著影响。从其他变量来看，家庭收入、家庭劳动力数量、拥有家用汽车数量、拥有自有住房、经营个体工商业、户主年龄、户主受教育年限、户主风险厌恶会对家庭净财富水平有显著的正向影响；家庭规模大、处于农村地区会显著降低家庭财富水平；其他家庭和户主特征则没有显著影响。

表6-36 北京家庭保障对家庭财富水平的影响

ln(家庭净财富)	(1) OLS	(2) OLS
关注变量		
社会养老保险	0.642 **	
	(0.301)	
社会医疗保险		-0.049
		(0.294)
家庭特征		
ln(家庭收入)	0.266 ***	0.299 ***
	(0.067)	(0.069)
家庭规模	-0.180 ***	-0.188 ***
	(0.061)	(0.061)
家庭劳动力数量	0.205 ***	0.211 ***
	(0.058)	(0.059)
拥有家用汽车数量	0.414 ***	0.419 ***
	(0.067)	(0.067)
拥有自有住房	2.793 ***	2.795 ***
	(0.150)	(0.151)
经营个体工商业	0.578 ***	0.552 ***
	(0.119)	(0.120)

续表

ln(家庭净财富)	(1) OLS	(2) OLS
户主特征		
户主男性	0.002	−0.009
	(0.092)	(0.093)
户主年龄	0.010 **	0.011 ***
	(0.004)	(0.004)
户主在婚	0.015	0.044
	(0.118)	(0.119)
户主受教育年限	0.051 ***	0.051 ***
	(0.015)	(0.016)
户主身体健康	0.011	0.012
	(0.089)	(0.088)
户主身体不健康	−0.185	−0.196
	(0.163)	(0.165)
户主有工作	−0.081	−0.079
	(0.105)	(0.106)
户主风险偏好	0.162	0.167
	(0.126)	(0.128)
户主风险厌恶	0.164	0.173 *
	(0.101)	(0.102)
地区特征		
农村	−2.744 ***	−2.700 ***
	(0.515)	(0.520)
社区哑变量	已控制	已控制
有效样本量	1 361	1 361

注：* 、** 、*** 分别表示在 10%、5%、1% 水平显著,括号内为异方差稳健标准差。

（3）天津家庭保障对家庭净财富水平的影响

为了探讨天津样本下家庭保障对家庭净财富水平的影响,表 6 − 37 给出了天津社会养老保险和社会医疗保险对家庭净财富水平的 OLS 回归结果。第(1)列显示,有社会养老保险家庭比无社会养老保险家庭的净财富高 74.0%。从其他变量来看,家庭收入、拥有家用汽车数量、拥有自有住房、经营个体工商业、户主年龄、户主受教育年限对家庭净财富水平有显著的正向影响;处于农村地区会显著降低家庭财富水平;其他家庭和户主特征则没有显著影响。

第(2)列显示,社会医疗保险对家庭净财富没有显著影响。从其他变量来看,家庭收入、家庭劳动力数量、拥有家用汽车数量、拥有自有住房、经营个体工商业、户主年龄、户主受教育年限对家庭净财富水平有显著的正向影响;家庭规模大、处于农村地区会显著降低家庭财富水平;其他家庭和户主特征则没有显著影响。

表 6－37　天津家庭保障对家庭财富水平的影响

ln(家庭净财富)	(1) OLS	(2) OLS
关注变量		
社会养老保险	0.740 **	
	(0.308)	
社会医疗保险		0.202
		(0.312)
家庭特征		
ln(家庭收入)	0.234 ***	0.280 ***
	(0.053)	(0.050)
家庭规模	－ 0.075	－ 0.088 *
	(0.050)	(0.050)
家庭劳动力数量	0.080	0.089 *
	(0.053)	(0.053)
拥有家用汽车数量	0.394 ***	0.404 ***
	(0.068)	(0.067)
拥有自有住房	3.142 ***	3.143 ***
	(0.140)	(0.140)

续表

ln(家庭净财富)	(1) OLS	(2) OLS
经营个体工商业	0.351 ***	0.281 **
	(0.124)	(0.119)
户主特征		
户主男性	0.108	0.117
	(0.100)	(0.101)
户主年龄	0.009 *	0.010 **
	(0.004)	(0.004)
户主在婚	0.071	0.077
	(0.122)	(0.123)
户主受教育年限	0.060 ***	0.061 ***
	(0.014)	(0.014)
户主身体健康	− 0.007	− 0.005
	(0.083)	(0.084)
户主身体不健康	0.048	0.045
	(0.120)	(0.121)
户主有工作	0.025	0.015
	(0.102)	(0.103)
户主风险偏好	0.235	0.227
	(0.152)	(0.154)
户主风险厌恶	− 0.020	− 0.019
	(0.094)	(0.097)
地区特征		
农村	− 1.757 ***	− 1.765 ***
	(0.474)	(0.494)
社区哑变量	已控制	已控制
有效样本量	1 044	1 044

注: * 、** 、*** 分别表示在10% 、5% 、1% 水平显著,括号内为异方差稳健标准差。

（4）河北家庭保障对家庭净财富水平的影响

为了探讨河北样本下家庭保障对家庭净财富水平的影响，表6-38给出了河北社会养老保险和社会医疗保险对家庭净财富水平的OLS回归结果。第（1）列显示，是否有社会养老保险对家庭净财富水平无显著影响。从其他变量来看，家庭收入、家庭劳动力数量、拥有家用汽车数量、拥有自有住房、经营个体工商业、户主在婚、户主受教育年限对家庭净财富水平有显著的正向影响；户主年龄大、户主身体不健康会显著降低家庭财富水平；其他家庭和户主特征则没有显著影响。

第（2）列显示，社会医疗保险对家庭净财富水平无显著影响。从其他变量来看，家庭收入、家庭劳动力数量、拥有家用汽车数量、拥有自有住房、经营个体工商业、户主在婚、户主受教育年限对家庭净财富水平有显著的正向影响；户主年龄、户主身体不健康会显著降低家庭财富水平；其他家庭和户主特征则没有显著影响。

表6-38 河北家庭保障对家庭财富水平的影响

ln（家庭净财富）	（1） OLS	（2） OLS
关注变量		
社会养老保险	-0.044	
	(0.136)	
社会医疗保险		0.363
		(0.226)
家庭特征		
ln（家庭收入）	0.169***	0.166***
	(0.026)	(0.026)
家庭规模	-0.003	-0.002
	(0.034)	(0.034)
家庭劳动力数量	0.090**	0.087**
	(0.040)	(0.040)
拥有家用汽车数量	0.428***	0.420***
	(0.057)	(0.056)

续表

ln(家庭净财富)	(1) OLS	(2) OLS
拥有自有住房	2. 550 ***	2. 552 ***
	(0. 158)	(0. 158)
经营个体工商业	0. 344 ***	0. 341 ***
	(0. 082)	(0. 082)
户主特征		
户主男性	0. 065	0. 066
	(0. 084)	(0. 084)
户主年龄	− 0. 005 *	− 0. 005 *
	(0. 003)	(0. 003)
户主在婚	0. 386 ***	0. 376 ***
	(0. 122)	(0. 121)
户主受教育年限	0. 033 ***	0. 033 ***
	(0. 011)	(0. 011)
户主身体健康	0. 063	0. 060
	(0. 068)	(0. 068)
户主身体不健康	− 0. 218 **	− 0. 215 **
	(0. 106)	(0. 106)
户主有工作	− 0. 117	− 0. 110
	(0. 087)	(0. 087)
户主风险偏好	0. 038	0. 027
	(0. 126)	(0. 125)
户主风险厌恶	0. 019	0. 011
	(0. 075)	(0. 075)
地区特征		
农村	− 0. 333	− 0. 331
	(0. 562)	(0. 551)
社区哑变量	已控制	已控制
有效样本量	1 506	1 506

注：* 、** 、*** 分别表示在 10% 、5% 、1% 水平显著,括号内为异方差稳健标准差。

6.4.4 主要结论

本节描述了京津冀地区家庭保障与居民家庭净财富水平之间的关系，并实证分析了家庭保障对家庭净财富的影响。

京津冀地区拥有社会养老保险的家庭与无社会养老保险的家庭净财富差距为 606 069 元，拥有社会养老保险的家庭净财富是无社会养老保险家庭的 1.6 倍。京津冀拥有社会医疗保险的家庭与无社会医疗保险的家庭净财富差距为 610 141 元，拥有社会医疗保险的家庭的净财富是无社会医疗保险家庭净财富的 1.62 倍。

回归分析结果表明，参与社会养老保险会提高家庭净财富，而社会医疗保险对家庭净财富无显著影响，同时，家庭收入、家庭消费、家庭劳动力数量、拥有家用汽车数量、拥有自有住房、经营个体工商业、户主年龄、户主受教育年限、户主身体健康、所在省份人均 GDP 等均对家庭净财富水平有正向影响，而家庭规模、户主有工作、家庭属于农村地区等均会对家庭净财富水平产生负向影响。

6.5　家庭保障与创业

6.5.1　文献综述

改革开放以来，我国经济一直保持着高速增长，在收获高增长带来的巨大红利的同时，也不可避免地积累了一系列的问题，拼资源、拼消耗、拼廉价劳动力的粗放型经济发展模式已经难以继续，我国经济发展进入了"新常态"。新常态意味着我国经济发展进入效率与创新共同驱动的新阶段，中小微企业作为最活跃的经济体和创业的载体，具有广阔的发展空间。过去，创业或许仅仅是个人的冲动，现在的创业则是大众的分享。习近平总书记在 2014 年中央经济工作会议上，李克强总理在 2015 年《政府工作报告》中都号召我们要主动适应和引领经济发展新常态，营造有利于大众创业的政策制度环境。十九大报告指出,激发和保护企业家精神,鼓励更多社会主体投身创新创业。可以说,目前我国的创业环境是较为优越的。而社会保障体系作为一个重要的社会系统制度安排,不仅可以减少失业带来的震荡,激发再创业,而且可以维护社会稳定,促进社会发展(徐曙,2016)。

埃文斯和约万诺维奇(Evans & Jovanovic,1989)通过调查美国城市1 500个白人男性,发现他们不能用高于其初始资产1.5倍的资金来创办新企业,说明财富对创业十分重要。霍尔茨·埃金等(Holtz - Eakin et al.,1994)、保尔森和汤森德(Paulson & Townsend,2004)以及卡伊瓦诺(Karaivanov,2012)通过研究发现,财富水平和创业选择之间是正相关的,并且曾获得遗产或捐赠的个人创业的概率更高。但是赫斯特和卢萨尔迪(Hurst & Lusardi,2004)在其研究中将最富有的家庭样本剔除后,发现财富对其他家庭创业的影响并不显著,由此对金融约束在创业过程中的重要作用提出了质疑。

国内文献集中于探讨创业初始财富因素的影响。马光荣和杨恩艳(2011)发现,拥有更多社会网络的农民会有更多的民间借贷渠道,从而更有可能创办自营工商业;张龙耀和张海宁(2013)运用中国健康与养老追踪调查2008数据分析发现家庭创业受到自有财富水平的影响,财富水平与家庭创业概率显著正相关;王西玉等(2003)、罗凯(2009)研究发现,打工经历所带来的人力资本的提升、自有财富的增加和对市场信息的了解等可以促进返乡农民工创业。尹志超等(2015)运用2013年中国家庭金融调查数据发现,金融知识主要通过改善家庭借款渠道偏好、提高家庭正规信贷需求和正规信贷可得性以及改善家庭的风险态度来降低金融约束等对创业精神的抑制作用,进而提高家庭创业意愿。中国健康与养老追踪调查显示,金融知识水平会显著促进家庭主动创业。

6.5.2 描述性统计

6.5.2.1 社会养老保险与家庭创业

表6-39显示,从全国范围来看,有社会养老保险家庭的创业率为13.24%,无社会养老保险的创业率为21.83%,无社会养老保险家庭的创业率超出有社会养老保险家庭的8.59%。就京津冀地区而言,有社会养老

保险家庭的创业率为 10.48%，无社会养老保险的创业率为 23.61%，无社会养老保险家庭的创业率超出有社会养老保险家庭 13.13%。北京、天津、河北无社会养老保险家庭的分别超出有社会养老保险家庭 10.43%、21.95% 和 8.1%。在有社会养老保险的家庭中，城镇创业率高出农村 5.4%；在无社会养老保险的家庭中，城镇创业率高出农村 17.15%。

表 6-39   社会养老保险与家庭创业   （单位：%）

	有社会养老保险家庭	无社会养老保险家庭
北京	7.22	17.65
天津	8.41	30.36
河北	14.92	23.02
京津冀	10.48	23.61
农村	9.53	10.71
城镇	14.93	27.86
全国	13.24	21.83

6.5.2.2   社会医疗保险与家庭创业

表 6-40 显示，从全国范围来看，有社会医疗保险家庭的创业率为 14.16%，无社会医疗保险家庭的创业率为 16.98%，无社会医疗保险家庭的创业率超出有社会医疗保险家庭 2.82%。就京津冀地区而言，有社会医疗保险家庭的创业率为 11.26%，无社会医疗保险家庭的创业率为 10.48%，有社会医疗保险家庭的创业率超出无社会医疗保险家庭 0.78%。北京、天津无社会医疗保险家庭的创业率分别超出有社会医疗保险 1% 和 4.35%，河北有社会医疗保险家庭超出无社会医疗保险家庭 5.79%。在有社会养老保险的家庭中，城镇创业率高出农村 6.44%；在无社会养老保险的家庭中，城镇创业率高出农村 13.72%。

表 6-40   社会医疗保险与家庭创业   （单位：%）

	有社会医疗保险家庭	无社会医疗保险家庭
北京	7.57	8.57
天津	9.44	13.79

续表

	有社会医疗保险家庭	无社会医疗保险家庭
河北	15.79	10.00
京津冀	11.26	10.48
农村	9.77	7.59
城镇	16.21	21.31
全国	14.16	16.98

6.5.3 实证研究

6.5.3.1 模型设定

为估计社会养老保险对家庭创业的影响,模型具体设定如下:

$$\text{Prob}(Y_i = 1 | X_i) = \text{Prob}(\alpha_0 \text{ Endowment\_Insurance} + X_i\alpha_1 + \mu_i > 0 | X_i) \quad (6-7)$$

模型中 Y_i 为被解释变量,指家庭创业;Endowment_Insurance 代表是否拥有养老保险,1 表示有,0 表示没有;X 是控制变量,包括家庭特征(家庭工商业外总资产、家庭负债、家庭规模、家庭老人数量、家庭孩子数量、拥有家用汽车数量、是否拥有自有住房)、户主特征(男性、年龄、在婚、受教育年限、身体是否健康、金融知识、风险偏好、风险厌恶)、地区特征(所在省份人均 GDP、是否属于农村地区);μ 为残差项。

为了考察家庭拥有社会医疗保险对家庭创业的影响,把模型设定为:

$$\text{Prob}(Y_i = 1 | X_i) = \text{Prob}(\alpha_0 \text{ Medical\_Insurance} + X_i\alpha_1 + \nu_i > 0 | X_i) \quad (6-8)$$

模型中 Y_i 为被解释变量,指家庭创业;Medical_Insurance 代表是否有医疗保险,1 表示有,0 表示没有;X 是控制变量,包括家庭特征(家庭工商业外总资产、家庭负债、家庭规模、家庭老人数量、家庭孩子数量、拥有家用汽车数量、是否拥有自有住房)、户主特征(男性、年龄、在婚、受教育年限、身体是否健康、金融知识、风险偏好、风险厌恶)、地区特征(所在省份人均 GDP、是否属于农村地区);ν 为残差项。

6.5.3.2 内生性讨论

在社会保障和家庭创业之间可能存在遗漏变量、逆向因果等导致的内生性问题,如家庭创业能力很难用变量来量化;同时,拥有正式工作的人员一般会直接享受单位提供的社会保障服务,而创业人员则没有该渠道,因而创业有可能降低家庭参与社会保障的概率,从而导致估计偏误。因此,需要选取工具变量来解决内生性问题。本节选取家庭所在社区拥有社会保障的平均水平作为工具变量,主要考虑社区拥有社会保障平均水平越高,家庭拥有社会保障的可能性越高,但社区拥有社会保障平均水平对家庭创业没有直接影响。

6.5.3.3 实证结果

(1)京津冀家庭保障对家庭创业的影响

本部分主要研究了京津冀地区家庭的社会保障参与对家庭创业的影响,表6-41给出了相关的估计结果。其中第(1)列、第(3)列为Probit估计结果,第(2)列、第(4)列为了解决内生性问题,引入了工具变量进行两阶段估计,给出了工具变量估计结果。

从表6-41的Probit和IV_Probit回归结果来看,第(2)列DWH结果是显著的,说明在估计社会养老保险对家庭创业的影响时存在内生性问题,因此需要用工具变量来解决该问题,第一阶段F值为58.55,大于10的经验水平,工具变量的t值为-48.24,不存在弱工具变量问题。第(4)列显示DWH结果并不显著,说明社会医疗保险与家庭创业之间不存在内生性问题。第(2)列结果显示,社会养老保险对家庭创业有负向影响,边际效应为-0.046。就其他变量而言,家庭工商业外总资产、家庭负债、家庭规模、拥有家用汽车数量、户主身体健康对家庭创业有正向影响;拥有自有住房、户主年龄、户主受教育年限、处于农村地区对家庭创业有负向影响;其他家庭和户主特征则没有显著影响。

第(3)列结果显示,社会医疗保险对家庭创业没有显著影响。就其他变量而言,家庭工商业外总资产、家庭负债、家庭规模、拥有家用汽车数量、户主身体健对家庭创业有正向影响;拥有自有住房、户主年龄、户主受教育年限、处于农村地区对家庭创业有负向影响;其他家庭和户主特征则没有显著影响。

表6-41 京津冀家庭保障对家庭创业的影响

家庭创业	(1) Probit	(2) IV_Probit	(3) Probit	(4) IV_Probit
关注变量				
社会养老保险	-0.066*** (0.018)	-0.046** (0.019)		

续表

家庭创业	（1） Probit	（2） IV_ Probit	（3） Probit	（4） IV_ Probit
社会医疗保险			− 0. 026	− 0. 019
			（0. 029）	（0. 033）
家庭特征				
ln（家庭工商业外总资产）	0. 022 ***	0. 022 ***	0. 021 ***	0. 021 ***
	（0. 004）	（0. 004）	（0. 004）	（0. 004）
ln（家庭负债）	0. 005 ***	0. 005 ***	0. 005 ***	0. 005 ***
	（0. 001）	（0. 001）	（0. 001）	（0. 001）
家庭规模	0. 015 ***	0. 016 ***	0. 016 ***	0. 016 ***
	（0. 005）	（0. 005）	（0. 005）	（0. 005）
家庭老人数量	− 0. 009	− 0. 010	− 0. 011	− 0. 011
	（0. 008）	（0. 008）	（0. 008）	（0. 008）
家庭孩子数量	− 0. 006	− 0. 006	− 0. 006	− 0. 006
	（0. 010）	（0. 010）	（0. 010）	（0. 010）
拥有家用汽车数量	0. 060 ***	0. 059 ***	0. 059 ***	0. 059 ***
	（0. 008）	（0. 008）	（0. 008）	（0. 008）
拥有自有住房	− 0. 070 ***	− 0. 069 ***	− 0. 070 ***	− 0. 069 ***
	（0. 019）	（0. 019）	（0. 019）	（0. 019）
户主特征				
户主男性	0. 017	0. 017	0. 017	0. 017
	（0. 012）	（0. 012）	（0. 012）	（0. 012）
户主年龄	− 0. 002 ***	− 0. 002 ***	− 0. 002 ***	− 0. 002 ***
	（0. 0004）	（0. 0004）	（0. 0004）	（0. 0004）
户主在婚	0. 005	0. 003	0. 002	0. 001
	（0. 016）	（0. 016）	（0. 016）	（0. 016）
户主受教育年限	− 0. 007 ***	− 0. 007 ***	− 0. 007 ***	− 0. 007 ***
	（0. 002）	（0. 002）	（0. 002）	（0. 002）
户主身体健康	0. 030 ***	0. 030 ***	0. 030 ***	0. 030 ***
	（0. 010）	（0. 010）	（0. 010）	（0. 010）

续表

家庭创业	(1) Probit	(2) IV_Probit	(3) Probit	(4) IV_Probit
户主身体不健康	-0.013	-0.014	-0.014	-0.014
	(0.016)	(0.016)	(0.016)	(0.016)
户主风险偏好	0.019	0.020	0.022	0.022
	(0.017)	(0.017)	(0.017)	(0.017)
户主风险厌恶	0.015	0.016	0.016	0.016
	(0.011)	(0.011)	(0.011)	(0.011)
地区特征				
所在省份人均 GDP	0.025	0.026	0.030	0.030
	(0.074)	(0.074)	(0.074)	(0.074)
农村	-0.755***	-0.760***	-0.768***	-0.768***
	(0.068)	(0.067)	(0.067)	(0.067)
社区哑变量	已控制	已控制	已控制	已控制
有效样本量	3 800	3 800	3 800	3 800
一阶段 F 值		58.55		22.13
一阶段工具变量 T 值		-48.24		-30.98
DWH 检验 F 值/卡方 (p-value)		11.80 (0.001)		0.38 (0.539)

注：*、**、***分别表示在 10%、5%、1%水平显著,括号内为异方差稳健标准差。

（2）北京家庭保障对家庭创业的影响

为了探讨北京样本下家庭保障对家庭净创业的影响,表 6-42 给出了北京社会养老保险和社会医疗保险对家庭创业的 Probit 回归结果。第（1）列结果显示,社会养老保险对家庭创业有负向影响,边际效应为 -0.083。就其他变量而言,家庭工商业外总资产、家庭负债、拥有家用汽车数量、户主男性、户主身体健康、户主身体不健康均对家庭创业有正向影响;拥有自有住房、户主年龄对家庭创业有负向影响;其他家庭和户主特征则没有显著影响。

第（2）列结果显示,社会医疗保险对家庭创业没有显著影响。就其他变量而言,家庭工商业外总资产、家庭负债、家庭规模、拥有家用汽车数量、户主男性、户主身体健康、户主身体不健康均对家庭创业有正向影响;拥有自有住房、户主年龄对家庭创业有负向影响;其他家庭和户主特征则没有显著影响。

表6-42　北京家庭保障对家庭创业的影响

家庭创业	（1） Probit	（2） Probit
关注变量		
社会养老保险	-0.083 ***	
	(0.027)	
社会医疗保险		-0.043
		(0.038)
家庭特征		
ln(家庭工商业外总资产)	0.026 ***	0.024 ***
	(0.006)	(0.006)
ln(家庭负债)	0.003 ***	0.003 ***
	(0.001)	(0.001)
家庭规模	0.013	0.013 *
	(0.008)	(0.008)
家庭老人数量	-0.022	-0.021
	(0.014)	(0.013)
家庭孩子数量	-0.002	-0.002
	(0.016)	(0.016)
拥有家用汽车数量	0.052 ***	0.052 ***
	(0.011)	(0.011)
拥有自有住房	-0.055 **	-0.051 **
	(0.024)	(0.024)
户主特征		
户主男性	0.028 *	0.027 *
	(0.015)	(0.015)

续表

家庭创业	（1）Probit	（2）Probit
户主年龄	-0.002 ***	-0.002 ***
	(0.001)	(0.001)
户主在婚	-0.008	-0.014
	(0.018)	(0.018)
户主受教育年限	-0.003	-0.003
	(0.002)	(0.002)
户主身体健康	0.052 ***	0.050 ***
	(0.016)	(0.016)
户主身体不健康	0.042 *	0.044 *
	(0.024)	(0.024)
户主风险偏好	0.003	0.0001
	(0.020)	(0.020)
户主风险厌恶	-0.012	-0.015
	(0.016)	(0.015)
地区特征		
农村	0.091	0.091
	(0.062)	(0.061)
社区哑变量	已控制	已控制
有效样本量	1 351	1 351

注：*、**、***分别表示在10%、5%、1%水平显著,括号内为异方差稳健标准差。

（3）天津家庭保障对家庭创业的影响

为了探讨天津样本下家庭保障对家庭创业的影响,表6-43给出了天津社会养老保险和社会医疗保险对家庭创业的 Probit 回归结果。第（1）列结果显示,社会养老保险对家庭创业有负向影响,边际效应为 -0.125。就其他变量而言,家庭工商业外总资产、家庭负债、家庭规模、拥有家用汽车数量、户主风险偏好均对家庭创业有正向影响;拥有自有住房、户主年龄、户主受教育年限、对家庭创业有负向影响;其他家庭和户主特征则没有显著影响。

第（2）列结果显示，社会医疗保险对家庭创业无显著影响。就其他变量而言，家庭工商业外总资产、家庭负债、家庭规模、拥有家用汽车数量、户主风险偏好均对家庭创业有正向影响；拥有自有住房、户主年龄、户主受教育年限、对家庭创业有负向影响；其他家庭和户主特征则没有显著影响。

表6-43 天津家庭保障对家庭创业的影响

家庭创业	（1）Probit	（2）Probit
关注变量		
社会养老保险	−0.125 ***	
	(0.030)	
社会医疗保险		−0.061
		(0.044)
家庭特征		
ln(家庭工商业外总资产)	0.018 **	0.012 **
	(0.008)	(0.007)
ln(家庭负债)	0.003 *	0.003 *
	(0.002)	(0.002)
家庭规模	0.019 **	0.018 *
	(0.010)	(0.010)
家庭老人数量	0.003	0.003
	(0.013)	(0.014)
家庭孩子数量	−0.007	−0.003
	(0.018)	(0.018)
拥有家用汽车数量	0.036 **	0.035 **
	(0.015)	(0.016)
拥有自有住房	−0.054 *	−0.044 *
	(0.032)	(0.032)

续表

家庭创业	（1） Probit	（2） Probit
户主特征		
户主男性	0.019	0.016
	（0.021）	（0.021）
户主年龄	−0.003 ***	−0.003 ***
	（0.001）	（0.001）
户主在婚	−0.018	−0.021
	（0.025）	（0.026）
户主受教育年限	−0.009 ***	−0.010 ***
	（0.003）	（0.003）
户主身体健康	0.021	0.021
	（0.018）	（0.019）
户主身体不健康	−0.041	−0.043
	（0.030）	（0.030）
户主风险偏好	0.068 **	0.075 **
	（0.029）	（0.030）
户主风险厌恶	0.026	0.031
	（0.021）	（0.021）
地区特征		
农村	0.017	0.002
	（0.068）	（0.068）
社区哑变量	已控制	已控制
有效样本量	1 027	1 027

注：* 、** 、*** 分别表示在 10%、5%、1% 水平显著，括号内为异方差稳健标准差。

（4）河北家庭保障对家庭创业的影响

为了探讨河北样本下家庭保障对家庭创业的影响，表 6 – 44 给出了河北社会养老保险和社会医疗保险对家庭创业的 Probit 回归结果。第（1）列结果显示,社会养老保险对家庭创业无显著影响。就其他变量而言,家庭工商业外总资产、家庭负债、家庭规模、拥有家用汽车数量、户主风险厌恶均对家庭创业有正向影响;拥有自有住房、户主受教育年限、属于农村地区对家庭创业有负向影响;其他家庭和户主特征则没有显著影响。

第(2)列结果显示,社会医疗保险对家庭创业无显著影响。就其他变量而言,家庭工商业外总资产、家庭负债、家庭规模、拥有家用汽车数量、户主风险厌恶均对家庭创业有正向影响;拥有自有住房、户主受教育年限、属于农村地区对家庭创业有负向影响;其他家庭和户主特征则没有显著影响。

表6-44 河北家庭保障对家庭创业的影响

家庭创业	(1) Probit	(2) Probit
关注变量		
社会养老保险	-0.038	
	(0.032)	
社会医疗保险		0.002
		(0.059)
家庭特征		
ln(家庭工商业外总资产)	0.032 ***	0.033 ***
	(0.009)	(0.009)
ln(家庭负债)	0.009 ***	0.009 ***
	(0.002)	(0.002)
家庭规模	0.017 *	0.017 *
	(0.010)	(0.010)
家庭老人数量	-0.009	-0.010
	(0.016)	(0.016)
家庭孩子数量	-0.004	-0.004
	(0.018)	(0.018)
拥有家用汽车数量	0.073 ***	0.072 ***
	(0.017)	(0.017)

续表

家庭创业	（1） Probit	（2） Probit
拥有自有住房	− 0.106 ***	− 0.109 ***
	（0.039）	（0.039）
户主特征		
户主男性	− 0.006	− 0.005
	（0.025）	（0.025）
户主年龄	− 0.001	− 0.002
	（0.001）	（0.001）
户主在婚	0.055	0.052
	（0.037）	（0.038）
户主受教育年限	− 0.010 ***	− 0.010 ***
	（0.003）	（0.003）
户主身体健康	0.027	0.028
	（0.020）	（0.020）
户主身体不健康	− 0.033	− 0.033
	（0.028）	（0.028）
户主风险偏好	− 0.014	− 0.011
	（0.034）	（0.034）
户主风险厌恶	0.037 *	0.038 *
	（0.022）	（0.022）
地区特征		
农村	− 0.933 ***	− 0.939 ***
	（0.098）	（0.096）
社区哑变量	已控制	已控制
有效样本量	1 422	1 422

注：* 、** 、*** 分别表示在 10% 、5% 、1% 水平显著,括号内为异方差稳健标准差。

6.5.4 主要结论

本节描述了京津冀地区家庭保障与居民创业的关系,并实证分析了家庭保障对家庭创业的影响。

京津冀地区拥有社会养老保险家庭的创业率为 10.48%,无社会养老保险家庭的创业率为 23.61%,无社会养老保险家庭的创业率比有社会养老保险家庭的创业率高出 13.13%。拥有社会医疗保险家庭的创业率为 11.26%,无社会医疗保险家庭的创业率为 10.48%,有社会医疗保险家庭的创业率比无社会医疗保险家庭的创业率高出 0.78%。

回归分析结果表明,参与社会养老保险会降低家庭的创业率,参与社会医疗保险对家庭创业率无显著影响,同时,家庭资产、家庭负债、家庭规模、家庭孩子数量、拥有家用汽车数量、男性、身体健康、风险厌恶均对家庭创业有正向影响;拥有自有住房、年龄、受教育年限、所在省份人均 GDP 对家庭创业有负向影响。

6.6　小结

本章描述了家庭保障与家庭收入、消费、财富、创业的关系,并分别进行了实证分析。

京津冀地区有社会养老保险家庭与无社会养老保险家庭的收入差距为 31 985 元,有社会养老保险家庭的收入是无社会养老保险家庭收入的 1.58 倍。京津冀有社会医疗保险家庭与无社会医疗保险家庭的收入差距为 48 738 元,有社会医疗保险家庭的收入是无社会医疗保险家庭的 2.32 倍。京津冀地区有社会养老保险家庭与无社会养老保险家庭的消费差距为 15 576 元,有社会养老保险家庭的消费是无社会养老保险家庭消费的 1.35 倍。京津冀地区有社会医疗保险家庭与无社会医疗保险家庭的消费差距为 21 283 元,有社会医疗保险的家庭消费是无社会医疗保险家庭的 1.55 倍。京津冀地区有社会养老保险家庭与无社会养老保险家庭的净财富差距为 606 069 元,有社会养老保险家庭的净财富是无社会养老保险家庭的 1.60 倍。京津冀地区有社会医疗保险家庭与无社会医疗保险家庭的净财富差距为 610 141 元,有社会医疗保险家庭的净财富是无社会医疗保险家庭净财富的 1.62 倍。京津冀地区有社会养老保险家庭的创业率为 10.48%，无社会养老保险家庭的创业率为 23.61%，无社会养老保险家庭的创业率比有社会养老保险家庭的创业率高出 13.13%。有社会医疗保险家庭的创业率为 11.26%，无社会医疗保险家庭的创业率为 10.48%，有社会医疗保险家庭的创业率比无社会医疗保险家庭的创业率高出 0.78%。

回归分析结果表明，在京津冀地区，参与社会养老保险和社会医疗保险会显著提高家庭收入水平、消费水平；参与社会养老保险会提高家庭净财富，而社会医疗保险对家庭净财富无显著影响；参与社会养老保险会降低家庭的创业率，而参与社会医疗保险对家庭创业率无显著影响。

7 ▶▶▶▶
京津冀家庭保险

7.1　家庭保险特征

商业保险作为普惠金融的重要内容(Demirguc-Kunt et al.,2017),是社会保障的重要补充,对社会经济发展具有重要作用(邵全权,2012)。商业保险能够把个体面对的风险分散到一个更大的人口整体,从而达到分散风险的效果。因此,商业保险能够有效分散某个社区的风险,如自然灾害等。发展商业保险还能够有效提高我国的社会治理能力,及时有效地化解潜在社会风险。此外,商业保险资金是社会融资的重要来源,有利于拓宽社会融资渠道,为实体经济注入资金,促进经济发展(刘君,2017)。

国内外大量研究发现,商业保险能够分散居民风险,增强居民抗风险能力,提高居民的生产、生活水平(Rosenzweig & Binswanger,1993;Karlan et al.,2014)。Cai 等人(2015)使用田野实验研究发现,种植业保险显著提高了我国农村地区的农作物产量,并且这种效应是长期存在的。保险还能够提高农民烟草种植产量(Cai,2016)。此外,保险行业具有拉动居民就业的效应(王稳、李雪,2016)。

7.1.1　家庭商业保险情况

表 7-1 显示了全国与京津冀家庭商业保险参与情况。我国居民商业保险的投保率仍然较低。从商业保险参与情况来看,全国的居民投保率为 17.06% ,京津冀地区居民整体投保率为 20.85% ,高于全国平均水平。进一步来看,京津冀地区中,北京的居民投保率为 24.50% ,河北的居民投保率为 20.30% ,天津居民投保率为 18.22% 。北京市的居民投保率不仅高于全国水平,而且高于京津冀平均水平,而河北省的居民商业保险参与率已经超过了天津市。从商业人寿保险参与情况来看,全国的平均参与率为 7.76% ,京津冀地区平均为 9.80% ,同样高于全国平均水平。其中,北京居民投保率为 11.79% ,天津居民投保率为 9.14% ,河北居民投保率为 9.32% 。从商业健康保险参与情况来看,全国的居民投保率为 5.31% ,京

津冀地区为 6.93%，高于全国平均水平。其中，北京、天津、河北的居民商业健康保险投保率分别为 10.87%、6.69%、5.76%。只有北京市的居民投保率高于京津冀地区平均水平，天津市、河北省均低于京津冀地区平均水平，但 3 个省的居民商业健康保险参与率均高于全国平均水平。就其他商业保险类型（如人身意外伤害险、财产险）来看，全国平均居民投保率为 3.82%，京津冀地为 5.32%，仍然高于全国平均水平。其中，北京、天津、河北的居民其他类型的商业保险参与率分别为 4.26%、5.08%、5.70%。通过对比分析发现，京津冀地区无论是整体商业保险参与水平还是分类型商业保险参与水平，均高于全国。在京津冀地区内部，北京仍然是商业保险最发达、居民参与率最高的地区。河北的商业保险市场有了较快的发展，整体商业保险参与水平和分类型商业保险参与水平均高于全国。河北省的居民商业保险投保率、人寿保险投保率、其他商业保险投保率已经高于天津市。

表 7-1　家庭商业保险参与　　　　　　　（单位：%）

商业保险种类	全国	京津冀	北京	天津	河北
商业保险	17.064	20.853	24.497	18.223	20.297
——商业人寿保险	7.763	9.797	11.787	9.144	9.319
——商业健康保险	5.309	6.933	10.869	6.687	5.757
——其他商业保险	3.818	5.317	4.264	5.076	5.699

注：家庭有任何一位成员拥有商业保险即被认为参与商业保险。商业人寿保险参与、商业健康保险参与、其他商业保险参与使用了同样的定义方法。

表 7-2 显示了城市家庭商业保险参与情况。全国城市居民商业保险投保率为 19.75%，京津冀地区为 20.79%，高于全国平均水平。从京津冀地区内部来看，北京、天津、河北城市居民投保率分别为 24.14%、17.32%、21.59%。河北城市居民商业保险投保率不仅高于全国，而且在京津冀地区内部也高于天津，居民商业保险投保率积极性较高。全国城市居民商业人寿保险投保率为 9.61%，京津冀地区为 9.79%，略微高于全国平均水平。从京津冀地区内部来看，北京、天津、河北居民投保率分别为 11.93%、9.03%、9.38%。全国城市居民商业健康保险投保率为 6.84%，京津冀地区为 6.86%，北京、天津、河北居民投保率分别为 10.67%、6.10%、8.32%。

就商业健康保险参与情况来看,北京不仅高于全国,也高于天津和河北。天津不仅低于河北和北京,也低于全国。其他商业保险的投保率为4.39%,京津冀地区为5.30%,高于全国。从京津冀地区内部来看,北京、天津、河北的城市居民投保率分别为4.16%、4.94%、6.09%。河北城市居民其他商业保险投保率不仅高于全国,而且是京津冀地区内部最高的。

表7-2 城市家庭商业保险参与 (单位:%)

商业保险种类	全国	京津冀	北京	天津	河北
商业保险	19.751	20.786	24.135	17.317	21.588
——商业人寿保险	9.606	9.794	11.929	9.029	9.383
——商业健康保险	6.839	6.863	10.671	6.103	8.322
——其他商业保险	4.389	5.304	4.155	4.939	6.093

注:城市家庭有任何一位成员拥有商业保险即被认为参与商业保险。城市地区商业人寿保险参与、商业健康保险参与、其他商业保险参与使用了同样的定义方法。

表7-3显示了农村家庭商业保险参与情况。全国农村地区居民投保率为12.69%,京津冀地区为21.36%,高于全国。从京津冀地区内部来看,北京、天津、河北农村地区居民投保率分别为28.66%、24.34%、19.01%。京津冀地区各省(市)农村居民商业保险参与率均较大幅度地高于全国平均水平。从农村地区商业人寿保险参与情况来看,全国农村居民参与率为4.76%,京津冀地区为9.91%。从京津冀地区内部来看,北京、天津、河北农村居民人寿保险投保率分别为10.16%、9.92%、9.26%。从商业健康保险参与情况来看,全国农村居民投保率为2.82%,京津冀地区为7.05%,大幅高于全国。从京津冀地区内部来看,北京、天津、河北农村地区居民投保率分别为13.14%、10.63%、3.21%。北京、天津农村居民商业人寿保险发展处于全国较高水平。从其他商业保险参与情况来看,全国农村地区居民投保率为2.89%,京津冀地区为5.37%。北京、天津、河北居民投保率分别为5.51%、6.01%、5.31%。通过对比分析发现,京津冀地区各省(市)农村居民商业保险参与率均大幅高于全国平均水平,且天津居民整体投保率及各类型保险投保率均高于河北,其他商业保险投保率不仅高于河北,而且高于北京,处于全国较高水平。

表 7 - 3　农村家庭商业保险参与　　　（单位:%）

商业保险种类	全国	京津冀	北京	天津	河北
商业保险	12.690	21.362	28.661	24.340	19.013
——商业人寿保险	4.762	9.907	10.163	9.921	9.256
——商业健康保险	2.819	7.052	13.137	10.631	3.207
——其他商业保险	2.886	5.371	5.512	6.007	5.309

注:农村家庭有任何一位成员拥有商业保险即被认为参与商业保险。农村地区商业人寿保险参与、商业健康保险参与、其他商业保险参与使用了同样的定义方法。

表 7 - 4 显示了家庭商业保险的保费支出情况。从整体商业保险的保费支出情况来看,全国家庭保费支出为 1 293.93 元,京津冀地区保费支出为 1 844.40 元,高出全国 550.47 元。从京津冀地区内部来看,北京、天津、河北家庭保费支出分别为 3 068.41 元、2 412.95 元、1 335.67 元。北京、天津、河北家庭保费支出分别高出全国 1 774.48 元、1 119.02 元、41.74 元,河北家庭保费支出与全国基本持平,但北京、天津远远超过全国平均水平。从商业人寿保险的保费支出情况来看,全国家庭保费支出为 611.24 元,京津冀地区保费支出为 1014.25 元,高出全国 403.01 元。从京津冀地区内部来看,北京、天津、河北家庭保费支出分别为 1 485.73 元、1 266.12 元、810.99 元。北京、天津、河北家庭保费支出分别高出全国 874.49 元、654.88 元、199.75 元,北京、天津、河北商业人寿保险保费支出均位于全国中上游水平。全国家庭商业健康保险保费支出为 446.61 元,京津冀地区为 485.90 元,高出全国 39.29 元。其中,北京、天津、河北家庭保费支出分别为 814.87 元、780.20 元、317.77 元,北京、天津保费支出高于全国,而河北保费支出低于全国。全国家庭其他商业保险保费支出为 236.08 元,京津冀地区为 344.26 元,仍然高于全国。其中,北京、天津、河北分别为 767.80 元、366.62 元、206.90 元。北京、天津的家庭保费支出分别是全国的 3.25 倍、1.55 倍,河北的保费支出却低于全国平均水平。通过对比分析可以发现,京津冀地区无论是整体保费支出情况还是分类型保费支出情况,均高于全国平均水平。其中,北京、天津家庭保费支出高于京津冀地区均值,位居全国前列,而河北家庭保费支出水平较低,商业健康保险、其他商业保险的保费支出低于全国。从家庭商业保费支出情况来看,河北与北京、天津

还有较大差距。

表 7 - 4　家庭商业保险支出　　　　　（单位：元）

商业保险种类	全国	京津冀	北京	天津	河北
商业保险	1 293.929	1 844.404	3 068.406	2 412.946	1 335.667
——商业人寿保险	611.242	1 014.250	1 485.732	1 266.123	810.992
——商业健康保险	446.607	485.899	814.873	780.200	317.771
——其他商业保险	236.080	344.255	767.801	366.624	206.904

注：家庭商业保险保费支出加总了所有的保费支出。家庭商业人寿保险保费支出、商业健康保险保费支出、其他商业保险保费支出使用了同样的定义方法。

表 7 - 5 显示了城市家庭商业保险的保费支出情况。城市家庭商业保费支出为 1 863.96 元，京津冀地区家庭商业保险保费支出为 1 851.77 元，低于全国平均水平。从京津冀地区内部来看，北京、天津、河北的商业保险保费支出分别为 3 267.99 元、2 554.49 元、2 066.01 元，分别高出全国平均保费支出水平 1 404.03 元、690.53 元、202.05 元。从城市地区商业人寿保险保费支出情况来看，全国平均保费支出为 886.87 元，京津冀地区平均为 1 021.65 元，高出全国 134.78 元。其中，北京、天津、河北城市地区居民保费支出分别为 1 602.28 元、1 361.01 元、1 271.02 元，三个省（市）的平均保费支出不仅高于全国平均保费支出，而且高于京津冀地区平均水平。城市地区家庭商业健康保险的保费支出为 645.24 元，京津冀地区平均为 480.93 元，低于全国平均水平。北京、天津、河北城市家庭商业保险保费支出分别为 837.95 元、785.03 元、536.47 元。从城市家庭其他商业保险保费支出情况来看，全国平均为 331.85 元，京津冀地区平均为 349.20 元，略微高于全国平均水平。北京、天津保费支出不仅高于全国平均水平，而且高于京津冀地区，而河北城市其他商业保险保费支出低于全国平均水平。通过对比分析可以发现，北京、天津城市家庭无论总商业保费支出还是分类型商业保费支出，均高于全国平均水平，河北商业健康保险、其他商业保险均低于全国平均水平。因此，从城市家庭商业保险保费支出情况来看，河北是京津冀地区发展较慢的地区。

表7-5　城市家庭商业保险保费支出　　　（单位:元）

商业保险种类	全国	京津冀	北京	天津	河北
商业保险	1 863.959	1 851.774	3 267.985	2 554.488	2 066.011
——商业人寿保险	886.874	1 021.646	1 602.282	1 361.008	1 271.020
——商业健康保险	645.239	480.930	837.951	785.028	536.470
——其他商业保险	331.846	349.199	827.752	408.452	258.521

注:城市家庭商业保险保费支出加总了所有的保费支出。城市家庭商业人寿保险保费支出、商业健康保险保费支出、其他商业保险保费支出使用了同样的定义方法。

表7-6显示了农村地区家庭商业保险的保费支出情况。全国保费支出的平均值为365.89元,京津冀地区为1 742.07元,大幅高于全国农村地区平均水平,北京、天津、河北分别为773.84元、1 456.36元、609.43元,分别为全国平均水平的2.11倍、3.98倍、1.67倍。京津冀农村地区商业保费支出位于全国前列。从农村地区商业人寿保费支出来看,全国保费支出平均值为162.50元,京津冀地区为964.28元,高出全国801.78元。从京津冀地区内部来看,北京保费支出低于全国平均水平,而天津、河北保费支出均高于全国平均水平。农村地区商业健康保险保费支出为123.22元,京津冀地区商业保险保费支出为442.79元,高出全国保费支出319.57元。从京津冀地区内部来看,北京、天津、河北农村保费支出分别为549.54元、747.57元、100.30元。农村地区其他商业保险保费支出为80.17元,京津冀地区平均为335元,北京、天津、河北分别为78.55元、83.94元、155.58元。北京农村地区保费支出低于全国平均水平。因此,京津冀农村地区保费支出整体高于全国,天津农村地区家庭商业保险保费支出居于全国较高的发展水平。

表7-6　农村家庭商业保险保费支出　　　（单位:元）

商业保险种类	全国	京津冀	北京	天津	河北
商业保险	365.891	1 742.068	773.842	1 456.363	609.429
——商业人寿保险	162.499	964.278	145.748	624.859	353.550
——商业健康保险	123.224	442.789	549.544	747.568	100.301
——其他商业保险	80.168	335.003	78.550	83.935	155.578

注:农村家庭商业保险保费支出加总了所有的保费支出。农村家庭商业人寿保险保费支出、商业健康保险保费支出、其他商业保险保费支出使用了同样的定义方法。

表7－7显示了我国家庭保费支出占比情况。保费支出仅仅是家庭一个非常微小的开支,占比非常低。保费支出占比全国平均水平为0.78%,京津冀地区为1.06%。其中,北京保费支出占比最高,为1.42%;天津次之,为1.06%;河北为0.95%。京津冀地区保费支出占比均高于全国平均水平。全国商业人寿保险保费支出占比为0.39%,京津冀地区为0.54%。北京、天津、河北商业人寿保险保费支出占比分别为0.59%、0.55%、0.52%。商业健康保险保费支出占比为0.25%,京津冀地区平均为0.31%,北京、天津、河北分别为0.51%、0.34%、0.24%。除河北省以外,北京和天津的保费支出占比均高于全国平均水平。其他商业保险保费支出占比的全国平均值为0.15%,京津冀地区为0.21%,高于全国平均值。北京、天津、河北的其他商业保险保费支出占比分别为0.32%、0.17%、0.19%,均高于全国平均值。北京保费支出占比较高,表明北京家庭居民保险意识较强。京津冀地区家庭无论是总体商业保险保费支出占比,还是人寿保险、健康保险、其他保险的保费支出占比,均高于全国平均值。

表7－7　家庭保费支出/总支出　　　　（单位：%）

商业保险种类	全国	京津冀	北京	天津	河北
商业保险	0.781	1.060	1.416	1.063	0.947
——商业人寿保险	0.386	0.539	0.586	0.550	0.521
——商业健康保险	0.248	0.307	0.513	0.341	0.235
——其他商业保险	0.147	0.213	0.317	0.171	0.190

注:家庭总支出包括消费性支出、财产性支出、生产经营性支出、保险保障支出、转移性支出和其他支出。

表7－8显示了我国城市家庭保费支出占比情况。全国城市家庭保费支出占比平均为1%,京津冀地区为1.06%,比全国平均水平高出0.06%。从京津冀地区内部来看,北京城市家庭保费支出占比为1.42%,天津为1.08%,河北为1.07%,均高于京津冀地区平均水平和全国平均水平。城市家庭商业人寿保险保费支出占比为0.49%,京津冀地区为0.54%,北京、天津、河北城市家庭商业人寿保险保费支出占比分别为0.62%、0.57%、0.50%。北京、天津保费支出占比既高于京津冀地区,又高于全国。河北保费支出占比低于京津冀地区,高于全国平均水平。城市家庭商业健康保

险的全国保费支出占比为 0.33% ,京津冀地区为 0.31% ,低于全国平均值,但北京、天津、河北的占比均高于全国。城市家庭其他商业保险保费支出占比为 0.18% ,京津冀地区为 0.21% ,高于全国平均值。从京津冀地区内部来看,北京、天津、河北的占比分别为 0.33% 、0.17% 、0.20% 。

表 7 - 8 城市家庭保费支出/总支出　　　　(单位:%)

商业保险种类	全国	京津冀	北京	天津	河北
商业保险	1.002	1.061	1.416	1.078	1.065
——商业人寿保险	0.488	0.541	0.615	0.570	0.502
——商业健康保险	0.330	0.306	0.473	0.335	0.366
——其他商业保险	0.184	0.214	0.328	0.173	0.198

注:城市家庭总支出包括消费性支出、财产性支出、生产经营性支出、保险保障支出、转移性支出和其他支出。

表 7 - 9 显示了我国农村家庭保费支出占比情况。全国农村商业保险保费支出占比为 0.42% ,京津冀地区为 1.06% ,高出全国 0.64% 。从京津冀地区内部来看,北京、天津、河北的保费支出占比分别为 1.41% 、0.96% 、0.83% ,分别高出全国 0.99% 、0.54% 、0.41% 。从商业人寿保险保费支出占比来看,全国农村家庭的平均占比为 0.22% ,京津冀地区为 0.53% ,高出全国 0.32% 。其中,北京低于全国平均值,天津、河北均高于全国平均值,河北还高于京津冀地区平均水平。从农村家庭商业健康保险保费支出占比情况来看,除了河北低于全国平均水平以外,京津冀地区整体水平以及北京、天津均高于全国平均值。北京农村家庭居民商业健康保险保费支出比较多。从农村家庭其他商业保险保费支出占比情况来看,全国平均占比为 0.09% ,京津冀地区占比为 0.22% ,北京、天津、河北占比分别为 0.15% 、0.16% 、0.18% 。

表 7 - 9 农村家庭保费支出/总支出　　　　(单位:%)

商业保险种类	全国	京津冀	北京	天津	河北
商业保险	0.420	1.057	1.412	0.960	0.827
——商业人寿保险	0.219	0.534	0.175	0.420	0.541
——商业健康保险	0.116	0.303	1.086	0.382	0.103
——其他商业保险	0.085	0.219	0.151	0.158	0.183

注:农村家庭总支出包括消费性支出、财产性支出、生产经营性支出、保险保障支出、转移性支出和其他支出。

7.1.2　商业人寿保险

表7-10显示了我国居民商业人寿保险的详细情况。全国居民商业人寿保险总保额的均值为185 146.4元,京津冀地区为196 693.4元,其中,北京、天津、河北分别为278 016元、173 744.8元、130 150元。在居民购买的商业人寿保险中,全国有39.27%的人寿保险为分红险,京津冀地区这一比重为40.32%,北京、天津、河北的比重分别为38.64%、50.00%、36.89%。天津市居民更偏好分红型寿险,一半居民购买了分红型寿险。2016年居民获得分红金额,北京为3 217.43元、天津为1 000.34元、河北为644.20元。在居民购买的商业人寿保险中,全国返本寿险平均占比63.84%,京津冀地区占比为61.36%,北京、天津、河北占比分别为63.29%、66.09%、57.14%。天津居民购买的商业人寿保险中,返本寿险占比较高。上年全国平均有2.74%的居民获得了赔付,赔付金额平均为6 562.14元,京津冀地区平均有2.93%的居民获得了赔付,赔付金额为5 055.88元。其中,北京为2.22%,赔付金额平均为2 890元;天津为6.56%,赔付金额平均为4 187.5元;河北为1.71%,赔付金额平均为9 500元。

表7-10　家庭商业人寿保险情况

商业人寿保险特征	全国	京津冀	北京	天津	河北
总保额 (元)	185 146.4	196 693.4	278 016	173 744.8	130 150
分红寿险占比 (%)	39.265	40.320	38.636	50.000	36.889
2016年获得分红金额 (元)	2 048.951	1 748.987	3 217.433	1 000.342	644.204
返本寿险占比 (%)	63.836	61.355	63.285	66.087	57.143
2016年获得赔付占比 (%)	2.737	2.926	2.222	6.557	1.709
2016年赔付金额 (元)	6 562.144	5 055.882	2 890	4 187.5	9 500

7.1.3 商业健康保险

表 7－11 显示了我国居民商业健康保险报销金额。全国平均值为 213.36 元,京津冀地区报销金额为 140.51 元,北京居民上年商业健康保险的报销金额均值为 252.36 元,天津为 5.56 元,河北为 58.07 元。从表 7－11 中可以看到,居民商业保险报销金额非常少。这一方面表明居民购买商业健康保险的保额较低,另一方面也表明居民商业健康保险参与率较低,我国许多居民没有参与商业健康保险。

表 7－11 商业健康保险情况 （单位:元）

商业健康保险特征	全国	京津冀	北京	天津	河北
报销金额	213.356	140.513	252.359	5.556	58.065

7.1.4 其他商业保险

表 7－12 显示了 2016 年居民其他商业保险如财产险、意外伤害险等的赔付金额。全国平均值为 240.44 元,京津冀地区居民赔付金额平均值为 228.71 元,北京、天津、河北居民的其他商业保险赔付金额分别为 667.11 元、47.27 元、29.23 元。

表 7－12 其他商业保险情况 （单位:元）

其他商业保险特征	全国	京津冀	北京	天津	河北
2016 年赔付金额	240.442	228.710	667.105	47.273	29.231

综上所述,通过深入的对比分析可以发现,河北家庭居民商业保险参与率上升较快,城市家庭居民投保率已经超过天津城市家庭。河北居民购买的保险额度较小,家庭商业保险保费支出金额、保费支出占比均低于天津,更低于北京,但全部度量指标基本上已经超过了全国平均水平。这表明,随着京津冀一体化的发展,河北省在普惠金融领域,特别是商业保险领域发展较快,商业保险行业取得了较快的发展。但无论是全国还是京津冀地区,保险购买支出只是家庭开支的一个微小部分,因此,我国商业保险在

未来还有较大的发展空间。

7.2 家庭保险与收入

7.2.1 文献综述

关于保险对家庭金融行为的影响的文献多是使用田野实验方法、双重差分或三重差分方法。Hill & Viceisza(2010)认为,为农民提供商业保险能够增加他们的化肥购买量,且有了商业保险,农民会尝试种植高风险、高收益的作物。Cai 等人(2015)研究发现,为农民提供正规的种植业保险能够提高农作物产量,但种植业产量保险对农民饲养牲畜的产量没有显著影响。此外,他们发现缺乏信任、缺少政府办的保险是农民参与商业保险项目的重要阻碍,这与 Cole 等人(2013)的研究发现是一致的。Cai(2016)认为,为农民提供农业保险能够提高他们种植农作物的面积,且这种效应对大种植户影响更大。来自印度地区的研究发现,为农民提供正规农业保险,他们的种植积极性会得到提高,更倾向于种植那些风险高、收入也高的经济作物,从而增加农民收入(Cole et al.,2017)。从以上分析可以看到,大多数文献都使用了田野实验方法,研究发现,提供商业保险不仅改变了农村居民的风险态度,而且改变了农民的种植行为,他们更愿意种植经济效益更高、风险更大的农作物。

当前我国市场经济正在蓬勃发展,城镇化过程正在不断推进,经济在快速发展过程中会出现一些新的风险点。为家庭居民提供商业保险能够有效分散家庭面临的风险,有效应对不确定性带来的冲击,比如,家庭购买财产险能够有效防范财产损失带来的风险,保持生产生活的正常运行,从而提高家庭收入。家庭购买意外伤害险或健康保险能够对家庭成员的身体健康状况提供一定的保障,劳动人口多,收入也会更多一些。

7.2.2 描述性统计

本部分主要使用京津冀地区的样本,剔除数据不全的样本,最终得到

3 996个家庭数据。关注变量为家庭商业保险参与,被解释变量为家庭收入,控制变量包括性别、年龄、婚姻状况、户口类型、风险态度、教育水平等户主特征变量,党员、家庭规模、劳动力比例、少儿比例、老人比例、身体不好比例、个体工商业、社会保障、家庭农村地区等家庭特征变量,以及地区GDP。

从表7-13样本统计结果可以看到,京津冀地区家庭平均收入为8.48万元,家庭商业保险参与率为20.9%。样本中有79%的家庭户主为男性,户主平均年龄为53岁,非农户口的家庭户主占比为41%,87%的户主为已婚。户主受教育水平不高,其中56%的户主只接受过初中及小学教育,22%的户主接受过高中、中专教育,17%的户主接受过大学、大专及以上教育,仍有4%的户主没有接受过任何形式的教育。样本有65%的家庭厌恶风险,9%的家庭偏好风险,这表明大部分家庭倾向于规避风险。样本平均有18%的家庭拥有党员。家庭规模均值为3.26,这表明我国大部分家庭是3口、4口之家。家庭劳动力人口占比、少儿数量占比、老人数量占比、身体状况不好的成员占比分别为50%、12%、20%、16%。样本有14%的家庭拥有个体工商业。样本有99%的家庭拥有社会保障,这表明京津冀地区家庭居民社会保障水平较高,已经接近全覆盖。此外,样本中有36%的家庭居住在农村地区。

表7-13 变量描述性统计结果

变量	N	均值	标准差	变量	N	均值	标准差
家庭收入	3 996	8.478	18.845 2	硕士及以上	3 996	0.019	0.136
商业保险参与	3 996	0.209	0.409	党员	3 996	0.181	0.385
户主男性	3 996	0.788	0.409	家庭规模	3 996	3.264	1.545
户主年龄	3 996	53.419	13.793	劳动力占比	3 996	0.497	0.325
户主非农户口	3 996	0.408	0.491	少儿抚养比	3 996	0.120	0.164
婚姻状况	3 996	0.873	0.333	老人抚养比	3 996	0.200	0.345
风险偏好	3 996	0.093	0.290	身体不好比例	3 996	0.158	0.278
风险厌恶	3 996	0.648	0.478	个体工商业	3 996	0.144	0.351
初等教育	3 996	0.556	0.497	社会保障	3 996	0.990	0.100
中等教育	3 996	0.215	0.411	家庭农村地区	3 996	0.356	0.479
高等教育	3 996	0.166	0.372	Ln(人均GDP)	3 996	11.276	0.488

注:家庭有任何一位成员拥有五险一金中的任何一种保障即被认为拥有社会保障。省级人均GDP数据来源于2017年《中国统计年鉴》。家庭收入的单位是万元。

在表 7－14 中，我们把京津冀地区家庭样本按是否拥有商业保险进行分组，比较有商业保险家庭与没有商业保险家庭两个组之间在收入方面的差异。从全国样本来看，拥有商业保险的家庭收入为 127 373.7 元，没有商业保险的家庭收入为 71 568.2 元，前一组家庭比后一组高55 805.5 元，且这种组间均值差异在 1% 的水平显著。从京津冀地区、北京、天津、河北来看，有商业保险家庭比没有商业保险家庭的收入分别高58 644.9 元、65 993 元、45 345.6 元、52 561.2 元，且组间差异均在 1% 的置信水平显著。组间均值差异的分析表明，有无商业保险的家庭在收入方面存在较大的差异。但我们还不能据此认为家庭商业保险行为的差异会导致家庭收入的差异，因为两个组之间存在选择性偏误（selection bias）问题。两组家庭除了在商业保险购买行为方面存在差异外，在户主文化程度、家庭规模等特征上也可能存在差异，这些因素都会对家庭商业保险行为产生潜在影响，因此，我们不能确定这种差异是否是由保险行为的不同引起的。后面介绍使用工具变量方法得到家庭商业保险决策对收入的因果关系估计结果。

表 7－14　商业保险与和家庭收入差距

	有商业保险	无商业保险	收入差距	倍数
全国	127 373.7	71 568.23	55 805.51 *** （1 479.189）	1.780
京津冀	146 319.9	87 675.07	58 644.9 *** （6 107.233）	1.669
北京	190 224.1	124 231.1	65 992.99 *** （14 481.72）	1.531
天津	141 306.9	95 961.23	45 345.63 *** （7 590.024）	1.473
河北	103 796.5	51 235.31	52 561.18 *** （5 431.109）	2.026

注：*、**、*** 分别代表组间均值差异在 10%、5%、1% 的水平显著。

7.2.3 实证研究

7.2.3.1 模型设定

商业保险参与对家庭收入影响的实证模型为：

$$\text{Income}_i = \beta_0 + \beta_1 \text{Insurance}_i + X_i\beta + \varepsilon_i \qquad (7-1)$$

其中，Income_i 表示第 i 个家庭的收入情况；Insurance_i 表示第 i 个家庭的商业保险参与情况，当家庭有任何一位成员购买任何一种商业保险即视为家庭拥有商业保险；X_i 表示第 i 个家庭的其余控制变量，主要包括户主特征变量、家庭特征变量、地区变量等；扰动项为 ε_i。

7.2.3.2 内生性讨论

家庭商业保险参与和家庭收入之间存在内生性问题：第一，家庭的收入越高，家庭越有可能购买商业保险，以实现投资理财、分散风险的家庭目标。因此，家庭收入与商业保险参与之间存在由逆向因果导致的内生性问题。第二，家庭收入与家庭商业保险行为同时受当地理财习惯的影响。如果当地居民有较强的理财观念，家庭购买保险的可能性更大，同时收入也会更高一些。但这种因素难以观测和度量，因此遗漏变量导致的内生性问题也是存在的。

经过反复检验，本书使用社区其他家庭拥有商业保险的均值作为家庭商业保险参与的工具变量。为避免内生性，在计算均值时剔除了本家庭商业保险参与情况。一方面，社区商业保险参与水平较高时，出于跟风心理，家庭很有可能也购买商业保险，即社会其他家庭商业保险参与水平的均值与本家庭商业保险决策高度相关。另一方面，社区其他家庭商业保险参与水平的均值与本家庭的收入不相关。因此，使用社区其他家庭商业保险参与水平的均值作为本家庭商业保险决策的工具变量是合理的。

7.2.3.3 实证结果

表 7 - 15 报告了京津冀地区家庭商业保险参与对收入影响的 OLS 回归结果。京津冀地区、北京、天津、河北的估计系数分别为 0.284、0.192、0.211、0.344，这表明参与商业保险使家庭收入分别显著提高 28.4%、19.2%、21.1%、34.4%。由于家庭商业保险决策与收入之间存在内生性问题，因此，我们在表 7 - 16 给出了使用工具变量的估计结果。

　　接下来,对控制变量进行分析,以第(1)列结果为主。相比于京津冀地区户主其他婚姻状况的家庭,户主已婚家庭收入平均提高35.1%,这可能是因为已婚家庭较为稳定,因此收入也会较高。户主非农户口的估计系数为0.367,在1%的水平显著,说明户主非农户口对家庭收入的影响显著为正。不同层次的教育程度对收入的影响均显著为正,且随着户主受教育水平的提高,教育对收入的影响越来越大。党员的估计系数为0.216,在1%的水平显著为正,这表明相比于没有党员的家庭,拥有党员使家庭的收入显著提高21.6%。家庭规模越大,收入就会越高。家庭成员每增加一人,家庭收入平均提高26.6%。家庭人口结构会对家庭收入产生重要的影响,家庭劳动力人口占比越高,家庭收入越高。但家庭少儿占比越高、老人占比越高、身体状况差的人占比越高,家庭的收入会显著降低。相比于没有社会保障的家庭,有社会保障显著提高了家庭的收入。居民为农村地区的估计系数为 - 0.373,在1%的水平显著,这表明相比于城市居民,农村居民的收入会显著减少37.3%。

表 7 - 15　商业保险参与对家庭收入的影响:OLS

变量	(1)	(2)	(3)	(4)
	京津冀	北京	天津	河北
商业保险参与	0.284 ***	0.192 **	0.211 **	0.344 ***
	(0.049)	(0.077)	(0.084)	(0.089)
户主男性	- 0.052	0.009	0.045	- 0.050
	(0.048)	(0.070)	(0.078)	(0.104)
户主年龄	- 0.003	- 0.001	0.023	0.004
	(0.010)	(0.016)	(0.015)	(0.023)
年龄²/100	0.009	0.008	- 0.009	- 0.006
	(0.009)	(0.013)	(0.013)	(0.021)
婚姻状况	0.351 ***	0.257 ***	0.318 ***	0.399 ***
	(0.064)	(0.095)	(0.094)	(0.144)
风险偏好	0.140	0.247 *	0.264 **	- 0.027
	(0.086)	(0.131)	(0.122)	(0.157)

续表

变量	（1）京津冀	（2）北京	（3）天津	（4）河北
风险厌恶	0.069	0.059	0.035	0.076
	（0.045）	（0.078）	（0.075）	（0.077）
户主非农户口	0.367 ***	0.139 **	0.331 ***	0.778 ***
	（0.047）	（0.064）	（0.114）	（0.110）
初等教育	0.339 ***	0.144	0.406 *	0.163
	（0.103）	（0.198）	（0.236）	（0.138）
中等教育	0.503 ***	0.318	0.484 **	0.322 **
	（0.109）	（0.205）	（0.239）	（0.161）
高等教育	0.863 ***	0.571 ***	0.864 ***	0.794 ***
	（0.116）	（0.210）	（0.242）	（0.194）
硕士及以上	1.401 ***	1.351 ***	0.920 ***	0.824
	（0.157）	（0.231）	（0.287）	（0.511）
党员	0.216 ***	0.191 ***	0.176 ***	0.156
	（0.048）	（0.074）	（0.064）	（0.099）
家庭规模	0.266 ***	0.321 ***	0.213 ***	0.262 ***
	（0.020）	（0.035）	（0.035）	（0.031）
劳动力占比	0.350 ***	0.336 **	0.756 ***	0.438 ***
	（0.078）	（0.163）	（0.135）	（0.128）
少儿抚养比	− 0.419 **	− 0.120	− 0.255	− 0.716 **
	（0.190）	（0.317）	（0.274）	（0.318）
老人抚养比	− 0.155 **	0.103	0.045	− 0.364 **
	（0.075）	（0.106）	（0.119）	（0.150）
身体状况差占比	− 0.553 ***	− 0.451 ***	− 0.255 **	− 0.632 ***
	（0.076）	（0.150）	（0.114）	（0.121）
个体工商业	− 0.100	− 0.435 *	− 0.225	0.035
	（0.092）	（0.224）	（0.169）	（0.118）
社会保障	0.992 ***	2.947 ***	0.114	0.410
	（0.369）	（0.835）	（0.543）	（0.363）

续表

变量	（1）	（2）	（3）	（4）
	京津冀	北京	天津	河北
家庭农村地区	− 0. 373 ***	− 0. 782 ***	− 0. 425 ***	− 0. 154 *
	(0. 062)	(0. 107)	(0. 149)	(0. 080)
人均 GDP 对数	0. 816			
	(0. 050)			
常数项	− 1. 234 *	6. 507 ***	8. 053 ***	8. 082 ***
	(0. 745)	(0. 945)	(0. 646)	(0. 745)
N	3 996	1 373	1 053	1 570
R²	0. 333 3	0. 261 9	0. 243 0	0. 289 2

注：* 、** 、*** 分别表示系数估计结果在 10% 、5% 、1% 的水平显著。回归分析对家庭收入进行上下 1% 缩尾处理,并取对数。被解释变量为家庭收入。

表 7 − 16 报告了使用社区其他家庭拥有商业保险的均值作为工具变量的估计结果。商业保险参与显著提高了京津冀地区家庭整体的收入水平,同时商业保险参与显著提高了河北家庭居民的收入水平。但商业保险参与并没有显著提高北京、天津家庭居民的收入水平。

表 7 − 16　商业保险对家庭收入的影响:2SLS 估计

变量	（1）	（2）	（3）	（4）
	京津冀	北京	天津	河北
商业保险参与	4. 820 ***	3. 994	1. 339	5. 181 ***
	(1. 025)	(3. 570)	(5. 315)	(1. 586)
户主男性	0. 080	0. 092	0. 085	− 0. 036
	(0. 089)	(0. 138)	(0. 191)	(0. 178)
户主年龄	− 0. 021	− 0. 039	0. 021	− 0. 011
	(0. 017)	(0. 044)	(0. 021)	(0. 032)
年龄²/100	0. 028 *	0. 035	− 0. 005	0. 021
	(0. 015)	(0. 033)	(0. 022)	(0. 030)

续表

变量	（1） 京津冀	（2） 北京	（3） 天津	（4） 河北
户主非农户口	0.265 ***	0.024	0.336 ***	0.473 **
	（0.087）	（0.155）	（0.130）	（0.205）
婚姻状况	0.372 ***	0.365 **	0.300 ***	0.410 **
	（0.103）	（0.179）	（0.116）	（0.202）
风险偏好	−0.169	−0.040	0.195	−0.323
	（0.167）	（0.359）	（0.353）	（0.279）
风险厌恶	0.203 **	0.181	0.080	0.157
	（0.086）	（0.170）	（0.232）	（0.135）
初等教育	0.178	−0.278	0.339	0.273
	（0.143）	（0.474）	（0.395）	（0.195）
中等教育	0.196	−0.264	0.370	0.381 *
	（0.166）	（0.620）	（0.581）	（0.230）
高等教育	0.421 **	−0.156	0.758	0.599 *
	（0.191）	（0.738）	（0.550）	（0.309）
硕士及以上	0.626 *	0.414	0.633	0.086
	（0.350）	（0.950）	（1.370）	（0.945）
党员	0.162 *	0.302 *	0.133	0.013
	（0.090）	（0.163）	（0.225）	（0.186）
家庭规模	0.140 ***	0.186	0.173	0.170 ***
	（0.046）	（0.142）	（0.197）	（0.062）
劳动力占比	0.270 **	−0.060	0.732 ***	0.525 ***
	（0.127）	（0.434）	（0.188）	（0.197）
少儿抚养比	−1.016 ***	−0.596	−0.403	−1.483 **
	（0.378）	（0.734）	（0.823）	（0.611）
老人抚养比	0.179	0.501	0.096	−0.194
	（0.143）	（0.417）	（0.251）	（0.219）
身体状况差占比	−0.323 ***	−0.286	−0.264 **	−0.256
	（0.123）	（0.261）	（0.130）	（0.207）

变量	（1）	（2）	（3）	（4）
	京津冀	北京	天津	河北
个体工商业	− 0. 515 ***	− 0. 708 *	− 0. 278	− 0. 573 **
	（0. 171）	（0. 406）	（0. 290）	（0. 285）
社会保障	0. 566	2. 530 ***	− 0. 117	0. 187
	（0. 445）	（0. 965）	（1. 194）	（0. 548）
家庭农村地区	− 0. 450 ***	− 0. 708 ***	− 0. 514	− 0. 302 **
	（0. 103）	（0. 215）	（0. 430）	（0. 137）
人均 GDP 对数	0. 726 ***			
	（0. 088）			
常数项	0. 196	8. 167 ***	8. 300 ***	7. 792 ***
	（1. 214）	（1. 939）	（1. 331）	（1. 049）
N	3 996	1 373	1 053	1 570
工具变量	社区其他家庭拥有商业保险的均值			
一阶段 F 值	17. 58	5. 58	4. 58	9. 63
工具变量 t 值	5. 49	1. 18	0. 62	3. 96

注：* 、** 、*** 分别表示系数估计结果在 10% 、5% 、1% 的水平显著。实证分析对家庭收入进行上下 1% 缩尾处理,并取对数。被解释变量为家庭收入。工具变量为社区其他家庭拥有商业保险的均值,为避免内生性,在计算时剔除了本家庭的商业保险参与情况。

7.2.4 主要结论

通过实证分析,我们发现商业保险参与显著提高了京津冀地区家庭整体的收入水平,从京津冀地区内部来看,商业保险参与显著提高了河北家庭居民的收入水平,但没有显著提高北京、天津家庭居民的收入水平。可见,在经济发展程度较低的地区,商业保险对家庭收入的促进作用更大。这可能是因为北京和天津经济发展水平较高①,社会保障制度完善,金融市场发达,家庭风险分散方面已经做得比较好,因此商业保险对家庭收入的

① 2016 年,在我国 9 个人均 GDP 超过 10 000 美元的省份中,天津以人均 17 406 美元位列第一名,北京以人均 17 271 美元位列第二名,河北未上榜。

影响较小。河北地区农村较多,发展相对落后,社会保障不够完善,居民会面对较多的不确定性和潜在风险。当家庭购买商业保险时,自身面对的不确定性大大降低,商业保险对分散家庭风险的作用较大,对收入的影响会更大。因此,未来在京津冀地区发展商业保险,特别是在河北省大力普及商业保险时,可以作为未来增加居民收入的一个重要参考选项。

7.3　家庭保险与消费

7.3.1　文献综述

消费一直是国内外学者关注的重要问题,消费理论主要包括凯恩斯(Keynes,1936)提出的绝对收入假说、莫迪利亚尼(Modigliani,1954)提出的生命周期理论、弗里德曼(Friedman,1957)提出的持久收入理论以及霍尔(Hall,1978)提出的随机游走假说等。我国一直存在消费低、储蓄高的现象,预防性储蓄是家庭进行储蓄的一个重要原因(龙志和周浩明,2000;易行健等,2008)。商业保险能够有效分散家庭风险,降低家庭面对的不确定性,减少家庭居民的预防性储蓄动机。

不确定性是居民储蓄的一个重要原因(Leland,1968)。居民储蓄多,消费就会减少。阿罗(Arrow,1963)研究发现,消费者购买保险能够应对不确定性风险,以确保按照计划进行消费。Yaari(1965)认为,人寿保险能够使个体在退休后将财产转移给家庭成员,从而有效降低家庭因缺少主要经济来源而导致的财务风险。葛姆雷(Gormley et al.,2010)研究发现,保险参与率低和巨大的财富负向冲击的存在导致居民股市参与率较低,消费率较低,储蓄率较高。王立平(2005)认为,我国商业保险市场的发展并没有降低居民不确定感,也没有达到促进居民消费的目标。文章只考虑人寿保险和财产保险两种商业保险,没有考虑健康保险和人身意外伤害保险,且研究结论有待微观数据的进一步论证和支持。张冀(2010)使用 VEC 模型研究发现,人身保险是比家庭储蓄更高级的应对不确定性和分散家庭风险的手段,能够确保家庭消费的长期稳定,对稳定消费的长期作用大于短期作用。同时,人身保险的发展通过提升居民消费,进一步促进了我国经济的增长。文章从发展居民人身保险的角度提出了在后危机时期促进我国居民消费、保持经济稳定长期增长的策略。李心愉等(2012)通过理论模型推导和国际数据比较研究发现,寿险能够消除因寿命不确定性引起的收入、支出波动,稳定居民对未来的预期,降低预防性储蓄,从而增加消费。史丽媛和孙祁祥(2014)使用我国 2002—2012 年省级面板数据研究发现,人寿保险是社会保障的重要补充,居民人寿参与保险市场能够促进当期消费。史丽缓和孙祁祥文章的发现与李心愉等(2012)的研究结论是一致的。吴庆跃等(2016)使用中国家庭金融调查(CHFS)数据研究了商业健康保险对家庭消费的影响,拥有商业健康保险能够显著促进家庭消费,使家庭消费平均显著提高 15.51%。这种正向效应对农村家庭的作用更大。进一步研究发现,健康保险的发展对农村家庭的物质消费作用更大,对城市的精神消费作用更大。因为,商业保险能够有效分散家庭风险,降低家庭未来面对的不确定性风险,减少家庭的预防性储蓄,从而提升家庭的消费意愿。朱铭来和李涛(2017)认为,商业保险是社会保障的重要补充,能够有效降低居民教育、医疗、住房等刚性消费支出。

7.3.2 描述性统计

表 7-17 描述性统计结果显示,关注变量为家庭商业保险参与,被解释变量为家庭消费,控制变量包括户主特征变量(如性别、年龄、婚姻状况、户口类型、教育水平)、家庭特征变量(如风险态度、党员、家庭规模、劳动力占比、少儿抚养比、老人抚养比、工资薪金收入、家庭其他收入、个体工商业、社会保障、农村家庭等)以及地区 GDP。其中,京津冀地区家庭平均工资收入为 4.89 万元,其他收入平均为 5 170 元。其他变量的描述性统计结果与表 7-13 相同。

表 7-17 变量描述性统计结果

变量	N	均值	标准差	变量	N	均值	标准差
家庭消费	3 996	5.920	5.749	党员	3 996	0.181	0.385
商业保险参与	3 996	0.209	0.409	家庭规模	3 996	3.264	1.545

变量	N	均值	标准差	变量	N	均值	标准差
户主男性	3 996	0.788	0.409	劳动力占比	3 996	0.497	0.325
户主年龄	3 996	53.419	13.793	少儿抚养比	3 996	0.120	0.164
婚姻状况	3 996	0.873	0.333	老人抚养比	3 996	0.200	0.345
风险偏好	3 996	0.093	0.290	工资薪金收入	3 996	4.887	8.634
风险厌恶	3 996	0.648	0.478	家庭其他收入	3 996	0.517	16.360
户主非农户口	3 996	0.408	0.491	个体工商业	3 996	0.144	0.351
初等教育	3 996	0.556	0.497	社会保障	3 996	0.990	0.100
中等教育	3 996	0.215	0.411	家庭农村地区	3 996	0.356	0.479
高等教育	3 996	0.166	0.372	人均 GDP 对数	3 996	11.276	0.488
硕士及以上	3 996	0.019	0.136				

注:家庭有任何一位成员拥有五险一金中的任何一种保障即被认为拥有社会保障。省级人均 GDP 数据来源于 2017 年《中国统计年鉴》。家庭收入、工资薪金收入、家庭其他收入变量的单位均是万元。

表 7-18 把京津冀地区家庭样本按是否拥有商业保险进行分组,比较有商业保险家庭与没有商业保险家庭两个组之间在消费方面的差异。从全国样本来看,有商业保险的家庭消费为 82 678.7 元,没有商业保险的家庭消费为 52 590.7 元,前一组家庭比后一组高 30 088 元,且这种组间均值差异在 1% 的水平显著。从京津冀地区、北京、天津、河北来看,有商业保险的家庭比没有商业保险的家庭消费分别高 32 403.1 元、34 897.7 元、18 341 元、34 174.4 元,且组间差异均在 1% 的置信水平显著。组间均值差异的分析表明,有无商业保险的家庭在消费方面存在较大的差异,但我们还不能据此认为家庭商业保险行为的差异会导致家庭消费的差异,因为两个组之间存在选择性偏误问题。两组家庭除了在商业保险购买行为方面存在差异外,在家庭规模、婚姻状况等特征方面也可能存在差异,这些因素都会对家庭商业保险行为产生潜在影响,因此,我们不能确定这种差异是否由保险行为的不同而引起的。后面将使用工具变量方法得到家庭商业保险决策对消费的因果关系估计结果。

表 7 – 18　商业保险参与和家庭消费差距

	有商业保险	无商业保险	消费差距	倍数
全国	82 678.74	52 590.73	30 088.01 ***	1.572
			(719.429)	
京津冀	92 730.4	60 327.34	32 403.06 ***	1.537
			(2 396.101)	
北京	116 226.5	81 328.81	34 897.66 ***	1.429
			(4 620.346)	
天津	83 689.53	65 348.51	18 341.02 ***	1.281
			(4 363.465)	
河北	73 383.85	39 209.49	34 174.35 ***	1.872
			(2 886.67)	

7.3.3　实证研究

7.3.3.1　模型设定

商业保险参与影响家庭消费的模型为：

$$\text{Consump}_i = \beta_0 + \beta_1 \text{Insurance}_i + X_i\beta + \varepsilon_i \tag{7-2}$$

Consump_i 表示第 i 个家庭的消费情况，是一个连续变量；Insurance_i 表示第 i 个家庭商业保险参与情况，当家庭有任何一位成员购买任何一种商业保险，即视为家庭拥有商业保险；X_i 表示第 i 个家庭其余控制变量，主要包括户主特征变量、家庭特征变量、地区变量等；扰动项为 ε_i。

7.3.3.2　内生性讨论

家庭商业保险参与和家庭消费之间存在内生性问题：家庭消费与家庭商业保险行为同时受家庭消费观念的影响，当地家庭具有超前和时尚的消费观念，那么家庭消费会更多，对保险这种金融产品的购买态度会更加积极，但这种因素难以观测和度量。因此，遗漏变量导致的内生性问题是存在的。

本部分同样使用社区其他家庭拥有商业保险的均值作为家庭商业保险参与的工具变量。为避免内生性，在计算均值时剔除了本家庭商业保险参与情况。一方面,社区商业保险参与水平较高时,出于跟风心理或是投资心理,家庭很有可能也购买商业保险,即社会其他家庭商业保险参与水平的均值与本家庭商业保险决策高度相关。另一方面,社区其他家庭商业保险参与水平的均值与本家庭的消费没有直接联系。因此,使用社会其他家庭商业保险参与水平的均值作为本家庭商业保险决策的工具变量是合理的。

7.3.3.3 实证结果

表 7 - 19 报告了京津冀地区家庭商业保险参与对消费影响的 OLS 回归结果。京津冀地区、北京、天津、河北的估计系数分别为 0.236、0.168、0.142、0.302,这表明,相比于没有参与商业保险市场的家庭,商业保险使家庭消费分别显著提高 23.6%、16.8%、14.2%、30.2%。由于家庭商业保险参与家庭消费之间存在内生性问题,因此我们在表 7 - 20 给出了使用工具变量的估计结果。

接下来,对控制变量进行分析,以第(1)列结果为主。相比于户主为女性的家庭,户主为男性的家庭消费显著更低。年龄的估计系数为负,年龄平方的估计系数为正。这表明户主年龄与家庭消费之间呈现先下降后上升的"U"型关系,相比于京津冀地区户主其他婚姻状况的家庭,户主已婚家庭消费平均提高 16.2%,这可能是因为已婚家庭在赡养父母等方面开支更多,因此消费也会较高。户主非农户口的估计系数为 0.208,在 1% 的水平显著,说明户主非农户口对家庭消费的影响显著为正。不同层次的教育对消费的影响均显著为正,且随着户主受教育水平的提高,教育对消费的影响越来越大。这可能是因为学历高的人对未来收入和工作都较为乐观,会降低当期预防性储蓄,增加消费。党员的估计系数为 0.097,在 1% 的水平显著为正,这表明相比于没有党员的家庭,拥有党员使家庭的消费显著提高 9.7%。家庭规模越大,消费就越高。家庭成员每增加一人,家庭消费平均提高 13.8%。家庭人口结构会对家庭消费产生重要的影响,家庭劳动力人口占比越高,家庭少儿占比越高,老人占比越高,家庭的消费显著降低。这可能是因为家庭当期更多地进行储蓄,以备未来的不时之需。工资薪金收入、家庭其他收入平均使家庭消费分别显著提高 1.2% 和 3.1%。有个体工商业的家庭消费会更多。相比于没有社会保障的家庭,有社会保障显著提高了家庭的消费。农村地区居民的估计系数为 −0.361,在 1% 的置信水平上显著,这表明,相比于城市居民,农村居民的消费会显著减少 36.1%。

表 7 − 19 商业保险参与对家庭消费的影响:OLS 估计

变量	(1) 京津冀	(2) 北京	(3) 天津	(4) 河北
商业保险参与	0.236 ***	0.168 ***	0.142 ***	0.302 ***
	(0.026)	(0.040)	(0.046)	(0.044)
户主男性	− 0.080 ***	− 0.100 ***	− 0.019	− 0.008
	(0.025)	(0.038)	(0.044)	(0.049)
户主年龄	− 0.017 ***	− 0.014 *	0.001	− 0.017 *
	(0.005)	(0.008)	(0.010)	(0.010)
年龄^2/100	0.011 **	0.011	− 0.004	0.006
	(0.005)	(0.007)	(0.009)	(0.009)
婚姻状况	0.162 ***	0.178 ***	0.204 ***	0.066
	(0.034)	(0.055)	(0.061)	(0.062)
户主非农户口	0.208 ***	0.113 ***	0.316 ***	0.379 ***
	(0.025)	(0.036)	(0.063)	(0.050)
风险偏好	0.136 ***	0.150 ***	0.111	0.127 *
	(0.039)	(0.057)	(0.077)	(0.067)
风险厌恶	− 0.011	− 0.025	− 0.041	0.029
	(0.024)	(0.040)	(0.043)	(0.041)
初等教育	0.201 ***	0.271 **	0.175	0.105
	(0.062)	(0.125)	(0.117)	(0.084)
中等教育	0.336 ***	0.358 ***	0.222 *	0.311 ***
	(0.064)	(0.126)	(0.118)	(0.091)
高等教育	0.548 ***	0.596 ***	0.438 ***	0.458 ***
	(0.067)	(0.129)	(0.121)	(0.107)
硕士及以上	0.748 ***	0.808 ***	0.621 ***	0.482 ***
	(0.087)	(0.144)	(0.209)	(0.177)

续表

变量	（1） 京津冀	（2） 北京	（3） 天津	（4） 河北
党员	0.097 ***	0.004	0.067	0.171 ***
	（0.026）	（0.040）	（0.044）	（0.049）
家庭规模	0.138 ***	0.168 ***	0.117	0.143 ***
	（0.011）	（0.021）	（0.020）	（0.016）
劳动力占比	− 0.225 ***	− 0.074	− 0.177 **	− 0.196 ***
	（0.043）	（0.082）	（0.087）	（0.065）
少儿抚养比	− 0.185 **	− 0.126	− 0.067	− 0.309 **
	（0.093）	（0.162）	（0.164）	（0.144）
老人抚养比	− 0.145 ***	− 0.131 *	− 0.030	− 0.161 **
	（0.041）	（0.071）	（0.065）	（0.074）
工资薪金收入	0.012 ***	0.010 *	0.011 **	0.010 **
	（0.003）	（0.006）	（0.005）	（0.004）
家庭其他收入	0.031 ***	0.054 ***	0.012	0.029
	（0.011）	（0.018）	（0.016）	（0.021）
个体工商业	0.297 ***	0.355 ***	0.184 **	0.305 ***
	（0.037）	（0.078）	（0.075）	（0.049）
社会保障	0.205 **	0.252 *	− 0.168	0.279 **
	（0.103）	（0.152）	（0.356）	（0.141）
家庭农村地区	− 0.361 ***	− 0.650 ***	− 0.518 ***	− 0.222 ***
	（0.034）	（0.080）	（0.091）	（0.041）
人均 GDP 对数	0.482 ***	／	／	／
	（0.025）	／	／	／
常数项	4.841 ***	10.240 ***	10.176 ***	10.031 ***
	（0.330）	（0.272）	（0.402）	（0.286）
N	3 996	1 373	1 053	1 570
R^2	0.452 1	0.343 9	0.291 4	0.434 6

注：*、**、*** 分别表示系数估计结果在10%、5%、1%的水平显著。实证分析对家庭工资薪金收入、其他收入取对数。被解释变量为家庭消费的对数。

表7-20报告了使用社区其他家庭有商业保险的均值作为工具变量的估计结果。商业保险参与显著提高了京津冀地区家庭整体的消费水平,同时商业保险参与显著提高了河北家庭居民的消费水平。但商业保险参与并没有显著提高北京、天津家庭居民的消费水平。

表7-20 商业保险参与对家庭消费的影响:2SLS 估计

变量	(1) 京津冀	(2) 北京	(3) 天津	(4) 河北
商业保险参与	2.833 ***	1.608	0.069	3.135 ***
	(0.586)	(1.742)	(2.411)	(0.843)
户主男性	-0.003	-0.068	-0.022	0.006
	(0.050)	(0.064)	(0.097)	(0.095)
户主年龄	-0.026 ***	-0.028	0.001	-0.024
	(0.009)	(0.020)	(0.011)	(0.016)
年龄平方/100	0.021 **	0.021	-0.004	0.020
	(0.008)	(0.015)	(0.011)	(0.015)
婚姻状况	0.163 ***	0.213 **	0.206 **	0.067
	(0.058)	(0.084)	(0.081)	(0.106)
户主非农户口	0.154 ***	0.069	0.315 ***	0.191 *
	(0.048)	(0.072)	(0.065)	(0.109)
风险偏好	-0.034	0.044	0.115	-0.030
	(0.089)	(0.157)	(0.147)	(0.146)
风险厌恶	0.066	0.022	-0.044	0.082
	(0.048)	(0.078)	(0.102)	(0.076)
初等教育	0.096	0.107	0.179	0.139
	(0.081)	(0.249)	(0.190)	(0.109)
中等教育	0.147	0.136	0.229	0.300 **
	(0.095)	(0.309)	(0.272)	(0.128)
高等教育	0.289 ***	0.325	0.445 *	0.297 *
	(0.109)	(0.365)	(0.251)	(0.177)
硕士及以上	0.308 *	0.463	0.640	0.031
	(0.187)	(0.455)	(0.667)	(0.445)

续表

变量	（1） 京津冀	（2） 北京	（3） 天津	（4） 河北
党员	0.061	0.042	0.070	0.075
	(0.050)	(0.070)	(0.104)	(0.104)
家庭规模	0.082 ***	0.131 **	0.119 *	0.082 **
	(0.025)	(0.056)	(0.063)	(0.036)
劳动力占比	− 0.212 ***	− 0.162	− 0.181	− 0.183 *
	(0.075)	(0.152)	(0.169)	(0.108)
少儿抚养比	− 0.554 ***	− 0.303	− 0.058	− 0.799 **
	(0.210)	(0.324)	(0.344)	(0.331)
老人抚养比	0.027	0.006	− 0.032	− 0.050
	(0.079)	(0.188)	(0.104)	(0.123)
工资薪金收入	0.000	0.002	0.011	0.010
	(0.006)	(0.012)	(0.020)	(0.008)
家庭其他收入	0.002	0.041	0.013	− 0.029
	(0.022)	(0.031)	(0.020)	(0.042)
个体工商业	0.019	0.221	0.190	− 0.045
	(0.096)	(0.200)	(0.224)	(0.147)
社会保障	− 0.013	0.123	− 0.154	0.163
	(0.195)	(0.257)	(0.576)	(0.286)
家庭农村地区	− 0.413 ***	− 0.623 ***	− 0.511 **	− 0.299 ***
	(0.059)	(0.106)	(0.243)	(0.076)
人均GDP对数	0.436 ***			
	(0.048)			
常数项	5.626 ***	10.838 ***	10.160 ***	10.289 ***
	(0.637)	(0.812)	(0.642)	(0.781)
N	3 996	1 373	1 053	1 570
工具变量	社区其他家庭拥有商业保险的均值			
一阶段 F 值	17.04	5.41	4.63	9.21
工具变量 t 值	5.40	1.14	0.66	4.13

注：* 、** 、*** 分别表示系数估计结果在10%、5%、1%的水平显著。实证分析对家庭工资薪金收入、其他收入取对数。被解释变量为家庭消费的对数。工具变量为社区其他家庭拥有商业保险的均值，为避免内生性，在计算时剔除了本家庭的商业保险参与情况。

7.3.4 主要结论

商业保险参与显著提高了京津冀地区家庭整体的消费水平,同时商业保险参与显著提高了河北家庭居民的消费水平。但商业保险参与并没有显著提高北京、天津家庭居民的消费水平。商业保险发展对京津冀地区整体,特别是河北省家庭居民消费的促进作用更大。河北省的经济发展水平不高,居民收入较低,面对医疗、住房、子女上学的压力较大。出于收入低和预防性储蓄动机强的原因,家庭消费较低。商业保险能够减少家庭医疗支出,减少家庭面对的各种不确定性风险。虽然北京、天津居民面对高房价、子女上学难等问题,但这两个省份的经济发展水平较高,保险保障等各项社会福利水平较高,外加居民的收入普遍较高,家庭居民消费一直处于较高水平。由于商业保险市场参与对北京、天津的家庭居民风险分散作用不如河北省大,外加这两个地区的家庭消费水平一直较高,所以商业保险对北京、天津家庭居民消费的促进作用不显著,但依然是正向的。因此,在京津冀地区发展商业保险,特别是促进河北省商业保险市场的发展,提高家庭商业保险参与能够有效促进家庭消费。

7.4 家庭保险与财富

7.4.1 文献综述

商业保险能够对家庭财富产生较大的影响。当家庭拥有财产保险时,能够在一定程度上确保家庭资产的安全性。人寿保险具有投资理财等多种功能,家庭购买人寿保险能够确保财富的保值增值。人身意外伤害险、健康保险能够为家庭成员的身体健康和安全提供保障,从而保证家庭的财富积累。

传统凯恩斯理论认为,通货膨胀对债务人是有利的,对债权人是不利的,因为通货膨胀使债务人偿付的本息减少。未预期的通货膨胀对购买财产险的债权人更有利,对购买人寿保险的债权人影响不显著(Chang,1985)。Starr – McCluer(1996)使用 1989 年美国消费者金融调查数据研究发现,相比于没有购买商业健康保险的家庭,购买了商业健康保险的家庭财富水平更高。这与商业保险降低家庭预防性储蓄,进而降低家庭财富的直觉相悖,表明储蓄与家庭商业健康保险之间的关系似乎不是通过不确定性和预防性储蓄动机联系在一起的。Harris(2009)认为,如果设计得当,人寿保险将会是超级富有家庭转移财富给下一代并避免缴纳遗赠税、房产税的理想金融产品(Wells,2009;Timothy,2011)。伯纳德(Bernard,2009)研究发现,中等收入家庭商业保险参与率是低收入家庭的2.9 倍,而中等财富家庭商业保险参与率是低财富家庭的23.2。相比于收入水平,财富水平对居民商业保险决策的影响更大。这个发现认为,能买保险而不参保的家庭数量被高估了,财富和收入是影响家庭商业保险决策的重要因素。莱文等(Levine et al.,2016)认为,当家庭遇到大病冲击时,会采取自保和互保两种方式渡过难关。自保是指家庭通过减少储蓄、借贷、变卖资产以应对冲击,互保是指家庭利用亲戚朋友的无息借贷应对冲击。他们通过田野实验的方法研究了柬埔寨地区家庭购买健康保险对负债、资产、支出、健康的影响,发现购买商业保险的居民在发生大病时可减少借贷和负债,减少变卖资产的概率,减少医疗支出,但没有显著改善居民的健康状况。

7.4.2 描述性统计

表 7 – 21 统计了实证研究主要使用的变量,关注变量为家庭商业保险参与,被解释变量为家庭财富情况,控制变量包括户主特征变量(如性别、年龄、婚姻状况、户口类型、教育水平)、家庭特征变量(如风险态度、党员、家庭规模、劳动力占比、少儿抚养比、老人抚养比、身体状况差占比、社会保障、农村地区家庭等),以及地区 GDP 固定效应变量。其中,京津冀地区家庭平均财富为 163.72 万元,由于北京、天津的房价较高,所以京津冀家庭的整体财富水平较高。其他变量的描述性统计结果与表 7 – 13 是相同的。

表 7 - 21　变量描述性统计结果

变量	N	均值	标准差	变量	N	均值	标准差
家庭财富	3 996	163. 717	246. 407	硕士及以上	3 996	0. 019	0. 136
商业保险参与	3 996	0. 209	0. 409	党员	3 996	0. 181	0. 385
户主男性	3 996	0. 788	0. 409	家庭规模	3 996	3. 264	1. 545
户主年龄	3 996	53. 419	13. 793	劳动力占比	3 996	0. 497	0. 325
婚姻状况	3 996	0. 873	0. 333	少儿抚养比	3 996	0. 120	0. 164
风险偏好	3 996	0. 093	0. 290	老人抚养比	3 996	0. 200	0. 345
风险厌恶	3 996	0. 648	0. 478	身体状况差占比	3 996	0. 158	0. 278
户主非农户口	3 996	0. 408	0. 491	社会保障	3 996	0. 990	0. 100
初等教育	3 996	0. 556	0. 497	农村地区家庭	3 996	0. 356	0. 479
中等教育	3 996	0. 215	0. 411	人均 GDP 对数	3 996	11. 276	0. 488
高等教育	3 996	0. 166	0. 372				

注:家庭有任何一位成员拥有五险一金中的任何一种保障即被认为拥有社会保障。省级人均 GDP 数据来源于 2017 年《中国统计年鉴》。家庭财富变量的单位是万元,后面实证分析部分对其取对数。

表 7 - 22 把京津冀家庭样本按是否拥有商业保险进行分组,比较有商业保险家庭与没有商业保险家庭两个组之间在财富方面的差异。从全国样本来看,有商业保险的家庭财富为 1 794. 939 元,没有商业保险的家庭财富为 933 501 元,前一组家庭比后一组高 861 438 元,且这种组间均值差异在 1% 的水平显著。从京津冀地区、北京、天津、河北来看,有商业保险的家庭比没有商业保险家庭的财富分别高 1 170 445 元、1 121 347 元、986 945 元、987 882 元,且组间差异均在 1% 的水平显著。组间均值差异的分析表明,有无商业保险的家庭在财富方面存在较大的差异。但我们还不能据此认为家庭商业保险行为的差异会导致家庭财富的差异,因为两个组之间存在选择性偏误问题。两组家庭除了在商业保险购买行为上存在差异外,在户主文化程度、家庭人口结构等特征上也可能存在差异,这些因素都会对家庭商业保险行为产生潜在影响,因此,我们不能确定这种差异是否由保险行为的不同引起的。后面将使用工具变量方法得到家庭商业保险决策对财富的因果关系估计结果。

表 7 - 22　商业保险参与和家庭财富差距

	有商业保险	无商业保险	财富差距	倍数
全国	1 794 939	933 501. 1	861 437. 6 *** (25 450. 68)	1. 923
京津冀	3 138 124	1 967 679	1 170 445 *** (113 204. 3)	1. 595
北京	4 670 043	3 548 696	1 121 347 *** (229 543. 7)	1. 316
天津	2 788 682	1 801 737	986 945. 2 *** (188 585. 8)	1. 548
河北	1 748 001	760 119. 2	987 881. 5 *** (97 181. 26)	2. 300

7.4.3　实证研究

7.4.3.1　模型设定

商业保险参与对家庭消费影响的模型为:

$$\text{Asset}_i = \beta_0 + \beta_1 \text{Insurance}_i + X_i\beta + \varepsilon_i \qquad (7-3)$$

其中,Asset_i表示第 i 个家庭的资产情况,是一个连续变量;Insurance_i表示第 i 个家庭的商业保险参与情况,当家庭有任何一位成员购买任何一种商业保险,即视为家庭拥有商业保险;X_i 表示第 i 个家庭的其余控制变量,主要包括户主特征变量、家庭特征变量、地区变量等;扰动项为 ε_i。

7.4.3.2　内生性讨论

家庭商业保险参与和家庭财富之间存在内生性问题:第一,家庭财富水平越高,越有可能购买财产保险、人寿保险等商业保险产品,以实现财产保值增值、投资理财的目标。因此,家庭财富与商业保险参与之间存在由逆向因果导致的内生性问题。第二,家庭财富与家庭商业保险行为也可能同时受当地理财习惯的影响。如果当地有较强的理财观念和意识,家庭购买保险的可能性更大,同时财富会更高一些,但这种因素难以观测和度量。因此,遗漏变量导致的内生性问题也是存在的。

我们同样使用社区其他家庭拥有商业保险的均值作为家庭商业保险参与的工具变量。为避免内生性，在计算均值时剔除了本家庭商业保险参与情况。一方面，社区商业保险参与水平较高时，出于跟风心理和从众心理，家庭很有可能也购买商业保险，即社会其他家庭商业保险参与水平的均值与本家庭商业保险决策高度相关。另一方面，社区其他家庭商业保险参与水平的均值与本家庭的财富不相关。因此，使用社会其他家庭商业保险参与水平的均值作为本家庭商业保险决策的工具变量是合理的。

7.4.3.3 实证结果

表 7 - 23 报告了京津冀家庭商业保险参与对财富影响的 OLS 回归结果。京津冀地区、北京、天津、河北的估计系数分别为 0.491、0.328、0.495、0.463，这表明，相比于没有参与商业保险市场的家庭，商业保险使家庭财富分别显著提高 49.1%、32.8%、49.5%、46.3%。由于家庭商业保险参与财富之间存在内生性问题，因此我们在表 7 - 24 给出了使用工具变量的估计结果。

接下来，对控制变量进行分析，以第（1）列结果为主。年龄的估计系数为正，年龄平方的估计系数为负，这表明年龄与家庭财富之间呈先增加后递减的"倒 U 型"。相比于京津冀地区户主其他婚姻状况的家庭，户主已婚家庭财富平均提高 35.9%，这可能是因为已婚家庭较为稳定，收入来源多，因此财富也会较高。偏好风险的家庭，财富水平较高。户主非农户口的估计系数为 0.35，在 1% 的水平显著，说明户主非农户口对家庭财富的影响显著为正。不同层次的教育水平对财富的影响均显著为正，且随着户主受教育水平的提高，教育对财富的影响越来越大。党员的估计系数为 0.288，且在 1% 的水平显著为正，这表明相比于没有党员的家庭，拥有党员使家庭的财富显著提高 28.8%。家庭规模越大，财富就会越高。家庭成员每增加一人，家庭财富平均提高 21.1%。家庭人口结构同样会对家庭财富产生重要的影响，家庭少儿占比越高、老人占比越高、身体状况差的人占比越高，家庭的财富水平显著降低。居民为农村地区的估计系数为 - 0.698，在 1% 的水平显著，这表明相比于城市居民，农村居民的财富会显著减少。

表 7 - 23 商业保险参与对家庭财富的影响:OLS 估计

变量	（1） 京津冀	（2） 北京	（3） 天津	（4） 河北
商业保险参与	0.491 ***	0.328 ***	0.495 ***	0.463 ***
	（0.062）	（0.106）	（0.122）	（0.090）
户主男性	− 0.007	− 0.064	0.307 **	0.089
	（0.074）	（0.116）	（0.145）	（0.112）
户主年龄	0.063 ***	0.127 ***	0.101 ***	0.015
	（0.016）	（0.026）	（0.030）	（0.026）
年龄^2/100	− 0.047 ***	− 0.093 ***	− 0.076 ***	− 0.024
	（0.016）	（0.024）	（0.028）	（0.025）
婚姻状况	0.359 ***	0.210	0.451 **	0.333 **
	（0.100）	（0.155）	（0.190）	（0.158）
风险偏好	0.315 ***	0.236	0.542 ***	0.315
	（0.098）	（0.163）	（0.173）	（0.151）
风险厌恶	0.051	0.201	− 0.094	0.047
	（0.069）	（0.126）	（0.145）	（0.094）
户主非农户口	0.350 ***	0.377 ***	0.324 *	0.838 ***
	（0.074）	（0.113）	（0.177）	（0.119）
初等教育	0.540 ***	0.047	− 0.162	0.520 **
	（0.203）	（0.539）	（0.497）	（0.219）
中等教育	0.936 ***	0.466	0.279	0.783 ***
	（0.212）	（0.548）	（0.497）	（0.238）
高等教育	1.572 ***	1.009 *	1.154 **	1.218 ***
	（0.214）	（0.541）	（0.489）	（0.262）
硕士及以上	1.806 ***	1.337 **	1.779 ***	1.167 ***
	（0.254）	（0.575）	（0.545）	（0.296）
党员	0.288 ***	0.097	0.292 **	0.332 ***
	（0.068）	（0.118）	（0.127）	（0.101）
家庭规模	0.211 ***	0.230 ***	0.174 ***	0.217 ***
	（0.027）	（0.059）	（0.060）	（0.034）

续表

变量	（1） 京津冀	（2） 北京	（3） 天津	（4） 河北
劳动力占比	− 0.014	0.073	0.454 **	0.232
	（0.106）	（0.213）	（0.227）	（0.153）
少儿抚养比	− 0.605 **	− 0.252	− 0.407	0.988 ***
	（0.238）	（0.445）	（0.502）	（0.320）
老人抚养比	− 0.343 ***	− 0.044	− 0.062	− 0.475 **
	（0.127）	（0.226）	（0.216）	（0.195）
身体状况差占比	− 0.905 ***	− 0.835 ***	− 0.429 *	− 0.872 ***
	（0.127）	（0.264）	（0.240）	（0.168）
社会保障	0.582	1.021	0.571	0.504
	（0.391）	（0.910）	（0.848）	（0.452）
家庭农村地区	− 0.698 ***	− 1.524	− 1.205 ***	− 0.331 ***
	（0.086）	（0.245）	（0.227）	（0.096）
人均 GDP 对数	0.722 ***	/	/	/
	（0.065）	/	/	/
常数项	0.968	7.695 ***	8.027 ***	10.338 ***
	（0.912）	（1.191）	（1.084）	（0.795）
N	3 996	1 373	1 053	1 570
R^2	0.273 0	0.176 2	0.211 7	0.330 0

注：* 、** 、*** 分别表示系数估计结果在 10%、5%、1% 的水平显著。被解释变量为家庭财富的对数。

表 7 - 24 报告了使用社区其他家庭拥有商业保险的均值作为工具变量的估计结果。商业保险参与显著提高了京津冀地区家庭整体的财富水平，同时商业保险参与显著提高了河北家庭居民的财富水平。但商业保险参与并没有显著提高北京、天津家庭居民的财富水平。

表 7 – 24　商业保险参与对家庭财富的影响:2SLS 估计

变量	（1）京津冀	（2）北京	（3）天津	（4）河北
商业保险参与	8.314 ***	8.989	26.585	6.256 ***
	(1.548)	(7.247)	(52.716)	(1.567)
户主男性	0.214	0.103	1.210	0.133
	(0.149)	(0.279)	(2.011)	(0.207)
户主年龄	0.036	0.040	0.043	0.002
	(0.029)	(0.087)	(0.186)	(0.039)
年龄^2/100	– 0.016	– 0.032	0.006	0.004
	(0.027)	(0.067)	(0.210)	(0.036)
婚姻状况	0.396 **	0.462	0.078	0.317
	(0.174)	(0.371)	(1.162)	(0.242)
风险偏好	– 0.244	– 0.431	– 1.166	– 0.051
	(0.263)	(0.708)	(3.804)	(0.307)
风险厌恶	0.278 **	0.495	0.907	0.127
	(0.139)	(0.357)	(2.164)	(0.157)
户主非农户口	0.195	0.138	0.608	0.475 **
	(0.143)	(0.310)	(1.251)	(0.229)
初等教育	0.249	– 0.924	– 1.652	0.639 **
	(0.264)	(1.019)	(3.176)	(0.274)
中等教育	0.391	– 0.861	– 2.308	0.821 ***
	(0.299)	(1.278)	(5.362)	(0.315)
高等教育	0.834 **	– 0.643	– 1.196	1.051 ***
	(0.329)	(1.515)	(4.905)	(0.393)
硕士及以上	0.492	– 0.823	– 4.661	0.447
	(0.554)	(1.957)	(13.730)	(0.835)
党员	0.188	0.355	– 0.688	0.128
	(0.147)	(0.328)	(2.055)	(0.216)
家庭规模	– 0.022	– 0.087	– 0.797	0.094
	(0.073)	(0.304)	(1.961)	(0.069)
劳动力占比	– 0.244	– 0.872	– 0.400	0.240
	(0.205)	(0.888)	(2.050)	(0.228)

续表

变量	（1）京津冀	（2）北京	（3）天津	（4）河北
少儿抚养比	- 1. 681 ***	- 1. 377	- 3. 966	- 1. 928 ***
	（0. 605）	（1. 508）	（7. 979）	（0. 669）
老人抚养比	0. 228	0. 862	1. 035	- 0. 247
	（0. 241）	（0. 872）	（2. 449）	（0. 272）
身体状况差占比	- 0. 480 **	- 0. 466	- 0. 617	- 0. 366
	（0. 210）	（0. 536）	（1. 001）	（0. 259）
社会保障	- 0. 123	0. 073	- 4. 349	0. 217
	（0. 626）	（1. 616）	（10. 098）	（0. 689）
家庭农村地区	- 0. 780 ***	- 1. 313 ***	- 3. 112	- 0. 460 ***
	（0. 168）	（0. 499）	（4. 368）	（0. 160）
人均 GDP 对数	0. 593 ***			
	（0. 138）			
常数项	2. 996	11. 386 ***	13. 233	9. 786 ***
	（1. 867）	（3. 688）	（11. 364）	（1. 217）
N	3 996	1 373	1 053	1 570
工具变量	社区其他家庭拥有商业保险的均值			
一阶段 F 值	17. 54	5. 71	4. 73	9. 24
工具变量 t 值	5. 86	1. 22	0. 57	4. 64

注：*、**、***分别表示系数估计结果在10%、5%、1%的水平显著。被解释变量为家庭财富的对数。工具变量为社区其他家庭拥有商业保险的均值，为避免内生性，在计算时剔除了本家庭的商业保险参与情况。

7.4.4 主要结论

商业保险对家庭财富具有重要的影响，人寿保险不仅能够积累家庭人力资本，还可以帮助家庭实现财富的代际转移，避免高额的赠予税、遗产税支出。财产保险能够在家庭财产出现损失时提供一定的保障和补偿，这在一定程度上直接保证了家庭财富的保值。商业健康保险能够减少家庭医疗支出，降低家庭因病举债或变卖资产的可能性，避免家庭财富的损失。因此，家庭商业保险参与能够提升财富水平。本部分使用工具变量方法实证研究发现,商业保险参与显著提高了京津冀地区家庭整体的财富水平,同时商业保险参与显著提高了河北家庭居民的财富水平,但没有显著提高北京、天津家庭居民的财富水平。我国目前尚没有征收遗产税,北京、天津的医疗、治安等社会保障制度和社会环境较好,商业保险对家庭财富的影响不显著。河北省的医疗条件、社会治安环境较北京和天津有一定的差距,商业保险发挥的作用更大一些。可见,在京津冀地区,特别是河北省推进商业保险的发展与普及,提升居民参与商业保险、分散风险的意识,对提升家庭居民财富、增强居民幸福感、提升社会整体福利水平具有重要意义。

7.5 家庭保险与创业

7.5.1 文献综述

提供商业保险能够对风险厌恶的劳动者的经济决策产生重要的影响,商业保险主要通过改变家庭的风险态度,使家庭健康等问题得到有效保障,进而可以尝试一些风险较高的经营活动,从事创业,增加收入。

阿加沃尔(Aggarwal et al.,2013)研究了健康保险对创业的影响,缺乏健康保险会对创业者的创业行为产生极大的阻碍,健康保险给已婚、有小孩、使用自有资金创业的创业者带来的正向效应会更大。Njegomir 等人(2017)研究了塞尔维亚农村地区农业保险对农民创业行为的影响,他们发现,环境保护与农业保险为农民提供了风险保护机制,促进了农民创业,增加了农业产出,提高了农业生产效率。国内文献对家庭居民的创业行为做了大量的研究,金融知识(尹志超等,2015)、房价(吴晓瑜等,2014)、外出务工经历(周广肃等,2017)、养老保险(周广肃和李力行,2016)、社会信任(周广肃等,2015)、社会网络(马光荣和杨恩艳,2011)、认知能力(李涛等,2017)都是影响居民创业行为的重要因素。具体来说,尹志超等(2015)认为,金融知识能够显著提高家庭创业的概率,并促进家庭自主创业。吴晓瑜等(2014)认为,我国高房价阻碍了家庭居民创业。周广肃等(2017)研究了农民外出务工经历对返乡创业行为的影响,他们发现,外出务工经历使农民创业的概率提高了 1.8%。周广肃和李力行(2016)发现,参与新农保行为提高了居民创业的积极性。周广肃等(2015)研究发现,社会信任能够提升家庭居民创业的概率。马光荣和杨恩艳(2011)研究发现,拥有更多社会网络的农民能够获得更多的非正规借款,从而更有可能进行创业。李涛等(2017)研究了认知能力对居民创业行为的影响,在管制比较高的行业,聪明人创业概率更低;在管制比较低的行业,聪明人创业的概率更高。

7.5.2 描述性统计

表 7-25 统计了实证研究主要使用的变量,关注变量为家庭商业保险参与,被解释变量为家庭创业情况,控制变量包括户主特征变量(如性别、年龄、婚姻状况、教育水平)、家庭特征变量(如风险态度、党员、家庭规模、劳动力占比、少儿抚养比、老人抚养比、外出工作经历、农村地区家庭等)家庭特征变量,以及地区 GDP 固定效应变量。其中,京津冀地区家庭创业的比例为 14.4%,有 21.7% 的家庭拥有外出务工经历。其他变量的描述性统计结果与表 7-13 相同。

表 7-25　京津冀变量描述性统计结果

变量	N	均值	标准差	变量	N	均值	标准差
家庭创业	3 996	0.144	0.351	工资薪金收入	3 996	4.887	8.634
商业保险参与	3 996	0.209	0.409	党员	3 996	0.181	0.385
户主男性	3 996	0.788	0.409	家庭规模	3 996	3.264	1.545
户主年龄	3 996	53.419	13.793	劳动力占比	3 996	0.497	0.325
婚姻状况	3 996	0.873	0.333	少儿抚养比	3 996	0.120	0.164
风险偏好	3 996	0.093	0.290	老人抚养比	3 996	0.200	0.345
风险厌恶	3 996	0.648	0.478	身体状况差占比	3 996	0.158	0.278
初等教育	3 996	0.556	0.497	社会保障	3 996	0.990	0.100
中等教育	3 996	0.215	0.411	农村地区家庭	3 996	0.356	0.479
高等教育	3 996	0.166	0.372	外出工作经历	3 996	0.217	0.412
硕士及以上	3 996	0.019	0.136	人均 GDP 对数	3 996	11.276	0.488

注:家庭有任何一位成员拥有五险一金中的任何一种保障即被认为拥有社会保障。省级人均 GDP 数据来源于 2017 年《中国统计年鉴》。家庭财富变量的单位是万元,后面实证分析部分对家庭财富取对数。

表7-26把京津冀地区家庭样本按是否有商业保险进行分组,比较有商业保险家庭与没有商业保险家庭两个组之间在创业方面的差异。从全国样本来看,有商业保险的家庭创业比例为22.5%,没有商业保险的家庭创业比例为12.4%,前一组家庭比后一组家庭高10.1%,且这种组间均值差异在1%的水平显著。从京津冀地区、北京、天津、河北来看,有商业保险的家庭比没有商业保险的创业比例分别高9.4%、5.7%、7.2%、14.7%,且组间差异均在1%的水平显著。组间均值差异的分析表明,有无商业保险的家庭在创业方面存在较大的差异。但我们还不能据此认为家庭商业保险行为的差异会导致家庭创业的差异,因为两个组之间存在选择性偏误问题。两组家庭除了在商业保险购买行为方面存在差异外,在户主文化程度、风险态度等特征上也可能存在差异,这些因素都会对家庭商业保险行为产生潜在影响,因此,我们不能确定这种差异是否由保险行为的不同引起的。后面将使用工具变量方法得到家庭商业保险决策对创业的因果关系估计结果。

表7-26 商业保险参与和家庭创业差距

	有商业保险	无商业保险	创业差距	倍数
全国	0.225	0.124	0.101	1.815
			(0.005)	
京津冀	0.187	0.093	0.094 ***	2.011
			(0.013)	
北京	0.119	0.062	0.057	1.919
			(0.017)	
天津	0.154	0.082	0.072 ***	1.878
			(0.025)	
河北	0.275	0.128	0.147 ***	2.148
			(0.023)	

注:*、**、***分别表示系数估计结果在10%、5%、1%的水平显著。

7.5.3 实证研究

7.5.3.1 模型设定

商业保险参与对家庭创业行为的 Probit 模型为：

$$\text{Business}_i = 1(\alpha\,\text{Insurance}_i + X_i\beta + \varepsilon_i) \qquad (7-4)$$

其中，Business_i 表示第 i 个家庭的创业情况，家庭只要有工商业取值为 1，否则为 0。Insurance_i 表示第 i 个家庭商业保险参与情况。X_i 表示第 i 个家庭其余控制变量，主要包括户主特征变量、家庭特征变量、地区变量等。扰动项 ε_i 服从均值为 0，方差为 σ^2 的正态分布。

7.5.3.2 内生性讨论

家庭商业保险参与和家庭创业之间存在内生性问题：一方面，创业的家庭会积累财富，因此有可能购买财产保险，以保证财富的安全。同时，创业家庭成员为把企业经营好，可能会更加努力地工作，因此创业家庭可能会购买商业健康保险，为身体健康提供保障。因此，家庭创业与商业保险参与之间存在由逆向因果导致的内生性问题。

我们同样使用社区其他家庭拥有商业保险的均值作为家庭商业保险参与的工具变量。为避免内生性，在计算均值时剔除了本家庭商业保险参与情况。一方面，社区商业保险参与水平较高时，出于跟风心理和从众心理，家庭很有可能也购买商业保险，即社会其他家庭商业保险参与水平的均值与本家庭商业保险决策高度相关。另一方面，社区其他家庭商业保险参与水平的均值与本家庭的创业决策不相关。因此，使用社会其他家庭商业保险参与水平的均值作为本家庭商业保险决策的工具变量是合理的。

7.5.3.3 实证结果

表 7-27 报告了京津冀家庭商业保险参与对创业影响的 Probit 回归结果。京津冀地区、北京、天津、河北的估计系数分别为 0.043、0.024、0.032、0.072，这表明，相比于没有参与商业保险市场的家庭，商业保险使家庭创业的概率分别显著提高 4.3%、2.4%、3.2%、7.2%。由于家庭商业保险决策与创业之间存在内生性问题，因此我们在表 7-28 给出了使用工具变量的估计结果。

接下来，对控制变量进行分析，以第（1）列结果为主。工资薪金收入

的边际效应为 - 0.016,且在 1% 的水平显著。这表明家庭工资收入越高,从事工商业的可能性越低;家庭规模越大,创业的可能性也越高。具体来说,家庭成员每增加一人,家庭创业的概率平均提高 4.3%。家庭人口结构会对家庭创业行为产生影响,家庭劳动力人口占比越高,家庭创业的可能性越高。但老年人口占比越高、身体状况差的人占比越高,家庭创业的可能性就越低。农村居民的估计系数为 - 0.076,在 1% 的水平显著,这表明,相比于城市居民,农村居民创业的概率会显著减少 7.6%。此外,外地工作经历的边际效应为 0.022,估计结果在 1% 的水平显著,这表明,相比于没有外地工作经历的家庭,有外地工作经历的家庭创业的概率会显著提高 2.2%。

表 7 - 27　商业保险参与对家庭创业的影响:Probit 估计

变量	（1）京津冀	（2）北京	（3）天津	（4）河北
商业保险参与	0.043 ***	0.024 *	0.032 *	0.072 ***
	(0.010)	(0.014)	(0.017)	(0.019)
户主男性	0.009	0.034 **	0.007	- 0.031
	(0.012)	(0.016)	(0.019)	(0.024)
婚姻状况	- 0.005	- 0.023	- 0.040 *	0.062 *
	(0.017)	(0.021)	(0.024)	(0.037)
风险偏好	0.024	0.016	0.045 *	0.002
	(0.016)	(0.019)	(0.025)	(0.032)
风险厌恶	0.006	- 0.017	- 0.008	0.027
	(0.011)	(0.015)	(0.017)	(0.019)
户主年龄	- 0.000	0.002	0.002	- 0.005
	(0.003)	(0.004)	(0.004)	(0.006)
年龄^2/100	- 0.002	- 0.004	- 0.003	0.002
	(0.003)	(0.004)	(0.004)	(0.006)
初等教育	0.015	- 0.015	- 0.049	0.053
	(0.030)	(0.066)	(0.036)	(0.049)
中等教育	0.020	- 0.005	- 0.047	0.065
	(0.032)	(0.068)	(0.038)	(0.052)

续表

变量	（1） 京津冀	（2） 北京	（3） 天津	（4） 河北
高等教育	− 0.012	− 0.007	− 0.072 *	− 0.018
	（0.034）	（0.069）	（0.038）	（0.058）
硕士及以上	− 0.012	0.015	− 0.174 ***	− 0.106
	（0.040）	（0.072）	（0.058）	（0.116）
工资薪金收入	− 0.016 ***	− 0.016 ***	− 0.019 ***	− 0.017 ***
	（0.001）	（0.002）	（0.002）	（0.002）
党员	0.009	− 0.000	− 0.014	0.038
	（0.012）	（0.015）	（0.019）	（0.023）
家庭规模	0.043 ***	0.047 ***	0.042 ***	0.041 ***
	（0.004）	（0.007）	（0.008）	（0.007）
劳动力占比	0.224 ***	0.181 ***	0.317 ***	0.207 ***
	（0.017）	（0.027）	（0.030）	（0.031）
少儿抚养比	0.034	0.048	0.096	− 0.030
	（0.038）	（0.056）	（0.062）	（0.068）
老人抚养比	− 0.060 *	− 0.050	0.027	− 0.121 ***
	（0.023）	（0.034）	（0.030）	（0.046）
身体状况差占比	− 0.065 ***	0.011	− 0.058	− 0.117 ***
	（0.022）	（0.032）	（0.037）	（0.039）
社会保障	0.008	0.090	− 0.093 ***	0.006
	（0.043）	（0.059）	（0.036）	（0.079）
家庭农村地区	− 0.076 ***	− 0.067 *	− 0.054 *	− 0.090 ***
	（0.014）	（0.035）	（0.032）	（0.019）
外出工作经历	0.022 **	− 0.011	0.014	0.040 **
	（0.011）	（0.019）	（0.022）	（0.019）
人均 GDP 对数	− 0.006			
	（0.011）			
N	3 996	1 373	1 053	1 570
Pseudo R^2	0.224 2	0.253 2	0.384 1	0.276 1

注：* 、** 、*** 分别表示系数估计结果在 10%、5%、1% 的水平显著。表中报告的估计结果为边际效应。实证分析对家庭工资薪金收入取对数。被解释变量为家庭创业。

表7-28报告了使用社区其他家庭拥有商业保险的均值作为工具变量的估计结果。商业保险参与显著提高了京津冀地区家庭整体的创业概率，同时商业保险参与显著提高了河北家庭居民创业的概率。但商业保险参与并没有显著提高北京、天津家庭居民的创业积极性。

表7-28 商业保险对家庭创业的影响：IV_Probit 估计

变量	（1）京津冀	（2）北京	（3）天津	（4）河北
商业保险参与	0.479 ***	0.408	- 0.324	0.561 ***
	(0.055)	(0.291)	(1.444)	(0.055)
户主男性	0.020 **	0.037 *	- 0.004	- 0.008
	(0.010)	(0.020)	(0.053)	(0.020)
婚姻状况	- 0.001	- 0.008	- 0.043	0.031
	(0.013)	(0.030)	(0.032)	(0.026)
风险偏好	- 0.016	- 0.013	0.079	- 0.032
	(0.017)	(0.040)	(0.132)	(0.026)
风险厌恶	0.017 *	0.000	- 0.023	0.022
	(0.009)	(0.027)	(0.063)	(0.015)
户主年龄	- 0.002	- 0.002	0.003	- 0.005
	(0.002)	(0.005)	(0.006)	(0.004)
年龄^2/100	0.001	- 0.001	- 0.005	0.005
	(0.002)	(0.005)	(0.008)	(0.004)
初等教育	- 0.007	- 0.052	- 0.042	0.031
	(0.022)	(0.061)	(0.062)	(0.029)
中等教育	- 0.018	- 0.060	- 0.026	0.024
	(0.024)	(0.072)	(0.110)	(0.033)
高等教育	- 0.050 **	- 0.074	- 0.063	- 0.052
	(0.025)	(0.078)	(0.077)	(0.038)
硕士及以上	- 0.080 **	- 0.074	- 0.131	- 0.148
	(0.037)	(0.100)	(0.252)	(0.096)
工资薪金收入	- 0.011 ***	- 0.014	- 0.022 ***	- 0.006 ***
	(0.001)	(0.009)	(0.005)	(0.002)

续表

变量	（1）京津冀	（2）北京	（3）天津	（4）河北
党员	0.003	0.011	− 0.004	− 0.000
	(0.011)	(0.018)	(0.049)	(0.020)
家庭规模	0.016 ***	0.029	0.063	0.008
	(0.006)	(0.039)	(0.072)	(0.007)
劳动力占比	0.135 ***	0.118	0.387 **	0.107 ***
	(0.023)	(0.138)	(0.189)	(0.025)
少儿抚养比	− 0.042	− 0.015	0.167	− 0.095
	(0.039)	(0.096)	(0.287)	(0.059)
老人抚养比	− 0.005	− 0.002	0.021	− 0.035
	(0.020)	(0.072)	(0.056)	(0.031)
身体状况差占比	− 0.015	0.026	− 0.066	− 0.001
	(0.018)	(0.031)	(0.049)	(0.027)
社会保障	− 0.038	0.038	− 0.051	− 0.034
	(0.038)	(0.120)	(0.201)	(0.052)
家庭农村地区	− 0.051 ***	− 0.043	− 0.036	− 0.047 ***
	(0.013)	(0.062)	(0.100)	(0.015)
外地工作生活经历	− 0.010	− 0.048	0.029	− 0.003
	(0.012)	(0.033)	(0.064)	(0.017)
人均 GDP 对数	− 0.012			
	(0.010)			
N	3 996	1 373	1 053	1 570
工具变量	社区其他家庭拥有商业保险的均值			
一阶段 F 值	21.26	7.98	5.69	10.40
工具变量 t 值	5.64	1.22	0.56	4.81
Wald 内生检验	39.99 ***	1.01	0.12	41.92 ***
	(0.0000)	(0.3159)	(0.7240)	(0.0000)

注：* 、** 、*** 分别表示系数估计结果在 10%、5%、1% 的水平显著。表中报告的估计结果为边际效应。实证分析对家庭工资薪金收入取对数。被解释变量为家庭创业。工具变量为社区其他家庭拥有商业保险的均值，为避免内生性，在计算时剔除了本家庭的商业保险参与情况。

7.5.4　主要结论

商业保险参与显著提高了京津冀地区家庭整体的创业概率,同时商业保险参与显著提高了河北家庭居民创业的概率,但没有显著提高北京、天津家庭居民的创业积极性。商业健康保险能够在一定程度上提高家庭成员的健康水平,减少医疗支出,为家庭积累人力资本。家庭人力资本水平高,创业的可能性更高。人寿保险能够分散家庭成员寿命不确定性的风险,降低家庭的风险,提高家庭居民创业的积极性。商业财产保险能够为家庭创业过程中的财产提供一定的担保,降低家庭在创业过程中遇到的风险。实证分析结果显示,购买商业保险能够在整体上提高京津冀家庭创业的概率,特别是提高河北家庭居民的创业积极性。河北省的经济发展水平低,居民面对的各种不确定性因素较多,商业保险对分散家庭风险的作用更大。因此,在京津冀地区发展商业保险,特别是推进河北省商业保险的普及和发展,有利于激发居民创业的积极性。

7.6　小结

本章详细分析了京津冀家庭的商业保险参与情况、保费支出情况以及保费支出占比情况,同时使用工具变量实证研究了商业保险对家庭收入、消费、财富、创业的影响。

通过统计分析发现,河北居民商业保险整体参与率、城市居民参与率已经超过了天津,这是一个较大的变化。但河北农村地区的商业保险参与率仍然低于北京和天津。虽然河北家庭居民商业保险参与积极性高,但保费支出是较少的。河北家庭居民的商业保费支出、家庭保费支出占比均较大幅度低于北京和天津。从家庭保费支出占比来看,保费支出只是家庭开支的一个很小的部分。北京仍然是京津冀地区商业保险发展程度最高的地区。2014年,国务院发布《关于加快发展现代保险服务业的若干意见》,提出把商业保险建成社会保障体系的重要支柱,实现2020年人均保费支出

3 500元的目标。除了北京以外,天津和河北与之仍有一定的差距。发展普惠金融,推动商业保险在京津冀地区发展仍有较大的空间。

实证分析发现,商业保险参与能够显著提高京津冀家庭居民整体的收入、消费、财富和创业积极性,特别是对河北居民的收入、消费、财富和创业的家庭金融行为,具有更大的促进作用。商业健康保险能够减少家庭医疗支出,降低家庭变卖资产以偿付医疗支出的可能性,积累家庭人力资本。商业财产保险能够保证家庭财产、创业资产的安全。商业人寿保险能够帮助家庭减少遗产税开支,降低家庭成员寿命不确定性的风险,有利于积累人力资本,提高创业积极性。河北地区经济发展水平较低,农村比较多,城镇化进程仍在不断推进的进程中,各种社会保障机制不够完善,社会治安环境相对较差,商业保险对分散家庭风险的作用更大。可见,未来仍然需要大力发展京津冀地区商业保险行业,特别是河北省,发展商业保险有利于分散居民的风险,更好地配合城镇化进程。

8 ▶▶▶▶
京津冀家庭金融知识

8.1 家庭金融知识

8.1.1 文献综述

国内外对金融知识的研究已经有很多。在金融知识的界定上，Noctor 等人（1992）提出金融知识这一概念，将金融知识界定为在资金使用和管理上具有明智判断和有效决策的能力。Agnew & Szykman（2005）将金融知识区分为主观金融知识和客观金融知识。Hung（2009）将金融知识定义为掌握基本经济知识和金融概念，使用这些知识和技能有效配置金融资源，以实现终生财务保障的能力。Roij 等人（2011）运用调查数据发现，大多数人只了解基本的金融知识，却不知晓如股票和基金的区别、利率和债券的价格关系等专业性知识。

金融知识在家庭金融决策中发挥的作用受到广泛关注和研究。Bernheim（2003）指出，金融知识能够帮助个体更好地做出金融决策。世界银行（2013）认为，金融知识与银行账户的使用和正规信贷之间存在显著的正向关系。教育水平低、金融知识水平低的家庭会有更多的错误投资（Calvet & Campbell，2009），而金融知识的缺乏会抑制股票市场参与（Rooij，2011），降低投资多样性（Guiso & Jappelli，2008），导致过度负债和接受高成本贷款（Stango & Zinman，2009），导致养老储蓄计划的非理性行为（Lusardi & Mitchell，2006）等。Dohmen 等人（2010）研究发现，金融知识有利于家庭理解金融市场的风险和收益，降低金融决策的成本。Lusardi（2012）认为，金融计算能力直接影响个人的金融决策。尹志超等（2014）研究发现，金融知识的增加会推动家庭参与金融市场，并增加家庭在风险资产尤其是在股票资产上的配置。

文献中对金融知识指标的定义也多使用调查数据，根据金融知识相关问题的回答情况，运用因子分析法提取金融知识指标（Roij et al.，2011；Lusardi & Mitchell，2011；Lusardi，2012；尹志超等，2014）。本章沿用文献中金融知识指标的提取方法，侧重专业性金融知识（Romer，1986），研究金融知识对京津冀地区家庭收入、消费、财富和创业的影响。

8.1.2 金融知识度量

8.1.2.1 金融知识指标提取

根据 CHFIS 问卷中与金融知识相关的 7 个问题,采用因子分析迭代主成分分析法提取金融知识指标,全面反映家庭的金融知识水平。表 8 - 1 给出了 7 个问题作答的正确比率,以及因子降维过程。

表 8 - 1　金融知识指标提取的因子降维过程

提取变量	正确比率	KMO 检验	因子 1	因子 2	因子 3	因子 4	因子 5	因子 6
金融信息	0.299	0.707	0.124	0.169	0.402	0.053	0.145	0.006
收益—风险	0.704	0.612	0.582	0.046	0.153	0.024	- 0.038	- 0.064
风险认知	0.440	0.686	0.214	0.185	0.503	0.020	- 0.046	- 0.005
投资组合	0.519	0.603	0.562	0.037	0.065	- 0.010	0.055	0.073
利率计算	0.186	0.631	0.060	0.556	0.195	- 0.066	- 0.066	- 0.044
通胀预期	0.107	0.617	0.263	0.510	0.046	0.116	0.115	0.062
收益预期	0.211	0.707	0.040	0.025	0.158	0.250	0.019	- 0.001
整体		0.644						

表 8 - 2 给出了因子旋转前后的因子分析结果。根据 Kaiser 准则,单个因子不足以全面衡量金融知识水平,只能衡量某个方面的金融知识水平。因此,以因子分析的方差解释比例作为权重,拟合金融知识指标,可全面衡量家庭金融知识水平。

表 8 - 2　因子旋转前后因子分析结果

	因子旋转前				因子旋转后			
	特征值	差异值	解释率	累计率	特征值	差异值	解释率	累计率
因子 1	1.140	0.062	0.568	0.568	0.721	0.084	0.359	0.359
因子 2	0.525	0.311	0.261	0.829	0.637	0.129	0.317	0.676
因子 3	0.214	0.125	0.107	0.936	0.508	0.424	0.253	0.928
因子 4	0.089	0.055	0.045	0.980	0.084	0.039	0.042	0.970
因子 5	0.034	0.028	0.017	0.997	0.045	0.030	0.023	0.993
因子 6	0.006		0.003	1.000	0.015		0.008	1.000

8.1.2.2　京津冀地区家庭金融知识水平

表8－3报告了中国家庭金融知识水平多省区排行情况。京津冀地区家庭金融知识水平名列前茅，均高于全国平均水平。具体来看，北京市家庭金融知识水平最高，在全国排名第一位；金融知识水平最低的3个省份为贵州、广西和安徽。总体来看，全国各省份家庭金融知识水平差距明显，京津冀地区家庭金融知识水平高于全国平均水平。

表8－3　中国家庭金融知识各省区排行

省份	金融知识	排序	省份	金融知识	排序	省份	金融知识	排序
北京市	68.6	1	湖南省	63.2	11	海南省	61.1	21
河北省	67.3	2	云南省	63.1	12	湖北省	60.6	22
天津市	65.9	3	内蒙古	62.9	13	福建省	60.6	23
山西省	65.1	4	山东省	62.5	14	四川省	59.5	24
黑龙江省	65.1	5	甘肃省	62.3	15	江苏省	59.3	25
陕西省	64.5	6	吉林省	62.1	16	江西省	59.2	26
浙江省	64.1	7	上海市	62.1	17	安徽省	56.6	27
河南省	63.9	8	广东省	61.7	18	广西	56.5	28
辽宁省	63.6	9	宁夏	61.6	19	贵州省	56.4	29
青海省	63.4	10	重庆市	61.2	20	全国平均	62.0	—

注：我们将因子分析提取的金融知识水平进行了标准化处理。

表8－4报告了京津冀地区家庭金融知识水平与全国其他省份平均水平的均值差异。由表8－4可知，京津冀地区家庭金融知识水平显著高于全国其他省份。具体来看，比较京津冀地区家庭与其他省份家庭金融知识水平的均值差异可以发现，京津冀地区家庭金融知识水平比其他省份显著高5.9。类似地，北京、天津、河北分别比其他省份的平均水平高7.1、4.4、5.8；而京津冀地区之间金融知识水平没有显著差异。

表8－4　京津冀地区与其他省份金融知识均值比较

省份	均值	标准差	均值差异	p 值
北京市	68.6	(23.80)	7.1***	0.000 0
天津市	65.9	(25.70)	4.4***	0.000 0
河北省	67.3	(27.06)	5.8***	0.000 0

续表

省份	均值	标准差	均值差异	p 值
京津冀地区	67.4	(26.25)	5.9 ***	0.000 0
其他省份	61.5	(28.76)		
全国	62.0	(28.59)		

注：* 、** 、*** 分别表示在10%、5%、1%水平显著，括号内为异方差稳健标准差。

8.2 金融知识与收入

8.2.1 文献综述

在微观层面家庭收入影响因素的文献中，研究多集中在家庭人口、教育水平、非农就业收入等方面（孙文凯等，2007；Shi et al.，2010）。Lusardi等人（2007）提到金融知识的重要性。金融知识可以通过影响家庭金融决策影响家庭收入，如 Bernheim（2003）指出，金融知识能够帮助个体更好地做出金融决策，Dohmen 等人（2010）研究发现，金融知识有利于家庭理解金融市场的风险和收益，降低金融决策的成本。王正位等（2016）使用 2014年中国消费金融调查（CSCF）的数据，通过因子分析法构建金融知识指标，比较 2010 年和 2014 年家庭收入排名变动定义阶层流动性，研究金融知识对家庭收入流动的影响，发现国内居民金融知识水平差异较大，金融知识水平的提高有助于低收入家庭跃迁至高收入阶层。

基于中国家庭金融调查数据，本节刻画了家庭收入在金融知识分组下的均值差异，实证估计金融知识对家庭收入的影响。

8.2.2 描述性统计

表 8 - 5 报告了金融知识根据均值分高低两组后，家庭收入的均值差异比较。总体来看，北京、天津和河北金融知识水平低的家庭的收入显著低于金融知识水平高的家庭。具体而言，北京、天津和河北金融知识分组

下家庭收入的均值差距分别为 60 191 元、18 193 元和 16 305 元,京津冀平均差距为 29 939 元,全国平均差距为 29 547 元。从表 8 − 5 中的数据可知,金融知识水平高的家庭组平均收入显著高于金融知识水平低的家庭组。

表 8 − 5 金融知识水平分组下家庭收入的均值差异比较

	北京	天津	河北	京津冀	全国
金融知识低	105 688	92 613	52 571	85 704	67 550
	(285 585.2)	(82 525.8)	(75 554.5)	(101 477.2)	(98 429.5)
金融知识高	165 879	111 526	68.876	115 643	97 097
	(153 769.1)	(97 112.1)	(95 906.1)	(124 462.2)	(124 329.5)
均值差	− 60 191	− 18 913	− 16 305	− 29 939	− 29 547
	0.000 0 ***	0.000 7 ***	0.000 2 ***	0.000 0 ***	0.000 0 ***

注:*、**、***分别表示在 10%、5%、1% 水平上显著,括号内为异方差稳健标准差。

8.2.3 实证研究

8.2.3.1 模型设定

为考察金融知识对家庭收入的影响,基本模型设定为:

$$Y = \alpha \text{Financial\_literacy} + X\beta + \varepsilon \qquad (8-1)$$

其中,$\varepsilon \sim N(0, \sigma^2)$,模型 8 − 1 中,$Y$ 是家庭收入。Financial_literacy 是关注的金融知识。X 是控制变量,包括户主特征变量、家庭特征变量、省区哑变量等。

8.2.3.2 内生性讨论

金融知识和家庭收入之间可能存在反向因果、遗漏变量和测量误差导致的内生性问题。首先,金融知识和家庭收入存在互为因果关系。收入高的家庭可能有更好的机会接触金融市场,获取金融信息,从而拥有更多的金融知识。其次,遗漏变量造成模型内生性问题。遗漏变量问题可能导致高估或低估金融知识的影响,比如,家庭户主对金融知识理解在能力方面的差异性就很难用变量进行衡量。最后,测量误差可能存在。金融知识的衡量本身可能存在一定偏差,特别是受访者对金融知识相关问题的理解可能存在偏差,回答可能不精确。

内生性问题的存在会导致模型估计有偏。借鉴尹志超等(2014)的研究,本书使用社区其他家庭平均金融知识水平作为金融知识的工具变量,运用两阶段最小二乘法,处理模型潜在的内生性问题。

8.2.3.3 实证结果

表8-6报告了金融知识对全国家庭、京津冀地区家庭收入的影响。为消除模型可能存在的内生性问题,本书选取社区其他家庭平均金融知识水平作为金融知识的工具变量进行两阶段估计。

由表8-6第(2)列可知,在对工具变量进行检验的第一阶段估计中,F值为174.23,远远超过F值为10的经验值(Stock & Yogo,2015),并且Cragg-Donald F检验为568.54,超过16.38的临界值,显著通过弱工具变量检验。因此,选取社区其他家庭平均金融知识水平作为家庭金融知识的工具变量是合适的。在全国样本中,金融知识可显著提高家庭收入。金融知识对全国家庭收入的估计系数为0.0212,在1%水平显著,即金融知识提高1个单位,全国家庭收入提高2.12%。从其他变量来看,年龄与家庭收入呈U型关系,受教育时间、已婚、身体健康、偏好风险、家庭规模、就业比、有房对全国家庭收入有显著的正向影响。

由表8-6第(4)列可知,在对工具变量进行检验的第一阶段估计中,F值为34.75,超过F值为10的经验值(Stock and Yogo,2015),并且Cragg-Donald F检验为34.09,超过16.38的临界值,显著通过弱工具变量检验。因此,选取社区其他家庭平均金融知识水平作为家庭金融知识的工具变量是合适的。金融知识对京津冀地区家庭收入的估计系数为0.0446,在1%水平显著,即金融知识提高1个单位,京津冀地区家庭收入提高4.46%。从其他变量来看,受教育时间、已婚、身体健康、偏好风险、家庭规模、就业比、有房对京津冀家庭收入有显著的正向影响。

表8-6 金融知识对京津冀地区家庭收入的影响

	全国		京津冀	
	(1) OLS	(2) 2SLS	(3) OLS	(4) 2SLS
金融知识	0.0036 ***	0.0212 ***	0.0040 ***	0.0446 ***
	(0.0004)	(0.0032)	(0.0011)	(0.0136)

续表

	全国		京津冀	
	（1） OLS	（2） 2SLS	（3） OLS	（4） 2SLS
年龄	− 0.010 9 **	− 0.014 9 ***	− 0.004 4	− 0.012 9
	(0.005 4)	(0.005 6)	(0.013 7)	(0.016 3)
年龄^2	0.017 2 ***	0.023 5 ***	0.013 6	0.024 9 *
	(0.005 0)	(0.005 2)	(0.011 7)	(0.014 6)
受教育时间	0.114 6 ***	0.104 2 ***	0.089 5 ***	0.069 3 ***
	(0.002 9)	(0.003 5)	(0.007 6)	(0.011 4)
已婚	0.222 4 ***	0.213 4 ***	0.331 4 ***	0.287 2 ***
	(0.032 6)	(0.033 6)	(0.091 6)	(0.107 9)
身体健康	0.256 9 ***	0.232 0 ***	0.159 2 ***	0.157 6 **
	(0.021 6)	(0.022 6)	(0.059 0)	(0.069 0)
偏好风险	0.020 1	0.059 0 **	0.075 4	0.263 4 ***
	(0.024 9)	(0.026 3)	(0.065 0)	(0.099 3)
工作	− 0.102 4 ***	− 0.091 7 ***	0.016 6	0.086 2
	(0.033 9)	(0.035 1)	(0.097 6)	(0.117 8)
家庭规模	0.317 4 ***	0.317 2 ***	0.269 2 ***	0.275 3 ***
	(0.009 6)	(0.009 9)	(0.032 4)	(0.036 1)
少儿抚养比	− 0.671 7 ***	− 0.703 2 ***	− 0.304 0	− 0.550 8 *
	(0.091 6)	(0.094 2)	(0.272 0)	(0.321 4)
老人扶养比	0.100 2 **	0.114 5 **	− 0.07 14	0.005 7
	(0.044 5)	(0.045 9)	(0.119 6)	(0.139 7)
就业比	0.649 2 ***	0.634 9 ***	0.421 8 ***	0.422 2 **
	(0.050 0)	(0.051 4)	(0.146 9)	(0.168 9)
有房	0.333 5 ***	0.332 2 ***	0.289 4 ***	0.307 6 ***
	(0.039 3)	(0.040 1)	(0.089 5)	(0.104 2)
农村	− 0.767 2 ***	− 0.704 2 ***	− 0.478 8 ***	− 0.377 3 ***
	(0.027 4)	(0.030 2)	(0.081 6)	(0.107 8)

续表

	全国		京津冀	
	（1） OLS	（2） 2SLS	（3） OLS	（4） 2SLS
省份哑变量	控制	控制	控制	控制
样本量	34 803	34 803	3 587	3 587
R-sq	0.188 2	0.135 3	0.195 3	0.103 3
第一阶段 F	186.19	174.23	45.80	34.75
Cragg-Donald F		568.54		34.09

注：*、**、***分别表示在10%、5%、1%水平显著，括号内为异方差稳健标准差。

8.2.4　主要结论

基于中国家庭金融调查数据，我们根据京津冀地区家庭金融知识分组，发现金融知识较高的家庭的平均收入显著高于金融知识较低的家庭。这表明，金融知识可能是影响家庭收入的因素之一。为考察金融知识对家庭收入的影响，在线性回归模型中需要处理金融知识与家庭收入之间可能存在的反向因果、遗漏变量和测量误差导致的内生性问题。因此，本书借鉴尹志超等（2014）的研究成果，使用社区其他家庭平均金融知识作为金融知识的工具变量，运用两阶段最小二乘法估计了金融知识对京津冀家庭收入的影响。结果显示，金融知识对京津冀家庭收入的估计系数为0.044 6，在1%水平显著，即金融知识提高1个单位，京津冀家庭收入提高4.46%。因此，金融知识对京津冀家庭收入具有显著的正向影响。从其他变量来看，受教育时间、已婚、身体健康、偏好风险、家庭规模、就业比、有房对京津冀家庭收入有显著的正向影响。

8.3　金融知识与消费

8.3.1　文献综述

金融知识可以通过家庭信贷渠道影响家庭消费。世界银行（2013）指出,金融知识与银行账户的使用和正规信贷之间存在显著的正向关系。罗娟和王露露(2017)利用清华大学中国金融研究中心家庭金融调查数据,研究金融知识对城镇居民参与短期消费信贷的影响,发现对选择使用短期消费贷款的居民而言,短期消费贷款金融知识的增加显著提高了居民短期消费贷款的数额。张峰(2017)使用中国家庭金融调查数据,发现金融知识影响家庭信用卡持有概率及消费金额,且对高资产家庭尤为明显。

基于中国家庭金融调查数据,本节刻画了家庭消费在金融知识分组下的均值差异,实证估计金融知识对家庭消费的影响。

8.3.2　描述性统计

表8-7报告了金融知识根据均值分高低两组后,家庭消费的均值差异比较。总体来看,北京、天津和河北金融知识水平低的家庭的消费显著低于金融知识水平高的家庭。具体而言,北京、天津和河北金融知识分组下家庭消费的均值差距分别为18 391元、10 464元和12 864元,京津冀平均差距为14 971元,全国平均差距为14 785元。

表8-7　金融知识水平分组下家庭消费的均值差异比较

	北京	天津	河北	京津冀	全国
金融知识低	79 061	62 630	38 997	58 663	51 036
	(71 476.3)	(49 868.5)	(40 192.0)	(57 469.3)	(49 512.7)
金融知识高	97 452	73 095	51 861	73 634	65 821
	(74 059.2)	(53 573.8)	(51 675.2)	(64 096.0)	(58 996)
均值差	-18 391	-10 464	-12 864	-14 971	-14 785
	0.000 0***	0.001 0***	0.000 0***	0.000 0***	0.000 0***

注:*、**、***分别表示在10%、5%、1%水平上显著,括号内为异方差稳健标准差。

8.3.3　实证研究

8.3.3.1　实证分析

为考察金融知识对家庭消费的影响,基本模型设定为:

$$Y = \alpha \text{Financial\_literacy} + X\beta + \varepsilon \tag{8-2}$$

其中，$\varepsilon \sim N(0,\sigma^2)$，模型 8 - 2 中，$Y$ 是家庭消费。Financial_literacy 是关注的金融知识。X 是控制变量，包括户主特征变量、家庭特征变量、省区哑变量等。

8.3.3.2 内生性讨论

金融知识和家庭消费之间可能存在反向因果、遗漏变量和测量误差导致的内生性问题。首先，金融知识和家庭消费互为因果关系。消费高的家庭可能偏好金融知识或信息的消费如订阅金融杂志等，金融知识丰富。其次，遗漏变量造成模型内生性问题。遗漏变量问题可能导致高估或低估金融知识的影响，比如，家庭户主对金融知识理解能力方面的差异就很难用变量进行衡量。最后，测量误差可能存在。金融知识的衡量本身可能存在一定偏差，特别是受访者对金融知识相关问题的理解可能存在偏差，回答可能不精确。

内生性问题的存在会导致模型估计有偏。类似地，借鉴尹志超等（2014）的研究，本书使用社区其他家庭平均金融知识水平作为金融知识的工具变量，运用两阶段最小二乘法处理模型潜在的内生性问题。

8.3.3.3 实证结果

表 8 - 8 报告了金融知识对全国家庭、京津冀地区家庭消费的影响。为消除模型可能存在的内生性问题，本书选取社区其他家庭平均金融知识水平作为金融知识的工具变量，进行两阶段估计。

由表 8 - 8 第（2）列可知，在对工具变量进行检验的第一阶段估计中，F 值为 408.25，远远超过 F 值为 10 的经验值（Stock & Yogo，2015），并且 Cragg - Donald F 检验为 568.54，超过 16.38 的临界值，显著通过弱工具变量检验。因此，选取社区其他家庭平均金融知识水平作为该家庭金融知识的工具变量是合适的。在全国样本中，金融知识可显著提高家庭消费。金融知识对全国家庭消费的估计系数为 0.013 1，在 1% 水平显著，即金融知识提高 1 个单位，全国家庭消费提高 1.31%。从其他变量来看，年龄与家庭消费呈 U 型关系，受教育时间、已婚、身体健康、偏好风险、家庭规模、有房对全国家庭消费有显著的正向影响。

由表 8 - 8 第（4）列可知，在对工具变量进行检验的第一阶段估计中，F 值为 103.49，超过 F 值为 10 的经验值（Stock & Yogo，2015）；Cragg - Donald

F 检验为 34.09,超过 16.38 的临界值,显著通过弱工具变量检验。因此,选取社区其他家庭平均金融知识水平作为家庭金融知识的工具变量是合适的。金融知识对京津冀地区家庭消费的估计系数为 0.018 6,在 1% 的水平显著,即金融知识提高 1 个单位,京津冀家庭消费提高 1.86%。从其他变量来看,受教育时间、已婚、健康、偏好风险、家庭规模、就业比、有房对京津冀家庭消费有显著的正向影响。

表 8 - 8　金融知识对京津冀地区家庭消费的影响

	全国		京津冀	
	（1）	（2）	（3）	（4）
	OLS	2SLS	OLS	2SLS
金融知识	0.001 5 ***	0.013 1 ***	0.002 1 ***	0.018 6 ***
	(0.000 1)	(0.001 2)	(0.000 4)	(0.005 3)
年龄	- 0.015 1 ***	- 0.017 8 ***	- 0.016 0 ***	- 0.019 5 ***
	(0.001 8)	(0.002 0)	(0.005 2)	(0.006 5)
年龄^2	0.008 0 ***	0.012 1 ***	0.007 9	0.012 5 **
	(0.001 7)	(0.001 9)	(0.004 8)	(0.006 1)
受教育时间	0.047 7 ***	0.040 9 ***	0.052 3 ***	0.044 1 ***
	(0.001 0)	(0.001 3)	(0.003 1)	(0.004 5)
已婚	0.176 1 ***	0.170 3 ***	0.119 3 ***	0.101 3 **
	(0.011 8)	(0.013 0)	(0.035 1)	(0.042 7)
身体健康	0.054 8 ***	0.038 4 ***	0.019 0	0.018 4
	(0.007 6)	(0.008 5)	(0.022 4)	(0.026 8)
偏好风险	0.059 7 ***	0.085 2 ***	0.050 1 *	0.126 7 ***
	(0.008 5)	(0.009 7)	(0.026 2)	(0.039 3)
工作	- 0.098 2 ***	- 0.091 2 ***	- 0.172 7 ***	- 0.144 3 ***
	(0.012 1)	(0.013 4)	(0.037 8)	(0.044 7)
家庭规模	0.146 3 ***	0.146 2 ***	0.160 9 ***	0.163 4 ***
	(0.003 3)	(0.003 6)	(0.011 4)	(0.013 3)
少儿抚养比	- 0.072 3 **	- 0.093 0 ***	- 0.021 0	- 0.121 6
	(0.029 1)	(0.032 3)	(0.100 8)	(0.122 2)

续表

	全国		京津冀	
	（1）	（2）	（3）	（4）
	OLS	2SLS	OLS	2SLS
老人扶养比	−0.179 8 ***	−0.170 4 ***	−0.072 4 *	−0.041 0
	(0.015 2)	(0.017 0)	(0.043 7)	(0.052 4)
就业比	−0.011 7	−0.021 1	0.061 4	0.061 5
	(0.017 2)	(0.019 1)	(0.053 3)	(0.062 9)
有房	0.048 7 ***	0.047 9 ***	0.062 3 **	0.069 7 *
	(0.012 2)	(0.013 7)	(0.031 2)	(0.038 2)
农村	−0.434 2 ***	−0.392 8 ***	−0.481 1 ***	−0.439 8 ***
	(0.009 3)	(0.011 1)	(0.033 9)	(0.042 0)
省份哑变量	控制	控制	控制	控制
样本量	34 803	34 803	3 587	3 587
$R\text{-}sq$	0.393 2	0.253 6	0.426 3	0.188 4
第一阶段 F	497.12	408.25	150.06	103.49
Cragg-Donald F		568.54		34.09

注：* 、** 、*** 分别表示在 10% 、5% 、1% 水平显著，括号内为异方差稳健标准差。

8.3.4 主要结论

基于中国家庭金融调查数据，我们对金融知识水平分组下的家庭消费进行均值差异比较。总体来看，北京、天津和河北金融知识水平低的家庭的消费显著低于金融知识水平高的家庭，金融知识可能影响家庭消费水平。为考察金融知识对家庭消费的影响，我们建立了线性回归模型。同样，我们使用社区其他家庭平均金融知识水平作为家庭金融知识的工具变量，处理模型中可能存在的反向因果、遗漏变量和测量误差导致的内生性问题。结果显示，金融知识对京津冀地区家庭消费的估计系数为 0.018 6，在 1% 的水平显著，即金融知识提高 1 个单位，京津冀家庭消费提高 1.86% 。从其他变量来看，受教育时间、已婚、健康、偏好风险、家庭规模、就业比、有房对京津冀家庭消费有显著的正向影响。

8.4 金融知识与财富

8.4.1 文献综述

金融知识与家庭财富密切相关,特别是影响家庭的资产配置和投资。教育水平低、金融知识水平低的家庭会有更多的错误投资(Calvet & Campbell,2009),而金融知识的缺乏会抑制股票市场参与(Rooij,2011),降低投资多样性(Guiso & Jappelli,2008),导致过度负债和接受高成本贷款(Stango & Zinman,2009),导致养老储蓄计划的非理性行为(Lusardi & Mitchell,2006)等。尹志超等(2014)研究发现,金融知识的增加会推动家庭参与金融市场,并增加家庭在风险资产尤其是在股票资产上的配置。

基于中国家庭金融调查数据,本节刻画了家庭财富在金融知识分组下的均值差异,实证估计金融知识对家庭财富的影响。

8.4.2 描述性统计

表 8-9 报告了金融知识根据均值分高低两组后,家庭净财富的均值差异比较。总体来看,北京、天津和河北金融知识水平低的家庭的净财富显著低于金融知识水平高的家庭。具体而言,北京、天津和河北金融知识分组下家庭净财富的均值差距分别为 1 186 871 元、419 527 元和 324 666 元,京津冀平均差距为 706 759 元,全国平均差距为 485 018 元。

表 8-9 金融知识水平分组下家庭财富的均值差异比较

(单位:元)

	北京	天津	河北	京津冀	全国
金融知识低	3 079 447	1 679 118	728 771	1 767 013	811 631
	(3 270 543)	(2 045 844)	(1 225 712)	(2 503 209)	(1 564 935)

续表

	北京	天津	河北	京津冀	全国
金融知识高	4 266 318	2 098 646	1 053 437	2 473 772	1 296 649
	(3 723 894)	(2 315 908)	(1 709 269)	(3 065 752)	(1 867 531)
均值差	−1 186 871	−419 527	−324 666	−706 759	−485 018
	0.000 0***	0.001 8***	0.000 0***	0.000 0***	0.000 0***

注:净财富等于资产与负债的差。*、**、***分别表示在10%、5%、1%水平显著,括号内为异方差稳健标准差。

8.4.3 实证研究

8.4.3.1 模型设定

为考察金融知识对家庭财富的影响,基本模型设定为:

$$Y = \alpha \text{Financial\_literacy} + X\beta + \varepsilon \qquad (8-3)$$

其中,$\varepsilon \sim N(0, \sigma^2)$,模型(8-3)中,$Y$是家庭财富。Financial_literacy是关注的金融知识。X是控制变量,包括户主特征变量、家庭特征变量、省区哑变量等。

8.4.3.2 内生性讨论

金融知识和家庭财富之间可能存在反向因果、遗漏变量和测量误差导致的内生性问题。首先,金融知识和家庭财富互为因果关系。财富高的家庭可能通过理财顾问服务、更多的资产配置等接触金融市场,从而获得更多的金融知识。其次,遗漏变量造成模型内生性问题。遗漏变量问题可能导致高估或低估金融知识的影响,比如,家庭户主对金融知识理解能力方面的差异性就很难用变量衡量。最后,测量误差可能存在。金融知识衡量本身可能存在一定偏差,特别是受访者对金融知识相关问题的理解可能存在偏差,回答可能不精确。

内生性问题的存在会导致模型估计有偏。类似地,借鉴尹志超等人(2014)的研究,本书使用社区其他家庭平均金融知识水平作为金融知识的工具变量,运用两阶段最小二乘法,处理模型潜在的内生性问题。

8.4.3.3 实证结果

表8-10报告了金融知识对全国家庭、京津冀地区家庭净财富的影响。

为消除模型可能存在的内生性问题,本书选取社区其他家庭平均金融知识水平作为金融知识的工具变量,进行两阶段估计。

由表 8 - 10 第(2)列可知,在对工具变量进行检验的第一阶段估计中,F 值为 260.83,远远超过 F 值为 10 的经验值(Stock & Yogo,2015),并且 Cragg - Donald F 检验为 568.54,超过 16.38 的临界值,显著通过弱工具变量检验。因此,选取社区其他家庭平均金融知识水平作为家庭金融知识的工具变量是合适的。在全国样本中,金融知识可显著提高家庭净财富。金融知识对全国家庭净财富的估计系数为 0.046,在 1% 水平显著,即金融知识提高 1 个单位,全国家庭净财富提高 4.6%。从其他变量来看,年龄与家庭财富呈 U 型的关系,受教育时间、已婚、身体健康、偏好风险、家庭规模、就业比、有房对全国家庭净财富有显著的正向影响。

由表 8 - 10 第(4)列可知,在对工具变量进行检验的第一阶段估计中,F 值为 66.74,超过 F 值为 10 的经验值(Stock & Yogo,2015);Cragg - Donald F 检验为 34.09,超过 16.38 的临界值,显著通过弱工具变量检验。因此,选取社区其他家庭平均金融知识水平作为家庭金融知识的工具变量是合适的。金融知识对京津冀家庭净财富的估计系数为 0.077 8,在 1% 水平显著,即金融知识提高 1 个单位,京津冀家庭净财富提高 7.78%。从其他变量来看,受教育时间、已婚、身体健康、偏好风险、家庭规模、就业比、有房对京津冀家庭净财富有显著的正向影响。

表 8 - 10　金融知识对京津冀地区家庭财富的影响

	全国		京津冀	
	(1) OLS	(2) 2SLS	(3) OLS	(4) 2SLS
金融知识	0.006 0 ***	0.046 0 ***	0.006 9 ***	0.077 8 ***
	(0.000 5)	(0.004 5)	(0.001 5)	(0.019 0)
年龄	0.001 1	− 0.008 2	− 0.007 0	− 0.021 9
	(0.006 3)	(0.007 0)	(0.017 0)	(0.022 4)
年龄^2	0.009 4	0.023 6 ***	0.018 8	0.038 5 *
	(0.005 8)	(0.006 6)	(0.015 2)	(0.020 8)
受教育时间	0.141 8 ***	0.118 3 ***	0.123 6 ***	0.088 2 ***
	(0.003 7)	(0.004 9)	(0.009 7)	(0.015 8)

续表

	全国		京津冀	
	（1）	（2）	（3）	（4）
	OLS	2SLS	OLS	2SLS
已婚	0.303 8 ***	0.283 5 ***	0.256 8 **	0.179 6
	(0.045 0)	(0.048 5)	(0.121 1)	(0.153 7)
身体健康	0.620 2 ***	0.563 6 ***	0.354 3 ***	0.351 6 ***
	(0.028 0)	(0.031 4)	(0.068 0)	(0.092 5)
偏好风险	0.046 9	0.135 0 ***	− 0.160 3 *	0.168 7
	(0.032 7)	(0.036 8)	(0.090 4)	(0.144 5)
工作	− 0.149 2 ***	− 0.125 0 **	0.050 8	0.172 6
	(0.048 0)	(0.052 0)	(0.120 1)	(0.156 3)
家庭规模	0.092 5 ***	0.092 0 ***	0.155 3 ***	0.166 1 ***
	(0.013 1)	(0.014 2)	(0.035 0)	(0.046 9)
少儿抚养比	− 0.056 2	− 0.127 8	− 0.489 6	− 0.921 5 **
	(0.118 3)	(0.127 8)	(0.321 5)	(0.429 4)
老人扶养比	− 0.080 0	− 0.047 7	− 0.319 1 **	− 0.184 2
	(0.057 2)	(0.063 1)	(0.147 6)	(0.194 9)
就业比	0.478 5 ***	0.446 0 ***	− 0.062 1	− 0.061 5
	(0.065 7)	(0.071 8)	(0.167 6)	(0.221 2)
有房	3.075 9 ***	3.073 0 ***	3.291 3 ***	3.323 1 ***
	(0.062 1)	(0.065 2)	(0.140 5)	(0.163 3)
农村	− 1.277 9 ***	− 1.134 9 ***	− 1.125 8 ***	− 0.948 3 ***
	(0.038 3)	(0.043 8)	(0.129 9)	(0.165 1)
省份哑变量	控制	控制	控制	控制
样本量	34 803	34 803	3 587	3 587
R-sq	0.297 2	0.164 6	0.372 3	0.081 1
第一阶段 *F*	306.86	260.83	97.29	66.74
Cragg-Donald *F*		568.54		34.09

注：*、**、*** 分别表示在 10%、5%、1% 水平显著,括号内为异方差稳健标准差。

8.4.4　主要结论

基于中国家庭金融调查数据,通过金融知识水平分组下家庭财富的均值差异比较结果发现,总体来看,北京、天津和河北金融知识水平低的家庭的净财富显著低于金融知识水平高的家庭。这表明,金融知识可能影响家庭财富。类似地,我们建立了线性模型,考察金融知识对家庭财富的作用。为处理模型可能存在的内生性问题,尽可能保证模型估计结果的无偏性,我们同样使用社区其他家庭平均金融知识作为家庭金融知识的工具变量,运用两阶段最小二乘法进行估计。结果显示,金融知识对京津冀家庭净财富的估计系数为 0.077 8,在 1% 水平显著,即金融知识提高 1 个单位,京津冀家庭净财富提高 7.78%。从其他变量来看,受教育时间、已婚、身体健康、偏好风险、家庭规模、就业比、有房对京津冀家庭净财富有显著的正向影响。

8.5　金融知识与创业

8.5.1　文献综述

金融知识对家庭创业的影响已有部分学者研究,如 Kojo Oseifuah (2010)指出,青少年创业活动可能与金融知识有关,如尹志超等人(2015)研究发现,金融知识水平的提高可显著推动家庭参与创业活动,并显著促进家庭主动创业。但基于微观层面家庭金融知识和创业之间的研究仍较少,特别是以京津冀地区家庭为样本的研究。

基于中国家庭金融调查数据,本节重点分析京津冀地区家庭样本情况,刻画家庭创业活动在金融知识分组下的均值差异,实证估计金融知识对家庭创业的影响。

8.5.2　描述性统计

表 8 - 11 报告了金融知识根据均值分高低两组后,家庭创业的均值差异比较。总体来看,尽管就全国平均而言,金融知识水平低的家庭创业比例显著低于金融知识水平高的家庭,但京津冀地区家庭创业比例并未因金融知识水平的不同产生显著差异。

表 8 - 11　金融知识水平分组下家庭创业均值差异比较

	北京	天津	河北	京津冀	全国
金融知识低	7.13%	10.72%	13.98%	10.83%	12.86%
	(0.257 6)	(0.309 7)	(0.347 1)	(0.310 8)	(0.334 8)
金融知识高	8.77%	8.48%	17.52%	12.06%	16.73%
	(0.283 0)	(0.278 9)	(0.380 4)	(0.325 7)	(0.373 3)
均值差	- 1.64%	2.24%	3.53%	- 1.23%	- 3.87%
	0.262 8	0.214 6	0.054 5 *	0.222 6	0.000 0 ***

注: * 、** 、*** 分别表示在10% 、5% 、1%水平显著,括号内为异方差稳健标准差。

8.5.3　实证研究

8.5.3.1　模型设定

为考察金融知识对家庭创业的影响,基本模型可设定为:

$$Y = \alpha \text{Financial\_literacy} + X\beta + \mu \qquad (8-4)$$

其中, $\mu \sim N(0, \sigma^2)$,模型 8 - 4 中, Y 是哑变量,等于 1 表示家庭有创业活动,0 表示家庭没有创业活动。Financial_literacy 是关注的金融知识。 X 是控制变量,包括户主特征变量、家庭特征变量、省区哑变量等。

8.5.3.2　内生性讨论

金融知识和家庭创业之间可能存在反向因果、遗漏变量和测量误差导致的内生性问题。首先,金融知识和家庭创业互为因果关系。创业活动中的潜在竞争、人脉圈子、社交活动等可能提高金融知识水平。其次,遗漏变量造成模型内生性问题。遗漏变量问题可能导致高估或低估金融知识的影响,比如,家庭户主对金融知识在理解能力方面的差异就很难用变量进行衡量。最后,测量误差可能存在。金融知识的衡量本身可能存在一定偏差,特别是受访者对金融知识相关问题的理解可能存在偏差,回答可能不精确。

内生性问题的存在会导致模型估计有偏。类似地,借鉴尹志超等人(2014)的研究,本书使用社区其他家庭平均金融知识水平作为金融知识的工具变量,运用两阶段最小二乘法处理模型潜在的内生性问题。

8.5.3.3 实证结果

表 8 – 12 报告了金融知识对全国家庭、京津冀地区家庭创业的影响。类似地，为消除模型可能存在的内生性问题，本书选取社区其他家庭平均金融知识水平作为金融知识的工具变量进行两阶段估计。

由表 8 – 12 第（2）列可知，在对工具变量进行检验的第一阶段估计中，F 值为 104.66，远远超过 F 值为 10 的经验值（Stock & Yogo，2015），并且 Cragg-Donald F 检验为 568.54，超过 16.38 的临界值，显著通过弱工具变量检验。因此，选取社区其他家庭平均金融知识水平作为家庭金融知识的工具变量是合适的。在全国样本中，金融知识可显著提高家庭创业的可能性。金融知识对全国家庭创业的边际效应为 0.007 7，在 1% 水平显著，即金融知识提高 1 个单位，全国家庭创业可能性提高 0.77%。从其他变量来看，已婚、身体健康、偏好风险、家庭规模、就业比、有房对全国家庭创业有显著的正向影响。

由表 8 – 12 第（3）列可知，在京津冀样本中，金融知识对家庭创业有正向影响，但不显著。第（4）列在处理模型内生性后发现，金融知识对京津冀家庭创业有显著正向影响。在对工具变量进行检验的第一阶段估计中，F 值为 20.89，超过 F 值为 10 的经验值（Stock & Yogo，2015）；Cragg – Donald F 检验为 34.09，超过 16.38 的临界值，显著通过弱工具变量检验。因此，选取社区其他家庭平均金融知识水平作为家庭金融知识的工具变量是合适的。金融知识对京津冀家庭创业的边际效应为 0.017 8，在 5% 的水平显著，即金融知识提高 1 个单位，京津冀家庭创业可能性提高 1.78%。从其他变量来看，身体健康、偏好风险、家庭规模、就业比对京津冀家庭创业有显著的正向影响。

表 8 – 12   金融知识对京津冀地区家庭创业的影响

	全国		京津冀	
	（1） Probit	（2） IV_Probit	（3） Probit	（4） IV_Probit
金融知识	0.000 3 ***	0.007 7 ***	0.000 1	0.017 8 **
	(0.000 1)	(0.002 4)	(0.000 2)	(0.009 1)

续表

	全国		京津冀	
	（1） Probit	（2） IV_Probit	（3） Probit	（4） IV_Probit
年龄	0.000 1	− 0.000 9	− 0.000 2	− 0.004 3
	（0.001 1）	（0.004 9）	（0.002 9）	（0.014 7）
年龄^2	− 0.001 8 ∗	− 0.007 3	− 0.001 4	− 0.003 8
	（0.001 1）	（0.005 0）	（0.003 0）	（0.015 0）
受教育时间	− 0.002 7 ***	− 0.017 9 ***	− 0.002 6 **	− 0.024 0 ***
	（0.000 5）	（0.002 8）	（0.001 2）	（0.008 3）
已婚	0.026 6 ***	0.137 1 ***	0.013 6	0.060 4
	（0.006 0）	（0.031 5）	（0.015 5）	（0.097 5）
身体健康	0.035 2 ***	0.176 4 ***	0.037 1 ***	0.221 0 ***
	（0.003 5）	（0.019 5）	（0.009 2）	（0.064 5）
偏好风险	0.008 4 **	0.057 9 ***	0.010 3	0.142 2 ∗
	（0.003 8）	（0.020 7）	（0.010 2）	（0.072 6）
工作	0.016 7 ***	0.091 8 ***	− 0.020 4	− 0.096 0
	（0.005 7）	（0.029 5）	（0.014 7）	（0.094 5）
家庭规模	0.028 8 ***	0.151 5 ***	0.026 0 ***	0.159 1 ***
	（0.001 4）	（0.007 4）	（0.004 1）	（0.031 1）
少儿抚养比	0.060 1 ***	0.304 5 ***	0.034 6	0.098 4
	（0.012 7）	（0.067 9）	（0.036 9）	（0.245 8）
老人扶养比	− 0.058 6 ***	− 0.303 3 ***	− 0.033 5	− 0.167 5
	（0.008 7）	（0.044 3）	（0.022 0）	（0.135 2）
就业比	0.160 4 ***	0.839 2 ***	0.161 1 ***	0.967 3 ***
	（0.008 1）	（0.045 0）	（0.021 2）	（0.180 8）
有房	− 0.000 9	− 0.005 8	− 0.014 6	− 0.079 8
	（0.006 1）	（0.032 4）	（0.013 5）	（0.087 4）
农村	− 0.099 7 ***	− 0.502 5 ***	− 0.053 4 ***	− 0.285 1 ***
	（0.004 4）	（0.027 0）	（0.012 7）	（0.097 7）

续表

	全国		京津冀	
	（1） Probit	（2） IV_Probit	（3） Probit	（4） IV_Probit
省份哑变量	控制	控制	控制	控制
样本量	34 803	34 803	3 587	3 587
Pseudo R-sq/R-sq	0.134 8	0.084 1	0.131 7	0.128 4
第一阶段 F		104.66		20.89
Cragg-Donald F		568.54		34.09

注：* 、** 、*** 分别表示在10%、5%、1%水平上显著，括号内为异方差稳健标准差。

8.5.4 主要结论

根据中国家庭普惠金融调查数据,在全国样本中,我们根据金融知识水平分组进行家庭创业比例的均值差异比较,发现金融知识可能影响家庭的创业活动。在全国样本中,金融知识水平低的家庭分组中,创业比例比金融知识水平高的家庭组创业比例小3.87%。类似地,为考察金融知识对家庭创业活动的影响,我们建立二值选择模型进行分析。同时,为了处理模型中可能因反向因果、遗漏变量和测量误差导致的内生性问题,我们使用社区其他家庭平均金融知识水平作为家庭金融知识的工具变量,运用两阶段最小二乘法估计,以尽可能保证估计结果的无偏性。结果显示,金融知识对京津冀家庭创业的边际效应为0.017 8,在1%的水平显著,即金融知识提高1个单位,京津冀家庭创业可能性提高1.78%。从其他变量来看,身体健康、偏好风险、家庭规模、就业比对京津冀家庭创业有显著的正向影响。

8.6 小结

本章基于中国家庭金融调查数据,运用因子分析法提取金融知识指标,然后在均值差异比较下发现金融知识可能作用于家庭收入、消费、财富和创业活动,最后通过线性模型实证结果估计金融知识对家庭收入、消费、财富和创业活动的影响。

(1)构建金融知识指标

本章通过金融信息获取、风险—收益认知、风险认知、投资组合、利率计算、通胀与收益预期计算问题,构建金融知识指标,衡量家庭金融知识水平。其中,金融知识问题回答正确率最高的是收益—风险认知问题,正确率最低的问题是通胀与收益预期问题。总体来看,认知性金融问题的正确率相对较高,而家庭对专业性金融问题认识相对较低。

(2)金融知识可以提高家庭收入

基于中国家庭金融调查数据,我们根据京津冀地区家庭金融知识分组,发现金融知识较高的家庭的平均收入显著高于金融知识低的家庭。本书使用社区其他家庭平均金融家庭知识作为金融知识的工具变量,运用两阶段最小二乘法估计金融知识对京津冀地区家庭收入的影响,发现金融知识对京津冀地区家庭收入的估计系数为 0.044 6,在 1% 的水平显著,即金融知识提高 1 个单位,京津冀家庭收入提高 4.46%。因此,金融知识对京津冀地区家庭收入具有显著的正向影响。从其他变量来看,受教育时间、已婚、身体健康、偏好风险、家庭规模、就业比、有房对京津冀家庭收入有显著的正向影响。

(3)金融知识刺激家庭消费

基于中国家庭金融调查数据,我们对金融知识水平分组下的家庭消费进行均值差异进行比较。总体来看,北京、天津和河北金融知识水平低的家庭的消费显著低于金融知识水平高的家庭。本章中,我们建立了线性回归模型,使用社区其他家庭平均金融知识作为家庭金融知识的工具变量,处理模型中可能存在的反向因果、遗漏变量和测量误差导致的内生性问题。结果显示,金融知识对京津冀地区家庭消费的估计系数为 0.018 6,在 1% 的水平显著,即金融知识提高 1 个单位,京津冀家庭消费提高 1.86%。从其他变量来看,受教育时间、已婚、健康、偏好风险、家庭规模、就业比、有房对京津冀家庭消费有显著的正向影响。

(4)金融知识增加家庭财富

基于中国家庭普惠金融调查数据,通过金融知识水平分组下家庭财富的均值差异比较结果,发现总体来看,北京、天津和河北金融知识水平低的家庭的净财富显著低于金融知识水平高的家庭。类似地,我们建立了线性模型考察金融知识对家庭财富的作用。为处理模型可能存在的内生性问题,尽可能保证模型估计结果的无偏性,我们同样使用社区其他家庭平均金融知识作为家庭金融知识的工具变量,运用两阶段最小二乘法进行估计。结果显示,金融知识对京津冀地区家庭净财富的估计系数为0.077 8,在1%的水平显著,即金融知识提高1个单位,京津冀地区家庭净财富提高7.78%。从其他变量来看,受教育时间、已婚、健康、偏好风险、家庭规模、就业比、有房对京津冀家庭净财富有显著的正向影响。

(5)金融知识促进家庭创业

根据中国家庭金融调查数据,在全国样本中,我们对金融知识水平分组进行家庭创业比例的均值差异比较,发现金融知识可能影响家庭的创业活动。在全国家庭样本中,金融知识水平低的家庭分组中,创业比例比金融知识水平高的家庭组创业比例小3.87%。我们建立了二值选择模型进行分析,使用社区其他家庭平均金融知识水平作为家庭金融知识的工具变量,运用两阶段最小二乘法估计,以尽可能保证估计结果的无偏性。结果显示,金融知识对京津冀家庭创业的边际效应为0.017 8,在1%的水平显著,即金融知识提高1个单位,京津冀家庭创业可能性提高1.78%。从其他变量来看,身体健康、偏好风险、家庭规模、就业比对京津冀家庭创业有显著的正向影响。

9

京津冀金融设施

9.1 金融设施状况

本章从社区附近金融设施占比和金融设施数量两个维度研究金融设施状况。我国金融设施状况可以通过社区附近金融设施占比和金融设施数量加以描述。从中国家庭普惠金融调查数据来看,我国金融设施分布不均衡,城乡差异尤为明显。

9.1.1 社区金融设施概况

9.1.1.1 社区金融设施占比

表9-1描述了我国社区附近金融设施的占比存在不均衡的现象。其中,中部地区相对落后,东部地区的 ATM 分布状况最优,而西部地区的银行分支占比相对较高。具体而言,在银行分支设施分布方面,全国平均水平为84.6%,西部地区超过全国平均水平,为85.8%;而中部地区社区银行分支设施占比低于全国平均水平,为82.9%。在社区附近 ATM 分布情况上,全国平均水平为86.7%,中部地区为84.1%,低于全国平均水平;东部地区和西部地区均高于全国水平,分别为89.5%和85.2%。

表9-1　社区附近金融设施东、中、西部差异　　（单位:%）

	社区附近是否有银行分支设施	社区附近是否有 ATM
东部	85.6	89.5
中部	82.9	84.1
西部	85.8	85.2
全国	84.6	86.7

从表9-2可以看出,我国社区附近金融设施的城乡差异明显。样本中,在社区附近银行分支设施占比方面,城镇是农村的3倍多;在社区附近 ATM 占比上,城镇是农村的2倍。这表明社区金融设施分布在城乡之间存在很大差异。

表9-2　社区附近金融设施的城乡差异　　（单位:%）

	社区附近是否有银行分支设施	社区附近是否有 ATM
农村	22.2	38.3
城镇	73.6	76.9

9.1.1.2　社区金融设施数量

由表9-3可见,我国社区金融设施数量在东、中、西部地区存在明显的差异。西部地区金融设施的分布密度远超全国平均水平,东部地区金融设施的分布密度与全国平均水平相近,而中部地区金融设施的分布密度低于全国平均水平。相比较而言,西部社区每平方公里银行数量是中部地区的2倍,而西部地区每平方公里 ATM 数量是中部地区的1.9倍。所以,我国社区金融设施分布不均匀。

表9-3　社区每平方公里金融设施数量差异　　（单位:个）

	社区每平方公里银行数量	社区每平方公里 ATM 数量
东部	14.8	15.6
中部	8.4	8.9
西部	16.5	16.8
全国	12.6	13.2

表9-4描述了我国社区每千人金融设施数量在东、中、西部地区也存在极大差异。具体而言,东部地区每千人银行数量和每千人 ATM 数量与全国水平接近,西部地区每千人银行数量与每千人 ATM 数量均高于全国平均水平,中部地区则远远低于全国平均水平。

表9-4　社区每千人金融设施数量差异　　（单位:个）

	每千人银行数量	每千人 ATM 数量
东部	7.2	7.9
中部	3.1	3.7
西部	9.4	9.8
全国	6.9	7.7

9.1.2 京津冀地区金融设施情况

9.1.2.1 社区金融设施占比

表 9 - 5 描述了京津冀地区社区附近金融设施存在的不均衡现象。平均来看,京津冀地区社区附近银行分支设施占比为 37.8%,北京、天津超过平均水平,分别为 72.7% 和 60.7%;而河北仅为 27.5%。北京银行分支设施的社区占比是河北的 2.64 倍。京津冀地区社区附近有 ATM 的占比为 47.5%,北京与天津情况相近,也超过了京津冀地区的平均水平,分别为 76.7% 和 71.4%,河北远低于京津冀的平均水平,仅为 44.2%。北京社区附近有 ATM 的占比是河北的 1.74 倍。可见,京津冀地区金融设施分布存在明显差异。

表 9 - 5　京津冀社区附近金融设施　　　（单位:%）

	社区附近是否有银行分支设施	社区附近是否有 ATM
北京	72.7	76.7
天津	60.7	71.4
河北	27.5	44.2
京津冀	37.8	47.5

表 9 - 6 描述了京津冀地区社区附近金融设施存在较严重的城乡差异。从平均水平来看,京津冀地区城镇社区附近有银行分支设施占比是农村的 1.63 倍,城镇社区附近有 ATM 占比是农村的 1.34 倍。具体来看,北京城镇社区附近银行分支设施占比达 85.61%,而农村社区附近银行分支设施占比为 73.15%,城镇社区附近银行分支设施占比是农村的 1.17 倍;城镇社区附近 ATM 占比是农村的 1.18 倍。天津地区城镇社区附近有银行分支设施占比是农村的 1.1 倍,城镇社区附近有 ATM 占比是农村的 1.17 倍。河北地区城镇社区附近有银行分支设施占比是农村的 2.10 倍,城镇社区附近有 ATM 占比是农村的 1.74 倍。综合而言,河北社区附近金融设施分布城乡差异最大,而天津社区附近金融设施城乡差异最小。

表9-6 社区附近金融设施的城乡差异 （单位:%）

		社区附近是否有银行分支设施	社区附近是否有ATM
北京	农村	73.2	73.6
	城镇	85.6	86.7
天津	农村	68.1	60.9
	城镇	74.8	71.4
河北	农村	39.3	51.1
	城镇	82.6	88.5
京津冀	农村	50.1	58.8
	城镇	81.7	78.7

9.1.2.2 京津冀地区社区金融设施数量

表9-7显示,京津冀社区附近每平方公里金融设施数量差距很大。从调查数据可知,京津冀社区每平方公里银行平均数量为18.5个,社区每平方公里ATM平均数量为27.2个。相比较而言,北京社区每平方公里金融设施数量最大,社区每平方公里银行数量是京津冀地区平均数量的1.64倍,分别是天津、河北的4.22倍和4.47倍。社区每平方公里ATM数量方面,北京是京津冀平均数量的1.38倍,分别是天津、河北的3.65倍和3.84倍。由此可知,京津冀地区社区附近每平方公里金融设施数量存在明显差异。

表9-7 京津冀社区每平方公里金融设施数量差异 （单位:个）

	社区每平方公里银行数量	社区每平方公里ATM数量
北京	30.4	37.6
天津	7.2	10.3
河北	6.8	9.8
京津冀	18.5	27.2

表9-8显示,京津冀社区每千人金融设施数量分布不均衡。从调查数据可知,京津冀地区社区平均每千人银行平均数量为8.9个,每千人ATM平均数量为12.2个。北京相对较高,而天津、河北均低于平均水平。相比较而言,北京每千人银行数量是京津冀平均数量的1.89倍,分别是天津、河北的2.3倍和14倍;北京每千人ATM数量是京津冀地区平均数量的

1.66 倍,分别是天津、河北的 2.51 倍和 11.9 倍。由此可知,京津冀地区社区附近每千人金融设施数量存在明显差异。

表 9 – 8　京津冀每千人金融设施数量差异　　（单位:个）

	每千人银行数量	每千人 ATM 数量
北京	16.8	20.3
天津	7.3	8.1
河北	1.2	1.7
京津冀	8.9	12.2

根据 CHFIS 数据,从全国社区来看,我国金融设施分布现状存在不均衡,且城乡分布差异尤为明显。西部地区金融设施分布最佳,东部地区次之,两者皆高于全国平均水平;中部地区相对较差,且远低于全国平均水平。从京津冀地区社区来看,京津冀地区金融设施分布状况很不均匀,且存在很大的城乡差异。总体而言,北京、天津的金融设施相对较多,而河北的金融设施相对较少。从京津冀地区金融设施密度分析,北京、天津金融设施密度远超京津冀地区平均水平,河北省则低于京津冀地区平均水平。

9.2　金融设施和收入

改革开放以来,中国经济持续高速增长,金融发展迅速,家庭收入水平逐渐提高,一些研究认为,金融发展与收入分配之间存在线性负相关关系,金融获得的不平等被视为收入差距持续存在的重要原因,金融发展有利于推动收入分配平等化发展。理论研究方面以 Galor & Zeira（1993）、Banerjee & Newman（1993）为代表,实证研究方面以 Clarke、Xu & Zou（2006）,Beck、Demirguc – Kunt & Levine（2007）为代表。与上述文献认为金融发展与收入分配线性相关的观点不同,一些文献指出,金融发展与收入分配之间存在非线性关系。需要说明的是,大部分关于非线性关系的研究文献认为,金融发展与收入不平等存在库兹涅茨效应,即二者的变化路径遵循"倒 U 型"轨迹。穷人的初始财富低于金融市场的财富门槛,即使获得贷款,也达不到最低的投资规模,只能出借自己的资金。在金融发展水平较低的经济中,生产效率低下、收入不平等将持续存在;而在金融发展水平较高的经济中,信贷市场需求增长导致利率提高,穷人通过放贷获得高利息收入,收入不平等逐渐缩小。可见,他与 Aghion & Bolton (1997)的研究角度相同,但是金融发展的作用机制存在差异。此处从微观角度进行金融设施的发展对家庭收入的影响机制研究。

9.2.1 文献综述

Galor & Zeira (1993)基于一个两时期两部门模型,从人力资本投资的角度探讨金融发展对收入分配的影响。在信贷市场不完善的假设条件下,存在信息不对称与道德风险问题,初始财富分布决定经济中受信贷约束的个体的比例。穷人受限于初始财富和信贷约束,不能进行人力资本投资,在两个时期都只能从事非熟练劳动力工作,而富人凭借初始财富或外部信贷支持投资人力资本成为熟练劳动力。长期来看,熟练劳动力和非熟练劳动力的收入会出现两极分化,初始财富分布决定长期收入水平,收入不平等通过代际转移永久存在。而金融发展能够缓解这种状况,随着金融发展水平的提高,市场不完善得到消除,穷人可以借款进行人力资本投资,贫富差距缩小,经济增长加速。有别于 Galor & Zeira (1993)模型中人力资本的线性积累方式,Galor & Moav (2004)的模型在同样的假设条件下证明了当经济增长的源泉从物质资本积累转变为人力资本积累时,初始财富分布通过人力资本的非线性积累影响收入分配不平等和长期经济增长。当人力资本或者物质资本投资不可分时,信贷市场不完善阻止资金流向穷人,流动性约束主要对穷人不利,初始财富分布具有永久性影响。而金融中介和金融市场的发展能够消除市场不完善,穷人的流动性约束得到缓解,可以获得贷款投资人力资本或高收益项目。相对来说,富人在任何金融发展水平条件下都有能力集中资源进行投资,他们从放松流动性约束中获益较少,因此,金融发展使穷人受益较多,有助于减少收入分配不平等。

Jeanneney & Kpodar (2011)分析了金融发展对贫困的积极作用与消极影响。他们着重探讨金融发展减少贫困的作用机制,强调金融发展的传导渠道在于直接分配效应(便利交易、获得储蓄以及贷款),而非间接增长效

应。基于 1966—2000 年发展中国家的样本数据,以 M3/GDP 和信贷/GDP
作为金融发展的度量指标,分析结果显示,金融发展主要通过麦金农导管
效应减少贫困,即穷人从便利交易和储蓄机会中受益更多,而从贷款中获
得利益较少。因此,他们建议发展中国家的金融体系改革应该先增加穷人
的储蓄机会,而后逐渐提高穷人贷款的可获得性,这与其他文献的观点存
在差异。进一步地,他们还考察了金融发展成本对收入分配的消极影响,
金融发展过程伴随的金融波动对穷人冲击更大,将部分抵消其积极作用。
尽管如此,金融发展产生的收益大于成本。此外,金融发展也通过增加金
融可得性、劳动力市场需求对改善收入分配产生积极作用。金融发展通过
劳动力市场这一渠道影响收入分配的研究还有:Townsend & Ueda (2006),
Demyanyk,Ostergaard & Sorensen (2007)发现,金融发展改善了资本配置效
率,并影响了社会总产出,这都将改变劳动力市场需求。Demirguc–Kunt &
Levine (2009)进一步指出,若金融发展更多增加对非熟练技能工人的需
求,将有助于缩小非熟练与熟练技能工人的收入差距。此外,Black & Stra-
han (2001)发现,金融发展缩小了女性与男性银行经理的工资差距。

Townsend & Ueda (2006)将常系数风险规避(CRRA)加入到效用函数
中,对 Greenwood & Jovanovic (1990)的模型进行简化和改进。他们认为,
在经济发展过程中,当财富达到一定水平时,穷人即使不参与金融中介,也
可能更愿意投资高风险、高收益项目,从而使收入差距缩小,这同样证明了
金融发展与收入不平等的演化路径遵循"倒 U 型"轨迹。他们基于 1976—
1996 年泰国的数据进行数值模拟,校正不同参数对模型的影响,结果表明,
泰国限制性的金融政策对收入分配产生负面效应。在严格限制自由进入
金融体系的政策下,金融发展只利于少数人,这将导致低收入者福利的损
失,因而收入分配状况恶化。

Leyshon 等人(2006)指出,金融机构营业网点的设立可以减少机构与
客户之间的信息不对称,提高互信度,同时将贫困人群获取适当金融服务
的成本维持在一定水平。如果以某一地区银行网点数作为金融服务可获
得性的标志,那么,该区域银行网点数量越多,金融服务可获性越高。Beck
等人(2007)提出了测度包容性金融发展的 8 个指标,分别是每万人金融机
构网点数、每百平方公里金融网点数、每万人 ATM 数、每百平方公里 ATM

数、人均储蓄/人均 GDP、人均贷款/人均 GDP、每千人储蓄账户数、每千人贷款账户数。

韩其恒和李俊青(2011)认为,金融发展影响个体的劳动性收入差异和金融性(财产性)收入差异,进而对个体间的收入差距产生影响。他们构建了二元经济的世代交叠模型,将信贷约束对个体教育投资的影响纳入分析框架,理论模型和数据模拟的结果表明,放松信贷约束能够降低工资基尼系数,从而缩小收入差距,尤其表现在人力资本回报更高的经济发展后期。现有理论研究主要强调信息不对称导致金融市场不完善,而陈斌和林毅夫(2012)则认为,政府干预也是发展中国家金融市场不完善的重要因素之一。他们分析政府发展战略、金融抑制与收入分配之间的关系,政府通过金融抑制的方式支持资本密集型产业发展,企业和政府的收入快速增加,穷人的收入没有较大变化,因而收入不平等不断恶化。该研究揭示了政府发展战略和金融制度导致金融发展在结构和功能上对收入分配产生负面影响的事实。与 Banerjee & Newman (1993)等人强调政府二次分配的重要性不同,他们强调政府在初次分配中的重要作用,认为应该同时实行比较优势战略才能改善收入分配状况。

陈志刚和王皖君(2009)采用 1986—2005 年的时间序列数据,从金融规模、金融效率和金融结构 3 个方面运用相同的计量方法进行检验,得到类似的结论:金融规模与居民收入基尼系数、城乡收入比率正相关,而金融效率与城乡收入比率负相关。李志阳和刘振中(2011)借鉴 Holmstrom & Tirole (1997)构建的金融发展与收入不平等的理论模型,并基于 1978—2010 年的时间序列数据,运用相同的计量方法进行实证分析。他们的研究结论有所不同,长期来看,分析结果与姚耀军(2005)、陈志刚和王皖君(2009)的发现相一致,但短期来看,金融规模和金融效率对城乡收入差距均产生了负面效应。

叶志强等人(2011)利用 1978—2006 年省级数据的研究也发现,金融发展与城乡收入差距显著正相关,而且金融发展的正向效应并不依赖于 Greenwood & Jovanovic (1990)模型提及的经济发展水平。他们对变量每年取值,以减少商业周期波动和高频数据对估计结果的影响,并检验金融发展扩大城乡收入差距的作用机制在于其显著阻碍农村居民收入增长,而与城市居民收入增长不存在显著相关关系。王征和鲁钊阳(2011)基于1993—2009年省级数据运用动态面板模型,从农村金融发展角度探讨城乡收入差距问题,结果显示,农村金融发展的规模、结构和效率的影响均显著为正。

胡宗义和刘亦文(2010)利用同样的县域数据进行研究,亦得到类似的结论,他们认为,倒U型曲线的拐点出现在金融深度的20%~60%分位数水平区间。马草原(2009)构建理论模型,论证金融歧视通过金融市场的"双重门槛"影响金融资源配置,产生金融差距与收入差距的双向反馈机制。在理论分析的基础上,他利用我国1952—2007年的时间序列数据进行相应的检验,结果显示,城乡金融差距与居民收入差距之间呈现显著的双向正效应。

关于金融发展和家庭收入之间关系的文献并没有得出一致结论,并且从宏观上研究金融发展和家庭收入之间的影响较多,对金融发展和家庭收入之间的微观机制探讨较少,本书基于微观数据探究金融设施的发展和家庭收入之间的关系,是对现有研究文献的有益补充。

9.2.2 实证模型

为考察金融设施对家庭收入的影响,本章的基本模型设定为:

$$Income = \alpha_0 + \alpha_1 Financial\_Institution + X\beta + \mu \qquad (9-1)$$

其中,$\mu \sim N(0,\sigma^2)$,Financial_institution是关注的金融设施,社区家庭平均收入取对数,用社区银行和ATM数量度量金融设施数量;X是控制变量,包括户主特征变量、家庭特征变量、地区控制变量等。

描述性统计结果见表9-9:

表9-9 描述性统计结果

变量	观察值	均值	标准差	最小值	最大值
被解释变量					
社区家庭平均收入	121	96 271.54	76 823.98	15 499.16	530 291.60
关注变量					
社区金融设施数量	121	2.44	4.21	0	35
工具变量					
社区附近证券公司数量	121	1.63	7.98	0	51

续表

变量	观察值	均值	标准差	最小值	最大值
社区特征变量					
社区户主平均年龄	121	56.89	14.89	21	90
社区户主平均年龄^2/100	121	31.33	5.09	16.96	41.65
社区户主男性比例	121	0.49	0.14	0.24	0.85
社区户主平均受教育年限	121	9.79	4.25	0	22
社区家庭已婚比例	121	0.85	0.10	0.58	1
社区风险偏好家庭比例	121	0.002	0.007	0	0.053
社区风险厌恶家庭比例	121	0.022	0.020	0	0.059

9.2.3　实证结果

模型 9 – 1 回归结果如表 9 – 10 所示：

表 9 – 10　金融设施对家庭收入的影响

被解释变量 社区平均家庭收入	(1) OLS	(2) 2SLS
社区金融设施数量	0.008 *	0.011 **
	(0.004)	(0.007)
社区户主平均年龄	0.001	0.001
	(0.003)	(0.003)
社区户主平均年龄^2/100	– 0.041 ***	– 0.042 ***
	(0.011)	(0.010)
社区户主男性比例	– 0.056	– 0.042
	(0.342)	(0.330)
社区户主平均受教育年限	0.044 ***	0.042 ***
	(0.011)	(0.011)
社区家庭已婚比例	– 0.137	– 0.254
	(0.526)	(0.600)

续表

被解释变量 社区平均家庭收入	（1）OLS	（2）2SLS
社区风险偏好家庭比例	3.194	2.925
	（5.099）	（4.786）
社区风险厌恶家庭比例	1.477	1.409
	（2.580）	（2.472）
农村	−0.355 ***	−0.373 ***
	（0.121）	（0.131）
北京	0.303 ***	0.294 ***
	（0.111）	（0.106）
河北	−0.522 ***	−0.534 ***
	（0.099）	（0.099）
常数项	12.385 ***	12.576 ***
	（0.584）	（0.799）
样本量	121	121
Wald chi2	33.17 ***	376.25 ***
R^2	0.6843	0.6861
DWH 内生性检验		1.825
p 值		0.179
第一阶段 F 值		4.564 **

注：* 、** 、*** 分别表示在 10%、5%、1% 水平上显著，括号内为稳健标准误。

从表 9 - 10 第（1）列 OLS 回归结果来看，关注变量社区金融机构数量回归结果显著，京津冀地区社区金融机构数量每增加一个，京津冀地区社区家庭平均收入提高 0.8%。从第（1）列其他变量的估计结果来看，京津冀地区社区户主年龄、受教育年限、风险偏好家庭比例、风险厌恶家庭比例、北京地区对社区平均家庭收入有正向影响作用，社区户主男性比例、已婚家庭比例、农村、河北地区对于社区平均家庭收入有负向影响作用。

金融设施和家庭收入之间可能存在反向因果、遗漏变量导致的内生性问题。首先，金融设施和家庭收入互为因果关系，因为家庭收入越高，其购房时更倾向选择市中心繁华地段，城市的繁华地区金融机构营业网点相对较多;其次,可能的遗漏变量问题导致高估或者低估金融设施的影响,也会造成内生性问题。

为了消除解释变量的内生性问题,可选取工具变量进行两阶段估计。因此,针对金融设施和家庭收入之间的内生性问题,应选择该地区证券机构发展水平作为工具变量。这是因为地区证券市场如果发展程度高,会加大地区金融市场和金融设施的竞争程度,促使增设银行和 ATM 数量,所以证券市场发展与金融设施的数量是相关的,但家庭收入与证券市场的发展没有直接相关关系。

从表 9 – 10 第(2)列 2SLS 回归结果来看,2SLS 回归的第一阶段 F 值不是接近等于 10,说明存在弱工具变量问题,但 DWH 值不显著,金融机构不存在显著的内生性问题,OLS 回归是无偏的估计。从第(2)列回归结果看出,京津冀地区社区金融机构数量每增加一个,京津冀地区社区平均家庭收入增加 1.1%,用工具变量估计的结果进一步表明,金融机构数量对家庭收入有正向影响。

9.2.4　稳健性检验

本节对社区平均家庭收入、社区金融设施数量、户主特征的连续变量进行 5% 水平的 winsorize 处理,即将样本上下 5% 的极端值进行处理,将样本小于 5% 和大于 95% 的分位数的连续变量分别等于 5% 和 95% 的分位数,消除极端值的影响,对处理后的样本再次进行 OLS 估计,回归结果显示,当社区金融设施增加一个时,社区家庭平均收入提高 2.6%,且回归结果显著,因此得到的回归结果仍然稳健。

表 9 – 11　金融设施对家庭收入的稳健性检验

被解释变量 社区平均家庭收入	(1) OLS
社区金融设施数量	0.026**
	(0.012)
社区户主平均年龄	0.002
	(0.003)

续表

被解释变量 社区平均家庭收入	（1） OLS
社区户主平均年龄^2/100	－ 0. 042 ***
	（0. 009）
社区户主男性比例	－ 0. 009
	（0. 306）
社区户主平均受教育年限	0. 046 ***
	（0. 011）
社区家庭已婚比例	－ 0. 252
	（0. 455）
社区风险厌恶家庭比例	1. 206
	（2. 066）
农村	－ 0. 324 ***
	（0. 106）
北京	0. 256 ***
	（0. 089）
河北	－ 0. 488 ***
	（0. 093）
常数项	12. 364 ***
	（0. 505）
样本量	121
Wald chi2	44. 76 ***
R^2	0. 704

注：* 、** 、*** 分别表示在10% 、5% 、1% 水平上显著，括号内为稳健标准误差。

9. 2. 5　结论

本节从社区层面研究京津冀地区社区金融设施对家庭收入的影响。研究发现，社区金融机构数量对家庭收入有正面影响，当社区金融机构数量增加一个时，家庭收入增加，同时家庭户主年龄越大、户主受教育程度越高，家庭收入也越高。从地区来看，北京市家庭收入高，城镇家庭收入比农村家庭收入高。随着金融市场的发展，居民对银行、ATM 的需求越来越多，因此，金融管理部门需要在社区附近设立更多银行服务网点和ATM，同时，金融部门要更重视农村地区和非首都地区的金融设施铺设,尤其要加强农村地区的金融设施建设,提高居民获得金融的便利性,从而促进居民整体收入水平的提升。

9.3　金融设施和消费

　　传统的消费理论强调绝对收入、相对收入或永久收入对消费的影响,忽略了金融发展对消费的作用,直到20世纪70年代,金融发展与居民消费之间的关系才引起学者的广泛关注。Mckinnon&Shaw(1973)首先提出金融抑制和金融深化理论,该理论认为,金融深化有利于增加居民收入,缓解居民流动性约束,刺激居民消费增长。研究表明,在一定的条件下,金融体系的发展会刺激消费总量的增长(樊纲、王小鲁,2004;叶耀明、王胜,2007;毛中根、洪涛,2010)。毛中根、洪涛(2010)运用1997—2007年中国省际面板数据研究了金融发展对居民消费的影响,总体来看,金融发展对居民消费具有正向促进作用,但两者之间的关系在地区结构上表现出明显的非均衡性。樊纲、王小鲁(2004)建立了我国各地区消费指数,认为银行卡的普及率对我国消费状况有正面影响。叶耀明、王胜(2007)基于全国31个省的面板数据分析,指出金融市场化降低了消费约束,释放出消费需求。万广华等(2001)通过实证研究,得出欠发达金融是导致居民消费水平和消费增长率同时下降的原因。中国的实证研究表明,金融发展促进了居民消费的增长,欠发达的金融体系由于存在流动性约束而阻碍消费总量的增长(Jappelli & Pagano,1989;Zeldes,1989;万广华等,2001)。也有部分学者认为,金融发展与消费增长之间仅存在较弱的正相关(如中国农村地区)(张凯、李磊宁,2006)。

9.3.1　文献综述

　　吴信如(2006)指出,从理论上讲,两者之间的关系是不确定的,即金融发展的进程在不同国家、不同地区是不相同的。更多微观研究表明,在不同经济发展阶段,金融发展对消费的影响会呈现不同的结果(赵国庆、张中元,2010)。对于不同的收入群体,金融发展对消费需求波动性的影响也是不同的(贺秋硕,2006)。研究农村金融发展对农村居民消费影响的文献也较多。文启湘、刘卫峰(2005)认为,农村金融深化能够促进农民增收、缓解信贷约束,从而扩大其消费需求。胡邦勇、张兵(2012)基于我国1979—2010年的时间序列数据,分析了我国农村金融和农民消费之间的关系,认为金融效率和规模对农民消费支出有正向影响。同时,胡邦勇、张兵(2013)通过脉冲响应分析,认为农村金融规模、金融效率和金融密度对农民消费的影响主要体现在长期效应之上。周炜(2012)通过研究货币供给量、资本市场和利率水平3个金融发展变量对消费的影响,证实了金融业的发展对消费起到促进作用。谢顺利(2014)分析了农村金融发展对农村居民消费的作用途径,认为农村金融发展可以通过对农村居民进行生产性借贷、生活性借贷和发挥报销功能的作用,提高农村居民的消费水平;并利用1995—2009年的相关数据进行实证分析,得出结论:农村金融发展与农村居民消费之间存在长期均衡的关系,并且农村金融发展能够有效地促进农村居民消费的增长。

也有学者认为,金融发展和消费之间的关系不一定是正向的。张凯、李磊宁(2006)以农村金融发展和农村居民消费为研究对象,认为无论从长期来看还是短期来看,农村金融发展与农民消费支出均呈较弱的正相关性,金融发展对消费的拉动作用并不明显,金融抑制现象比较严重,需要增加针对农民消费需求提高的金融支持。吴信如(2006)、贺秋硕(2006)以及赵国庆、张中元(2010)认为,两者关系具有不确定性,如金融发展通过不同途径对消费产生正向或负向的影响,在不同时期,金融发展对消费的影响程度是不一样的。徐灵通等(2012)选取1994—2010年数据,研究我国居民消费与金融中介、金融市场发展之间的关系,并建立模型进行协整检验和格兰杰因果检验,结果表明,金融中介和证券市场的发展对居民消费的影响不显著,保险市场的发展与居民消费呈现负相关关系。邱晓华(2002)认为,农民消费需求不足的表层原因是其收入低,深层原因是农村金融体制改革落后。李国政(2012)认为,金融发展会抑制农民的基本生活类消费支出,但会促进农民的发展类消费支出,整体上对提高农民的消费支出以及改善消费结构不存在显著影响。李清政等(2014)以西部地区为研究对象,利用面板数据对金融发展与城乡居民消费进行实证分析,结果表明,城乡金融发展对居民的消费水平呈现不同的正负影响效果,且不同地区存在明显的差异性;辛大楞等(2014)以全国 249 个城市为例,分析金融发展与消费率之间的关系,结果表明,金融发展与居民消费率之间存在负相关关系,并指出城市化水平、政府支出对提高消费率具有促进作用。

Bayoumi(1993)、Muellbauer & Murphy(1990)通过大量的理论与实证研究,证明了金融市场化能够促进消费增长。Jappelli & Pagano(1989)、Campbell & Mankiw(1991)发现,金融市场欠发达地区的信贷约束严重,而金融市场化直接作用于受到流动性约束的消费者,使消费者能够更好地利用资本市场实现消费的跨期平滑,解决了流动性约束问题;同时,金融市场化使竞争激化,降低了金融中介成本,特别是家庭的金融中介成本,使得消费者容易获得消费信贷,从而释放出被压抑的消费需求。Fissel & Jappelli(1990)对美国的研究、Maria & Geoffrey(2001)对英国的研究均采用了生命周期—永久收入假说(LC - PIH)的方法,证明金融市场化缓解了流动性约束,进而促进了消费增长。Levchenko(2005)指出,金融发展可以通过国际风险分散起到平滑消费的作用,有利于增加消费。

9.3.2 实证模型

为考察金融设施对家庭消费的影响,本章的基本模型设定为:

$$\text{Consumption} = \alpha_0 + \alpha_1 \text{Financial\_Institution} + X\beta + \mu \qquad (9-2)$$

其中,$\mu \sim N(0, \sigma^2)$,Financial_institution 是关注的金融设施,社区家庭平均消费取对数,用社区银行和 ATM 数量之和度量金融设施数量;X 是控制变量,包括户主特征变量、家庭特征变量、地区控制变量等。

描述性统计结果见表 9 - 12:

表 9 - 12 描述性统计结果

变量	观察值	均值	标准差	最小值	最大值
被解释变量					
社区家庭平均消费	121	86 531.68	71 148.32	10 996.41	500 426.15

变量	观察值	均值	标准差	最小值	最大值
关注变量					
社区金融设施数量	121	2.44	4.21	0	35
工具变量					
社区附近证券公司数量	121	1.63	7.98	0	51
社区特征变量					
社区户主平均年龄	121	56.89	14.89	21	90
社区户主平均年龄^2/100	121	31.33	5.09	16.96	41.65
社区户主男性比例	121	0.49	0.14	0.24	0.85
社区户主平均受教育年限	121	9.79	4.25	0	22
社区家庭已婚比例	121	0.85	0.10	0.58	1
社区风险偏好家庭比例	121	0.002	0.007	0	0.053
社区风险厌恶家庭比例	121	0.022	0.020	0	0.059

9.3.3 实证结果

模型 9 - 2 回归结果如表 9 - 13 所示：

表 9 - 13 金融设施对家庭消费的影响

被解释变量 社区平均家庭消费	(1) OLS	(2) 2SLS
社区金融设施数量	0.004 *	0.009 *
	(0.002)	(0.041)
社区户主平均年龄	0.000 2	0.001
	(0.006)	(0.006)
社区户主平均年龄^2/100	- 0.014 **	- 0.021 **
	(0.020)	(0.021)
社区户主男性比例	0.109	0.209
	(0.380)	(0.392)

续表

被解释变量 社区平均家庭消费	（1） OLS	（2） 2SLS
社区户主平均受教育年限	0.056 ***	0.046 **
	(0.019)	(0.022)
社区家庭已婚比例	− 0.150	− 0.950
	(0.759)	(1.121)
社区风险偏好家庭比例	9.245	7.417
	(13.591)	(12.354)
社区风险厌恶家庭比例	1.661	1.199
	(2.662)	(2.726)
农村	− 0.065	− 0.189
	(0.119)	(15 382.683)
北京	0.165 ***	0.105 ***
	(0.020)	(0.023)
河北	− 0.080	− 0.160
	(0.175)	(0.183)
常数项	11.765 ***	13.062
	(1.108)	(1.800)
样本量	121	121
Wald chi2	17.91 ***	37.50 ***
R^2	0.537 4	0.586
DWH 内生性检验		1.256
p 值		0.268
第一阶段 F 值		4.846 **

注：*、**、*** 分别表示在10%、5%、1%水平上显著，括号内为稳健标准误差。

从表9－13第（1）列 OLS 回归结果来看，关注变量社区金融机构数量回归结果显著，京津冀地区社区金融机构数量每增加一个，京津冀地区社区家庭平均消费提高 0.4% 。从第（1）列控制变量的估计结果来看，京津冀地区社区户主年龄、社区户主男性比例、受教育年限、北京对于社区平均家庭消费有正向影响，已婚家庭比例、农村、河北地区对于社区平均家庭消费有负向影响。

金融设施和家庭消费之间可能存在反向因果、遗漏变量导致的内生性问题。首先，金融设施和家庭的消费互为因果关系，因为家庭消费越高，家庭收入水平也较高，购房时会选择市中心繁华地段，城市繁华地区其金融机构营业网点也相对较多；其次，可能的遗漏变量问题导致高估或者低估金融设施的影响，也会造成内生性问题。

为了消除解释变量的内生性问题，可选取工具变量进行两阶段估计。所以，针对金融设施和家庭消费之间的内生性问题，选择该地区证券机构发展水平作为工具变量，因为地区证券市场发展程度高，会加大地区金融市场和金融设施的竞争程度，将促使增设银行和 ATM 数量，所以证券市场发展与金融设施是相关的，但家庭消费与证券市场的发展没有直接相关关系。

从表 9 - 13 第（2）列 2SLS 回归结果来看，2SLS 回归的第一阶段 F 值为 4.85，远小于 10，说明存在弱工具变量问题，但 DWH 值不显著，金融机构不存在显著的内生性问题，OLS 回归是无偏的估计。从第（2）列回归结果看，京津冀地区社区金融机构数量每增加一个，京津冀地区社区平均家庭消费增加 0.9% ，工具变量估计的结果进一步表明，金融机构数量对家庭消费有正向影响。

9.3.4　稳健性检验

本节对社区平均家庭消费、社区金融设施数量、户主特征的连续变量进行 5% 水平的 winsorize 处理，即将样本上下 5% 的极端值进行处理，将样本小于 5% 和大于 95% 的分位数的连续变量分别等于 5% 和 95% 的分位数，消除极端值的影响，对处理后的样本再次进行 OLS 估计，回归结果显示，社区金融设施增加一个，社区家庭平均消费提高 1% ，且回归结果显著，得到的回归结果仍然稳健（表 9 - 14）。

表9－14　金融设施对家庭消费的稳健性检验

被解释变量 社区平均家庭消费	（1） OLS
社区金融设施数量	0.010 *
	（0.006）
社区户主平均年龄	0.003
	（0.003）
社区户主平均年龄^2/100	－ 0.004
	（0.008）
社区户主男性比例	－ 0.259
	（0.273）
社区户主平均受教育年限	0.041 ***
	（0.013）
社区家庭已婚比例	－ 0.036
	（0.406）
社区风险厌恶家庭比例	1.816
	（1.806）
农村	－ 0.124
	（0.085）
北京	0.109 ***
	（0.036）
河北	－ 0.104
	（0.108）
常数项	11.571 ***
	（0.565）
样本量	121
Wald chi2	6.00 ***
R^2	0.312

注：* 、** 、*** 分别表示在10% 、5% 、1% 水平上显著，括号内为稳健标准误差。

9.3.5　结论

本节从社区层面研究京津冀地区社区金融设施对家庭消费的影响。研究发现,社区金融机构数量对家庭消费有正向影响,当社区金融机构数量增加一个时,家庭消费提高,同时家庭户主年龄越大、户主受教育程度越高,家庭消费越高。从地区来看,北京家庭消费高,城镇家庭比农村家庭消费高。随着金融市场的发展,居民对银行、ATM 的需求越来越多,因此,金融管理部门需要在社区附近设立更多银行服务网点和 ATM,同时,金融部门要更重视农村地区和非首都地区的金融设施铺设,尤其要加强农村地区的金融设施建设,提高居民获得金融的便利性,促进家庭消费水平的提升。

9.4　金融设施和财富

长期较低的收入水平导致家庭财富总量偏低,国内外学者的大量研究发现,金融设施的发展、资本市场成熟程度对家庭财富有显著影响。金融市场产品单一、产品不足等无法满足家庭的多层次需求,进而影响家庭财富积累。大部分家庭投资股票、基金等风险资产的财富十分有限。Lusardi & Mitchell(2006)利用生命周期框架下的财富积累模型,发现金融知识能够解释为什么有人接近退休仍没有财富或者有很少的财富。Campanale (2007)发现,居民财富分布要比收入分布更加集中,随着财富净值的增加,居民家庭投资组合中高收益资产的比例将提高,而财富积累与较高的回报率之间具有相互促进的作用。李实(2000)考察年龄和人力资本对家庭财富积累的影响。我国家庭财富由于经济体制转轨过程中财产"化公为私"的转移,不但加速了居民财产的积累,而且该过程中存在的分配不公成为导致居民财产差距进一步扩大的重要原因,该问题在城镇居民住房体制改革过程中尤为显著(李实,2000;罗楚亮,2009)。刘维奇(2011)对城市化过程中住房价格和财富分配效应之间的相互影响机制进行了论述,指出住房价格上涨和价值增值实现过程伴随着双重财富分配效应,价格持续上涨不但转移了无房人群的当期财富,而且转移了他们的未来财富,同时具有持久性。

9.4.1 文献综述

王弟海、龚六堂(2006)讨论了资本收入和劳动收入分配的差距如何通过遗产机制下收入和财富分配的持续性差距程度。陈彦斌(2008)对2007年我国城乡居民财富分布状况统计的分析表明,城镇居民资产主要集中于自有房屋、银行存款和自有生产性固定资产3大类,通过计算我国2007年的城乡财富分布,发现高财富家庭的资产组合呈现多元化,而中低财富家庭则较为单一。从微观角度来看,家庭财富通常是指家庭投资各种资产的净值,即家庭总资产减去家庭总负债,居民的投资行为会对家庭财富产生影响。梁运文(2010)研究表明,职业、党员身份、受教育程度对居民财产积累具有显著的正向作用。王弟海等(2011)研究了财富分配差距的动态演化过程和均衡时持续性差距决定问题。何晓斌和夏凡(2012)指出,将通过生产、劳动以及所有权的变化导致收入机会变化而产生的"收入创造"等同于"财富积累"是不恰当的。张大永和曹红(2012)基于家庭金融微观调查数据发现,房地产财富效应大于金融资产的财富效应。Bertaut(2003)、Aizcorbe(2003)根据美国消费金融调查(SCF)数据,认为90%的美国家庭进行不同类型的金融投资,25%的家庭拥有5种以上不同金融资产,持有安全性资产和较安全性资产比重与以前没有多大变化,但风险资产占金融总资产的比重上升。马良(2006)认为,可通过政府建立完善的法律和制度体系、金融机构增强自身业务水平、居民增强理财意识和投资意识等方面去完善和发展居民的家庭投资理财。肖争艳和刘凯(2012)研究发现,户主投资参与度与风险偏好的提高有利于家庭财富的增加,特别是对高收入或者经济发达地区的家庭来说,投资参与度与风险偏好的提高对家庭财富的积累效果更加明显。

Campbell(2006)研究认为,投资参与度、风险偏好度与财富水平是相互影响的。投资参与度较高、偏好风险的户主倾向于积累更多的财产,之后又增加投资参与的广度,导致财产进一步增值。史代敏、宋艳(2005)首次从微观角度出发,用四川省2002年城镇居民家庭财产抽样调查数据建立

Tobit 模型,分析了影响居民家庭金融资产总量、结构的因素,认为年龄、财富规模、户主性别、家庭责任、户主受教育程度、家庭资产规模、获得金融服务的便利性、住房所有权、收入、居住地、改革、利率等因素对居民家庭金融资产总量和构成都是有影响的。张红伟(2001)对我国 1996—1999 年居民金融资产结构的变动进行分析,发现居民手持现金、活期存款增加,定期存款减少,储蓄总量增长幅度变缓;居民对国债、股票、保险的需求不断增加。这一变动对经济会产生正负两方面的效应。王聪等人(2006)对居民家庭金融资产选择理论的研究进行了总结,指出早期理论模型的预测与现实中家庭资产选择组合不符,后来学者引入了工资、不安全市场、房产、其他资产及不同偏好结构来改变和扩展资产选择模型,但理论与实证结果之间的差距仍然很大。

9.4.2　实证模型

为考察金融设施对家庭财富的影响,本章的基本模型设定为:

$$Wealth = \alpha_0 + \alpha_1 Financial\_Institution + X\beta + \mu \qquad (9-3)$$

其中,$\mu \sim N(0, \sigma^2)$,Financial_instisution 是关注的金融设施,社区平均家庭财富取对数,用社区银行和 ATM 数量之和度量金融设施数量;X 是控制变量,包括户主特征变量、家庭特征变量、地区控制变量等。

描述性统计结果见表 9 – 15:

表 9 – 15　描述性统计结果

变量	观察值	均值	标准差	最小值	最大值
被解释变量					
社区家庭平均财富	121	1 857 838	1 909 519	104 138. 4	11 200 000
关注变量					
社区金融设施数量	121	2. 44	4. 21	0	35
工具变量					
社区附近证券公司数量	121	1. 63	7. 98	0	51
社区特征变量					
社区户主平均年龄	121	56. 89	14. 89	21	90

续表

变量	观察值	均值	标准差	最小值	最大值
社区户主平均年龄^2/100	121	31.33	5.09	16.96	41.65
社区户主男性比例	121	0.49	0.14	0.24	0.85
社区户主平均受教育年限	121	9.79	4.25	0	22
社区家庭已婚比例	121	0.85	0.10	0.58	1
社区风险偏好家庭比例	121	0.002	0.007	0	0.053
社区风险厌恶家庭比例	121	0.022	0.020	0	0.059

9.4.3　实证结果

模型9-3回归结果如表9-16所示：

表9-16　金融设施对家庭财富的影响

被解释变量 社区平均家庭财富	（1） OLS	（2） 2SLS
社区金融设施数量	0.011*	0.017*
	(0.007)	(0.009)
社区户主平均年龄	0.001	0.002
	(0.005)	(0.005)
社区户主平均年龄^2/100	−0.031**	−0.034**
	(0.015)	(0.015)
社区户主男性比例	−1.422***	−1.380***
	(0.531)	(0.516)
社区户主平均受教育年限	0.057***	0.053***
	(0.017)	(0.017)
社区家庭已婚比例	0.271	−0.065
	(0.737)	(0.835)
社区风险偏好家庭比例	−5.505	−6.271
	(6.827)	(6.369)

续表

被解释变量 社区平均家庭财富	(1) OLS	(2) 2SLS
社区风险厌恶家庭比例	− 2.333	− 2.527
	(4.055)	(3.932)
农村	− 0.465 **	− 0.517 **
	(0.193)	(0.196)
北京	0.617 ***	0.592 ***
	(0.164)	(0.161)
河北	− 0.544 ***	− 0.578 ***
	(0.187)	(0.184)
常数项	15.143 ***	15.687 *
	(0.904)	(1.125)
样本量	121	121
Wald chi2	27.14 ***	328.17 ***
R^2	0.663	0.685
DWH 内生性检验		3.478
p 值		0.483
第一阶段 F 值		4.56 **

注：* 、** 、*** 分别表示在 10%、5%、1% 水平显著，括号内为异方差稳健标准误。

从表 9-16 第（1）列 OLS 回归结果来看，关注变量社区金融机构数量回归结果显著，京津冀地区社区金融机构数量每增加一个，京津冀地区社区家庭平均财富提高 1.1%。从第（1）列的控制变量的估计结果来看，京津冀地区社区户主年龄、受教育年限、北京地区对于社区平均家庭财富有正向影响，社区户主男性比例、农村、河北地区对于社区平均家庭财富有负向影响。

金融设施和家庭财富之间可能存在反向因果、遗漏变量导致的内生性问题。首先，金融设施和家庭的财富互为因果关系，因为家庭财富水平高，其购房时会选择市中心繁华地段，城市繁华地段的金融机构营业网点也相对较多;其次,可能的遗漏变量问题导致高估或者低估金融设施的影响,也会造成内生性问题。

为了消除解释变量的内生性问题,此处选取工具变量进行两阶段估计。所以,针对金融设施和家庭财富之间的内生性问题,选择该地区证券机构发展水平作为工具变量,因为地区证券市场发展程度高会加大地区金融市场和金融设施的竞争程度,促使银行增设分支机构,增加 ATM 数量,所以证券市场发展与金融设施是相关的,但家庭财富与证券市场的发展没有直接相关关系。

从表 9 - 16 第(2)列 2SLS 回归结果来看,2SLS 回归的第一阶段 F 值为 4.56,远小于 10,说明存在弱工具变量问题,同时 DWH 值不显著,所以金融机构不存在显著的内生性问题,说明 OLS 回归结果是无偏的;从第(2)列回归结果看,京津冀地区社区金融机构数量每增加一个,京津冀地区社区平均家庭财富增加 1.7%,工具变量估计的结果进一步表明,金融机构数量对家庭财富有正向影响。

9.4.4 稳健性检验

本节对社区平均家庭财富、社区金融设施数量、户主特征连续变量进行 5% 水平的 winsorize 处理,即将样本上下 5% 的极端值进行处理,将样本小于 5% 和大于 95% 的分位数的连续变量分别等于 5% 和 95% 的分位数,消除极端值的影响,对处理后的样本再次进行 OLS 估计,回归结果显示,当社区金融设施增加一个时,社区家庭平均财富提高 3.5%,且回归结果显著,得到的回归结果仍然稳健(见表 9 - 17)。

表 9 - 17　金融设施与家庭财富:稳健性检验

被解释变量 社区平均家庭财富	(1) OLS
社区金融设施数量	0.035*
	(0.019)
社区户主平均年龄	0.0001
	(0.005)

续表

被解释变量 社区平均家庭财富	（1） OLS
社区户主平均年龄^2/100	− 0.029 *
	（0.016）
社区户主男性比例	− 1.350 ***
	（0.476）
社区户主平均受教育年限	0.062 ***
	（0.019）
社区家庭已婚比例	0.256
	（0.728）
社区风险厌恶家庭比例	− 1.306
	（3.602）
农村	− 0.514 ***
	（0.172）
北京	0.619 ***
	（0.152）
河北	− 0.470 ***
	（0.174）
常数项	14.822 ***
	（0.882）
样本量	121
Wald chi2	33.82 ***
R^2	0.6735

注：* 、** 、*** 分别表示在10%、5%、1%水平上显著,括号内为异方差稳健标准误。

9.4.5　结论

本节从社区层面研究京津冀地区社区金融设施对家庭财富的影响。研究发现,社区金融机构数量对家庭财富有正向影响,当社区金融机构数量增加一个时,家庭财富增加;同时家庭户主年龄越大、户主受教育程度越高,家庭财富越多;家庭已婚比例越高,家庭财富越多;而户主男性比例越高,家庭财富越低。从地区来看,农村、河北地区的家庭财富水平较低。随着金融市场的发展,居民对银行服务网点、ATM 的需求越来越多,因此,金融管理部门需要在社区附近设立更多银行服务网点和 ATM,同时,金融部门要更重视农村地区和非首都地区的金融设施铺设,尤其要加强农村的金融设施建设,提高居民获得金融的便利性,从而促进家庭财富水平的提升。

9.5   金融设施和创业

随着经济的发展,金融设施逐渐增多,居民获得的金融便利性更高。Banerjee & Newman(1993)率先建立了一个三部门的动态经济增长模型,研究个人职业选择(成为工资雇佣者、自我雇佣者和企业家)与财富分配之间的相互作用。他们认为,个人职业选择在许多情况下受其初始财富禀赋的限制,反过来又决定了个人的终生储蓄及其风险承受能力,这将在长期内造成个人财富积累和收入分配上的差距。Banerjee & Newman(1993)认为,初始财富禀赋的不同决定了个人职业选择。在金融发展水平较低的情况下,由于金融市场不完善,个人仅能借到有限的资金,其数量与所拥有的财富相关。那些要求较高水平投资的职业超过了穷人的融资能力,穷人只能选择为富人工作(即成为工资雇佣者)。结果,劳动供给大于劳动需求,因而工资水平较低;而初始财富较多的富人可以获得融资支持创办或经营企业,从而获得较多利润。随着金融市场的逐步完善,许多低收入或财富积累少的人也可以获得融资支持以自我雇佣或成为企业家。

9.5.1   文献综述

Ghatak & Jiang(2002)进一步简化了 Banerjee & Newman(1993)的模型,认为金融发展和金融市场的完善可以降低投资门槛,从而使更多的人能够成为企业家,增加对劳动的需求,推动工资上升,缩小企业家和工人之间的收入差距。Claessens & Perotti(2007)认为,不平等的金融准入是获取经济机会的一个障碍。由于在正规金融市场上难以筹集资金,面临金融约束的企业家往往只能通过非正规金融部门融资,即使边际投资回报率较高,也难以实现其最优投资规模。Demirguc - Kunt & Levine(2008)认为,如果一国的金融体系能够为有能力(特别是具有创新精神)的中低收入者提供融资,并使其中一部分人成为企业家,那么,这样的金融体系将有利于降低该国的贫困率并缩小收入差距。Bianchi(2010)通过建立理论模型,证明了金融发展水平的提高会通过缓解金融约束而增加企业家数量,使企业家才能更有效地配置到生产性活动及技术创新上。同时,通过放松金融约束或金融管制,贫穷但有企业家才能的人能够获得贷款创办企业,富有但没有才能的人成为雇员,从而有利于改善社会结构,缩小收入差距。

中国自 20 世纪 90 年代中期开始推进金融改革,尽管其目标是强化信贷投放效率优先的原则,但所采取的措施却是收紧的,在实体部门放权的同时,金融部门却出现了集权的倾向(Park & Shen,2008)。1998 年,中国人民银行实施国有商业银行分支机构改革,之后四大国有商业银行开始大规模撤并县域支行,中国农业银行还通过提高欠发达地区分(支)行资金的上存利率来鼓励其向省分行上存资金,同时通过上收信贷审批权限至省分行来限制对农村地区的贷款(徐忠、程恩江,2004)。在国有商业银行撤出农村地区的同时,政府仍严格限制农村金融市场的准入,直至 2006 年年底才逐步放宽准入条件。中国金融改革在政策上"重视城市忽视农村",使得农村金融发展严重滞后于城市,城乡二元金融结构特征明显。因此,相对于城镇居民,农村居民在获取金融资源方面面临更高的准入门槛,遭受的金融约束更加严重,农村金融难以支持其开展创业活动。马光荣、杨恩艳(2011)发现,拥有更多社会网络的农民会有更多的民间借贷渠道,从而更有可能创办自营工商业。张龙耀、张海宁(2013)利用 2008 年中国健康和养老调查(CHARLS)数据实证检验了金融约束对家庭创业行为的影响,随着金融发展水平的提高,金融约束对城乡家庭创业活动的抑制作用逐步减弱。刘唐宇(2010)分析表明,农民回乡创业的影响因素主要有 11 个,建议增加金融的有效供给、开创农村创业教育和加强农民工的创业培训、提高资源的可获取性。刘杰和郑风田(2011)基于晋、甘、浙三省 894 户农民家庭的调查,得出源于正规金融部门的流动性约束对农户是否选择创业和创业类型产生了抑制作用。微观层面的风险偏好、财富水平、社会资本、公务员背景、宗教信仰等个体(家庭)特征以及政府管制、人口结构、房价波动、市场准入等宏观经济政策因素对创业活动产生了显著影响(Hurst & Lasurdi,2004;马光荣和杨恩艳,2011;荣昭等,2013;阮荣平等,2014;吴晓瑜等,2014;Kerr et al.,2015;李雪莲等,2015;倪鹏途和陆铭,2016)。完善的信贷市场和丰富的金融资源有助于缺乏初始资金的创业者获得融资支持,促进其开展创业活动(Klapper et al.,2008;Kerr & Nanda,2009)。翁辰和张兵(2015)、程郁和罗丹(2009)基于微观调查数据的研究,证实信贷约束显著抑制了农村家庭创业,农村金融机构的建立增加了农村金融市场供给,提高了农村金融市场的竞争程度,在一定程度上缓解了居民融资难问题。黄惠春和褚保全(2011)、朱红根和康兰媛(2013)的实证研究发现,农村地区良好的金融环境能改善农民的融资可得性,激发其创业意愿。村庄金融机构的丰富和金融环境的完善有助于农户更多参与创业活动(张海洋、袁雁静,2011)。

9.5.2　实证模型

为考察金融设施对家庭创业的影响,本章的基本模型设定为:

$$Pr\,(Y_i = 1 \mid X_i) = \alpha_0 + \alpha_1 \text{Financial\_Institution} + X\beta + \mu \qquad (9-4)$$

其中,$\mu \sim N(0,\sigma^2)$,Y 是哑变量,等于 1 表示家庭有过创业,等于 0 表示家庭没有创业,Financial_institution 是关注的金融设施,此处用社区银行和 ATM 数量之和度量金融设施数量;X 是控制变量,包括户主特征变量、家庭特征变量、地区控制变量等。

描述性统计结果见表 9-18:

表 9-18　描述性统计结果

变量	观察值	均值	标准差	最小值	最大值
被解释变量					
社区家庭是否创业	121	0.132	0.340	0	1
关注变量					
社区金融设施数量	121	2.44	4.21	0	35

续表

变量	观察值	均值	标准差	最小值	最大值
工具变量					
社区附近证券公司数量	121	1.63	7.98	0	51
社区特征变量					
社区户主平均年龄	121	56.89	14.89	21	90
社区户主平均年龄^2/100	121	31.33	5.09	16.96	41.65
社区户主男性比例	121	0.49	0.14	0.24	0.85
社区户主平均受教育年限	121	9.79	4.25	0	22
社区家庭已婚比例	121	0.85	0.10	0.58	1
社区风险偏好家庭比例	121	0.002	0.007	0	0.053
社区风险厌恶家庭比例	121	0.022	0.020	0	0.059

9.5.3 实证结果

模型 9 - 4 回归结果如表 9 - 19 所示：

表 9 - 19 金融设施对家庭创业的影响

被解释变量 社区家庭是否创业	(1) Probit	(2) IV_Probit
社区金融设施数量	0.000 78	0.002 1
	(0.000 9)	(0.003 1)
社区户主平均年龄	-0.048 7***	-0.048***
	(0.017 1)	(0.016 6)
社区户主平均年龄^2/100	0.037 6	0.018 8
	(0.040 6)	(0.045 8)
社区户主男性比例	0.559	0.571
	(1.208)	(1.132)
社区户主平均受教育年限	0.038	0.032
	(0.054)	(0.051)

续表

被解释变量 社区家庭是否创业	（1） Probit	（2） IV_Probit
社区家庭已婚比例	1.910	0.117
	(2.124)	(2.646)
社区风险偏好家庭比例	6.638	2.222
	(19.678)	(17.807)
社区风险厌恶家庭比例	0.626	1.173
	(10.346)	(9.802)
农村	−0.577	−0.713
	(0.465)	(0.436)
北京	−0.957	−0.942
	(0.642)	(0.619)
河北	0.348	0.208
	(0.466)	(0.498)
常数项	−2.103	0.487
	(2.618)	(3.828)
样本量	121	121
Wald chi2	24.68 ***	32.29 ***
Pseudo R^2	0.279 6	
DWH 内生性检验		0.81
p 值		0.367
第一阶段 F 值		5.36 ***

注：*、**、*** 分别表示在10%、5%、1%水平上显著,括号内为异方差稳健标准误。

从表9-19第（1）列 Probit 回归结果来看,关注变量社区金融机构数量对家庭创业回归结果不显著,京津冀地区社区金融机构数量每增加一个,京津冀地区社区家庭参与创业比例为0.078%。从第（1）列控制变量的估计结果来看,京津冀地区社区户主男性比例、受教育年限、家庭已婚比例、河北对于社区家庭参与创业有正向影响,京津冀地区社区户主年龄、农村、北京对于社区家庭参与创业有负向影响。

金融设施和家庭创业之间可能存在反向因果、遗漏变量导致的内生性问题。首先,金融设施和家庭的创业互为因果关系,因为参与创业的家庭为了节省时间成本,更注重其居住地交通的便利性,购房时会选择市中心繁华地段,城市的繁华地段的金融机构营业网点相对较多;其次,可能的遗漏变量问题导致高估或者低估金融设施的影响,也会造成内生性问题。

为了消除解释变量的内生性问题,可选取工具变量进行两阶段估计。所以,针对金融设施和家庭创业之间的内生性问题,选择该地区证券机构发展水平作为工具变量,因为地区证券市场发展程度高,会加大地区金融市场和金融设施的竞争程度,促使增设银行和 ATM 数量,所以证券市场发展与金融设施是相关的,但家庭创业与证券市场的发展没有直接相关关系。

从表 9 – 19 第(2)列 IV_Probit 回归结果来看,DWH 内生性检验,p 值为 0.367,不能拒绝原假设,因此不存在内生性问题,Probit 回归是无偏的估计。从第(2)列回归结果看,京津冀地区社区金融机构数量每增加一个,京津冀地区社区家庭参与创业的比例增加 0.21%,工具变量估计的结果进一步表明,金融机构数量对家庭创业有正向影响。

9.5.4 稳健性检验

本节对社区金融设施数量、户主特征连续变量进行 5% 水平的 winsorize 处理,即将样本上下 5% 的极端值进行处理,将样本小于 5% 和大于 95% 的分位数的连续变量分别等于 5% 和 95% 的分位数,消除极端值的影响,对处理后的样本再次进行 Probit 估计,回归结果显示,当社区金融设施增加一个时,社区家庭参与创业的概率提高 9.1%,得到的回归结果仍然稳健(见表 9 – 20)。

表 9 – 20 金融设施对家庭创业的稳健性检验

被解释变量 社区家庭是否创业	(1) Probit
社区金融设施数量	0.091
	(0.063)
社区户主平均年龄	– 0.049 ***
	(0.018)

续表

被解释变量 社区家庭是否创业	（1） Probit
社区户主平均年龄^2/100	0.050
	(0.046)
社区户主男性比例	0.574
	(1.271)
社区户主平均受教育年限	0.044
	(0.065)
社区家庭已婚比例	1.472
	(2.238)
社区风险厌恶家庭比例	− 2.775
	(9.687)
农村	− 0.458
	(0.478)
北京	− 1.007
	(0.664)
河北	0.451
	(0.495)
常数项	− 2.311
	(2.697)
样本量	121
Wald chi2	22.65 ***
Pseudo R^2	0.286 1

注：* 、** 、*** 分别表示在10%、5%、1%水平上显著,括号内为稳健标准误。

9.5.5 结论

本节从社区层面研究京津冀地区社区金融设施对家庭创业的影响。研究发现,社区金融机构数量对家庭创业有正向影响。当社区金融机构数量增加一个时,家庭创业率增加;同时家庭户主男性比例越高、户主受教育程度越高,家庭参与创业越多;家庭已婚比例越高,参与创业也越多;风险

— 392 —

偏好家庭比例越高,家庭创业比例越高,户主年龄越大,家庭进行创业比例越小。从地区来看,农村地区、北京地区的家庭创业程度较低。随着金融市场的发展,居民对银行、ATM 的需求越来越多,因此,金融管理部门可在社区附近设立更多银行服务网点和 ATM,同时,金融部门要更重视农村地区和非首都地区的金融设施铺设,尤其要加强农村地区的金融设施建设,提高居民获得金融的便利性,调动家庭参与创业的积极性。

9.6 小结

本章从社区层面研究京津冀地区金融设施对社区平均家庭收入、消费、财富和创业的影响,通过建立模型进行实证分析研究,发现社区金融设施数量对社区平均家庭收入、社区平均家庭消费、社区平均家庭财富、社区家庭参与创业比例有正向影响。当社区金融机构数量增加一个时,家庭收入增加 0.8%;同时,家庭户主年龄越大、户主受教育程度越高时,家庭收入越高;而家庭已婚比例越高、风险偏好或者厌恶家庭比例越高家庭收入越低。从地区来看,位于北京市家庭收入高,城镇家庭收入比农村家庭收入高。当社区金融机构数量增加一个时,家庭消费提高 0.4%,同时家庭户主年龄越大、户主受教育程度越高时,家庭消费越高,而家庭已婚比例越高、风险偏好或者厌恶家庭比例越高,家庭消费越低。从地区来看,北京家庭消费高,城镇家庭消费高。当社区金融机构数量增加一个时,家庭财富增加 1.1%,同时家庭户主年龄越大、户主受教育程度越高时,家庭财富越多,家庭已婚比例越高时家庭财富越多,而风险偏好或者厌恶家庭比例越高时,家庭财富越低。从地区来看,农村、河北地区的家庭财富水平较低。当社区金融机构数量增加一个时,家庭创业率增加 0.078%。同时,家庭户主男性比例越高、户主受教育程度越高时,家庭参与创业越多;家庭已婚比例越高时,参与创业也越多;风险偏好家庭比例越高时,家庭创业比例越高;而户主年龄越大,家庭进行创业比例越小。

从实证分析可以看出,金融发展对家庭收入、家庭消费、家庭财富和家庭参与创业有着显著的正向影响作用。现阶段,金融市场发展较快,规模逐步扩大,市场参与主体日趋广泛,因此,金融管理部门可在社区附近设立更多银行服务网点和 ATM,更加要重视农村地区和非首都地区的金融设施铺设,尤其要加强农村地区的金融设施建设,提高居民获得金融的便利性,从而促进居民整体家庭收入、家庭消费、家庭财富的上升。

10 ▶▶▶▶
结论与对策建议

10.1　主要结论

本书基于中国家庭普惠金融调查 2017 年的数据,选取了银行账户、支付方式、信贷参与、保险参与、金融服务评价以及社区金融机构 6 个维度,比较分析了京津冀地区家庭在各个维度的具体表现,对京津冀地区金融普惠的现状进行了详细描述。本书重点研究了京津冀地区家庭金融普惠的各个维度,即支付、储蓄、信贷、保障、保险对家庭收入、消费、财富和创业活动的影响。进一步,本书对金融知识、社区金融设施和家庭收入、消费、财富、创业活动的关系进行了深入研究,并根据研究结论提出相应的对策建议。

10.1.1　京津冀地区家庭支付

参与银行卡支付、信用卡支付和第三方支付对家庭收入有显著正向影响,OLS 估计系数分别为 0.325、0.315 和 0.289,2SLS 估计系数分别为 0.362、0.320 和 0.34,且各系数均在 1% 的水平显著。参与银行卡支付、信用卡支付和第三方支付对家庭消费有显著正向影响,OLS 估计系数分别为 0.122、0.2 和 0.211,2SLS 估计系数分别为 0.109、0.22 和 0.235,且各系数均在 1% 的水平显著。参与银行卡支付、信用卡支付和第三方支付对家庭财富有显著正向影响,OLS 估计系数分别为 0.301、0.31 和 0.25,2SLS 估计系数分别为 0.374、0.358 和 0.33,且各系数均在 1% 的水平显著。参与银行卡支付对家庭创业没有显著影响,在采取工具变量法解决内生性问题后,银行卡支付的回归系数仍不显著;信用卡支付对家庭创业有显著正向影响,Probit 模型估计系数为 0.211,在 1% 的水平显著,IV_Probit 估计系数为 1.242,在 5% 的水平显著;第三方支付对家庭创业有显著正向影响,Probit 模型估计系数为 0.388,IV_Probit 模型估计系数为 1.277,均在 1% 的水平显著。

10.1.2　京津冀地区家庭储蓄

京津冀地区家庭储蓄拥有率均高于全国平均水平,北京最高,河北最低,其家庭储蓄拥有率分别为 95.85%、92.20%,二者相差 3.65%。同时,京津冀地区中,北京的家庭储蓄规模最高、河北的家庭储蓄规模最低,二者的差距为 13.47 万元。从城乡分析来看,京津冀地区中,城市家庭储蓄拥有率均高于农村地区的拥有率。京津冀地区户主受教育程度越高,家庭参与储蓄的比例越高;户主受教育程度越高,家庭储蓄规模越高。依党员分类,党员家庭储蓄拥有率高于非党员家庭储蓄拥有率;同时发现,入党有助于提高家庭的储蓄规模。研究发现,京津冀地区参与社会保障的家庭储蓄拥有率较高,且均高于全国平均水平。统计数据显示,参与社会保障家庭的储蓄规模显著高于不参与社会保障的家庭。户主家庭健康程度越高,则家庭储蓄拥有率越高。河北健康水平差异对储蓄拥有率影响最大,其次是北京,最后是天津。已婚户主的家庭储蓄拥有率高于未婚户主的家庭储蓄拥有率,且具有明显差异。婚姻对家庭储蓄规模具有显著的影响,北京具有抑制作用,而在天津、河北及全国具有促进作用。天津、河北及全国风险中性的家庭储蓄拥有率最高,其次是风险偏好家庭,家庭储蓄拥有率最低的是风险厌恶家庭。同时,北京地区各风险偏好的家庭储蓄拥有率均高于全国平均水平,分别为 95.56%、95.6%、90.84%;从各类风险偏好水平来看,北京、天津家庭储蓄规模高于全国平均水平,而河北家庭储蓄规模低于全国平均水平。从京津冀地区及全国的平均水平来看,中等规模家庭储蓄拥有率最高,北京和天津地区小规模家庭储蓄拥有率最低,而河北和全国平均水平的储蓄拥有率在小规模家庭中最低。从统计数据来看,北京的家庭储蓄规模随家庭人数的增加而增加,天津和河北地区及全国的家庭储蓄规模均随家庭成员数目的增加而减少。按照家庭孩子数目的特征,京津冀地区家庭储蓄拥有率的水平高于全国平均水平,其中,两个孩子数目的家庭储蓄拥有率最高,没有孩子家庭的储蓄拥有率最低,分别为 95.61% 和 92.05%。京津冀地区的总体家庭储蓄规模除 3 个老人及以上家庭外,储蓄规模均远远高于全国平均水平,北京地区有两个老人家庭的储蓄规模最高,天津地区的家庭储蓄规模随家庭老人数量的增加而增加,河北地区的家庭储蓄规模与京津冀地区的总体特征相一致,储蓄规模最高的是没有老人的家庭,最低的是有一个老人的家庭,其储蓄规模分别为 4.86 万元、1.72 万元、3.33 万元和 2.10 万元。

回归分析表明,家庭储蓄规模的增加会显著提高家庭消费水平,储蓄规模越多的家庭消费水平越高,同时家庭的储蓄规模也会对家庭净财富产生显著影响,而家庭的储蓄规模对家庭的创业行为无显著影响。

10.1.3 京津冀地区家庭信贷

在信贷参与方面,总体上,北京市和天津市家庭正规信贷参与比例更高,河北家庭非正规信贷参与比例更高。家庭信贷参与既与自身特征有关,也受到居住地金融服务便利程度的影响。我们发现,教育程度越高,家庭正规信贷参与比例越高,非正规信贷参与比例越低;金融知识水平越高的家庭,也更多地获得正规信贷更多,更少依赖非正规信贷;户主是党员的家庭更容易获得信贷资源;家庭社会网络越强,越容易获得正规信贷,非正规信贷的需求因此被抑制,非正规信贷参与比例相对较低;越是偏好风险的家庭,越多参与正规信贷;户主身体健康的家庭参与信贷市场的比例更高,身体健康状况也是影响信贷参与的重要因素;户主未婚的家庭正规信贷参与比例更高,户主已婚的家庭非正规信贷的参与比例更高。最后,所住社区有社区银行的家庭正规信贷参与也更多。

10.1.3.1 家庭信贷与收入

首先,无论是京津冀全样本还是城市样本,参与信贷市场对家庭总收入具有显著正向影响。其次,对于北京家庭,信贷参与每增加 1%,家庭总收入增加 14.4%,在 10% 的水平显著;对于天津家庭,信贷参与每增加 1%,家庭总收入增加 14.7%,也在 10% 的水平显著;对于河北家庭,信贷参与对家庭收入没有显著影响。最后,对于初等教育和高等教育水平家庭,信贷参与对家庭收入没有显著影响;对于中等教育水平家庭,信贷参与对家庭收入有显著影响。

10.1.3.2 家庭信贷与消费

首先,无论是京津冀全样本还是城市样本,参与信贷市场对家庭总消费具有显著正向影响。其次,对于北京家庭,信贷参与每增加 1%,家庭总消费增加 21.1%,在 1% 的水平显著;对于天津家庭,信贷参与每增加 1%,家庭总消费增加 14.8%,也在 1% 的水平显著;对于河北家庭,信贷参与每增加 1%,家庭总消费增加 21.8%,同样在 1% 水平显著。最后,对于初等教育和高等教育水平家庭,信贷参与对家庭消费没有显著影响;对于中等教育水平家庭,信贷参与对家庭消费有显著影响。

10.1.3.3 家庭信贷与净财富

首先,无论是京津冀全样本还是城市样本,参与信贷市场对家庭净财富具有显著正向影响。其次,对于北京家庭,信贷参与每增加 1%,家庭净财富增加 25.9%,在 1% 的水平显著;对于天津家庭,信贷参与对家庭净财富没有显著影响;对于河北家庭,信贷参与每增加 1%,家庭净财富增加 17.3%,在 5% 的水平显著。最后,对于中等教育水平家庭,信贷参与对家庭净财富在 5% 的水平有显著影响;对于初等教育和高等教育水平家庭,信贷参与对家庭净财富在 10% 的水平有显著影响。

10.1.3.4 家庭信贷与创业

参与信贷市场对家庭创业、家庭创业意愿和家庭主动创业具有显著正向影响。正规信贷参与比例越高,家庭创业、主动创业的概率越大,家庭创业的意愿也越大;非正规信贷参与比例越高,家庭创业、主动创业的概率越大,家庭创业的意愿也越大;总的信贷参与比例越高,家庭创业、主动创业的概率越大,家庭创业的意愿也越大。总之,家庭参与信贷市场能够显著地促进家庭从事生产经营活动。

10.1.4 京津冀地区家庭保障

京津冀地区有社会养老保险的家庭与无社会养老保险的家庭收入差距为 31 985 元,拥有社会养老保险的家庭的收入是无社会养老保险家庭收入的 1.58 倍。京津冀地区有社会医疗保险的家庭与无社会医疗保险的家庭收入差距为 48 738 元,有社会医疗保险的家庭的收入是无社会医疗保险家庭收入的 2.32 倍。京津冀地区有社会养老保险的家庭与无社会养老保险的家庭消费差距为 15 576 元,有社会养老保险的家庭的消费是无社会养老保险家庭消费的 1.35 倍。京津冀地区拥有社会医疗保险的家庭与无社会医疗保险的家庭消费差距为 21 283 元,有社会医疗保险的家庭消费是无社会医疗保险家庭消费的 1.55 倍。京津冀地区有社会养老保险的家庭与无社会养老保险的家庭净财富差距为 606 069 元,拥有社会养老保险的家庭净财富是无社会养老保险家庭收入的 1.60 倍。京津冀地区有社会医疗保险的家庭与无社会医疗保险的家庭净财富差距为 610 141 元,有社会医疗保险的家庭的净财富是无社会医疗保险家庭净财富的 1.62 倍。京津冀地区有社会养老保险的家庭创业率为 10.48%,无社会养老保险的家庭创业率为 23.61%,无社会养老保险家庭的创业率比有社会养老保险家庭的创业率高出 13.13%。有社会医疗保险的家庭创业率为 11.26%,无社会医疗保险的家庭创业率为 10.48%,有社会医疗保险的家庭的创业率比无社会医疗保险的家庭的创业率高出 0.78%。

回归分析表明,参与社会养老保险和社会医疗保险都会显著提高家庭收入水平;参与社会养老保险的家庭比未参与社会养老保险的家庭消费要低,参与社会医疗保险的家庭消费高于未参与社会医疗保险的家庭;参与社会养老保险和社会医疗保险对家庭净财富无显著影响;参与社会养老保险会降低家庭的创业率,而参与社会医疗保险对家庭创业率无显著影响。

10.1.5 京津冀地区家庭保险

河北居民商业保险参与率较高,整体参与率与天津持平,甚至某些商业保险的参与水平还要高于天津。但河北家庭居民购买商业保险的保费支出、保费支出占比低于北京和天津。无论从全国还是京津冀地区来看,家庭保费支出仍然是家庭支出的一个较小的部分。实证分析发现,商业保险参与能够显著提高京津冀地区家庭居民整体的收入、消费、财富和创业的积极性,特别是提高河北家庭居民的各项经济指标。

10.1.6 京津冀地区家庭金融知识

通过金融知识分组,比较收入、消费、财富的均值差异,发现金融知识得分高家庭组和金融知识得分低家庭组之间存在显著差异。在全国样本和京津冀地区家庭样本中,以社区其他家庭平均金融知识作为工具变量,运用两阶段最小二乘法估计金融知识对家庭收入、消费、财富和创业可能性的影响,发现金融知识可显著提高京津冀家庭收入、消费、财富以及创业的可能性。具体而言,金融知识提升 1 个单位,京津冀家庭收入提高 4.46%,家庭消费提高 1.86%,家庭财富提高 7.78%,创业的可能性提高 1.78%。

10.1.7 京津冀地区社会金融设施

社区金融设施数量对社区平均家庭收入、社区平均家庭消费、社区平均家庭财富、社区家庭参与创业比例有正向影响。当社区金融机构数量增加 1 个,家庭收入增加 0.8%,同时,家庭户主年龄越大、户主受教育程度越高,家庭收入越高,而家庭已婚比例越高、风险偏好或者风险厌恶家庭比例越高,家庭收入越低。从地区来看,北京家庭收入高,城镇家庭收入比农村家庭收入高。当社区金融机构数量增加 1 个,家庭消费提高 0.4%,同时,家庭户主年龄越大、户主受教育程度越高,家庭消费越高,而家庭已婚比例越高、风险偏好或者风险厌恶家庭比例越高,家庭消费越低。从地区来看,北京家庭消费高,城镇家庭消费比农村家庭消费高。当社区金融机构数量增加 1 个,家庭财富增加 1.1%,同时,家庭户主年龄越大、户主受教育程度越高,家庭财富越多,家庭已婚比例越高时家庭财富越多,而风险偏好或者厌恶家庭比例越高,家庭财富越低。从地区来看,农村、河北地区的家庭财富水平较低。当社区金融机构数量增加 1 个,家庭创业率增加 0.078%,同时家庭户主男性比例越高、户主受教育程度越高,家庭参与创业越多,家庭已婚比例越高,参与创业也越多,风险偏好家庭比例越高,家庭创业比例越高,而户主年龄越大,家庭进行创业的比例越小。从实证分析可以看出,金融发展对家庭收入、家庭消费、家庭财富和家庭参与创业有着显著的正向影响。

10.2 政策建议

10.2.1 提升金融普惠总体水平

本书的实证结果表明,京津冀家庭支付、储蓄、信贷、保障、保险对家庭收入、消费、财富、净财富和创业具有显著影响,因此,应大力发展普惠金融,缓解金融排斥。具体来说,完善支付方式、合理配置消费和储蓄、构建成熟有效的信贷市场、普及社会保障和鼓励保险市场的发展,有助于提升京津冀地区金融普惠的总体水平。特别应该加大对贫困农户和城市低收入人群等小微经济体的支持力度,积极推动普惠金融体系建设,缓解金融排斥现象。

10.2.2 普及金融知识,释放家庭金融需求

金融知识可显著提高京津冀家庭收入、消费、财富以及创业的可能性。针对京津冀地区家庭金融知识普遍缺乏的现象,可以考虑采取以下措施:

第一,鼓励多渠道开展金融教育,借助社会网络实施娱乐教育策略,提高我国国民整体的金融素养。

第二,将金融知识教育和实务技能培训结合起来,真正促进家庭对金融知识的消化的吸收,缩小金融排斥边界。

第三,推动金融知识教育进入课堂。在大学的非经济金融专业开设金融知识课程,在中小学课程中加入基本的金融知识模块,这样可以使每一个公民都有机会在课堂上学习到金融知识,这将对其一生都有巨大的影响。

第四,利用网络开展金融知识教育。在互联网时代,可以充分利用互联网开展金融知识教育,使每一个公民均等地享受低成本金融信息服务,持续更新家庭金融知识,实现京津冀地区的金融普惠。

10.2.3 增加金融服务,提升金融普惠供给

社区金融设施数量对社区平均家庭收入、社区平均家庭消费、社区平均家庭财富、社区家庭参与创业比例有显著正向影响。社区金融机构数量增加 1 个时,家庭收入增加 0.8%;家庭消费提高 0.4%;家庭财富增加 1.1%;家庭创业率增加 0.078%。

所以,大力发展金融机构,增设社区金融网点或 ATM 等金融设施,提升京津冀地区总体金融发展水平,使得家庭更多地参与金融活动,将提高家庭对金融市场的参与率,改善家庭金融服务的可得性,实现京津冀地区金

融普惠的发展。

10.2.4 发展金融科技,促进金融普惠

以互联网、大数据、人工智能、区块链等为代表的金融科技的出现极大地改变了金融业态,也颠覆了许多传统的金融观念。金融科技的出现可以显著降低金融市场的交易成本和信息不对称。大力发展金融科技,降低金融服务成本,促进金融服务普惠长尾群体,提升社会的整体经济金融水平,提升金融服务的系统性和创新性,有助于普惠金融的建设和金融排斥的缓解,减少家庭贫困。

10.2.5 推行金融普惠,鼓励家庭创业

实证结果表明,家庭支付、储蓄、信贷、保障、保险对家庭创业均具有正向影响,因此,应大力推行普惠金融,促进家庭创业,提升家庭创业投资水平。

综上所述,京津冀普惠金融的发展除了强调京、津、冀三地实体区域经济层面的发展,更需注重京、津、冀三地现代金融的核心功能和普惠作用,比如,强化北京金融管理功能、发展天津金融创新功能、突出河北金融后台服务功能,从而减少京、津、冀金融资源的错配。在京津冀地区积极推进金融普惠,完善支付方式,发展成熟高效的信贷、保险市场,鼓励家庭创业,使更多家庭能够享受到金融普惠带来的便利,使金融普惠的成果惠及更多家庭,从而改善民众福祉,实现家庭福利最大化,促进京津冀地区普惠金融的进一步发展和共同繁荣。

参考文献

[1]陈斌,林毅夫. 金融抑制、产业结构和收入分配[J]. 世界经济, 2012(1):3-23.

[2]陈志刚,王皖君.金融发展与中国的收入分配:1986—2005[J]. 财贸经济,2009(5):36-41.

[3]陈彦斌,邱哲圣. 高房价如何影响居民储蓄率和财产不平等[J]. 经济研究,2011,10:25-38.

[4]陈彦斌. 中国城乡财富分布的比较分析[J]. 金融研究,2008 (12):87-100.

[5]陈彦斌. 基于财富偏好和习惯形成的资本资产定价模型[D]. 武汉:武汉大学,2003.

[6]陈刚. 管制与创业——来自中国的微观证据[J]. 管理世界,2015 (5):89-99,187-188.

[7]蔡秀,肖诗顺. 基于社会资本的农户借贷行为研究[J]. 经济管理,2009(7):84-85.

[8]程恩江. 信贷需求:小额信贷覆盖率的决定因素之一——来自中国北方四县调查的证据[J]. 经济学:季刊,2008(4):1391-1414.

[9]程郁,罗丹.信贷约束下农户的创业选择——基于中国农户调查的实证分析[J]. 中国农村经济,2009(11).

[10]程郁,罗丹.信贷约束下中国农户信贷缺口的估计[J].世界经济文汇,2010(2).

[11]崔海燕.互联网金融对中国居民消费的影响研究[J]. 经济问题探索,2016(1):162-166.

[12]丁继红,应美玲,杜在超. 我国农村家庭消费行为研究——基于健康风险与医疗保障视角的分析[J]. 金融研究,2013(10):154-166.

[13]丁少群,许志涛. 社会保障水平、收入分配与经济增长的互动关

系研究——基于 VAR 模型的实证分析[J]. 中国经济问题, 2013 (6): 3 - 12.

[14]董晓林, 徐虹. 我国农村金融排斥影响因素的实证分析——基于县域金融机构网点分布的视角[J]. 金融研究, 2012(9): 115 - 126.

[15]段志民. 子女数量对家庭收入的影响[J]. 统计研究, 2016,33 (10): 83 - 92.

[16]杜海韬,邓翔.流动性约束和不确定性状态下的预防性储蓄研究——中国城乡居民的消费特征分析[J]. 经济学:季刊,2005(2): 297 - 316 .

[17]方匡南, 章紫艺. 社会保障对城乡家庭消费的影响研究[J]. 统计研究, 2013, 30(3): 51 - 58.

[18]樊纲,王小鲁.消费条件模型和各地区消费条件指数[J]. 经济研究, 2004 (5) :13 - 21.

[19]冯海红.小额信贷、农民创业与收入增长——基于中介效应的实证研究[J].审计与经济研究,2016(5): 111 - 119.

[20]甘犁,尹志超,贾男,等. 中国家庭金融调查报告 2012[M].成都:西南财经大学出版社, 2012.

[21]甘犁,尹志超,谭继军.中国家庭金融调查报告 2014[M].成都:西南财经大学出版社, 2014.

[22]高文书. 社会保障对收入分配差距的调节效应——基于陕西省宝鸡市住户调查数据的实证研究[J]. 社会保障研究, 2012(4) : 61 - 68.

[23]韩其恒,李俊青. 二元经济下的中国城乡收入差距的动态演化研究[J]. 金融研究, 2011(8): 15 - 30.

[24]胡宗义,刘亦文. 金融非均衡发展与城乡收入差距的库兹涅茨效应研究——基于中国县域截面数据的实证分析[J]. 统计研究, 2010 , 27 (5): 25 - 31.

[25]胡邦勇,张兵.农村金融发展对农民消费影响的动态研究[J]. 西北农林科技大学学报, 2013,13(1): 34 - 38.

[26]胡邦勇,张兵.中国农村金融发展对农民消费影响的实证研究——基于 1979—2010 年的时间序列数据[J]. 经济经纬, 2012(6): 22 - 26.

[27]贺秋硕.我国收入不平等、金融发展和消费需求波动的实证研究

[J]. 当代经济科学, 2006, 28(2): 30-36.

[28]何立新. 中国城镇养老保险制度改革的收入分配效应[J]. 经济研究, 2007(3): 70-80.

[29]何文炯. "十二五"社会保障主题:增强公平性和科学性[J]. 社会保障研究, 2011(1): 187-195.

[30]何晓斌,夏凡. 中国体制转型与城镇居民家庭财富分配差距——一个资产转换的视角[J]. 经济研究, 2012, 47(2): 28-40,119.

[31]胡志范. 效用及效用函数(待续)[J]. 黑龙江大学工程学报, 1999, 26(2): 109-112.

[32]胡宗义,李佶蔓,唐李伟.农村小额信贷与农村居民收入增长——基于STAR模型的实证研究[J].软科学,2014(4): 117-120.

[33]黄惠春,褚保全.我国县域农村金融市场竞争度研究——基于降低市场准入条件下江苏37个县域的经验数据[J]. 金融研究, 2011(8): 167-177.

[34]蒋南平, 王向楠, 朱琛. 中国社会保障与居民消费相关性的动态研究——基于地级城市数据的实证[J]. 消费经济, 2012(4): 40-43.

[35]黄兴海. 我国银行卡消费与经济增长的实证研究[J]. 金融研究, 2004(11): 72-82.

[36]金彩红. 中国医疗保障制度的收入再分配调节机制研究[J]. 经济体制改革, 2005(6):120-124.

[37]凯恩斯, John Mavnard Keynes, 李欣全. 就业、利息和货币通论[M].北京:北京联合出版公司,2015.

[38]梁运文,霍震,刘凯.2010. 中国城乡居民财产分布的实证研究[J]. 经济研究, 2010(10): 33-47.

[39]梁运文,霍震,刘凯. 中国城乡居民财产分布的实证研究[J]. 经济研究, 2010(10): 33-47.

[40]李国政.中国农村金融发展与农民消费结构研究[J]. 西南金融, 2012(3): 54-57.

[41]李清政,张华泉.西部民族地区金融发展对居民消费影响的实证研究[J]. 消费经济, 2014(4): 56-61.

[42]李志阳,刘振中.中国金融发展与城乡收入不平等:理论和经验解释[J].经济科学,2011,33(6):10-18.

[43]李雪莲,马双,邓翔.公务员家庭、创业与寻租动机[J].经济研究,2015(5):89-103.

[44]李实,魏众.中国城镇居民的财产分配[J].经济研究,2000(3):16-23.

[45]李实,魏众.中国城镇居民的财产分配[J].经济研究,2000(3):16-23.

[46]李实,魏众,丁赛.中国居民财产分布不均等及其原因的经验分析[J].经济研究,2005(6):4-15.

[47]李实,万海远,谢宇.中国居民财产差距的扩大趋势[C].中国收入分配研究院,2014.

[48]李波.中国城镇家庭金融风险资产配置对消费支出的影响——基于微观调查数据CHFS的实证分析[J].国际金融研究,2015(1):83-92.

[49]李江一,李涵.消费信贷如何影响家庭消费?[J].经济评论,2017(2):113-126.

[50]李心愉,吴逸,张越昕.寿险对消费内需的作用机制研究[J].保险研究,2012(6).

[51]李莹星.小额信贷能改善穷人福利吗?——微观影响评估研究综述[J].农业经济问题,2015(10):86-95.

[52]林晓楠.消费信贷对消费需求的影响效应分析[J].财贸经济,2007(11):27-31.

[53]罗楚亮.收入增长、劳动力外出与农村居民财产分布——基于四省农村的住户调查分析[J].财经科学,2011(10):82-88.

[54]罗楚亮.收入增长、收入波动与城镇居民财产积累[J].统计研究,2012,29(2):34-41.

[55]刘维奇.城市化过程中的住房价格与财富分配效应[J].中国国情国力,2011(2):7-11.

[56]刘唐宇.农民工回乡创业的影响因素分析——基于江西赣州地区

的调查[J]. 农业经济问题,2010(9):81-88.

[57]刘杰,郑风田.流动性约束对农户创业选择行为的影响——基于晋、甘、浙三省 894 户农民家庭的调查[J]. 财贸研究,2011,22(3):28-35.

[58]刘辉煌,吴伟.基于双栏模型的我国农户贷款可得性及其影响因素分析[J]. 经济经纬,2015(2):37-42.

[59]刘锐.消费金融对居民消费需求影响分析[J]. 消费经济,2013(1):38-42.

[60]刘西川,程恩江.贫困地区农户的正规信贷约束:基于配给机制的经验考察[J].中国农村经济,2009(6).

[61]刘乐山. 国外调节收入差距的财政措施及启示[C]. 中国经济规律研究会年会,2008.

[62]刘君.保险发展、金融深化与经济增长关系研究——基于时变面板平滑转换回归模型 TV-PSTR[J]. 当代经济科学,2017(4):29-40,125.

[63]龙志和,周浩明. 中国城镇居民预防性储蓄实证研究[J]. 经济研究,2000(11):33-38.

[64]罗楚亮. 收入增长、劳动力外出与农村居民财产分布——基于四省农村的住户调查分析[J]. 财经科学,2011(10):82-88.

[65]罗楚亮.绝对收入,相对收入与主观幸福感——来自中国城乡住户调查数据的经验分析[J]. 财经研究,2009(11):79-91.

[66]罗楚亮. 收入增长、收入波动与城镇居民财产积累[J]. 统计研究,2012,29(2):34-41.

[67]罗凯. 打工经历与职业转换和创业参与[J]. 世界经济,2009(6):77-87.

[68]梁运文,霍震,刘凯. 中国城乡居民财产分布的实证研究[J]. 经济研究,2010(10):33-47.

[69]廖理,沈红波,苏治. 如何推动中国居民的信用卡消费信贷——基于住房的研究视角[J]. 中国工业经济,2013(12):117-129.

[70]刘璐.影响中国最终消费率因素的主成分分析[C].首届中国消

费金融研讨会,2010.

[71]卢亚娟,孟丹丹,王舒鸥.金融普惠对我国家庭收入的影响研究——基于 CHFS 数据的分析[J].金融理论探索,2018(1):1-15.

[72]罗楚亮.收入增长、劳动力外出与农村居民财产分布——基于四省农村的住户调查分析[J].财经科学,2011(10):82-88.

[73]罗楚亮.收入增长、收入波动与城镇居民财产积累[J].统计研究,2012,29(2):34-41.

[74]罗楚亮.收入差距的长期变动特征及其政策启示[J].北京工商大学学报:社会科学版,2018,33(1):1-8.

[75]李春娥,吴莹.基于动态面板数据的中国农村居民消费的研究[J].楚雄师范学院学报,2013,28(6):17-21.

[76]骆祚炎.中国居民金融资产与住房资产财富效应的比较检验[J].中国软科学,2008(4):40-47.

[77]马草原.金融双重门槛效应与城乡收入差距——基于风险预期的理论模型与实证检验[J].经济科学,2009(3):59-73.

[78]马良,孙春来.关于我国居民个人理财有关问题的探讨[J].大庆社会科学,2006(4):42-43.

[79]毛中根,洪涛.中国服务业发展与城镇居民消费关系的实证分析[J].财贸经济,2012(12):125-133.

[80]马光荣,杨恩艳.社会网络、非正规金融与创业[J].经济研究,2011(3):83-94.

[81]倪鹏途,陆铭.市场准入与"大众创业":基于微观数据的经验研究[J].世界经济,2016,39(4):3-21.

[82]彭浩然,申曙光.改革前后我国养老保险制度的收入再分配效应比较研究[J].统计研究,2007,24(2):33-37.

[83]齐天翔,李文华.消费信贷与居民储蓄[J].金融研究,2000(2):111-116.

[84]钱水土,许嘉扬.中国农业信贷与农民收入关系研究——基于面板协整和误差修正模型的实证分析[J].金融理论与实践,2011(11):16-23.

[85]乔海曙,陈力.金融发展与城乡收入差距"倒U型"关系再检验——基于中国县域截面数据的实证分析[J].中国农村经济,2009(7):68-85.

[86]邱晓华.着力培育农民消费需求[J].经济研究参考,2002(55):31-37.

[87]任苒,金凤.新型农村合作医疗实施后卫生服务可及性和医疗负担的公平性研究[J].中国卫生经济,2007,26(1):27-31.

[88]阮荣平,郑风田,刘力.信仰的力量:宗教有利于创业吗?[J].经济研究,2014(3):171-184.

[89]荣昭,徐丽鹤,袁燕.性别比例失衡对农村家庭创业的激励机制研究——基于农村自营工商业的分析[J].浙江社会科学,2013(5):29-39.

[90]宋晓梧.调整收入分配结构转变经济发展方式[J].四川改革,2010(10):3-6.

[91]邵全权.保险业结构、区域差异与经济增长[J].经济学:季刊,2012(1):635-674.

[92]施建淮,朱海婷.中国城市居民预防性储蓄及预防性动机强度[J].经济研究,2004(10):66-74.

[93]申朴,刘康兵.中国城镇居民消费行为过度敏感性的经验分析:兼论不确定性、流动性约束与利率[J].世界经济,2003(1):61-66.

[94]孙永强,万玉琳.金融发展、对外开放与城乡居民收入差距——基于1978—2008年省际面板数据的实证分析[J].金融研究,2011(1).

[95]孙凤.中国居民的不确定性分析[J].南开经济研究,2002(2):58-63.

[96]史丽媛,孙祁祥.人寿保险与居民消费——来自中国数据研究[J].保险研究,2014(4):74-81.

[97]史代敏,宋艳.居民家庭金融资产选择的实证研究[J].统计研究,2005,22(10):43-49.

[98]谭晓婷,钟甫宁.新型农村合作医疗不同补偿模式的收入分配效应——基于江苏、安徽两省30县1500个农户的实证分析[J].中国农村经

济,2010(3):87-96.

[99]陶纪坤.论农村社会保障与扩大内需的关系[J].当代经济管理,2007,29(3):56-60.

[100]田霖.我国金融排斥的城乡二元性研究[J].中国工业经济,2011(2):36-45,141.

[101]许圣道,田霖.我国农村地区金融排斥研究[J].金融研究,2008(7):195-206.

[102]唐绍祥,汪浩瀚,徐建军.流动性约束下我国居民消费行为的二元结构与地区差异[J].数量经济技术经济研究,2010(3):81-95.

[103]王修华,关键.中国农村金融包容水平测度与收入分配效应[J].中国软科学,2014(8):150-161.

[104]王晓彦,胡德宝.移动支付对消费行为的影响研究:基于不同支付方式的比较[J].消费经济,2017,33(5):77-82,97.

[105]王弟海,龚六堂.新古典模型中收入和财富分配持续不平等的动态演化[J].经济学:季刊,2006,5(2):777-802.

[106]王弟海,龚六堂.持续性不平等的动态演化和经济增长[J].世界经济文汇,2007(6):1-18.

[107]王弟海,严成樑,龚六堂.遗产机制、生命周期储蓄和持续性不平等[J].金融研究,2011(7):14-31.

[108]王聪,于蓉.关于金融委托理财业演变的理论研究[J].金融研究,2006(2):126-136.

[109]王茂福,谢勇才.关于我国社会保障对收入分配存在逆向调节的研究[J].毛泽东邓小平理论研究,2012(6):46-50.

[110]王征,鲁钊阳.农村金融发展与城乡收入差距——基于我国省级动态面板数据模型的实证研究[J].财贸经济,2011(7):55-62.

[111]王西玉,崔传义,赵阳.打工与回乡:就业转变和农村发展——关于部分进城民工回乡创业的研究[J].管理世界,2003(7):99-109.

[112]王小鲁,樊纲.中国收入差距的走势和影响因素分析[J].经济研究,2005(10):24-36.

[113]王晓霞,孙华臣.社会保障支出对消费需求影响的实证研究

[J].东岳论丛,2008,29(6):47-50.

[114]王延中,龙玉其.社会保障与收入分配:问题、经验与完善机制[J].学术研究,2013(4):31-37.

[115]王延中,龙玉其,江翠萍,等.中国社会保障收入再分配效应研究——以社会保险为例[J].经济研究,2016(2):4-15.

[116]王稳,李雪.我国保险业就业效应的实证研究[J].保险研究,2016(6):27-39.

[117]王健宇,徐会奇.收入不确定性对农民消费的影响研究[J].当代经济科学,2010,32(2):54-60.

[118]王克稳,李敬强,徐会奇.不确定性对中国农村居民消费行为的影响研究——消费不确定性和收入不确定性的双重视角[J].经济科学,2013,35(5):88-96.

[119]王高望,赵晓军.财富效应、金融开放与长期增长[J].经济科学,2014,36(2):34-43.

[120]万广华,张茵,牛建高.流动性约束、不确定性与中国居民消费[J].经济研究,2001(11):35-44.

[121]翁辰,张兵.信贷约束对中国农村家庭创业选择的影响——基于CHFS调查数据[J].经济科学,2015(6):92-102.

[122]文启湘,刘卫峰.扩大农民消费需求的金融支持研究[J].湘潭大学学报,2005,29(1):13-16.

[123]魏锋.中国股票市场和房地产市场的财富效应[J].重庆大学学报:自然科学版,2007,30(2):153-157.

[124]韦宏耀,钟涨宝.政治还是市场:农村家庭财富水平研究——来自中国家庭追踪调查的证据[J].农业经济问题,2017,38(7):53-63,111.

[125]魏瑾瑞,方匡南,谢邦昌,朱建平.从消费者信心指数理解CPI变动——来自基本需求之外的证据[J].福州大学学报:哲学社会科学版,2011,25(4):51-55.

[126]吴卫星,张琳琬.家庭收入结构与财富分布:基于中国居民家庭微观调查的实证分析[J].东北师范大学学报:哲学社会科学版,2015(1):

62 - 69.

[127]吴卫星，邵旭方，陶利斌. 家庭财富不平等会自我放大吗？——基于家庭财务杠杆的分析[J]. 管理世界，2016(9)：44 - 54.

[128]吴庆跃，杜念宇，臧文斌.商业健康保险对家庭消费的影响[J].中国经济问题，2016(5)：68 - 79.

[129]吴晓瑜，王敏，李力行. 中国的高房价是否阻碍了创业？[J]. 经济研究，2014,49(9)：121 - 134.

[130]吴信如.金融发展的福利收益和"门槛效应"——一个动态最优增长分析[J]. 财经研究，2006 (2)：118 - 126.

[131]肖争艳，刘凯.中国城镇家庭财产水平研究:基于行为的视角[J]. 经济研究，2012 (4)：28 - 39.

[132]辛大楞,熊学萍.金融发展与居民消费——来自中国249个城市的最新证据[J]. 产业经济评论，2014 , 13 (2)：113 - 127.

[133]谢顺利.我国农村金融发展对居民消费的影响研究[J]. 消费经济，2014 (1)：28 - 32.

[134]香伶. 关于养老保险体制中再分配累退效应的几个问题[J]. 福建论坛:人文社会科学版，2007(1):31 - 35.

[135]奚洁人. 科学发展观百科辞典[M]. 上海:上海辞书出版社，2007.

[136]徐曙. "大众创业"背景下的创业社会保障体系建设思考[J]. 改革与开放，2016(24)：82 - 84.

[137]徐会奇，王克稳，李辉. 影响居民消费行为的不确定因素测量及其作用研究——基于中国农村省级面板数据的验证[J]. 经济科学，2013，35(2)：20 - 32.

[138]徐灵通,谢恒,李睿.我国居民消费与金融中介、金融市场发展关系研究[J]. 吉林工商学院学报，2012 (5) :61 - 64.

[139]徐忠，程恩江.利率政策、农村金融机构行为与农村信贷短缺[J]. 金融研究，2004 (12) :34 - 44.

[140]谢平. 经济制度变迁和个人储蓄行为[J]. 财贸经济，2000 (10)：15 - 20.

[141]熊伟. 短期消费性贷款与居民消费:基于信用卡余额代偿的研究[J]. 经济研究,2014,49(S1):156-167.

[142]薛宝贵,何炼成. 我国财富不平等形成机制研究[J]. 福建论坛:人文社会科学版,2017(6):10-17.

[143]姚耀军. 金融支持对农户投资影响的实证分析[J]. 中国农业大学学报,2005(2):11-14.

[144]叶志强,等. 金融发展能减少城乡收入差距吗?——来自中国的证据[J]. 金融研究,2011(2):42-56.

[145]叶耀明,王胜.关于金融市场化减少消费流动性约束的实证分析[J]. 财贸经济,2007(1):80-86.

[146]严琼芳,吴猛猛,张珂珂. 我国农村居民家庭财产现状与结构分析[J]. 中南民族大学学报:自然科学版,2013,32(1):124-128.

[147]颜色,朱国钟. "房奴效应"还是"财富效应"?——房价上涨对国民消费影响的一个理论分析[J]. 管理世界,2013(3):34-47.

[148]杨汝岱,陈斌开,朱诗娥. 基于社会网络视角的农户民间借贷需求行为研究[J]. 经济研究,2011(11):116-129.

[149]杨天宇,王小婷. 我国社会保障支出对居民消费行为的影响研究[J]. 探索,2007(5):63-66.

[150]杨婵,贺小刚,李征宇. 家庭结构与农民创业——基于中国千村调查的数据分析[J].中国工业经济,2017(12):170-188.

[151]尹志超,宋全云,吴雨. 金融知识、投资经验与家庭资产选择[J]. 经济研究,2014(4):62-75.

[152]尹志超,宋全云,吴雨,彭嫦燕. 金融知识、创业决策和创业动机[J]. 管理世界,2015(1):87-98.

[153]尹志超,杨阳,张号栋. 金融普惠和京津冀家庭收入差距——来自CHFS数据的证据[J]. 北京工商大学学报:社会科学版,2017,32(3):13-21.

[154]尹阳娜. 社会保障、消费与内需——基于凯恩斯主义模型的应用[J]. 消费经济,2006,22(4):34-37.

[155]周炜.论加快金融发展与促进消费水平提高[J]. 消费经济,

2012（1）：45－47.

[156]张凯,李磊宁.农民消费需求与农村金融发展关系研究——基于协整分析与误差修正模型[J].中国农村观察,2006（3）：16－22.

[157]张冀.基于 VEC 模型的人身保险与消费的实证分析[J].经济评论,2010（6）.

[158]张琳琬.中国居民金融市场行为与家庭财富分布不平等的研究[D].北京:对外经济贸易大学,2016.

[159]张大永,曹红.家庭财富与消费:基于微观调查数据的分析[J].经济研究,2012（1）：53－65.

[160]张红伟.我国居民金融资产结构的变动及其效应[J].经济理论与经济管理,2001（10）：19－22.

[161]张龙耀,张海宁.金融约束与家庭创业——中国的城乡差异[J].金融研究,2013（9）：123－135.

[162]张华初,刘胜蓝.失业风险对流动人口消费的影响[J].经济评论,2015（2）：68－77.

[163]张立军,湛泳.中国农村金融发展对收入差距的影响——基于1978—2004 年数据的检验[J].中央财经大学学报,2006（5）：34－39.

[164]张建军,许承明.农业信贷与保险互联影响农户收入研究——基于苏鄂两省调研数据[J].财贸研究,2013（5）：55－61.

[165]张海洋,袁雁静.村庄金融环境与农户创业行为[J].浙江社会科学,2011（7）：2－12.

[166]赵爱玲.论消费信贷与收入、经济增长的关系[J].财经问题研究,2000（10）：34－37.

[167]赵国庆,张中元.金融发展与中国跨省消费风险分担[J].经济理论与经济管理,2010（12）：19－26.

[168]赵建国,李佳.基于改进消费者最优理论模型的社会保障支出与居民消费关系的实证研究[J].财政研究,2011（1）：68－71.

[169]赵人伟.我国居民收入分配和财产分布问题分析[J].当代财经,2007（7）：5－11.

[170]朱红根,康兰媛.金融环境,政策支持与农民创业意愿[J].中

国农村观察, 2013 (5): 24 – 33.

[171]朱喜, 李子奈. 我国农村正式金融机构对农户的信贷配给——一个联立离散选择模型的实证分析[J]. 数量经济技术经济研究, 2006, 23 (3): 37 – 49.

[172]朱奕蒙, 徐现祥. 创业的宏观环境对企业的长期影响: 中国工业企业的证据[J]. 世界经济, 2017 (12): 3.

[173]朱铭来, 李涛. 商业保险对居民刚性消费的影响基于社会民生视角的实证研究[J]. 保险研究, 2017 (1): 27 – 36.

[174]臧旭恒, 裴春霞. 预防性储蓄, 流动性约束与中国居民消费计量分析[J]. 经济学动态, 2004 (12): 28 – 31.

[175]宗国富, 周文杰. 农业保险对农户生产行为影响研究[J]. 保险研究, 2014 (4): 23 – 30.

[176]AGHION P, HOWITT P. A Model of Growth Through Creative Destruction[R]. National Bureau of Economic Research, 1990.

[177]AGHION P, BOLTON P. A Theory of Trickle-down growth and Development[J]. The Review of Economic Studies, 1997, 64(2): 151 – 172.

[178]AGNEW J R, SZYKMAN L R. Asset Allocation and Information Overload: The Influence of Information Display, Asset Choice, and Investor Experience[J]. Journal of Behavioral Finance, 2005, 6(2): 57 – 70.

[179]AMIDŽIĆ G, MASSARA A, MIALOU A. Assessing Countries' Financial Inclusion—A New Composite Index[R]. IMF Working Paper, 2014.

[180]ARROW K J. Uncertainty and the Welfare Economics of Medical-Care[J]. The American Economic Review, 1963, 53(5): 941 – 973.

[181]BANERJEE A V, NEMMAN A F. Occupational Choice and the Process of Development[J]. Journal of Political Economy, 1993, 101(2): 274 – 298.

[182]BACCHETTA P, GERLACH S. Consumption and Credit Constraints: International Evidence[J]. Journal of Monetary Economics, 1997, 40 (2): 207 – 238.

[183]BAYOUMI T. Financial Deregulation and Consumption in the United Kingdom[J]. The Review of Economics and Statistics, 1993: 536 – 539.

[184]BARRO R J, MACDONALD G M. Social Security and Consumer Spending in An International Cross Section[J]. Journal of Public Economics, 1979, 11(3): 275 –289.

[185] BANERJEE A V, NEWMAN A F. Occupational Choice and the Process of Development[J]. Journal of Political Economy, 1993, 101(2): 274 – 298.

[186]BARDHAN P K, MOOKHERJEE D. Capture and Governance at Local and National Levels[J]. American Economic Review, 2000, 90(2): 135 –139.

[187] BAYOUMI T. Financial Deregulation and Household Saving[J]. Economic Journal, 1993(103): 1432 –1443.

[188]BERNHEIM B D, GARRETT D M. The Effects of Financial Education in the Workplace: Evidence from A Survey of Households[J]. Journal of Public Economics, 2003, 87(7 –8): 1487 –1519.

[189] BECK T, DEMIRGUC-KUNT A, PERIA M S M. Reaching Out: Access to and Use of Banking Services AcrossCountries[J]. Journal of Financial Economics, 2007, 85(1): 234 –266.

[190] BLAKE D. The Impact of Wealth on Consumption and Retirement Behaviour in the UK[J]. Applied Financial Economics, 2004, 14(8): 555 –576.

[191]BLACK S E, STRAHAN P E. Entrepreneurship and Bank Credit Availability[J]. The Journal of Finance, 2002, 57(6): 2807 –2833.

[192]BLACK S E, STRAHAN P E. The Division of Spoils: Rent-sharing and Discrimination in a RegulatedIndustry[J]. American Economic Review, 2001, 91(4): 814 –831.

[193]CALVET L E, CAMPBELL J Y,SODINI P. Measuring the Financial Sophistication of Households[J]. American Economic Review, 2009, 99 (2): 393 –398.

[194]CAMPBELL L A, KAUFMAN R L. Racial Differences in Household Wealth: Beyond Black and White[J]. Research in Social Stratification and Mobility, 2006, 24(2): 131 –152.

［195］CAMPBELL J Y, MANKIW N G. The Response of Consumption to Income：A Cross-country Investigation［J］. European Economic Review, 1991, 35(4)：723 – 756.

［196］CAGETTI M. Wealth Accumulation over the Life Cycle and Precautionary Savings［J］. Journal of Business & Economic Statistics, 2003, 21(3)：339 – 353.

［197］CAMPANALE C. Increasing Returns to Savings and Wealth Inequality［J］. Review of Economic Dynamics, 2007, 10(4)：646 – 675.

［198］CASTANEDA A, DIAZ-GIMENEZ J, RIOS-RULL J V. Accounting for the US Earnings and Wealth Inequality［J］. Journal of Political Economy, 2003, 111(4)：818 – 857.

［199］CARBÓ S, GARDNER E, MOLYNEUX P. Financial Exclusion［M］. Springer, 2005.

［200］CAI H, CHEN Y, FANG H, et al. The Effect of Microinsurance on Economic Activities：Evidence from A Randomized Field Experiment［J］. Review of Economics and Statistics, 2015, 97(2)：287 – 300.

［201］CAI J. The Impact of Insurance Provision on Household Production and Financial Decisions［J］. American Economic Journal：Economic Policy, 2016, 8(2)：44 – 88.

［202］CAMPANALE C. Increasing Returns to Savings and Wealth Inequality［J］. Review of Economic Dynamics, 2007, 10(4)：646 – 675.

［203］CHAKRAVARTY S R, PAL R. Financial Inclusion in India：An Axiomatic Approach［J］. Journal of Policy modeling, 2013, 35(5)：813 – 837.

［204］CLARKE G R G, ZOU H, XU L C. Finance and Income Inequality：Test of AlternativeTheories［M］. World Bank Publications, 2003.

［205］CLARKE R, ARAM J. Universal Values, Behavioral Ethics and Entrepreneurship［J］. Journal of Business Ethics, 1997, 16(5)：561 – 572.

［206］CLAESSENS, PEROTTI. Finance and Inequality：Channels and Evidence ［J］. Journal of Comparative Economics, 2007, 35(4)：748 – 773.

［207］CLARKE G R G, XU L C, ZOU H. Finance and Income Inequality：What do the Data tell Us？［J］. Southern Economic Journal, 2006：578 – 596.

[208]IGNACIO CONDE ‐ RUIZ J, PROFETA P. The Redistributive Design of Social Security Systems[J]. The Economic Journal, 2007, 117(520): 686 –712.

[209]COLE S, GINE X, VICKERY J. How Does Risk Management Influence Production Decisions? Evidence from a Field Experiment [R]. World Bank Working Paper Series, 2013(6546).

[210]DEMYANYK Y, OSTERGAARD C, SØRENSEN B E. US Banking Deregulation, Small Businesses, and Interstate Insurance of Personal Income [J]. The Journal of Finance, 2007, 62(6): 2763 –2801.

[211]DOHMEN T, FALK A, HUFFMAN D, et al. Are Risk Aversion and Impatience Related to Cognitive Ability? [J]. American Economic Review, 2010, 100(3): 1238 –1260.

[212]CHOU S Y, LIU J T, HAMMITT J K. National Health Insurance and Precautionary Saving: Evidence from Taiwan[J]. Journal of Public Economics, 2003, 87(9 –10): 1873 –1894.

[213]DE MEL S, MCKENZIE D, WOODRUFF C. Returns to Capital in Microenterprises: Evidence from a Field Experiment[J]. Quarterly Journal of Economics, 2009, 124(1): 423 –423.

[214]DE MEL S, MCKENZIE D, WOODRUFF C. Returns to Capital in Microenterprises: Evidence from a Field Experiment[J]. The Quarterly Journal of Economics, 2008, 123(4): 1329 –1372.

[215] DEMIRGUC-KUNT A, Klapper L. Measuring Financial Inclusion [OL]. The Global Findex Database, The World Bank Development Research Group, 2012: 1 –61.

[216]DOMHOFF G W. The Power Elite and the State: How Policy is Made in America[J]. Social Forces, 1990, 70(1).

[217]EKICI T, DUNN L. Credit Card Debt and Consumption: Evidence from Household-levelData[J]. Applied Economics, 2010, 42(4): 455 –462.

[218]EVANS D S, LEIGHTON L S. Some Empirical Aspects of Entrepreneurship[J]. The American Economic Review, 1989, 79(3): 519 –535.

［219］ERVIK R. The Redistributive Aim of Social Policy: A Comparative Analysis of Taxes, Tax Expenditure Transfers and Direct Transfers in Eight Countries［R］. LIS Working Paper Series, 1998.

［220］EVANS D S, JOVANOVIC B. An Estimated Model of Entrepreneurial Choice Under Liquidity Constraints［J］. Journal of Political Economy, 1989, 97(4): 808 – 827.

［221］ELVIDGE H, CHALLIS J R G, ROBINSON J S, et al. Influence of Handling and Sedation on Plasma Cortisol in Rhesus Monkeys (Macaca Mulatta)［J］. Journal of Endocrinology, 1976, 70(2): 325 – 326.

［222］FELDSTEIN M. Social Security, Induced Retirement, and Aggregate Capital Accumulation［J］. Journal of Political Economy, 1974, 82(5): 905 – 926.

［223］FISSEL G S, JAPPELLI T. Do Liquidity Constraints Vary Over Time? Evidence from Survey and Panel Data: Note［J］. Journal of Money, Credit and Banking, 1990, 22(2): 253 – 262.

［224］SORENSON V L. Price Support Programs and Interregional Competition［J］. Journal of Farm Economics, 1956, 38(5): 1650 – 1659.

［225］FRIEDMAN M. Theory of the Consumption Function［M］. Princeton University Press,1957.

［226］GALOR O, ZEIRA J. Income Distribution and Macroeconomics ［J］. The Review of Economic Studies, 1993, 60(1): 35 – 52.

［227］GALOR O, MOAV O. From Physical to Human Capital Accumulation: Inequality and the Process of Development［J］. The Review of Economic Studies, 2004, 71(4): 1001 – 1026.

［228］GABSZEWICZ JJ, LAUSSEL D. Increasing Returns, Entrepreneurship and Imperfect Competition［J］. Economic Theory, 2007, 30(1): 1 – 19.

［229］GHATAK M, JIANG NN H. A Simple Model of Inequality, Occupational Choice, and Development［J］. Journal of Development Economics, 2002, 69(1): 205 – 226.

［230］GORMLEY T, LIU H, ZHOU G. Limited Participation and Consumption-saving Puzzles: A Simple Explanation and the Role of Insurance[J]. Journal of Financial Economics, 2010, 96(2): 331 – 344.

[231]GOLDSMITH. Financial Structure and Economic Dvelopment[M]. New Haven: Yale University Press, 1969.

[232] GREENWOOD J, JOVANOVIC B. Financial Development, Growth, and the Distribution of Income[J]. Journal of Political Economy, 1990, 98(5, Part 1): 1076 – 1107.

[233]GUPTE R, VENKATARAMANI B, GUPTA D. Computation of Financial Inclusion Index for India[J]. Procedia-Social and Behavioral Sciences, 2012, 37: 133 – 149.

[234]GUISO L, SAPIENZA P, ZINGALES L. The Role of Social Capital in Financial Development[J]. American Economic Review, 2004, 94(3): 526 – 556.

[235] HOLMSTROM B, TIROLE J. Financial Intermediation, Loanable Funds, and the Real Sector[J]. The Quarterly Journal of Economics, 1997, 112(3): 663 – 691.

[236] HUGGETT M. Wealth Distribution in Life-cycle Economies[J]. Journal of Monetary Economics, 1996, 38(3): 469 – 494.

[237]HENRETTA J C, CAMPBELL R T. Net Worth as An Aspect of Status[J]. American Journal of Sociology, 1978, 83(5): 1204 – 1223.

[238] LYDALL H F. Theories of the Distribution of Earnings[M]. Lodon, 1976.

[239]HOLTZ-EAKIN D, JOULFAIAN D, ROSEN H S. Entrepreneurial Decisions and Liquidity Constraints[R]. National Bureau of Economic Research, 1993.

[240] HUGGETT M. Wealth Distribution in Life-cycle Economies[J]. Journal of Monetary Economics, 1996, 38(3): 469 – 494.

[241] HURST E, LUSARDI A. Liquidity Constraints, Household Wealth, and Entrepreneurship[J]. Journal of Political Economy, 2004, 112(2): 319 – 347.

[242]IMAI K S, AZAM M S. Does Microfinance Reduce Poverty in Bangladesh? New Evidence from Household Panel Data[J]. Journal of Develop-

ment Studies, 2012, 48(5): 633 - 653.

[243]JAPPELLI T, PAGANO M. Consumption and Capital Market Imperfections: An International Comparison[J]. The American Economic Review, 1989: 1088 - 1105.

[244]JAPPELLI T. Who is Credit Constrained in the US Economy? [J]. The Quarterly Journal of Economics, 1990, 105(1): 219 - 234.

[245]JAPPELLI T, PAGANO M. Consumption and Capital Market Imperfections: An International Comparison[J]. The American Economic Review, 1989: 1088 - 1105.

[246]JEANNENEY S G, KPODAR K. Financial Development and Poverty Reduction: Can There be A Benefit without A Cost? [J]. The Journal of Development Studies, 2011, 47(1): 143 - 163.

[247]KARLAN D,ZINMAN J. Expanding Credit Access: Using Randomized Supply Decisions to Estimate the Impacts[J]. The Review of Financial Studies, 2009, 23(1): 433 - 464.

[248]KERR W, NANDA R. Financing Constraints and Entrepreneurship [R]. National Bureau of Economic Research, 2009.

[249]KEISTER L A. Wealth in America: Trends in Wealth Inequality [M]. London: Cambridge University Press, 2000.

[250]KLAPPER L,LAEVEN L, RAJAN R. Entry Regulation as a Barrier to Entrepreneurship [J]. Journal of Financial Economics, 2006, 82 (3): 591 - 629.

[251]KHANDKER S R. Microfinance and Poverty: Evidence Using Panel Data from Bangladesh[J]. The World Bank Economic Review, 2005, 19(2): 263 - 286.

[252]KARPOWICZ M I. Financial Inclusion, Growth and Inequality: A Model Application to Colombia[R]. International Monetary Fund, 2014.

[253]KARLAN D, OSEI R, OSEI-AKOTO I, et al. Agricultural Decisions after Relaxing Credit and Risk Constraints[J]. The Quarterly Journal of Economics, 2014, 129(2): 597 - 652.

[254]KARAIVANOV A. Financial Constraints and Occupational Choice in Thai Villages[J]. Journal of Development Economics, 2012, 97(2): 201 –220.

[255]KAZAROSIAN M. Precautionary Savings—A Panel Study[J]. Review of Economics and Statistics, 1997, 79(2): 241 –247.

[256]KAMIHIGASHI T. On the Principle of Optimality for Nonstationary Deterministic Dynamic Programming [J]. International Journal of Economic Theory, 2008, 4(4): 519 –525.

[257]KEYNES J. The General Theory of Employment, Interest and Money[M]. Cambridge: Macmillan Cambridge University Press, 1936.

[258] KING R, LEVINE R. Finance and Growth: Schumpter may Be Right[J]. Quarterly Journal of Ecomomics, 1993,108(3).

[259]KOTLIKOFF L J. Testing the Theory of Social Security and Life Cycle Accumulation [J]. The American Economic Review, 1979, 69 (3): 396 –410.

[260]KUZNETS S. Economic Growth and Income Inequality[J]. The American Economic Review, 1955: 1 –28.

[261]KIM B Y, PIRTTILÄ J. Money, Barter, and Inflation in Russia [J]. Journal of Comparative Economics, 2004, 32(2): 297 –314.

[262]KIMBALL M S. Precautionary Saving and the Marginal Propensity to Consume[J]. Social Science Electronic Publishing, 1990, 56(6): 780 –790.

[263]LELAND H E. Saving and Uncertainty: The Precautionary Demand for Saving[J]. Quarterly Journal of Economics, 1968(82): 465 –473.

[264]LEVCHENKO A A. Financial Liberalization and Consumption Volatility in Developing Countries [D]. IMF Staff Papers, 2005, 52 (2): 237 –259.

[265]LUSARDI A,MITCHELL O. Financial Literacy and Planning: Implications for Retirement Wellbeing[D]. Pension Research Council Working Paper, The Wharton School, 2006.

[266]YAARI M E. Uncertain Lifetime, Life Insurance, and the Theory of the Consumer[J]. The Review of Economic Studies, 1965, 32(2): 137 –150.

［267］LELAND H E. Saving and Uncertainty: The Precautionary Demand for Saving［J］. Uncertainty in Economics, 1978, 82(3): 465 - 473.

［268］LEYSHON A, THRIFT N. Geographies of Financial Exclusion: Financial Abandonment in Britain and the United States［J］. Transactions-Institute of British Geographers, 1995, 20: 312 - 312.

［269］LUSARDI A. Numeracy, Financial Literacy, and Financial Decision-making［R］. National Bureau of Economic Research, 2012.

［270］LUSARDI A, Mitchell O S. Baby Boomer Retirement Security: The Roles of Planning, Financial Literacy, and Housing Wealth［J］. Journal of Monetary Economics, 2007, 54(1): 205 - 224.

［271］LUSARDI A, MITCHELL O S. Financial Literacy and Planning: Implications for Retirement Wellbeing［R］. National Bureau of Economic Research, 2011.

［272］LUDVIGSON S. Consumption and Credit: A Model of Time-varying Liquidity Constraints［J］. Review of Economics and Statistics, 1999, 81(3): 434 - 447.

［273］LUSARDI A, MITCHELL O S. Baby Boomer Retirement Security: The Roles of Planning, Financial Literacy, and Housing Wealth［R］. National Bureau of Economic Research, 2006.

［274］CAPORALE G M, WILLIAMS G. Monetary Policy and Financialliberalization: The Case of United Kingdom Consumption［J］. Journal of Macroeconomics, 2001, 23(2): 177 - 197.

［275］MASSARA M A, MIALOU A. Assessing Countries' Financial Inclusion Standing——A New Composite Index ［M］. International Monetary Fund, 2014.

［276］MAHLER V, JESUIT D. State Redistribution in Comparative Perspective: A Cross-national Analysis of the Developed Countries［R］. LIS Working Paper Series, 2004.

［277］MAZZAFERRO C, TOSO S. The Effects of Social Security on the Distribution of Wealth inItaly［J］. Center for the Analysis of Public Policies,

2005, 20(35): 367 - 377.

[278] MCKINNON, R I. Money and Capital in Economic Development [M]. Washington DC: Brookings Institution, 1973.

[279] MILTON FRIEDMAN. The Quantity Theory of Money: A Restatement[J]. Studies in Quantity Theory, 1956.

[280] MODIGLIANI F, TARANTELLI E. The Consumption Function in a Developing Economy and the Italian Experience[J]. The American Economic Review, 1975, 65(5): 825 - 842.

[281] MORISSETTE R, ZHANG X. Revisiting Wealth Inequality[J]. Perspectives on Labour & Income, 2006, 7(12).

[282] MENCHIK P L. Economic Status as A Determinant of Mortality Among Black and White Older Men: Does Poverty Kill? [J]. Population Studies, 1993, 47(3): 427 - 436.

[283] DE NARDI M. Wealth Inequality and Intergenerational Links[J]. The Review of Economic Studies, 2004, 71(3): 743 - 768.

[284] NOCTOR M, STONEY S, STRADLING R. Financial Literacy: A Discussion of Concepts and Competences of Financial Literacy and Opportunities for Its Introduction into Young People's Learning[J]. National Foundation for Educational Research, 1992.

[285] PAULSON A L, TOWNSEND R. Entrepreneurship and Financial Constraints in Thailand[J]. Journal of Corporate Finance, 2004, 10(2): 229 - 262.

[286] PAUKERT F. Income Distribution at Different Levels of Development: A Survey of Evidence[J]. Int'l Lab. Rev. , 1973, 108: 97.

[287] ROMER P M. Increasing Returns and Long-run Growth[J]. Journal of Political Economy, 1986, 94(5): 1002 - 1037.

[288] KING R G, LEVINE R. Finance, Entrepreneurship and Growth [J]. Journal of Monetary Economics, 1993, 32(3): 513 - 542.

[289] ROY S. On Sustained Economic Growth with Wealth Effects[J]. International Journal of Economic Theory, 2010, 6(1): 29 - 45.

[290] ROSENZWEIG M, BINSWANGER H. Wealth, Weather Risk and

the Composition and Profitability of Agricultural Investments[J]. Economic Journal, 1993(103): 56 – 78.

[291]SARMA M. Index of Financial Inclusion[R]. Indian Council for Research on International Economics Relations, 2008.

[292]SARMA M. Index of Financial Inclusion——A Measure of Financial Sector Inclusiveness[J]. Money, Trade, Finance, and Development Competence Centerin Cooperation with DAAD Partnership and Hochschule für Technik und Wirschaft Berlin University of Applied Sciences. Working Paper, 2012 (7).

[293]SARMA M. Measuring Financial Inclusion using Multidimensional Data[J]. World Economics, 2016, 17(1): 15 – 40.

[294]STANGO V, ZINMAN J. Exponential Growth Bias and Household Finance[J]. The Journal of Finance, 2009, 64(6): 2807 – 2849.

[295]STOCK, J H, YOGO M. Testing for Weak Instruments in Linear IV Regression[J]. Identification and Inference for Econometric Models: Essays in Honor of Thomas Rothenberg, 2005(80).

[296]SCHUMPETER J A. A Theory of Economic Development[J]. Bloomsbury Business Library-Management Library, 1934: 61 – 116.

[297]SCHMALZ M C, SRAER D A, THESMAR D. Housing Collateral and Entrepreneurship[D]. Nber Working Papers, 2014, 72.

[298]THOMAS S, CHEN J. China's Sovereign Wealth Funds: Origins, Development, and Future Roles[J]. Journal of Contemporary China, 2011, 20(70): 467 – 478.

[299]SINCLAIR S P. Financial Exclusion: An Introductory Survey[D]. CRSIS, Edinburgh College of Art/Heriot Watt University, 2001.

[300]SCHOLZ J K. JOULFAIAN D. Wealth Inequality and the Wealth of Cohorts[D]. University of Wisconsin Mimeo, 2003.

[301]SCHUMPETER J A. The Theory of Economic Development[M]. MA: Havard University Press, 1934.

[302]ROWNTREE B S. Poverty: A Study of Town Life[M]. London: Macmillan, 1901.

［303］TURNER B. Social Theories of the City［C］. London：Macmillion, 1902.

［304］SHAW E S. Financial Deepening in Economic Development［M］. New York：Oxford University Press, 1973.

［305］SOTO A D. Las Dimensiones Políticas de la Prevención de conflictos：la consolidación de la paz después del conflicto［J］. Tamara Osorio, 2000：151 – 164.

［306］SUMMERS R, KRAVIS I B,HESTON A. Changes in the World Income Distribution［J］. Journal of Policy Modeling, 1984, 6(2)：237 – 269.

［307］TOWNSEND R M, Ueda K. Financial Deepening, Inequality, and Growth：A Model-based Quantitative Evaluation［J］. The Review of Economic Studies, 2006, 73(1)：251 – 293.

［308］TURNER M A, VARGHESE R, WALKER P D. US Consumer Credit Reports：Measuring Accuracy and Dispute Impacts［J］. Policy and Economic Research Council (PERC), 2011.

［309］VAN ROOIJ M,LUSARDI A, ALESSIE R. Financial Literacy and Stock Market Participation［J］. Journal of Financial Economics, 2011, 101(2)：449 – 472.

［310］WANG N. ASimple Model for Friedman's Conjecture on Consumption［J］. Manuscript, Columbia University, 2004.

［311］WOODRUFF C, SOTO H D. The Mystery of Capital：Why Capitalism Triumphs in the West and Fails Everywhere Else［J］. Journal of Economic Literature, 2002, 40(1)：3.

［312］World Bank Group. Global Financial Development Report 2014：Financial Inclusion［M］. World Bank Publications, 2013.

［313］MIRON J A, ZELDES S P. Production,Sales, and the Change in Inventories：An Identity that doesn't Add Up［J］. Journal of Monetary Economics, 1989, 24(1)：31 – 51.

［314］ZHANG Q, POSSO A. Thinking Inside the Box：A Closer Look at Financial Inclusion and Household Income［J］. The Journal of Development Studies, 2017：1 – 16.